철학을
켜다

ON AIR

무도한 세상에 맞서는 생각의 울림

철학을
켜다

표정훈
지음

❖을유문화사

무도한 세상에 맞서는
생각의 울림
철학을 켜다

발행일
2013년 3월 30일 초판 1쇄

지은이 | 표정훈
펴낸이 | 정무영
펴낸곳 | (주)을유문화사

창립일 | 1945년 12월 1일
주 소 | 서울시 종로구 수송동 46-1
전 화 | 734-3515, 733-8153
팩 스 | 732-9154
홈페이지 | www.eulyoo.co.kr
ISBN 978-89-324-7205-8 03100

* 값은 뒤표지에 표시되어 있습니다.
* 지은이와의 협의하에 인지를 붙이지 않습니다.

차례

4. 철학 바깥으로 난 철학의 길

책을 시작하며

이 책은 일반적인 의미의 철학사 또는 '인물로 보는 철학사'가 아닙니다. 그렇다고 철학자 각각의 삶과 철학을 종합적으로 정리, 요약한 철학 다이제스트라 보기도 어렵습니다. 그냥 '철학자에 관한 책' 또는 '철학 인물지(人物誌)'라고 해 둬야 할까 봅니다. 더구나 책에서 다루는 제임스 러브록, 맬컴 엑스, 마틴 루서 킹, 마르코스 부사령관 같은 인물들을 철학자라고 할 수 있을지도 의문일 것입니다.

특히 이 문제는 '철학과 철학자란 무엇인가?'라는 매우 근본적인 질문과 닿아 있습니다. 철학의 본질과 철학자의 정체성에 관한 정답을 도출하는 것은 불가능하다는 것이 중론이기도 하지요. 변명하자면 제임스 러브록, 맬컴 엑스, 마틴 루서 킹, 마르코스 부사령관은 각각 지구 환경, 인종 차별, 세계화와 빈곤이라는 우리 시대의(문제의 출발과 전개는 오래되었지만) 문제와 씨름한 인물들입니다.

그들의 문제의식을 통틀어서 넓은 의미의 타자(他者)의 문제라 하고 싶습니다. 물론 타자의 문제, 자기 동일성의 문제 등은 '전문적인' 철학과 철학자들의 중요한 주제입니다. 레비나스, 들뢰즈 등이 예가 될 수 있겠지요. 그럼에도 저는 이른바 '전문적인' 철학 영역의 바깥에서 실천하고 사고했던 인물들에게 감히(!) 철학자라는 타이틀을 붙이고 싶었습니다.

그런 인물들 안에서 삶의 길과 철학의 길은 하나로 통합되어 있습니다. 하나의 제도로서의 철학계에서 공인하는 철학 텍스트를 남기지 아니했다 하더라도 그들의 언행(言行), 그들의 삶 자체를 중요한 철학 텍스트로 보고 싶습니다.

철학사를 돌이켜보건대, 토마스 아퀴나스를 정점으로 하는 중세 스콜라 철학 이후 철학의 흐름은 '사고와 논변에 관한 전문적인 기술'로 향했습니다. 이후 철학은 신(神)의 존재를 변증해야 했고 과학의 논리를 뒷받침해야 했습니다. 철학과 삶이 온전하게 하나인 '소크라테스적 전통'은 쇠퇴일로를 걸어야 했습니다. 철학은 이제 철학 제도 안에서 특수한 지적 훈련 과정을 거친 철학 기술(philosophical technique) 전문가들의 비전(秘傳)이 된 듯합니다.

그러한 소수의 전문적 비전으로서의 철학은 다수의 삶의 비전(vision)으로서의 철학과는 너무도 멀게만 느껴집니다. '철학적 삶의 비전'을 회복하는 것이 앞으로 철학의 큰 방향이 될 것이라(또는 되어야 할 것이라) 말한다면 주제넘은 언사가 되겠으나, 이 책을 준비하면서 가장 염두에 둔 것은 바로 이 점입니다.

책의 서술 형식에 관해 덧붙여야겠습니다. 일반적인 서술 형식 외에 인물 자신의 목소리를 빌린 회고록이나 편지, 취재기, 인터뷰, 인물이 남긴 텍스트에 바탕을 둔 일종의 에세이 등 사뭇 다양한 형식을 취하여 보았습니다. 책의 통일성을 희생시켜가며 굳이 잡다한 형식을 취한 까닭은 첫째, 읽기에 다소나마 덜 지루했으면 하는 바람 때문이며 둘째, 인물 각각의 특성(어디까지나 제가 파악한)에 맞는 형식이 따로 있겠다 싶은 생각 때문입니다.

　라디오 방송에 출연한 적이 있습니다. 스튜디오 바깥에서 프로듀서가 신호를 보내면서 'ON AIR' 표시등이 켜집니다. 방송이 시작되는 거지요. 작가가 준비한 대본의 틀을 따르되, 진행자와 출연자가 비교적 자유롭게 이야기를 나눕니다. '철학을 켠다'는 것도 비슷할 겁니다. 철학자의 삶과 텍스트의 큰 틀을 따르되 비교적 자유로운 이야기가 시작되는 것. 우리 각자의 삶의 이야기를 켜는 것. 철학의 역사는 그러한 이야기를 켜기 위한 실마리, 'ON AIR' 스위치일 겁니다.

　출판 편집이 시간과 싸우는 고된 일이라는 것을 모르지 않으면서도, 그 싸움에서 저는 번번이 편집자의 적(敵)이 되고 말았습니다. 반성합니다. 을유문화사 편집자분들에게 미안함과 고마움을 전합니다.

1
오래된 미래,
고대의 지혜

　정신은 고대 그리스에서 발견 또는 발명되었다. 종
교·신화적 세계와 독립된 인간 지성의 놀라운, 때로는
당혹스러운 가능성이 고대 그리스에서 사실상 처음
으로 '철학'이라는 이름 아래 발현되었다. 정신은 세계
안의 낱낱의 구체적 대상들을 탐구하는 것(훗날 과학
이라 불리게 된) 이상의 힘을 지녔다. '존재하는 것들'
을 통하여 '존재한다는 것'의 의미를 총체적으로 따지
고 드는 세계지(世界知) 또는 지혜를 추구하는 힘이다.
　종교·신화와 분리되지 아니한 물음과 대답도 있었
다. 이론적 관조로서의 삶을 추구하기도 했다. 탁월
한 삶을 위한 탁월한 공동체의 조건을 찾고자 했다. 제
국 질서 속에서 인간 행복의 가능성을 탐색하기도 했
다. 그러나 이것만은 어떤 철학자에서든 같았다. 철학
의 길과 삶의 길은 분리될 수 없으며 분리되어서도 안
된다고 여겼다는 것. 한편 마이모니데스는 시기적으로
는 이른바 중세에 속한다 하겠으나 철학적 추구의 방
향은 고대의 지혜를 계승했다고 볼 수 있다.

신(神)으로 거듭난
철학자
엠페도클레스

Empedoklēs, B.C.490?~B.C.430?
그리스 시칠리아 출신의 철학자로 만물이 물, 불, 공기, 흙으로
구성되어 있다는 4원소설을 주장하였다. 또한 뛰어난 웅변가이
자 정치가로서 노예제하의 민주주의 정치를 주장하고, 왕위를
제의받기도 했으나 시인이자 의사로 남기를 원하여 거절하였다.
신으로 다시 태어나고자 에트나 산의 분화구에 몸을 던졌다는 일
화가 있다.

불화가 소용돌이의 가장 낮은 밑바닥에 가 있었고, 사랑이 회전의 한가운데 있게 될 때, 그곳에서 모든 것들이 단 하나로 되기 위해서 합쳐지게 되네. (……) 그것들이 섞여서 수없이 많은 가사적(可死的) 족속들이 쏟아져 나왔네. 하지만 불화는 여전히 위에 머물러 있었지. (……) 온화한 사랑의 불사적인 세찬 흐름이 불화가 계속 달아나는 그만큼 계속 뒤쫓았네.

－ 엠페도클레스, 『소크라테스 이전 철학자들의 단편 선집』 중에서

에트나 화산 분화구에 스스로 몸을 던진 사람, 엠페도클레스는 그렇게 화산의 불길 속에서 완전히 정화되어 영생하는 신으로 태어나고자 했다. 영혼과 육체의 분리, 영혼의 끝없는 윤회, 삶의 세계와 죽음의 세계를 넘나드는 존재들, 이런 것들이 상식으로 여겨지던 시대였다. 엠페도클레스의 육체는 불꽃으로 타올라 사라졌지만 그의 영혼은 불 마차에 올라 천상에 이르렀다고 한다.

세월이 오래 흐르면서 사람들은 엠페도클레스의 범상치 않은 죽음을 하나의 전설이나 상징적인 이야기로 여기게 되었다. 그의 제자들이 스승을 신비화하고 신성시하기 위해 죽음에 관한 이야기를 꾸며냈다고도 한다. 그가 마차에서 떨어져 뼈가 부러진 끝에 후유증으로 세상을 떠났다는 이야기도 있다.

서양철학사의 첫 장에 나오는 '철학자들' 가운데 한 사람인 엠페도클레스. 그의 삶과 생각을 분명하게 알 수 있는 믿을 만한 자료는 없는 것

이나 마찬가지다. 단편적이고 모호하며 흐릿한 단서들, 근거가 불확실한 전설적인 일화들만 남아 있다. 그는 무당이었을까? 신비주의 종교 단체 지도자였을까? 스스로를 신적 존재라 착각했던 과대망상 환자였을까?

단정 짓기 어렵다. 다만 이 점만은 염두에 두자. 철학이란 영혼의 뜨거움과 이성의 차가움이 한 사람의 정신 속에서 온전히 하나가 되어가는 과정일지도 모른다는 것. 요컨대 차가운 이성의 통찰력만큼이나 뜨거운 영혼의 직관이 필요하다는 것.

그 직관이란 산문보다는 운문, 즉 시(詩)로 표현되거나 해명되기도 한다. 호메로스, 아이스킬로스 같은 고대의 시인들은 곧 철학자이기도 했다. 엠페도클레스 역시 최초의 철학자들 가운데 하나이자 시인이기도 했으며 종교적 스승이기도 했다. 이상한 일이 아니다. 철학은 직관과 시, 그리고 종교와도 깊은 관계를 맺고 있으니 말이다. 종교가 뜨거운 가슴의 철학이라면 철학은 차가운 정신의 종교라고나 할까.

종교가들은 삶과 세계의 신비 속으로 곧바로 뛰어든다. 철학자들은 신비의 어둠을 헤쳐 나갈 수 있는 이성의 빛을 찾으려 한다. 시인들은 시적 언어를 통하여 신비의 어떤 질감(質感)을 경험하게 해 준다. 종교와 철학과 시는 서로 먼 것 같으면서도 가장 깊은 곳에서는 하나의 물줄기를 이룬다. 엠페도클레스는 그 물줄기의 상류(上流) 또는 발원지에 가까웠던 인물이다. 종교적 직관과 철학적 통찰을 다분히 예언자적인 분위기 속에 시적으로 표현하였다. 아래 이어질 글은, 단편적으로밖에 남아 있지 않은 그의 시적 표현들을 접착제를 사용하여 일종의 서술형 산문으로 이어 붙여 본 결과다.

엠페도클레스는 에트나 산의 분화구 가까운 곳에 도착했다. 이미 열기로 눈을 뜨기조차 힘든 지경이다. 조금만 더 가까이 가면 옷에 불이 붙을 참이다. 앞장서 걷던 엠페도클레스가 몸을 돌려 제자들 앞에 섰다. 잠시 제자들을 바라보다가 이윽고 입을 연다. 신으로 다시 태어나기 전, 인간 엠페도클레스가 남긴 마지막 말이 될 것이었다.

모든 것은 흙과 공기와 불과 물로 이루어진다. 다만 흙, 공기, 불, 물의 비율이 제각각이기에 모든 것, 즉 만물은 제각각이다. 올리브가 흙 2, 공기 3, 불 1, 물 4의 비율로 구성되어 있다면, 대리석은 흙 4, 공기 1, 불 3, 물 2의 비율로 이루어진 식이다. 올리브도 대리석도 그 무엇도 늘 변화한다. 생겨났다가 자라고 소멸해 가다가 사라져 버린다. 그러나 흙, 공기, 불, 물이라는 네 가지 근원 요소, 모든 것들의 근본적인 실체는 소멸하지도 사라지지도 않는다. 죽음이니 소멸이니 하는 현상들은 다만 네 가지 근원 요소들이 비율을 달리하며 다시 결합하는 과정일 뿐이다.

그렇다면 생명은 영원할지니, 겉보기에 사멸하는 것 같아도 근원 요소들만은 그대로 남아 다시 결합할 수 있기 때문이다. 삶은 죽음에서 그냥 생겨나는 것도, 죽음으로 사라져 버리는 것도 아니다. 무(無)에서는 아무 것도 생겨날 수 없으며, 그 어떤 것도 무(無)가 되어 버리지 않는다. 사람이 죽는다는 것은 그 존재 자체가 아예 없어져 버리는 것이 아니며 다만 다른 존재로 바뀌는 것이다. 죽음이란 생명의 소멸이 아니라 다른 생명으로 바뀌는 계기일 뿐이다.

영혼은 윤회한다. 우리 자신을 이루는 근원 요소들의 끝없는 해체와 결합이 거듭되면서 영혼도 거듭 태어난다. 우리가 미래의 삶에서 얻게 된 존재는 현재의 삶에서 우리 자신이 이루고 있는 것에 좌우된다. 자신의 손을 죄악의 피로 물들인 자는 성스러운 존재들의 거처에서 멀리 쫓겨나 3천 년간 외롭고 고된 방황을 거듭하게 될 것이다. 죽고야 말 이 세상의 온갖 존재들로 몸을 바꿔 가며 거듭 태어나게 될 것이다. 고통 가득한 삶의 굴레를 바꿔 가며 힘겹게 3천 년을 걸어야 할 것이다.

그 영혼의 운명이란 가혹한 것이어서, 힘이 센 공기가 영혼을 밀어 바다에 던져 넣으면 바다는 영혼을 땅 위로 토해내 버린다. 땅은 다시 그것을 태양에게 건네주고, 태양은 그것을 다시 공기의 세찬 소용돌이 속으로 던져 버린다. 공기, 물, 흙, 불이 돌아가며 영혼을 잠시 떠맡았다가 이내 영혼을 거부하며 이리저리 내몰아 버리는 것이다.

나 역시 그러하였으니 나는 소녀였고 소년이었으며 거친 나무 등걸이었고 날아가는 새이기도 하였으며, 바다의 물고기이기도 했었다. 나는 신(神)들 가운데 추방된 존재이니, 이 추방의 비극은 내가 어리석은 증오에 휩싸인 나머지 나의 몫으로 주어진 길에서 벗어나 버린 탓이다. 만족이 아닌 불만, 평화가 아닌 다툼, 사랑이 아닌 증오를 택하는 자에게는 방황의 고통, 추방의 고통이 계속될 것이다. 그 영혼은 결코 안식을 찾지 못할 것이다.

모든 것은 미움과 사랑에 따라 움직인다. 미움은 모든 것을 나누어 버린다. 사랑은 모든 것을 결합시킨다. 미움의 끝은 전쟁과 파멸이며 사랑의 끝은 생산과 창조다. 미움은 우리를 생명의 중심에서 멀어지게 하고 사랑은 생명의 중심으로 향하게 한다. 한 사람에게나 한 국가에게나, 살아 있는 모든 것들에게나 미움과 사랑의 힘이 대립적으로 작용한다. 처음에는 사랑으로 태어나 조화를 이루었으나 점차 미움으로 분리되어 버리고 만다.

흙, 공기, 불, 물을 결합시키는 것도 바로 사랑의 힘이다. 그것들을 분리시키는 것은 미움의 힘이다. 미움으로 갈라지면서 한 존재가 죽음을 맞이하지만 다시 사랑의 힘이 작용하면 새로운 존재로 탄생한다. 사랑과 미움의 힘, 원리, 작용에 따라 만물은 태어나고 자라나 쇠퇴하고 소멸한 뒤 다시 새롭게 태어난다. 이야말로 세계를 지배하는 영원한 법칙이다.

지금은 미움의 시대이지만 찬란히 빛나는 황금시대에 사람들은 다만 서로 사랑할 뿐이었다. 전쟁도 비극도 증오도 없었다. 희생 제물의 피가 제단에 흐르는 일도 없었다. 그러나 미움이 한 번 싹튼 뒤로는 찢기고 갈리어 생명이 다한 희생 제물의 피가 제단 아래까지 흘렀다. 사랑과 미움의 투쟁에서 궁극적으로 승리를 거두는 것은 어느 쪽인가? 사랑의 최종적인 승리를 기원하지만 그것은 아무도 알지 못한다.

다만 그 승리는 최후의 결전에서 단번에 판가름나지 않을 것이다. 헤아릴 수 없는 세월을 기다려야 할 것이다. 목이 없는 머리, 어깨 없는 팔을 떠올려 보라. 이런저런 불완전한 기관들이 무수히 생겨났다. 불완전한 기관들의 운명은 도태되어 사라지거나, 완전하게 적응하여 발달하는 것, 둘 중 하나였으니 보다 완전하게 발달한 결과로 동물들이 생겨났고 그 가운데 빼어난 것들이 인간으로 발달했으며, 인간은 신(神)으로까지 발달해 나아갈 것이다.

생명의 낮은 단계에서 더욱 높은 단계로 나아가는 변화의 흐름이 우주 안에 가득하다. 그 흐름의 최고 단계가 바로 신이다. 인간이 신이 될 수 있는 원리와 힘, 그것이 바로 사랑이다. 하나의 삶에서 다른 삶으로 삶의 형태가 바뀔 때마다 신의 단계에 가까워질 수 있다. 시인의 위치에서, 의사의 위치로, 철학자의 위치로, 그리고 앞날을 내다보는 예언자의 위치로……. 결국은 가장 영예로운 신의 위치에 오를 것이니, 그 때가 되면 신들과 식탁을 함께하고 신의 마음과 하나가 된다. 인간이 겪는 비탄에서 벗어나며 운명의 사슬로부터도 자유롭다.

신으로 향하는 길은 점진적인 정화(淨化)의 과정이다. 지금 살고 있는 생에서 그대 자신을 정화하라. 파괴적인 흥분과 미움을 억제하고 원한과 복수심을 버려라. 미움과 탐욕과 살생을 멀리하라. 동물의 고기에 손대지 마라. 동물로 다시 태어난 그대의 조상들을 먹어치우게 될지도 모르니 말이다. 전쟁의 신을 멀리하고 사랑의 여신 품에 안겨라. 모든 존재에 대하여 예의를 갖추어라. 다시 태어날 다음 생을 위해 준비하라. 비밀스러운 지식을 깨닫고 미래를 예견하는 지혜를 갖춘 인간이 되기 위하여 준비하라.

영혼의 정화가 충분히 이루어지면 미래를 내다보는 능력을 지니게 될 것이니, 이야말로 신성(神性)을 향한 단계의 마지막이다. 살아왔던 열 번, 스무 번의 생들에서 일어난 모든 일과 목격한 모든 것을 볼 수 있게 될 것이다. 나는 나의 그 많은 생들을 모두 보았다.

나의 벗들이여! 내가 말하는 것들은 모두 진실이다. 나는 무수히 많은 생을 거치는 동안 낯선 이방(異邦)에 머물 때마다 비탄에 잠겨 울부짖었노라. 이제 나는 인간으로서의 나 자신을 완전히 정화하고자 한다. 마침내 신성에 이르고자 한다. 나는 이제 불사(不死)의 신이 될 것이다.

나의 제자들이여! 그대들은 나에게 묻곤 하였다. 육체의 병고를 다스려 고치려면 어떻게 해야 하는지, 영혼을 구제하려면 또 어떻게 해야 하는지. 나는 그대들에게 충분히 답하였다. 그러나 나는 알고 있다. 미움이 지배하는 세상에서 나의 말은 귀먹은 이의 귓가에서 울리는 아우성이라는 것을.

너희는 보지 못하느냐? 너희의 마음이 분별력 없이 어리석은 탓에 지금도 너희가 다른 존재들을 집어삼키며 소멸시키고 있다는 것을. 너희의 욕심이 그칠 줄 모르는 탓에, 반복되기만 하는 운명의 수레바퀴에서 빠져 헤어나지 못하고 있다는 것을. 이제 나는 긴 여행의 마지막에 이르렀다. 여행의 끝은 여행의 시작으로, 여행의 근원으로 돌아가는 것이다. 모든 것을 감싸 안는 신이 되는 것이다. 너희도 신이 되리라. 윤회의 굴레에서 벗어나게 되리라. 신의 정의(正義)가 실현되리라. 밝은 영혼의 광휘가 우주 속에 넘쳐나게 되리라.

사뭇 긴 마지막 말을 마친 엠페도클레스는 분화구 쪽으로 발걸음을 옮겼다. 주저하기는커녕 발걸음이 가벼워 보이기까지 했다. 제자들은 멈춰 서서 스승의 뒷모습이 저편 산등성이 시뻘건 빛 속으로 사라질 때까지 그저 바라볼 뿐이었다. 한 제자가 중얼거렸다. "본래 계셨던 곳으로 돌아가셨어. 신(神)의 자리로 말이야." 화산 연기 사이로 붉은 태양이 보였다. 제자들은 잠시 고개를 들어 바라보았다. '스승의 영혼이 저 태양 마차를 타고 천상을 향하는 중이리라.'

다음은 엠페도클레스에 관한 전설적 일화의 한 대목이다. 그는 어느 날 정치 지도자가 주최하는 성대한 연회에 참석했다. 지도자는 연회 참석자들에게 계속해서 포도주를 권했다. 손님 중 몇몇이 더는 마시기 싫다며 사양했다. 평소에도 거만하기 짝이 없던 지도자는 잔을 내던지며 소리쳤다. "당신들을 술통에 빠져 죽게 하겠다!"

엠페도클레스는 그 모든 일을 지켜보기만 했다. 다음 날 엠페도클레스는 정치 지도자를 법정으로 끌고 가서 재판을 받게 하여 사형 판결을 이끌어 내고야 말았다. 엠페도클레스가 말했다. "자기 뜻대로 다른 사람들을 다루려는 독재의 싹은 공동체를 파괴하는 독초로 자라날 것이다. 자라나기 전에 뿌리를 뽑아 내야 한다."

이런 언행 때문에 인기가 높아진 엠페도클레스에게 시민은 왕이 되어 줄 것을 청했다고 한다. 하지만 그는 거절했다. 스승이자 의사로 남기를 원했다. 그는 신통한 의술로 소문이 자자한 의사이기도 했던 것이다. 그가 손을 대기만 해도 병이 낫는다는 소문이 돌았다. 기적에 가까운 치료 이야기, 예컨대 사실상 죽음에 이른 여인을 소생시켰다는 이야기마저 사실처럼 받아들여졌다. 엠페도클레스를 따르던 사람들은 그가 신이라고 믿기 시작했다. 신이 될 운명을 타고난 사람이라고 생각했다. 그러나 권력자들은 엠페도클레스가 매우 위험한 인물이라고 판단했다. 결국 그는 망명해야 했다.

엠페도클레스가 살던 시대는 오늘날 우리가 알고 있는 것처럼 학문이 다양한 분야들로 나누어지기 훨씬 전이다. 오늘날의 과학적 탐구와 비슷한 것들이 이루어지기는 어려운 상황이었다. 엠페도클레스의 것으로 추정되는 단편적인 글들을 보면, 그는 일종의 원자 이론, 화학 원소 이론, 생존경쟁, 적자생존, 진화 이론 등의 매우 초보적인 단서가 될 만한 생각들을 했던 것 같다. 철학자, 시인, 과학자, 종교가를 겸업하는 사람이 그 모든 영역이 분화되지 않은 상황에서 사색하고 통찰한 결과물이 오늘날 우리가 접하는 엠페도클레스의 단편들이다.

물론 그가 정확한 실험이나 관찰을 통해 그런 생각을 이끌어 낸 것은 아니었다. 요컨대 그는 근대적인 의미의 과학자가 아니었다. 그럼에도 그가 자연의 신비를 캐내어 보려는 진지하고 대담한 노력을 기울였다는 것은 분명해 보인다. 그의 주장들을 실험적으로 검증되지 아니한 가설이라고 간주한다면, 그는 '일종의' 과학자였다고도 할 수 있겠다. 그는 극히 제한된 지식을 바탕으로 경험을 넘어선 영역에 관해서까지 과감하게 설명해 내려는 시도를 한 셈이다.

그가 에트나 산 분화구에 스스로 몸을 던졌다는 '철학자의 자살' 이야기는 아마도 일종의 상징적이고 종교적인 비유일 것이다. 밝고 뜨거운 불 속에서 영혼의 정화를 거쳐 영원한 생명으로 이르는 과정, 윤회의 굴레에서 벗어나 영원한 평화와 안식에 이르는 길. 만일 실제로 그가 분화구에 몸을 던졌다면, 그러한 비유적 의미를 극적으로 강조하기 위한 연출, 목숨을 던진 연출이었을지도 모르겠다.

우리는 엠페도클레스에게서 인간의 보편적인 종교적 심성 같은 것에 바탕을 둔 다양한 종교의 원형과 만날 수 있다. 샤머니즘적인 요소, 기독교적 요소, 인도 사상과 불교적 요소, 오르페우스 신비 종교의 요소 등등. 그는 오늘날 많은 사람이 따르는, 이른바 세계 종교들이 탄생하기 전에 사람들이 지니고 있던 종교적 심성과 태도들을 조금씩 망라한 가르침을 펼쳤다고도 할 수 있다.

그런 그를 최초의 철학자들 가운데 한 사람으로 평가하는 것은 무리라고 생각할 수도 있다. 그러나 종교와 철학과 시와 과학이 갈라지지 않고 하나였던 시대였다는 점을 고려하자. 엠페도클레스의 언행은 마지막 신화이자 최초의 철학이었던 건 아닐까. 그는 그리스 최후의 신이자 최초의 철학자였던 것은 아닐까.

아테네
취재 수첩

소크라테스

Socrates, B.C.469? ~ B.C.399
아테네의 중간 계층 시민으로 태어나 평생 철학을 가르쳤으나 소피
스트와 달리 돈을 받지 않았다. 상대방에게 질문을 던지고 그 과
정을 통해 깨달음을 얻도록 유도하였고, '너 자신을 알라'는 고대
격언이 그를 통해 유명해질 정도로 내면적인 탐구를 중시하였다.
또한 덕과 앎의 일치를 중시하여 실생활에서도 절제에 힘썼다.
70세 즈음에 신을 모독하고 청년들을 타락시킨다는 죄목으로 사
형 판결을 받았다. 저술서를 남기지 않았으나 그와 친분이 있었던
플라톤과 크세노폰 등의 기록을 통해 그의 생애와 사상이 전해진다.

우리는 많은 사람들의 의견을 존중하여 그것을 두려워해야 하는 걸까? 오히려 모든 사람들의 의견을 합친 것보다도 더 존중하고 두려워해야 할 탁월한 전문가가 있는데도 말일세. 그런 사람을 두려워하고 그런 사람 앞에서 부끄러워하며 그 사람의 의견을 따르지 않는다면, 우리는 정의를 향상시키지 못하고 불의로 말미암아 멸망하게 되지 않을까?
— 『크리톤』에서 소크라테스의 말

겨울 폭풍이 몰려오면 성난 얼굴로 바뀌기도 하지만 지중해는 대체로 평온하다. 특히 잔잔한 수면에 아른거리는 햇살의 눈부심은 땅 위에서도 마찬가지여서, 그리스인들이 세운 건물은 햇살의 들고남에 따른 뚜렷한 음영을 하나의 아름다움으로 간직하고 있다. 빛을 머금은 바다와 땅과 그 위에서 사는 사람들. 나는 지금 그 눈부신 바다, 지중해를 건너 위대한 시민이 사는 곳, 바로 아테네로 가고 있다.

아테네는 아름다움과 추함이 기묘하게 조화를 이루고 있는 곳이다. 번쩍거리는 신상(神像)과 대리석 건물들이 찬란하게 서 있는가 하면, 발목까지 빠지는 쓰레기 더미와 진창이 여행자들을 곤혹스럽게 만든다. 그곳에 사는 사람들은 또 어떠한가? 조화를 더없이 사랑하면서도 정치적으로는 불화와 갈등의 소용돌이 속에 살아왔다. 그들은 이 시대 지중해에서 가장 현명한 인물 하나를 재판에 회부해 버렸다.

명민한 지성과 불안정한 정신을 동시에 갖춘 그들은 지금, 바람 속 촛

불과도 같이 몹시 동요하고 있는 듯하다. 이미 얼마 전에도 그들은 위대한 조각가 페이디아스(Pheidias)를 모함하고 거짓된 죄목을 뒤집어 씌워 죽음에 이르게 한 적이 있다. 이 위대한 도시에서 범상치 않은 재능을 지니고 태어난다는 것은 무척이나 위험한 일인 것 같다.

세 명의 고소인들은 이미 자리에 앉아 있고 아테네 시민 5백 명도 배심원으로 참석하였다. 하지만 그들에게서 배심원이 갖추어야 할 신중함이나 진지함은 보이지 않는다. 합리적으로 판단하기보다는 소문과 선동에 휩쓸리기 쉬운 분위기가 감돈다. 그런 가운데 소크라테스만이 아무 말 없이 평온하게 앉아 있다.

그의 풍모는 단연 인상적이다. 70세의 나이지만 걸음걸이는 40대처럼 힘차다. 평생을 거리에서 활동한 철학자답게 얼굴은 무척 검다. 그는 보수를 받지 않고 지혜를 파는 행상이었다. 그는 마치 하나의 청동상 같다. 무성한 턱수염, 둥글고 볼록한 코, 날카로우면서도 자애로운 눈, 두텁지만 친근한 미소를 머금은 것 같은 입술. 괴물과 성인(聖人)의 모습을 반씩 섞어 놓은 것만 같다.

소란스러운 군중을 바라보는 그의 눈길은 제멋대로인 가족들을 염려하며 바라보는 자애로운 아버지의 그것이었다. 툭하면 흥분해서 말썽부리기 일쑤인 자식들을 염려하는 그런 아버지. 사실 아테네인들은 오랫동안 전쟁과 독재자의 폭정과 혁명에 시달려 왔다. 지혜로운 이보다는 이기적인 정치가들이 판을 치는 정치가 이어졌다. 모든 사람이 다른 누군가를 의심하게 된 것도 무리가 아니다. 그런 그들에게서 건전한 판단을 기대한다는 것 자체가 무리일지 모른다. 서기가 고소장을 낭독했다.

"소크라테스는 국가에 죄를 지었습니다. 첫째, 그는 우리 도시가 모시는 신을 거부했습니다. 둘째, 그는 이 도시의 젊은이들을 타락시켰습니다. 이에 따르는 벌은 사형입니다."

소크라테스는 평온을 잃지 않은 모습을 보였다. 그가 자신을 변호하기 전에 먼저 그를 고소한 사람들이 고소 이유를 밝혔다. 고소인 대표자 아니토스는 가죽 상인이었다. 그는 소크라테스에 대해 개인적인 악감정을 지니고 있었다. 그의 아들이 소크라테스의 제자들 가운데 한 사람이었는데, 그는 그것이 늘 못마땅했다. 아들이 가죽 장사 일을 배울 생각은 안 하고 뜬구름 잡는 말만 하며 허구한 날 아테네 거리에서 시간을 보내게 된 것이 모두 소크라테스 때문이라고 생각했던 것이다.

다른 고소인들은 경우가 달랐다. 소크라테스는 적지 않은 아테네 시민에게 성가신 등에나 마찬가지였다. 자신들의 어리석음을 끊임없이 질타하고 조롱하는 소크라테스를 누가 좋아하겠는가. 결국 소크라테스는 위험한 선동가로 지목됐다. 아테네의 질서와 안정을 위협하고 젊은이들의 도덕을 타락시키는 위험한 생각을 공공연하게 전파하고 돌아다니는 인물로 치부됐다. 그런데 한 가지 흥미 있는(?) 사실은, 고소인들이 끝까지 소크라테스의 죽음을 주장할 생각은 없었다는 점이다.

비록 그들이 사형 판결을 요구하고 있었지만 소크라테스가 원하기만 한다면 사형 집행을 모면할 길은 얼마든지 있었고, 고소인들도 그 점을 잘 알고 있었다. 고소인들은 오히려 소크라테스가 그런 길을 선택하기를 바라고 있었다. 요컨대 그들을 소크라테스의 입을 틀어막기를 바라고 있었을 뿐, 그의 생명을 빼앗는 일이 목적은 아니었다.

실제로 아테네의 법률은 소크라테스가 죽음을 피할 수 있는 여지를 마련해 놓고 있었다. 아니토스는 자신이 요구한 극형과, 소크라테스가 원할 경우에 내릴 수 있는 보다 가벼운 처벌 가운데에서 선택해 줄 것을 배심원단에게 요청했다. 결국 문제는 소크라테스 자신이었다. 그의 운명은 그 자신의 손안에 달려 있는 셈이다. 죽음의 형벌 대신 추방을 간청할 수 있으니 말이다. 피고인이 그런 간청을 하면 받아들이는 것이 관례였다. 과연 소크라테스는 어떻게 할 것인가?

이제 소크라테스가 자신을 변호할 차례다. 과연 그는 자신을 어떻게 변호할 것인가? 그의 지난 삶의 여러 단면들을 통해 변호의 방식과 내용을 어느 정도 가늠해볼 수도 있을 것 같다. 방청객 중에도 나와 같은 생각을 하는 사람들이 있어 그들의 말을 슬쩍 엿들어 보았다.

어느 노인이 젊은이에게 말했다.

"나는 스파르타와의 전쟁에서 그와 함께 싸운 적이 있어. 그해 겨울은 정말 추웠지. 땅이 얼어붙고 눈마저 내렸으니까. 우리는 모두 털과 가죽으로 발을 몇 겹씩 둘렀지만 소크라테스는 맨발로 행군했지. 그는 소리쳤어. '어머니이신 대지여! 저는 당신을 제 발밑에서 한시라도 느끼지 못할 때가 없습니다'라고 말이야. 그리고 소리 높여 노래 부르며 당당하게 걸었어. 정말 대단한 참을성과 용기를 지닌 사람이었지."

젊은이가 말했다.

"그랬군요. 정말 아무것도 소크라테스를 괴롭히지 못하나 봐요. 추위도, 배고픔도, 피로도, 모욕도, 위협도 말입니다. 그는 그 모든 것을 가벼운 미소 하나로 그냥 넘겨 버리니 말입니다."

그때 다른 사람이 끼어들며 말했다.

"포도주도 그를 어쩌지 못하지요. 저는 그 유명한 향연에 대해서 들은 적이 있거든요."

옷차림으로 보아 그는 이집트에서 온 사람인 것 같았다. 그가 말을 계속했다.

"왜 그 향연 있지 않습니까? 소크라테스가 친구들과 어울려 날이 새도록 술을 마시며 사랑에 대해서 이야기를 나누었다는……"

노인이 말을 가로막으며 말했다.

"아! 당신은 그가 해가 뜰 무렵까지 깨어 있었다는 말을 하고 싶은 거로군요. 다른 사람들은 모두 취해서 곯아떨어졌는데도 말입니다. 소크라테스는 아폴론 신을 기리며 마지막 잔을 비운 뒤, 여느 때처럼 젊은이들을 가르치러 거리로 나갔지요."

그 때 소크라테스로부터 가르침을 받은 젊은이 하나가 말했다.

"저는 바로 그날 저분과 이야기를 나누었습니다. 그날도 어김없이 저분은 이 도시에서 가장 맑게 깨어 있는 사람이었습니다."

그때 또 다른 사람이 참견하며 말했다.

"바로 그래서 소크라테스가 오늘 재판을 받게 된 겁니다. 정치가들은 자신들이 깊이 잠들어 있다는 것을 깨닫기 싫어하는 법입니다."

처음 말문을 열었던 노인이 다시 말했다.

"그는 평생 동안 권력 앞에서 비굴하게 굴거나 흉중에 있는 말을 하지 못한 적이 한 번도 없지."

이집트 사람이 말했다.

"하지만 이 재판에서도 변함이 없을까요? 목숨이 걸려 있는 재판이 아닙니까?"

노인이 답했다.

"그는 지금까지 살아왔던 그 모습 그대로일 것이 틀림없습니다. 그는 전쟁터에서 동료들을 구하기 위해 목숨을 걸었던 적이 한두 번이 아니었거든요. 어떤 위기에서도 소크라테스는 똑바로 걸어갈 겁니다."

"음……. 여하튼 지켜봐야겠어요."

잠깐의 휴정이 끝나고 소크라테스가 변호할 시간이 되었다. 그는 계속 어떤 무아지경에 빠져 있는 것 같았다. 그 모습을 본 노인이 주위 사람들에게 조용히 말했다.

"저건 그의 독특한 습관들 가운데 하나지. 예전에 전쟁에 참가했을 때 그는 깊은 생각에 잠긴 채 하루 밤낮을 꼬박 서 있기도 했었거든. 나는 그런 그를 오랜 시간 지켜보았지만 정말 털끝 하나 움직이지 않더군."

이집트 사람이 말했다.

"지금도 털끝 하나 움직이지 않는군요. 마치 침묵 속에서 누군가와 이야기라도 나누는 것 같아요."

소크라테스의 제자가 말했다.

"아마 정말로 그럴 겁니다. 저분은 지금 신에게 자신이 어떻게 행동해야 할지 묻고 계실 겁니다."

노인이 고개를 끄덕이며 말했다.

"그 말이 맞아. 깊은 생각에 잠겨 미동도 하지 않는 소크라테스에게 내가 농담으로 이렇게 말한 적이 있었지. '신으로부터 무슨 메시지라도 전달받는 모양이지요?' 하고 말이야. 그러자 그는 말했어. '친구여, 그대의 말이 맞네. 나는 지금 신의 목소리를 듣고 있지. 신은 나에게 무엇을 해야 하며 무엇을 하지 말아야 할지 가르쳐 주고 있다네'라고 말이야."

소크라테스의 제자가 말했다.

"정말 궁금하군요. 지금 저분이 듣고 있는 신의 메시지는 어떤 내용일까요?"

노인이 답했다.

"이제 곧 알게 되겠지."

이윽고 소크라테스의 무아지경도 끝이 났다. 방청객이 모두 자리에 앉자 소크라테스가 일어났다. 침착한 모습이었다. 나지막하고 차분한, 그러나 확고부동한 목소리였다. 도전이나 반항의 분위기는 전혀 없었고 불분명함이나 머뭇거림도 없었으며, 두려움 따위도 없었다. 지금까지 인간의 입에서 나온 그 어떤 말보다도 강한 신념을 담고 있었다. 자신의 행동을 변호하는 말도, 자비를 구하는 말도 아니었다. 그것은 오히려 일생에 걸친 신념을 재확인하는 말에 가까웠다. 자신의 생각과 말과 행동이 올바른 것이었음을 확신하는 사람만이 할 수 있는 그런 말이었다.

"여러분! 이 소크라테스에게 잠깐이나마 주의를 기울여 주시기 바랍니다. 그리고 이 소크라테스보다는 진리에 주의를 기울여 주시기 바랍니다. 고소한 사람들의 말이 너무나 그럴듯했기에, 저 자신조차도 제가 누구인지 잊어버릴 지경이로군요. 그러나 그들의 말은 진리와는 거리가 멀다고 말씀드리지 않을 수 없습니다. 그들은 여러분이 제 말에 귀가 솔깃해하는 것을 무척이나 두려워하고 있는 것 같습니다. 하지만 여러분도 잘 아시겠지만, 저는 그렇게 능수능란한 말재주꾼이 못 됩니다. 저는 열변을 토하는 웅변가가 아니며 배심원들을 단번에 설득시키는 법률가도 아닙니다. 단지 정의를 추구하는 평범한 한 사람에 불과합니다.

그러니 여러분, 제가 법정에서 사용하는 말투를 쓰지 않더라도 이해해 주십시오. 법정에 선 것은 제 칠십 평생에서 이번이 처음이기도 하니 말입니다. 저는 그저 제 방식대로 말하고자 합니다. 제발, 제가 말하는 방식에 주의를 기울이지 마시고, 제가 하는 말이 담고 있는 진리 그 자체에 주목해 주셨으면 합니다. 저는 저를 고소한 사람들이 말하는 혐의 가운데 그 어느 것에도 해당하지 않습니다."

소크라테스는 자신의 혐의에 대해서 반박했다. 많은 사람이 소크라테스를, 신을 믿기에는 자신이 너무나 현명하다고 확신하는 사람으로 알고 있었다. 그러나 그는 말했다.

"저는 결코 현명하지 못합니다. 저는 제가 도무지 아무것도 모른다는 사실을 잘 알고 있으니까요. 모른다는 사실을 알고 있다는 것, 이 때문에 아마도 여러분이 저를 탁월한 지혜를 갖춘 사람으로 생각할 수도 있겠군요. 사람들 대부분은 그들이 모르고 있다는 사실조차 모르고 있으니 말입니다."

그 말은 마치 고소한 사람들의 오만을 꼬집는 것처럼 들렸다. 소크라테스는 지금 하고 있는 말이 자신의 목숨을 위태롭게 한다는 것을 잘 알고 있었다. 그러나 그는 결코 목숨을 구걸하려 하지 않았다.

"여러분! 진리야말로 저의 삶의 유일한 목표였습니다. 구두 수선공이 신발 고치는 기술을 잘 알아야 하듯이, 위정자들이 나라를 다스리는 기술에 대해서 제대로 알아야 한다는 것, 제가 이 도시의 권력자들에게 하고자 했던 말은 그것밖에 없습니다. 저는 그 점을 일깨우려고 노력하는 것이야말로 제가 신에게 바칠 수 있는 최상의 헌신이라고 판단했지요. 너무나 몰두한 나머지, 저는 저 자신의 개인적 삶을 알뜰하게 돌볼 시간도 별로 없었습니다. 잘 아시겠지만, 저는 그런 일에 전념하느라 무척 가난하게 살아왔습니다."

소크라테스는 자신이 신을 숭배하지 않는 사람이 결코 아니며, 오히려 유일하게 신을 제대로 섬기는 사람임을 주장하였다. 그는 정의가 무엇이며 진리가 무엇인지 일깨우기 위해 노력하는 것이 바로 신에 대한 자신의 헌신이라고 보았다. 법정이 소란스러워졌다. 벌집을 들쑤셔 놓아 벌들이 윙윙거리는 것과 비슷했다. 소크라테스가 가만히 손을 들자 점차 소란이 잦아들었다. 그리고 그는 두 번째 혐의에 대해 반박했다. 그는 자신을 고소한 사람 가운데 하나를 증인석으로 불렀다. 그 사람은 시인 멜레토스였다. 그 역시 소크라테스에 대해 개인적으로 좋지 않은 감정을 지니고 있었다.

소크라테스는 멜레토스가 심원한 지혜를 말하지 않고 다만 화려한 수사의 재치만 부린다고 보고 있었다. 소크라테스는 평소에 젊은이들과 나누던 대화의 방식을 사용하여 고소인 밀레토스와 이야기를 나누었다. 결국 멜레토스는 아테네의 모든 사람들이 젊은이들을 올바른 길로 이끌 수 있지만 소크라테스만이 그렇게 할 수 없다는 말을 하기에 이르렀다. 소크라테스를 제외한 모든 사람들이 현명하다는 어리석은 주장을 펴게 된 셈이었다. 소크라테스와 밀레토스의 대화를 지켜보던 사람들은 그 어리석음에 실소를 금하지 않을 수 없었다.

"이제 멜레토스가 주장하는 저의 혐의에 대해 충분히 반박했다고 생각합니다. 제가 이 도시에 너무나 많은 적을 만들어 놓았다는 사실을 새삼 깨닫게 되는군요. 아마도 생각하는 것을 솔직하게 말하고야 마는 저의 습관 때문이겠지요. 제가 누군가로부터 비난을 받는다면 그것은 멜레토스의 비난도, 아니토스의 비난도 아닐 겁니다. 그보다는 이 세상에 만연되어 있는 질투와 시기, 비방과 중상 탓일 겁니다. 그 때문에 정말 많은 선한 사람들이 죽음에 이르렀고, 앞으로도 계속 그렇게 되겠지요. 제가 그런 세상에 의해 희생되는 마지막 사람은 아닐 겁니다."

소크라테스는 이미 자신의 운명을 스스로 결정하고 있는 듯했다. 털끝만큼의 두려움도 없이 말이다.

"정말로 선한 사람은 자신의 목숨에 연연하지 않습니다. 그보다는 자신의 행동이 올바른지 아닌지에 연연하는 법이지요. 이 세상에서 가장 큰 비극이 있다면 그것은 죽음이 아니라 불명예일 겁니다."

자신을 죽음에 이르게 할지도 모르는 말을 이렇게 마구 내뱉는 소크라테스의 태도는 단순히 허장성세에 불과한 것일까? 아니면 그저 남다른 용기 때문일까?

"죽음이라는 것이 실제로는 가장 큰 선이 될 수도 있다는 사실을 아무도 모르는 것 같군요. 여러분이 저를 죽이고야 만다면, 여러분은 저 소크라테스의 명예를 손상시키는 것이 아니라 바로 여러분 자신의 명예를 심각하게 손상시키는 꼴이 되고 말 겁니다. 목숨이 달아나는 저보다도 오히려 저의 목숨을 앗아가는 여러분이 큰 아픔을 겪게 될 겁니다. 고결한 행동으로 여러분을 이끌고자 하는 한 사람을 여러분 곁에서 떠나게 하는 결과를 낳을 뿐이니까요."

사람들이 웅성거리기 시작했다.

"제발 저를 방해하지 말아 주십시오. 아테네 시민 여러분, 잘 아시겠지만 저는 위험 앞에서 주저하거나 겁먹은 적이 없습니다. 저는 독재 정부와 민주 정부 아래에서 살아왔지만, 두 체제하에서 모두 그 지도자들을 꾸짖었습니다. 그들은 이 위대한 도시의 가장 훌륭한 시민을 사형시키곤 했으니까요. 자신이 관리하는 선한 양 떼의 숫자를 줄이는 능력을 자랑스럽게 생각하는 목동이라니! 정말로 훌륭한 목동이라면 그렇게 행동하지 않는 법입니다. 위대한 아테네의 시민 여러분, 이상이 제가 하고 싶은 말의 전부입니다.

저는 목숨을 구걸하지 않겠습니다. 저는 나무나 돌로 만들어진 존재가 아니라 피와 살로 되어 있는 존재입니다. 저에게는 아내와 세 자식이 있습니다. 저는 여러분의 동정심을 유발할 요량으로 가족들을 이 법정에 데려오는 따위의 일을 하지 않았습니다. 제가 원하는 것은 여러분의 동정심이 아니라 다만 정의일 뿐입니다. 부디 감정에 좌우되지 마시고 오직 이성에 의지하십시오. 여러분의 의무는 저의 목숨을 살려주거나 빼앗는 것이 아니라, 법에 따라 판결하는 일입니다. 저는 신의 법을 굳게 믿습니다. 저를 고소한 사람들이 의지하는 그 어떤 것보다도 숭고한 법 말입니다. 이제 여러분에게나 저에게나 최선의 판결이 과연 무엇인지, 올바르게 판단해 주시기 바랍니다."

이제 재판이 끝나가고 있다. 배심원들이 표를 모으고, 지켜보던 사람들 사이에서는 격론이 일어났다. 과연 어떤 판결이 내려질 것인가? 무죄? 추방? 종신형? 사형? 이윽고 배심원들의 표가 모두 집계되었다. 무죄 220표, 사형 280표였다. 소크라테스는 과연 어떤 반응을 보일 것인가? 아테네의 법률에 따르면 그는 추방의 길을 선택할 수 있다.

"아테네 시민 여러분! 여러분은 저에 대한 처벌로 저의 죽음을 택하셨습니다. 그러면 저는 저 자신에 대해서 어떤 처벌을 내려야 할까요? 너무도 분명합니다. 여생 동안 저의 사적인 이익을 구하지 않고 오직 여러분만을 위해 제가 해야 할 일이 무엇이겠습니까? 아테네 정부의 공금으로 저를 부양하여, 제가 생계를 걱정하지 않고 여러분을 올바른 길로 인도하는 일이 아닐까요? 이것이 제가 저지른 죄에 대해 저 자신이 내리는 처벌입니다."

법정에 큰 소란이 일어났다.

"정말 뻔뻔스러운 사람이야!"

"위대한 용기가 아닌가!"

"독배를! 그에게 독배를!"

온갖 욕설과 성난 눈길, 높이 흔들어 대는 주먹으로 법정 안은 아수라장이었다. 소크라테스는 다시 말을 이었다.

"몇 마디 더 남았습니다. 여러분, 진정해 주십시오. 저는 추방의 길을 선택하지 않겠습니다. 저는 어디를 가든지 진리를 말하지 않을 수 없습니다. 그러니 제가 어디를 가더라도 여러분은 저의 쓴소리를 듣게 될 것이고, 여러분은 또다시 참을 수 없을 겁니다. 저는 죽을 준비가 다 되어 있습니다.

제가 죽음을 두려워해야 할 까닭이 도대체 무엇일까요? 죽음이란 도대체 무엇일까요? 우리가 죽음에 이르면 도대체 어떤 일이 일어날까요? 꿈을 꾸지 않는 깊은 잠에 빠진 상태, 아무런 의식이 없는 상태일 수도 있습니다. 또는 새로운 세계를 향해 여행을 떠나게 될 지도 모르겠습니다. 그곳에서 우리는 가장 고결했던 그리고 가장 현명했던 지난날의 인물들과 만날 수 있을 겁니다. 어떤 경우든지, 저는 축복 받은 사람이라 하겠지요. 이제 떠나야 할 시간이 되었군요. 우리는 각자 다른 길을 가게 되겠지요. 저는 죽음의 길로, 여러분은 삶의 길로. 그러나 과연 어떤 길이 더 나은 운명일지는 오직 신만이 알고 있을 겁니다."

소크라테스는 감옥에 갇혀 죽음을 기다리게 되었다. 그런데 집행이 이루어지기 수일 전부터 이상한 소문이 나돌았다. 소크라테스의 친구 몇 사람이 그를 탈출시키려는 계획을 진행시키고 있다는 소문이었다. 더구나 사형 판결을 내린 시민도 그런 계획을 알고 있었지만 일부러 모르는 척 하고 있다는 것이었다. 그것은 이미 공공연한 사실이었다. 그런데 문제가 하나 있었다. 바로 탈출 계획의 주인공이라고 할 수 있는 소크라테스 자신이었다. 계획을 설명하려고 감옥을 찾은 친구 크리톤에게 소크라테스는 거부 의사를 분명히 밝혔다.

"나는 이 위대한 도시의 법률을 지키며 살아왔네. 나는 법을 준수해야 할 의무를 지니고 있어. 어떻게 내가 법을 지키지 않는 사람의 표본이 될 수 있겠나?"

이 늙은 철학자는 삶의 마지막까지 곧바르게 전진할 것을 고집한 것이다. 그의 마지막 날은 재판이 끝나고 나서 한 달 뒤에 찾아왔다. 친구들

이 감옥을 방문하여 하루 종일 그와 함께 있었다. 아침 일찍 아내와 자식들이 찾아왔지만 소크라테스는 집으로 그들을 돌려보내고 친구들에게 말했다.

"비탄과 울음 속에서 나의 마지막 순간을 보내기는 싫다네."

법정에서와 마찬가지로 마지막 날 역시 소크라테스는 감옥에 모인 사람들 가운데 가장 침착하고 평온한 사람이었다. 그는 친구들에게 영혼의 불멸에 대해 이야기했고, 새로운 삶에 대한 희망을 들려주었다. 그것은 유언이라고 보기는 어려울 정도로 새로운 기대가 가득한 말이었다. 몸 자체가 하나의 감옥이며 영혼은 영원한 해방을 기다리는 수인(囚人)과도 같다는 메시지였다.

마지막 날은 유달리 빨리 지나갔다. 하지만 그는 여전히 평온했으며, 서둘러 말하지도 않았다. 그는 주제를 바꾸어 가며 친구들에게 정말 많은 말을 했다.

특히 그는 몸은 악기와 같고 영혼은 그 악기가 연주하는 음악과 같다는 점을 강조했다. 그리고 이렇게 설명했다. "설혹 악기가 부서진다고 해도 그 음악만은 파괴할 수 없다. 실로 몸의 불완전함으로부터 벗어나 정화된 영혼이야말로 진실로 살아 있는 영혼이라고 할 수 있다. 마치 현악기의 줄이 끊어지듯이 우리의 목숨이 끊어진다고 해도 슬퍼할 필요가 없다. 그것은 기껏해야 불완전한 물질에 불과하기 때문이다. 오히려 영혼이 몸에서 해방되어 영원한 자유를 찾아 신을 향하게 된 것을 즐거워해야 마땅하다."

그 자리에 있던 소크라테스의 친구로부터 내가 직접 들은 바로는 마지막 순간이 찾아오자 그는 이렇게 말했다고 한다.

"백조를 보게나. 죽는 순간에 이르면 백조는 가장 아름다운 노래를 부른다지. 백조가 본능적으로 음악의 신이기도 한 아폴론 신의 부르심을 느끼기 때문이지 않겠나? 명색이 철학자임을 자처하는 내가 백조보다도 못한다면 말이 되겠나?"

이제 소크라테스의 마지막 노래도 끝이 날 참이었다. 일몰 시각이 다 되자 간수가 감옥 안으로 들어왔다.

"소크라테스여, 저를 용서하십시오. 저는 아테네 정부의 명령에 따라 당신에게 독배를 건넬 수밖에 없습니다."

돌아서는 간수는 한 손으로 눈물을 훔치고 있었다. 그 자리에 있던 모든 사람이 비탄에 사로잡혀 흐느끼기 시작했다. 그러나 소크라테스는 요지부동이었다.

"이 무슨 망령된 행동들인가? 이런 장면이 벌어질까 염려하여 아녀자들을 모두 돌려보냈건만……. 제발 마음을 가라앉히고 조용히 하게나."

그의 말에 부끄러워진 친구들은 겨우 슬픔을 진정시켰다. 소크라테스는 독배를 기울여 단숨에 마시고 감옥 안을 걸어 다니기 시작했다. 그리고 가벼운 미소를 지으며 친구들의 어깨를 하나하나 가볍게 두드려 주었다. 다정한 격려와 위로의 말도 잊지 않았다. 독기가 다리에까지 미치자 그는 더 이상 걸을 수 없었다. 그는 가만히 누웠고, 걸치고 있던 옷으로 자신의 얼굴을 덮었다. 크리톤이 친구들에게 속삭였다.

"이제 독이 그의 심장 안에 완전히 퍼졌어. 이제 끝났군."

그런데 갑자기 소크라테스가 얼굴을 덮은 옷을 걷더니 말했다.

"크리톤! 나는 치료의 신 아스클레피우스에게 빚을 지고 있다네. 자네가 대신 갚아 줄 수 있겠나?"

삶의 끊임없는 굴곡과 부침으로부터 그를 해방시켜 줄 치료의 신에게 감사를 표하는 것 같았다.

"그렇게 하겠네. 그 밖에 또 다른 것은……?"

더 이상 대답이 없었다. 독이 온몸 구석구석까지 퍼졌던 것이다. 크리톤은 아무 말 없이 소크라테스의 눈과 입을 닫아 주었다. 고소인들이 원하던 대로 소크라테스의 입술은 더는 열리지 않았다. 그날도 어김없이 지중해의 햇살은 맑았고 바다는 더없이 푸르렀다. 한 위대한 현인의 죽음에는 아랑곳없이 말이다.

완전한 나라의 그림

플라톤

Plato, B.C.427? ~ B.C.347?

아테네의 명문 귀족 출신으로 스무 살 무렵 소크라테스의 문하로 들어가
그의 가르침에 깊은 감화를 받았다. 스승 소크라테스가 정치 싸움의
희생양으로 처형되자 아테네를 떠나 여러 곳을 여행하며 다양한 사
상을 접하다 40세쯤 아테네로 돌아와 '아카데미아'라는 학교를
창설한다. 소크라테스의 죽음을 계기로 민주주의에 비판적 시각
을 가진 뒤 독자적으로 정립한 국가관을 시라쿠사에서 실현하려
했으나 정치적 음모와 반대로 실패하였다. 그 뒤 고향으로 돌아
와 제자들을 양성하고 학문에 매진하면서 여생을 마감하였다. 특
히 『소크라테스의 변명』, 『국가』, 『법률』, 『향연』 등의 주요 저작들
은 후세에 막대한 영향을 미쳤다.

무엇이 민중의 선도자에서 참주로 바뀌는 시초일까? 민중의 선봉에 선 자도 이와 마찬가지로 아주 잘 따르는 군중을 거느리고서, 동족의 피를 흘리는 것을 삼가지 않고 사람을 부당하게 고발하며 법정으로 이끌고 가서는 그를 살해하네. 사람의 목숨을 사라지게 하여, 경건하지 못한 혀와 입으로 동족의 피를 맛보고, 추방하며 살해하고, 채무의 무효화와 토지의 재분배에 대한 암시를 하네.

— 플라톤, 『국가』 중에서

스승 소크라테스가 세상을 떠나자 플라톤은 아테네에서 탈출했다. 이때 그의 나이 28세였다. 플라톤은 스승이 글로 남기지 않은 진리를 기록하여 후세에 전하고자 했다. 다행히도 그는 자신의 목표를 달성하기에 조건이 좋아서 스승의 생각을 나름대로 풀이하고 해석하여 거의 창조에 가까운 업적을 남겼다. 귀족 출신에 부유하고 튼튼한데다 영리한 머리까지 갖춘 덕분이었다. 플라톤의 진짜 이름은 아리스토클레스(Aristokles)였지만, 한 친구가 그의 넓고 튼튼한 어깨를 보고 그리스어로 '넓다'는 뜻을 지닌 플라톤이라는 별명을 지어 주었고, 이것이 그의 진짜 이름처럼 통용되었다. 그는 이렇게 말하곤 했다.

"나는 다음과 같은 이유로 신에게 진심으로 감사드린다. 내가 그리스인으로 태어난 것, 내가 남자로 태어난 것, 내가 노예가 아닌 자유민으로 태어난 것, 그리고 무엇보다도 내가 소크라테스가 활동하던 시대에 태어난 것."

그가 아테네에서 탈출한 다음 12년 동안 무엇을 했는지는 자세히 알 길이 없다. 플라톤의 생각이 품고 있는 놀랍도록 광범위한 요소와 성격 때문에 그가 이집트는 물론 심지어 인도나 팔레스타인 지역까지 여행했으리라 추정하는 사람도 있다.

플라톤은 새로운 나라, 일찍이 없었던 전혀 새로운 나라의 그림을 그리고자 했다. 그 그림에는 스파르타의 그림자가 비교적 짙게 드리워져 있다. 스파르타인들은 사실상 공동생활을 하고 있었다. 과도한 부나 극도의 가난은 찾아볼 수 없었고, 국민은 국가를 위해서만 일하고 또 그것에서 각자가 필요로 하는 만큼만 취했다. 아무도 금은이나 보석류를 지닐 수 없었고, 돈은 일부러 철을 사용하여 크고 무겁게 만들어 많은 양을 지니거나 쌓아놓지 못하게 했다.

그들은 경제적으로 평등했을 뿐 아니라 성품도 거의 비슷했다. 그들이 하는 유일한 사업은 전쟁을 벌이는 것이었기에, 아이들 가운데 강인한 신체를 지닌 아이만 키우고 그렇지 못한 아이는 내버렸다. 그렇게 살아남은 아이들은 상급자에게 절대복종하는 것과 싸우는 방법을 철저하게 교육받았다. 요컨대 스파르타는 나라 전체가 하나의 거대한 병영이었다.

스파르타의 정치와 제도에 대한 플라톤의 심정은 존경과 실망이 반씩 섞인 것이었다. 그래서 스파르타가 지닌 장점은 택하고 단점은 버리거나 변형시켜서 새로운 나라, 이상적인 국가의 밑그림으로 삼았다. 플라톤은 이상적인 나라라면 적의 공격에서 나라를 지켜낼 수 있을 만큼 강해야 하지만, 동시에 적을 친구로 만들어 버릴 수 있을 정도로 고결함도 지녀야 한다고 생각했다.

긴 여행에서 돌아온 플라톤은 아테네에서 비교적 평온하게 지냈다. 스승 소크라테스를 죽음으로 몰고 갔던 아테네인의 광기도 잦아든 상태였다. 플라톤은 책을 쓰고 가르치는 일에 몰두했다. 그는 아테네 근교에 아카데미아(academia)라는 학교를 열었다. 그곳에서 제자들과 함께 냇가나 올리브 나무 아래를 천천히 거닐며 철학을 논했다. 그들이 논한 철학은 이론적인 공리공담(空理空談)에 그치지 않았으니, 정의가 실현되어 있는 이상적인 국가는 어떠해야 하는지를 구상하는 철학이기도 했다. 플라톤이 그런 국가를 꿈꾸게 된 바탕에는, 소크라테스처럼 현명하고 올바른 이를 죽음으로 몰고 간 아테네에 대한 환멸이 자리 잡고 있지 않았을까? 플라톤이 꿈꾼 이상적인 국가를 방문해 보자.

– 이 나라의 어린이와 학생들은 모두 서로를 형제자매로 생각한다고 들었습니다.

그렇습니다. 우리나라의 어린이와 학생들은 정말로 모두가 형제이고 자매들이지요. 모든 아이가 계획된 짝짓기를 통해 태어납니다. 가장 우수한 자질을 지닌 이들끼리 짝을 이루어 아이를 낳고, 또 그다음 수준으로 뛰어난 이들끼리 아이를 낳고, 뭐 이런 식이지요. 우수한 국민을 탄생시키기 위해서는 우수한 남성과 우수한 여성 사이에 짝짓기가 이루어져야 하지 않겠습니까?

‐ 그렇다면 가족은 어떻게 구성되는 겁니까?

우리나라에서 개인적인 혼인이란 있을 수 없고 가족도 꾸릴 수 없습니다. 모든 남자와 여자가 어린이를 공동으로 기르니까요. 아이가 태어나자마자 부모에게서 떨어뜨려 공동 유아원으로 보냅니다. 아무리 부모라고 해도 자신의 아이를 안아 보지 못하지요. 물론 아이들도 자신의 부모가 누구인지 잘 모릅니다.

‐ 그건 너무 인정머리 없는 처사가 아닐까요?

오히려 그 반대랍니다. 어린이에게 상처 입히기 쉬운 부모들의 이기적인 사랑과 집착이 들어설 수 없으니까요. 누구도 자신의 아이가 남의 아이보다 뛰어나다거나 하는 따위의 자랑을 할 수도 없어요. 모든 성인이 모든 아이의 공동의 부모니까요. 우리는 말뿐만이 아닌 행동으로도 보편적인 형제애를 실천하고 있는 셈이지요.

‐ 그렇다면 교육은 구체적으로 어떻게 이루어집니까?

가장 우수한 사람을 윗자리에 앉히기 위해 고안한 교육 시스템을 자랑하고 싶군요. 우선 스무 살이 될 때까지는 모두 같은 교육을 받습니다. 주로 몸을 단련하는 체육 활동과 마음의 조화를 위한 음악 교육, 그리고 영혼을 강건하게 해 주는 종교 교육을 시행합니다.

- 스무 살이 지나면 어떻게 되나요?

스무 살이 지나면 누구나 일단 첫 번째 시험을 치러야 합니다. 우리는 젊은이들에게 무시무시한 고통과 고난을 부과하고, 싸움에 참여시킵니다. 그런 시련을 견디지 못하고 탈락하는 이들은 낮은 직책을 맡게 됩니다. 물건을 만들거나, 사고팔거나, 농사를 짓거나, 문서를 기록하는 것과 같은 일이지요. 우리나라에서 어느 직책을 맡는가 하는 건 전적으로 능력과 자질로 결정합니다. 혈통과 출신 성분 따위는 고려의 대상이 되지 못합니다.

- 그 첫 번째 시험을 통과한 사람들은 어떻게 되나요?

그들은 서른 살이 될 때까지 더 높은 수준의 교육을 받을 수 있습니다. 그리고 다시 두 번째 시험을 치릅니다. 두 번째 시험에서 떨어진 이들은 첫 번째 시험에서 떨어진 이들보다는 한 단계 높은 직책을 맡습니다. 관리나 군대의 고급 장교가 되는 거지요. 그리고 두 번째 시험을 통과하는 극소수의 사람들은 5년 동안 철학을 배웁니다. 그들이 배우는 철학이란, 이 세상에서 눈으로 볼 수 있는 모든 것들의 원형이자 완벽한 모델인 이데아를 파악하는 것입니다.

- 이데아를 파악하는 철학이라……. 그거 쉽지 않겠는데요.

그렇습니다. 우리나라를 설계한 플라톤 선생은 이렇게 말씀하셨지요. "이 세상은 하나의 불완전한 복사판에 불과하다. 지상의 모든 것은 천상에 있는 이데아의 복사판 그림들이다." 이를테면 당신이 아무리 이 지상에서 삼각형을 그려 봐야 내각의 합이 180도가 되는 완전한 삼각형을 그리는 건 불가능하지요. 그런데도 당신은 기하학 책에 그려져 있는 불완전한 삼각형을 가지고서 기하학 문제를 맞출 수 있습니다. 불완전한 삼각형을 완전한 삼각형인 것처럼 생각하는 겁니다. 어떻게 이런 일들이 가능할까요?

– 글쎄요……

그건 당신이 이데아의 세계에서 완전한 삼각형, 곧 삼각형의 이데아를 본 적이 있기 때문에 가능합니다. 영혼이 육체라는 감옥에 갇히면서 당신은 이데아의 세계를 잊어버렸지만, 불완전하나마 이 지상에서 삼각형을 볼 때마다 어렴풋이 옛 기억이 떠오르는 겁니다. 그런 회상 때문에 당신은 기하학을 이해할 수 있는 겁니다.

– 선뜻 믿기 어려운 얘기지만, 그럴 수도 있겠네요.

사람을 예로 들어 볼까요? 사람의 이데아는 아주 실제적인 것입니다. 그건 이 지상이 아닌 그 어딘가에 분명히 존재합니다. 마치 태양 같다고 할까요. 태양이 땅 위의 진흙에 빛을 내리쬐어 진흙이 빛나는 것처럼, 당신이나 나 같은 사람들은 모두 이데아에 의해 비로소 인간일 수 있는 겁니다. 진흙 덩어리가 마르면 더 이상 태양 빛을 반사할 수 없듯이, 우리의 육체가 죽으면 영혼은 육체를 떠나 버립니다. 진흙은 말라 빛을 잃어도 저 하늘의 태양만은 밝게 빛나고 있습니다. 사람이 죽어 생명을 잃어도 그 영혼만은 사람의 이데아로서 하늘에 올라가 죽지 않습니다.

- 비유적으로 말씀하시니 솔깃해지기도 합니다만, 그렇다면 우리가 눈으로 보고 만지고 느낄 수 있는 이 세상의 모든 게 하찮은 존재라는 건가요?

우리가 감각으로 알 수 있는 모든 건 재빠르게 지나가는 덧없는 그림자에 불과합니다. 이에 비해 그런 모든 것의 이데아는 감각이 아닌 이성으로 파악할 수 있는 존재, 더구나 시간의 지배를 받지 않는 영원한 존재지요. 그림자는 사라져도 그림자를 만드는 빛은 영원합니다. 빛이 없으면 그림자는 없지요. 그런 이데아들은 마치 낱낱의 음이 모여 아름다운 화음과 노래를 만들 듯이, 완벽한 조화를 이루고 있습니다. 이 조화는 사람과 사람 사이의 관계에서도, 별들의 운행에서도 구현되고 있습니다. 그런 조화를 우리는 정의(正義)라고 일컫습니다.

- 굉장하군요. 우주 전체가 조화를 이루고 있는 상태를 정의라고 하는 모양이지요?

그런 셈입니다. 당신도 우리나라에서 태어나 교육을 받았더라면 제법 잘 해냈겠는데요.

– 시험을 다 통과한 사람이 어떻게 되는지 말씀해 주시지 않으셨습니다.

아, 죄송합니다. 마지막 시험을 통과한 남자와 여자에게는 철학을 가르쳐 우주의 완전한 조화를 깨우치게 합니다. 끊임없이 변화하고 소멸하는 이 세계의 현상들을 보고서 그 배후에 깔린 불변의 본질과 조화를 이해하게 하는 훈련이지요. 그 훈련에서는 특히 조화에 대한 통찰을 우리의 일상적인 삶에 적용하는 능력이 강조됩니다. 다시 말하면 참으로 올바른 정치를 펴는 능력을 집중적으로 훈련하는 겁니다.

– 그럼 결국 그들은 나라를 다스리는 이들이 되는 건가요? 어려운 시험을 두 번 통과하고 철학을 배운 뒤에 말입니다.

오! 아닙니다. 아직도 그들 앞에는 커다란 난관이 기다리고 있습니다. 그들은 철학 공부를 마치자마자 세상으로 나가야 합니다. 그때쯤이면 대략 35세 정도가 되는데, 이후 15년 동안 그들은 배운 것을 세상 속에서 시험하고 실천하는 노력을 해야 합니다. 그들은 세상 사람들의 마음을 휘젓고 있는 질투, 야망, 증오, 탐욕의 폭풍우를 뚫고 날아올라야 합니다. 이 최종 시험에서 확고한 윤리적 신념과 기준을 꺾지 않고 지켜 내는 극소수만이 우리나라를 다스리는 통치자가 될 수 있습니다.

통치자는 생존을 위해 필요한 것들만 가질 수 있습니다. 가정도 꾸릴 수 없습니다. 자기 소유의 집을 지녀서도 안 됩니다. 왕을 상징하는 의전용 상징물을 제외하면 귀금속도 가질 수 없습니다. 음식물도 심신의 활력을 유지하는 데 필요한 최소한의 것만 공급받습니다.

– 정말 까다롭기 짝이 없군요. 그래서 누가 통치자가 되려고나 하겠습니까? 난 시켜 준다고 해도 안 할 것 같습니다.

그래도 어쩔 수 없습니다. 이상적인 국가라면 당연히 강인하게 단련된 심신을 갖추고, 고결한 성품까지 지닌 사람이 다스려야 하니까요. 이렇게 엄격한 시험을 여러 차례 거치고 고도로 훈련된 통치자, 즉 철인왕(哲人王) 혹은 철인여왕(哲人女王)만이 우리에게 평화를 안겨 주고 모든 인간이 조화롭게 살 수 있게 해 줍니다. 철학자와 왕은 일치되어야만 합니다.

– 철인왕이 다스리면 뭐가 다른가요?

사업하는 사람은 분에 넘치는 재산을 쌓지 않습니다. 일하는 사람은 일한 만큼 이상의 보수를 요구하지 않습니다. 범죄자들은 마음이 병든 사람으로 취급받으며 병원에 보내집니다. 그들은 병원에서 음악이나 종교 같은 수단을 통해 치료받으면서 교화됩니다. 우리나라에는 법관이나 변호사가 없답니다. 법조문도 그다지 많지 않습니다. 플라톤 선생은 '지나치게 자세한 법률이 사람의 행위를 규제하고 간섭할수록 법률을 어기는 사람들을 늘어난다'고 생각했답니다. 사람은 사법 기관과 법률이 아니라 자기 스스로에 의해 다스려질 수 있는 존재라는 겁니다. 우리나라에서는 관리의 부정부패란 있을 수 없습니다. 정치적 불안이나 사회 불안도 전혀 없지요. 그러니 우리나라야말로 투자 유망 국가가 아니겠습니까?

— 점점 더 매력적으로 다가오네요. 하지만 그게 정말로 가능한 건가요? 지금 나에게 거짓말하는 거 아닙니까?

당신은 속고만 살았습니까? 플라톤 선생이 이상적인 나라의 꿈을 이루기 위해 얼마나 노력하셨는지 안다면 그런 말은 못 할 겁니다. 플라톤 선생은 시칠리아의 시라쿠사 왕국으로 가서 디오니시우스 1세(Dionysios I)와 그의 아들을 가르치고 그들에게 조언을 해 주었습니다. 선생은 실제로 철인왕이 다스리는 이상적인 나라를 실현해 보려 했던 겁니다.

— 그거 순진한 생각이군요. 디오니시우스 부자가 아무리 플라톤 선생을 존경한다 해도, 선생이 말한 이상 국가의 까다로운 조건을 받아들일 리 만무하지 않습니까?

안타깝게도 그 점에 대해서는 당신의 판단이 옳습니다. 어릴 적부터 궁전에서 모자란 것 없이 자라온 그들이 철인왕이 감수해야 하는 불편을 기꺼이 받아들일 리가 없지요. 더구나 그들은 권력의 맛을 충분히 보아 온 사람들이지요. 플라톤 선생이 이를 모를 리 없었습니다만, 선생은 기회를 놓치기 싫었던 겁니다. 사실 디오니시우스 왕이 플라톤 선생을 초빙한 건 당대 최고의 지식인을 자기 궁전에 조언자로 둔다는 사실 자체가 좋았기 때문이지요.

— 애당초 서로의 뜻이 달랐군요. 결국 틈이 생길 수밖에 없었겠습니다.

그렇습니다. 디오니시우스는 플라톤 선생을 충직한 조언자로 고용한 것이지 비판적인 스승으로 모신 게 아니었으니까요. 왕은 플라톤 선생이 말하는 이상 국가를 그저 흥미 있는 이야깃거리로밖에 여기지 않았습니다. 더구나 플라톤 선생을 극진히 대접하는 왕의 처사에 불만을 품은 대신들도 많았습니다. 왕은 이렇게 말하곤 했습니다. "이상적인 국가를 향한 당신의 그 진지한 자세만은 존경과 찬탄을 금할 수 없지만, 당신의 그 이상한 나라의 면면에 대해서만은 찬동할 수 없소."

플라톤 선생은 스승 소크라테스처럼 시라쿠사의 문제점에 대해 끈질기게 왕에게 간언했지만 소용없었습니다. 급기야 디오니시우스 1세는 플라톤 선생을 노예로 팔아 버렸습니다. 귀족으로 태어난 분이 노예가 되어 버린 겁니다.

— 저런! 철학자가 노예가 되다니. 이 무슨 운명의 장난이란 말입니까?

그렇지요, 운명의 장난이지요. 그리스 사람들은 운명에 매우 민감합니다. 모이라(Moira)라 부르는 운명은 경우에 따라서는 신조차도 거역하지 못하는 것이었으니까요. 왕의 식탁에서 술잔을 기울이다가 노예의 식탁에서 딱딱한 빵을 삼켜야 하는 운명을 겪은 플라톤 선생을 생각하면 눈물이 납니다. 그러나 선생은 다행히도 노예 시장에서 소크라테스 학파의 한 사람인 아니케리스(Annikeris)를 만났습니다. 아니케리스는 플라톤을 노예에서 해방시켜 주었지요. 플라톤 선생은 나중에 그 빚을 갚으려 했지만, 아니케리스는 거절했습니다.

이제 플라톤이 꿈꾼 이상 국가를 떠나 플라톤의 사상에 관해 생각해 보자. 플라톤은 이루어지기 어려운 꿈을 추구하다가 노예의 신세가 되어 버린 어리석은 이에 불과할까? 그러나 그는 그렇게 어리석은 사람이 아니었다. 그는 자신의 꿈이 얼마나 이루어지기 어려운 것인지 그 누구보다 잘 알고 있었다. 그의 『국가』에 나오는 동굴의 비유를 살펴보자. 동굴 바깥에 있는 눈부시게 밝은 빛의 세계를 보고 들어온 지혜로운 자는, 동굴 벽에 묶인 채 동굴 벽에 비치는 사물의 그림자를 진실인 줄 알고 있는 죄수들에게 외친다.

"너희가 보고 있는 것은 그림자에 지나지 않는다. 나는 진실을 보았다. 그 찬란하게 빛나는 진실을!"

그러나 죄수들은 지혜로운 자의 외침을 무시해 버리고 심지어 그를 죽여 버렸다. 그들이 언뜻 바라본 동굴 밖은 너무나 눈이 부셔 아무것도 볼 수 없는 곳이었다. 진실을 외치는 자의 말은 진실을 외면하는 이들에게는 두려움의 대상이었다. 플라톤의 스승 소크라테스야말로 죄수들에게 죽임당한 지혜로운 이였고, 플라톤 자신도 그런 죄수들에 의해 노예가 되었던 것이다. 플라톤은 지혜로운 자의 운명을 잘 알고 있었다. 플라톤은 이렇게 말했다.

"나는 어렸을 때 다른 많은 사람처럼 성인이 되자마자 정치를 하고자 했다. 내가 목격한 정치적 상황은 이러했다. 민중들은 현 정체(政體)에 불만스러워했고, 결국 참주제 혁명이 발발했다. 혁명 지도자들 중 몇 명은 내 친척이고 친구들이었다. 그들은 내게 혁명에 합류하라고 권했다.

나는 정치를 하면서 고결함을 유지하기는 어렵다는 결론에 도달했다. 이 생각은 현실을 직시할수록, 나이가 들수록 더욱 강해졌다. 정치에 충만한 열의를 지녔던 나는 보편적인 혼란을 목격하고 정치를 단념했다.

나는 현존하는 국가들의 조건이 잘못됐다는 결론에 도달했다. 행운이 가져다준 기적적인 개혁을 제외하면, 그 어떤 것도 정치 체제를 치유할 수 없다. 인간의 문제는 참되고 진정한 철학자가 정치권력을 획득하거나 국가 지도자들이 기적적으로 진정한 철학자가 되기 전에는 결코 사라지지 않을 것이다."

진실을 끝끝내 외면하고자 하는 이들을 어떻게 눈부심의 고통이 기다리고 있는 동굴 밖으로 끌고 나갈 수 있을까? 그렇게 끌고 나가려다가 희생당하는 것은 애꿎은 철학자들이 아닐까? 차라리 동굴로 돌아오지 말고 홀로 진실의 찬란함을 즐기면 그뿐이 아닐까? 여기에 바로 통치자와 철학자를 한데 묶어 버리고자 한 플라톤 최대의 고뇌가 있는 게 아닐까?

철학자가 통치자가 되려다가는 죽기 십상이고, 통치자가 철학자가 되려다가는 통치권을 상실하기 십상이다. 이게 현실이다. 철학과 정치, 이성과 현실의 불일치와 대립을 일거에 하나로 통합시키는 것, 마치 요술 램프에서 튀어나온 거인과도 같은 것이 바로 철인왕이 아닐까? 그것은 이 지상에서 완전한 삼각형을 그려 내려는 불가능한 추구나 마찬가지다.

결국 플라톤이 꿈꾸었던 가장 완전한 나라, 이상적인 국가도 불완전한 삼각형들 가운데 하나일 뿐일까? 그런 것 같다. 완전한 삼각형의 내각의 합이 180도라는 사실은 누구나 인정하는 진리다. 그러나 완전한 나라가 어떤 나라냐고 묻는다면, 우리는 또 하나의 불완전한 그림을 그려 보여 답할 수밖에 없다. 수학 책에 적혀 있는 삼각형의 정의는 어느 곳에서나 같지만, 완전한 나라에 대한 진지한 물음과 대답은 하나도 같은 게 없다. 그럼에도 우리는 완전한 나라를 그려 보는 일을 멈출 수 없다. 왜일까?

불완전하게 그려진 삼각형이 우리를 고통스럽게 하지는 않는다. 그러나 정의롭지 못하고 모순으로 가득한 국가는 우리를 고통스럽게 한다. 우리는 그런 고통 때문에 다시 한 번 완전한 나라에 관한 불완전한 그림을 그리는 일에 나설 수밖에 없다. 우리는 어째서 불완전한 나라를 불완전하다고 느낄 수 있는 걸까? 고통이라는 감수성을 어떻게 지니게 된 걸까? 플라톤에 따르면, 그것은 망각의 강을 건너면서 우리가 잊어버린 완전한 선(善)에 대한 그리움 때문이다.

지혜를 주고
빵을 구걸하는
거지 이야기
디오게네스

Diogenes, B.C.412?~B.C.323?
흑해 연안의 시노페에서 은행가의 아들로 태어났다. 위조 화폐를
만들었다는 죄목으로 고향에서 쫓겨난 뒤 아테네에 와서 안티스
테네스의 제자가 되었다. 인간이 가지고 있는 자연스러운 욕망을
간단하고 쉬운 방법으로 만족시키는 것이 행복이며 자연적인 욕
망은 추한 것도 부끄러운 것도 아니라고 주장하면서 그에 반하는
관습에 저항하였다. 실제로 거지와 다름없는 삶을 살며 종교, 예절,
인습 등을 거부하였다.

알렉산드로스 대왕은 디오게네스가 사람 뼈 무더기를 열심히 뒤지고 있는 것을 보았다. 알렉산드로스 대왕이 그 까닭을 궁금해하자 디오게네스는 이렇게 말했다. "저는 지금 대왕의 부친의 뼈를 찾는 중입니다. 그런데 노예의 뼈와 도무지 구별할 수가 없으니 찾아내기가 참 어렵네요."
                                                    – 디오게네스에 관한 전설 중에서

소크라테스가 세상을 떠나고 몇 년 뒤, 그의 제자들 가운데 한 사람인 안티스테네스(Antisthenēs)가 아테네에서 학생들을 가르치고 있을 때였다. 갑자기 교실이 소란스러워졌다. 남루한 옷차림의 젊은 거지 하나가 교실로 들어와 안티스테네스의 제자가 되겠다고 우기고 있었다. 학생들은 모두 그를 비웃으며 성난 목소리로 외쳤다.

"당장 나가! 이 더러운 개야!"

"거지는 이곳에 들어올 수 없어!"

"어서 내보내!"

안티스테네스는 사뭇 점잖은 태도로 그러나 단호하게 그 젊은 거지에게 나가 달라고 말했다. 그러나 거지는 막무가내였다.

"저들은 나를 거지라고 부르는군요. 뭐 좋습니다. 나는 지금까지 개처럼 으르렁대며 살아왔으니까요. 하지만 나는 지금까지 한 번도 철학하는 것을 멈춘 적이 없습니다. 앞으로도 그럴 생각입니다."

안티스테네스가 다시 한 번 나가 달라고 말했지만, 거지는 요지부동이었다.

"좋습니다. 저를 실컷 때려 보십시오. 저를 여기에서 몰아 낼 수 있는 건 아무것도 없습니다."

결국 거지의 고집은 성공을 거두었다. 그는 학교에 머무를 수 있었고, 사람들은 그를 '개 같은 철학자', '빈정거리는 사람'이라 불렀다. 그는 워낙 더러워 개 같은 모습을 하고 있었을 뿐 아니라, 세상의 모든 관습과 편견을 조롱하며 고집스럽게 물고 늘어지곤 했다. 이 젊은 거지가 바로 디오게네스였다.

사실 디오게네스와 안티스테네스, 그리고 소크라테스 사이에는 적지 않은 공통점이 있다. 이들 세 사람은 모두 지혜의 시작이 자기 자신을 제대로 아는 것이라는 신념을 지니고 있었다. 다만 안티스테네스는 스승 소크라테스보다 몇 발자국 더 나아갔고, 디오게네스는 역시 스승 안티스테네스보다 몇 발자국 더 나아갔다. 소크라테스는 "너 자신을 알라"고 말한다. 안티스테네스는 "너 자신에 대한 앎을 통해 너 자신의 주인이 되는 법을 배우라"고 말한다.

소크라테스가 세상을 떠날 당시 귀족이었던 안티스테네스는 기성 질서의 관행과 편견에서 벗어나 단순한 선(善)을 추구하는 삶을 택했다. 그는 귀족의 옷을 벗어 던지고 하층민의 옷을 걸쳤으며, 그런 사람들도 어렵지 않게 이해할 수 있는 철학을 가르쳤다. 단순 소박한 삶의 가치를 역설하기도 했다.

이렇게 본다면 안티스테네스가 디오게네스를 받아들이기는 그리 어렵지 않았을 것 같다. 비록 디오게네스의 말버릇이 무척 노골적이기는 했지만, 디오게네스가 안티스테네스 자신의 생각을 투박하면서도 솔직하게 표현하는 것을 달갑지 않게 생각할 이유는 없었다. 그의 제자들도 용모나 행동이 괴상하지만 무척이나 통렬하고 날카로운 친구와 함께 지내는 것이 즐거운 경험이었을 것이다. 디오게네스는 문자를 사용하기를 꺼렸다. 그는 친구들에게 이렇게 말하곤 했다.

"자네들은 왜 오디세우스의 고통을 읽느라 시간을 허비하는가? 정작 자네들 자신의 고통은 돌보지 않으면서 말일세."

그는 친구들이 악기 연주를 익히는 데 시간을 보내는 것에 대해서도 한마디 했다.

"리라를 퉁기는 데 시간을 허비하고 있군 그래. 음률을 고르는 데 시간을 보내지 말고 제발 자네들의 영혼의 조화를 고르는 데 힘써보게나."

웅변이라고 해서 예외는 아니었다.

"웅변가들을 보게나. 말끝마다 다른 사람의 죄와 부정을 들추어 비난하고 있지만, 정작 자신의 죄와 부정에 대해서는 한마디 말이 없군."

무엇보다도 그는 기성의 가치를 맹종하지 말고 전혀 다른 각도, 다른 기준에서 판단할 것을 역설했다.

"지금 세상에서 통용되는 화폐를 바꾸어야 해. 갖가지 편견으로 점철된 가짜 화폐를 폐지하고, 인습의 낙인도 지워 버려야 해. 장군이니 왕이니 귀족이니 하는 낙인들, 명예니 지혜니 행복이니 부니 하는 낙인들. 그런 거짓된 것들이 도대체 무슨 소용이란 말인가."

사실 디오게네스는 위조 화폐에 대하여 남다른 감정을 가질 만한 이유가 있었다. 그의 아버지는 은행가였는데, 화폐 위조 혐의로 감옥에 갇혔던 것이다. 디오게네스 역시 공범으로 의심 받았고 결국 그는 흑해 연안에 있는 자신의 고향 시노페에서 추방당해야 했다. 물론 그 혐의는 터무니없는 것이었다. 디오게네스가 화폐는 물론 화폐로 얻을 수 있는 부에 대해서 경멸하는 태도를 지니게 된 데에는 이러한 개인적 사연도 한몫하지 않았을까? 그는 고향 도시를 떠나면서 아쉬워하거나 슬퍼하지 않았다. 도시의 통치자가 그에게 떠날 것을 명했을 때 이렇게 대답했다.

"내가 받아야 할 처벌이 그것이라면 나 역시 당신에게 처벌을 내리겠습니다. 당신은 이곳 시노페에 남아 있는 벌을 받으시오!"

결국 그는 세계의 방랑 시민이 되었다. 사회적 지위와 명예, 부를 모두 잃은 셈이었지만 대신에 그는 자신이 훨씬 더 소중하게 생각하는 많은 것들을 얻을 수 있었다. 한가롭게 거닐기, 아무런 방해도 받지 않고 낮잠 자기, (가진 것이 아무것도 없었기에) 도둑질당할 염려를 하지 않아도 되는 것 등이다. 무엇보다도 그는 철저한 독립성을 획득했다. 그는 이렇게 말하곤 했다.

"아리스토텔레스는 왕이 내킬 때 아침 식사를 하게 되지만, 나 디오게네스는 내가 내킬 때 아침 식사를 한다."

그는 남루한 누더기로 몸을 감싸고 다니면서 이렇게 말했다.

"정말 잘 차려입은 사람을 만날 때 즐거워지는 것은 내 눈이지 그 사람의 눈이 아니다. 그 사람은 나의 남루한 누더기를 보게 되겠지만 나는 그 사람이 걸친 훌륭한 옷을 볼 수 있으니 말이다."

어느 날 밤 그는 생쥐들이 어둠을 두려워하지도 않고 잠잘 곳을 필요로 하지도 않으면서 돌아다니는 것을 보고 생쥐처럼 살기로 결정했다. 그리고 말했다.

"운명이라는 덫에 걸리기 전까지 생쥐와 나는 이 세상을 마음대로 돌아다닐 수 있겠지."

그는 낡은 천으로 만든 자루 하나를 어깨에 메고 다녔다.

"온갖 근심 걱정을 안고 살기를 바라는 이들에게 이 세상의 모든 물건을 맡겨 두기로 하자. 나는 이렇게 내 집을 어깨 위에 메고 다니면 그만이다."

그는 그런 모습으로 세상을 돌아다니며 얻어먹었다. 물론 완전히 공짜로 빌어먹은 것은 아니었다.

"나를 거지라 불러도 좋다오. 다만 나는 좀 별난 거지라오. 빵 한 조각마다 지혜의 말을 건네 드리는 거지라오."

날씨가 좋으면 그는 바깥에서 잠을 자곤 했다.

"하늘보다 더 좋은 지붕이 어디 있단 말인가, 풀보다 더 부드러운 베개가 어디 있단 말인가, 꽃과 나무보다 더 좋은 장식품이 어디 있단 말인가."

날씨가 궂은 날이면 그는 커다란 물통에 들어가 잠을 청했다.

"이 얼마나 훌륭한 집이란 말인가. 가구도 필요 없고 자물쇠나 열쇠도 필요 없으니 말이야."

그는 각지를 방랑하며 지냈지만 아테네를 본거지로 삼고 있었다. 그는 아테네 거리에서 그를 구경하러 온 사람들에게 특유의 어투로 지혜의 말을 전하기도 하고, 오가는 사람들을 바라보며 골똘히 생각에 잠기기도 했다. 그는 아무하고나 거리낌 없이 말을 주고받으며 사귀곤 했는데, 특히 극장이나 경기장으로 향하는 사람들과 이야기를 나누는 것을 좋아했다.

한번은 누군가가 그에게 물었다.

"당신도 지금 운동 경기를 구경하러 가는 길입니까?"

디오게네스가 답했다.

"아닙니다. 저는 지금 경기를 하러 가는 중입니다."

물은 사람이 비웃으며 다시 물었다.

"도대체 누구와 경기를 하십니까?"

"바로 나의 기쁨 그리고 고통과 경기를 하지요. 수시로 덤벼드는 욕망과 한바탕 붙어 레슬링을 하는 것이 얼마나 즐거운지 아십니까? 그 녀석을 붙잡아 땅으로 팽개쳐 버릴 때의 그 상쾌함이란!"

한번은 누군가가 그에게 적을 이기는 방법에 대해서 물었다. 그는 이렇게 대답했다.

"그 적을 친구로 대접하시오. 우정이란 전염성이 무척 강한 놈이라서, 그 적도 얼마 안 가 당신을 친구로 대접하게 될 것이오."

디오게네스의 낡은 누더기야말로 당시 지중해 세계에서 가장 따뜻한 정신을 감싸고 있는 옷이었다.

디오게네스는 어리석음을 무척이나 싫어했다. 그는 탁월한 지혜를 통해서만이 인간이 보다 큰 행복을 찾을 수 있다고 보았던 것이다. 그가 생각한 탁월한 지혜의 결과는 다름 아니라 마음이 편안하고 자유로우며 단순한 삶이었다. 그는 말했다.

"미리 준비하는 자만이 날카롭게 몰아치는 운명의 소용돌이 속을 가볍게 지나갈 수 있다."

이 말로 그가 뜻하고자 한 것은, 기대가 적을수록 실망도 적어진다는 당연한 법칙이었다. 그는 또 이렇게 말했다.

"나는 아무것도 가진 것이 없다는 풍요로움을 누리고 있다. 진정한 마음의 평안은 많이 소유하는 것에서 얻어지지 않는다. 적게 가진 것만으로도 만족하는 데에서 얻어진다. 적게 구하라, 그러면 너는 얻을 것이요, 만족할 것이다. 많이 구하라, 그러면 너의 갈망은 영원히 멈추지 않을 것이다. 작은 것에서 만족을 느낄 줄 아는 것이야말로 마음의 평안으로 가는 지름길이며, 좀처럼 만족하지 못하는 것이야말로 결코 끝나지 않은 길고 고통스러운 길의 시작이다.

네가 목동이라면 울타리 바깥의 넓고 푸른 초원이 탐스러워 보일 것이다. 울타리를 넘어 양 떼를 몰아 그곳으로 가 보라. 또다시 저 멀리 더욱 푸르고 너른 초원이 보일 것이다. 그렇게 해서 결코 끝나지 않을 방황을 계속할 생각인가? 주위 상황을 바꾸려고 허둥대지 말아야 한다. 대신에 너 스스로를 현재의 상황에 맞추도록 노력하라."

디오게네스는 우리가 우리 스스로에게 부과한 고통과 구속에서 벗어나야 한다고 역설했다. 그에 따르면 모든 고통은 우리 각자의 마음 속에 있다. 우리가 고통을 겪는 까닭은 우리에게 운이 없어서가 아니라 고통을 유발하는 자기 연민 탓이다. 예를 들어 사랑하는 사람과 헤어졌거나 애지중지하던 물건을 잃어버렸다면, 우리가 안타까워하고 슬퍼하는 것은 그 사람 또는 물건을 위해서가 아니라 바로 우리 자신을 위해서가 아니던가. 요컨대 헤어진 나 자신, 물건을 잃어버린 나 자신에 대한 연민 이외에 아무것도 아니다. 그는 이렇게 말한다.

"두려움과 슬픔 따위는 훌훌 털어 버리고 운명의 소용돌이로부터 우리 자신을 자유롭게 해방시켜라. 미래에 대한 걱정의 노예가 되지도 말고, 지나간 것에 대한 후회의 포로가 되지도 마라. 지나간 것은 그렇게 지나갔고, 앞으로 닥칠 것은 그렇게 닥칠 것이다. 닥쳐오는 운명과 마주하여, 그리고 세상의 모든 사람과 상대하면서도 스스로를 자유롭게 하라."

알렉산드로스 대왕이 디오게네스를 찾아 왔을 때, 디오게네스는 일광욕을 하고 있었다. 세계를 정복하려는 사람과 자신의 마음을 정복하려는 사람의 대화가 이루어졌다.

"폐하께서는 지금 무엇을 가장 바라고 계십니까?"

"그리스를 정복하길 바라네."

"그리스를 정복하고 난 다음에는 또 무엇을 가장 바라시겠습니까?"

"아마도 소아시아 지역을 정복하길 바라겠지."

"그다음은 또 무엇을 가장 바라시겠습니까?"

"아마도 온 세상을 모두 정복하길 바라겠지."

"그러면 그다음은 또 무엇을?"

"그렇게 하고 나면 아마도 좀 쉬면서 즐겨야 하겠지."

"이상하군요. 왜 지금 당장 좀 쉬면서 즐기시지 않습니까?"

대왕은 쓴웃음을 지으며 디오게네스에게 물었다.

"내가 지금 당신을 위해 해 줄 수 있는 일이 없을까? 당신도 알겠지만 나는 당신이 원하는 것이라면 무엇이든 들어줄 수 있는데 말이야."

"아! 제발 몸을 좀 비키셔서 폐하의 그림자를 치워 주시겠습니까? 해와 저 사이를 가리고 있는 폐하의 그림자 말입니다."

이 말을 들은 대왕은 크게 웃으며 말했다.

"내가 알렉산드로스가 아니라면, 다른 사람이 아닌 바로 디오게네스가 되고 싶구나."

그냥 넘어갈 디오게네스가 아니었다.

"제가 디오게네스가 아니라면, 폐하만 아닌 그 어떤 사람이 되어도 좋겠습니다."

디오게네스는 두려움이라고는 털끝만치도 없었다. 목숨 이외에는 잃을 것이 아무것도 없었기 때문이다. 그는 이렇게 말했다.

"태어나면서부터 나의 삶은 이미 운명에 저당잡혀 있었다. 그러니 바로 지금 빚을 갚든 나중에 갚든 무슨 차이란 말인가!"

디오게네스는 행복을 향한 지름길이 자족을 통한 안심(安心), 기존 가치 및 관행에서 벗어남으로써 얻는 자유에 있다고 보았다.

그는 말뿐이 아니라 생활 속에서도 자신의 신념을 실천했다. 욕망을 간소화하고 단순화시킬수록 그것을 충족시키기도 쉬워지는 법이다. 단순 소박한 삶은 육체와 영혼에 두루 유익하다. 디오게네스는 말했다.

"내가 왜 거짓말을 해야 한단 말인가? 돈을 벌기 위해? 남들로부터 칭송을 받기 위해? 영광을 위해? 나는 그따위 위조 화폐는 필요 없다."

어느 날 그는 거리를 어지럽힌다는 이유로 체포되었다. 치안을 담당하는 사람이 그에게 물었다.

"당신은 누구요?"

"나는 간첩입니다."

물었던 사람은 순간 긴장했다. 그리고 무슨 활동을 하는 간첩인지 다시 물었다.

"나는 이 세상의 어리석음과 위선을 감시하는 간첩이라오."

그는 가끔 대낮에 램프를 들고 거리를 돌아다니기도 했다. 왜 그런 이상한 짓을 하느냐는 질문에 그는 이렇게 답하곤 했다.

"나는 지금 정직한 사람을 찾아다니는 중이라오. 대낮인데도 도무지 잘 보이지 않기에 이렇게 램프라도 들고 다니면 보일까 싶어서요."

구걸이 신통치 않으면 굶주리게 되는 날도 많았다. 하지만 그럴 때도 그는 미소를 잃지 않았다. 그리고 이렇게 말하곤 했다.

"개와 철학자야말로 가장 큰 선을 행하는 존재지. 바라는 것도 가장 적고, 실제로 얻는 것도 가장 적으니 말이야."

그는 거리에 서 있는 대리석상을 향해 구걸하기도 했다. 그 이상한 행동에 대해 묻는 사람에게 그는 이렇게 답했다.

"나는 지금 돌의 마음과 만나는 방법을 배우는 중이라오. 사람의 따뜻한 마음과 만나기 어려우니 이렇게라도 해야 할 것 같아요."

그가 보여 준 단순 소박한 삶은 결코 과장하거나 꾸민 것이 아니었다. 그리스 신화에 따르면 인간에게 불을 가져다준 프로메테우스에게 신은 벌을 내렸다. 사람들은 그 징벌이 부당하다고 생각하지만, 적어도 디오게네스의 생각으로는 정당한 처벌이었다. 불을 사용함으로써 인간은 안락과 게으름은 물론 문명의 발달에서 비롯되는 온갖 근심 걱정에 휩싸이게 되었다고 볼 수도 있으니 말이다.

물론 인간은 짐승과 달리 연약한 피부에 털도 없으니 불을 이용하여 추위를 이겨야 했다고 주장할 수도 있을 것이다. 그러나 디오게네스는 이렇게 반박할지도 모른다.

"개구리를 보게나. 털이라고는 털끝만치도 없는 개구리가 차가운 물속에서 사는 모습을 말이야. 결국 습성의 문제일 뿐이야."

'온유한 사람은 행복하다. 그들은 땅을 차지할 것이다'라는 성서 구절이야말로 어쩌면 디오게네스를 두고 하는 말인지도 모른다. 디오게네스는 이렇게 말했다.

"나는 나에게 빵을 주는 사람들에게 과연 내가 무엇을 줄 수 있을지 심사숙고한다. 그리고 나의 가르침에서 큰 도움을 받을 수 있을 만한 사람들이 주는 빵만 받는다. 그렇지 않다면 나는 아무리 배가 고파도 정중히 빵을 거절한다. 아무것도 준 것이 없는데 빵을 받아 먹는다는 것은 불공평한 처사니 말이다. 나는 아무하고나 식사를 함께하지 않는다. 오직 내가 지혜의 말로 도움을 줄 수 있는 사람들하고만 식사를 함께한다."

한번은 디오게네스가 젊은 부자의 집에서 식사한 적이 있다. 그 젊은 부자는 화려한 그림과 금으로 장식된 방에서 멋진 침대 위에 비스듬히 누워 있었다. 디오게네스는 그 젊은이가 과시하는 모든 것들을 서슴없는 태도로 경멸하고 무시했다. 그러자 그가 말했다.

"당신의 태도를 보니 마치 나를 아무것도 모르는 무식쟁이로 여기는 듯합니다. 그러나 당신에게 보여 주겠소. 내가 당신 편이라는 것을 말입니다."

다음 날 아침 그는 모든 재산을 가족에게 남기고 디오게네스를 따라 나섰다. 디오게네스는 바로 그렇게 제자들을 모았다. 그리고 그들을 가난이라는 행복으로 인도했다. 디오게네스의 추종자들은 가족과의 인연을 끊어버리곤 했는데, 디오게네스 자신도 아내나 자녀를 두지 않았다. 이를 두고 입방아 찧는 사람들에게 디오게네스는 말했다.

"나는 모든 인간의 부모다. 모든 남자가 나의 아들이며 모든 여자가 나의 딸이다. 물론 나는 모든 인간의 부모인 신의 종이다."

그렇게 신의 종임을 선언한 디오게네스가 한번은 해적들에게 잡힌 적이 있었다. 해적들은 디오게네스를 노예 시장에서 팔아넘기려 했다. 노예를 사러 온 사람들을 향해 디오게네스는 큰 소리로 외쳤다.

"노예들이여, 어서 이리로들 오거나. 빨리 와서 이 주인을 사가거나."

그의 말과 행동에 놀란 해적들은 디오게네스를 자신들의 소굴로 데리고 갔고, 그곳에서 디오게네스는 잠시 동안 해적들의 스승 역할을 했다. 이 일을 두고 입방아를 찧는 사람들에게 디오게네스는 이렇게 말하곤 했다.

"바다의 해적들을 가르치는 일이 육지의 기생충 같은 인간들을 가르치는 것보다 못할 것은 또 무엇이란 말인가!"

그를 붙잡아 두었던 해적들은 그에게 빵을 주던 사람들과 마찬가지로 지혜의 말을 건네받고 그 대가로 디오게네스를 풀어 주었다.

아테네로 돌아온 디오게네스는 자신의 새로운 화폐, 그러니까 오늘날 우리가 견유학파(犬儒學派)라고 부르는 철학 사상을 주조하는 데 열심이었다. 그는 아무것이나 먹고 아무 곳에서 잠자는 방랑 생활을 했지만, 89세까지 건강하게 살았다. 전설에 따르면 그는 알렉산드로스 대왕과 같은 날 세상을 떠났다고 한다. 그들은 저승으로 가기 위해 건너야 하는 강에서 만났다. 서로 인사를 주고받은 뒤 알렉산드로스 대왕이 말했다.

"다시 만났군. 정복자와 노예가 말이야."

디오게네스가 대답했다.

"그렇군요. 다시 만났군요. 정복자 디오게네스와 노예 알렉산드로스가 말입니다. 정복을 향한 열정의 노예였던 당신과 모든 열정과 욕망을 정복한 정복자 이 디오게네스가 말입니다."

황제의
스승
아리스토텔레스

Aristoteles, B.C.384~B.C.322
마케도니아에서 시의(侍醫)의 아들로 태어났다. 열여덟 살 무렵 아테네로 가서 플라톤의 제자가 된 뒤 플라톤이 별세할 때까지 아카데미아에 기거하였다. 기원전 343년 알렉산드로스의 가정교사가 되었으나 사제 관계가 오래 지속되지는 않았다. 기원전 335년경 아테네에 자신의 학교인 리케이온을 세우고 저술 활동에 전념하였다. 알렉산드로스 대왕이 죽은 후 아테네가 반란을 일으키면서 아리스토텔레스도 공격을 받게 되자 칼키스로 도피하였고 이듬해 세상을 떠났다. 주요 저서로는 『자연학』, 『형이상학』, 『니코마코스 윤리학』, 『정치학』, 『시학』 등이 있다.

올바른 때에 올바른 일에 대해서 올바른 사람이 올바른 동기로, 그리고 올바른 태도로 느끼는 것은 중용이요, 최선이다. 이것이 덕의 특성이다. 이와 마찬가지로 행위에서도 과도와 부족과 중용이 있다. 덕은 감정과 행위에 관련되고 이것들에서 과도와 부족은 일종의 실패인 데 반해서 중용은 칭찬받는 것이고 일종의 성공이다. 칭찬받는 것과 성공하는 것은 둘 다 덕의 특성이다. 그러므로 덕은 중용이다.

― 아리스토텔레스, 『니코마코스 윤리학』 중에서

아리스토텔레스는 아테네에서 북쪽으로 100여 킬로미터 이상 떨어져 있는 스타게이로스에서 태어났습니다. 그러나 어린 시절 대부분을 마케도니아의 수도 펠라에서 보냈습니다. 그의 아버지가 마케도니아 아민타스(Amyntas) 왕의 주치의였던 것입니다. 아리스토텔레스는 어린 나이에도 생존을 위해서는 감정을 억제하고 기분을 조절해야 한다는 걸 잘 알고 있었습니다. 그는 어지럽기 짝이 없었던 지중해 세계의 정세 속에서 아주 일찍부터 생존의 방식을 터득해야만 했던 것입니다.

그 생존 방식이란 자기 자신을 억제하는 능력을 키우는 것이었습니다. 이것이 나중에 그의 윤리학의 핵심이 되었다고도 볼 수 있습니다. 아리스토텔레스의 철학은 고대 지중해 세계의 안정이 무너지고 격렬한 변화를 겪게 되는 폭풍의 시대를 통해 형성되었습니다. 그의 시대는 지중해 세계가 피의 홍수에 휩싸이려는 조짐이 보이던 불안의 시대였습니다.

아리스토텔레스는 당시 지적으로 뛰어난 젊은이들이 대개 그렇듯이 마케도니아를 떠나 아테네에 있는 플라톤의 아카데미아에 들어갔습니다. 여기에서 그는 스승 플라톤에게 깊은 감화를 받았습니다. 진리를 추구한다는 하나의 목표 아래 인간과 사물과 세계의 본질을 탐구하는 생활을 했습니다.

플라톤이 세상을 떠나자 아리스토텔레스는 갈 곳이 없었습니다. 마케도니아의 왕이 된 옛 친구 필립포스(Philippos Ⅱ)와의 관계는 그가 아테네에 머무는 것을 곤란하게 만들었습니다. 마침 필립포스는 그리스의 도시 국가들을 침공하려 준비하면서 위협을 가하고 있었습니다. 아리스토텔레스는 아테네에 대해 적대적인 행동을 한 적이 없는데도, 필립포스 왕과의 친분 때문에 아테네 사람들의 따가운 눈초리를 한몸에 받게 되었습니다. 결국 아테네를 떠나야 했지요. 고향 스타게이로스는 전쟁의 소용돌이 속에 폐허가 되어 있었습니다.

결국 그는 스승 플라톤과 마찬가지로 지혜로운 자를 널리 찾는 왕에게 몸을 의탁해야 했습니다. 다행히 예전에 친구였던 헤르미아스 왕에게 갈 수 있었습니다. 소(小)아시아에 있는 작은 나라의 왕인 헤르미아스는 아리스토텔레스와 아카데미아에서 동문수학한 사이였기에 아리스토텔레스를 진심으로 환영했습니다. 아리스토텔레스는 헤르미아스 곁에서 3년을 지내며 학문을 연구했습니다.

그리고 마침내 그의 삶에 큰 변화가 일어나게 되었습니다. 마케도니아의 필립포스 왕은 어린 시절 사귀었던 사려 깊고 조숙해 보이던 친구를 잊지 않고 있었던 겁니다. 더구나 아리스토텔레스의 학문적 명성도 익히 들어 알고 있었습니다. 이제 아리스토텔레스는 어릴 적 필립포스를 닮은 지독한 개구쟁이 알렉산드로스를 가르치는 일을 떠맡아야 했습니다. 필립포스의 아들 알렉산드로스의 개인 교사가 된 겁니다. 물론 아리스토텔레스는 스승 플라톤과 달리 이 왕자를 철인왕(哲人王)으로 만들려는 시도는 하지 않았습니다.

아리스토텔레스가 어린 시절 이후 다시 마케도니아 궁전에 머무르게 되었을 때는 전보다 훨씬 더 복잡하고 미묘한 공기가 왕실을 감싸고 있었습니다. 필립포스 2세가 정복을 통해 나라의 영토를 넓히는 데는 뛰어났지만 가족을 다스리는 능력은 별로였기 때문이지요. 더구나 그의 아내이자 알렉산드로스의 어머니 올림피아스는 정신 이상 징후마저 보이고 있었습니다. 올림피아스는 남편에게 괴로움을 안겨 줄 요량으로 알렉산드로스가 필립포스의 아들이 아니라고 말하기까지 했습니다. 알렉산드로스가 한밤중에 자신의 침실을 찾아든 신에 의해 잉태되었다는 것입니다.

알렉산드로스는 소년 시절부터 자신의 신성(神性)에 관한 이 이야기를 믿었습니다. 그리고 아버지와 어머니를 자신이 거느린 노예 정도로 깔보았습니다. 한마디로 집안 꼴이 말이 아니었던 겁니다. 심지어 필립포스가 정복 사업을 위해 왕궁을 비운 사이 올림피아스가 신하 중 한 사람과 정을 통해 알렉산드로스를 낳았다는 소문마저 나돌았습니다.

알렉산드로스는 아리스토텔레스를 무시하지는 않았지만 존경하지도 않았습니다. 더구나 아리스토텔레스가 아버지 필립포스의 옛 친구라는 것을 잘 아는지라, 그를 아버지가 자신을 감시하기 위해 붙여 놓은 사람 정도로 여기기도 했습니다. 아리스토텔레스는 자신을 신의 아들이라 생각하는 고집불통의 젊은이와 아버지를 화해시키려 애써 보기도 했지만 도무지 헛수고였습니다.

왕실 연회에서 필립포스와 알렉산드로스 모두 인사불성이 되도록 취한 적이 있었습니다. 알렉산드로스는 큰 소리로 아버지를 비난하기 시작했고, 노한 필립포스는 알렉산드로스를 칼로 찌르려 했습니다. 술에 취해 몸을 가누지 못한 필립포스는 제대로 찌르지 못하고 아들에게 약간의 상처만 입혔습니다. 이 일로 아버지와 아들 사이는 돌이킬 수 없이 멀어지게 되었습니다. 우울증이 심하고 매우 심약한 왕비 올림피아스는 부자간 갈등을 조정할 수 없었습니다. 그저 자기 탓에 신의 아들이 되어 버린 아들과 밤낮 없이 전쟁터로만 말을 달리는 남편 사이에서 숨죽여 지낼 뿐이었지요.

아리스토텔레스가 마케도니아에 머물 때 왕실 분위기는 위와 같았습니다. 그러나 몇 해 지나지 않아 이런 분위기도 끝장이 나고 말았습니다. 필립포스 왕이 페르시아로 원정을 떠나려 할 무렵, 올림피아스가 배후 조종하고 알렉산드로스가 묵인한 음모에 의해 왕이 암살당하고 만 것입니다. 필립포스 왕의 장례식 날 올림피아스는 살해된 왕뿐 아니라 왕을 살해한 사람도 명예를 누려야 한다고 떠들어댔습니다.

필립포스 왕이 죽자 알렉산드로스는 왕위와 칼을 물려받았습니다. 그는 아리스토텔레스를 공공연히 무시하기 시작했습니다. 개인 교사로서의 아리스토텔레스의 구실도 끝났습니다. 그러나 알렉산드로스 대왕은 아리스토텔레스가 학문 활동을 하는 데 큰 도움을 주었습니다. 그는 옛 스승에게 엄청난 액수의 돈을 주었던 것입니다. 알렉산드로스는 무슨 일을 하든 자신을 철저하게 몰아세워 끝장을 보고야 마는 성격이었습니다.

한번 선심을 쓰기로 작정하자 그야말로 엄청나게 베풀었던 것입니다.

아리스토텔레스는 이 손 큰 기부자에게 받은 거액의 돈을 모두 제 주머니에 털어넣지는 않았습니다. 그는 돈을 제대로 쓸 줄 아는 사람이었지요. 바로 학문을 연구하는 데 써버린 것입니다. 그는 사람들을 고용하여 다양한 지역으로 파견했습니다. 그들의 임무는 각 지역의 동물과 식물, 토양과 암석, 이야기, 특이한 사상 등을 수집해 오는 것이었습니다. 아리스토텔레스는 그렇게 수집한 자료들을 종합하여 체계적으로 분석하고 정리하면서 철학, 문학, 과학, 예술 등 다양한 분야별로 백과사전식의 지식 체계를 세워 나갔습니다. 이것은 당시로써는 세계에서 가장 광범위한 규모로 조직된 연구 활동이었습니다.

아리스토텔레스는 일종의 자연사(自然史) 박물관과 동물원을 세우기도 하고, 아테네에 새로운 학교도 세웠습니다. 이 학교에 10년 남짓 머무르며 책을 집필하고 연구 활동도 이끌었습니다. 그의 저술은 예술론, 미학, 정치학, 윤리학, 물리학, 논리학, 동물학, 천문학, 형이상학 등 인간의 지적 작업의 거의 모든 분야를 망라하고 있습니다. 아쉽게도 오늘날의 우리는 그가 저술한 수많은 책 가운데 일부만 접할 수 있습니다만, 그 일부의 책들만으로도 인간의 지적 활동의 주요 분야들을 아우릅니다.

아리스토텔레스는 걸어 다니는 백과사전이었습니다. 그는 제자들에게 강의할 때도, 책을 구술할 때도 늘 걸어 다녔습니다. 그의 학교는 숲 속에 자리 잡고 있었는데, 모든 수업이 숲 속을 한가롭게 거닐며 나누는 대화로 이루어졌기 때문에 그 학교의 선생과 학생들을 가리켜 '한가로이 거닐며 공부하는 사람들'이라 부르기도 했습니다. 그들이 공부하는 장면을 잠깐 살펴볼까요?

　제자들과 이야기하며 걸어가고 있는 쉰 살의 아리스토텔레스는 대머리에, 눈매가 예리하고, 그 나이대의 여느 사람들처럼 아랫배가 나와 있습니다. 아마 좋은 음식만 먹어 온 덕분인가 봅니다. 제자 중 누군가가 사리에 닿지 않는 말을 하기라도 하면 그의 표정은 굳어졌고 말투도 무뚝뚝해졌습니다. 그는 혀 짧은 소리를 했기 때문에 가끔 알아듣기 어려울 때도 있습니다. 박식하기 짝이 없는 이 신사가 타고난 거의 유일한 신체적 약점이었습니다. 그가 입은 옷은 고급입니다. 아마도 마케도니아 왕궁에서 지낼 때의 화려한 옷차림새가 습관으로 남아 있는 듯합니다.

　목소리는 매우 부드럽고 친절하게 들리며, 전형적인 도시 신사의 풍모를 지녔습니다. 욕망과 질투와 다툼과 극단의 소용돌이 한가운데서 중용을 지키는 것이 생존의 지름길이라는 걸 일찍부터 터득한 노련미도 엿보입니다. 그는 자신을 그리스인이라 하여 의혹의 눈길을 보내는 마케도니아인들과, 자신을 마케도니아인이라 하여 질시의 눈길을 보내는 그리스인들 사이에서 살아가야 했습니다. 중용의 길은 그에게 생존의 지혜였는지도 모릅니다. 이제 그의 생각을 살펴봅시다.

　하등 생물에서 인간과 같은 고등 생물에 이르는 모든 생명체들은 성장하기 위해 애씁니다. 인간의 배아(胚芽)는 태아가 되고, 태아는 자라서 어린아이가 되며, 어린아이는 어른이 되고, 어른은 신(神)을 향하고자 합니다. 결국 신은 모든 성장과 발달의 궁극적인 목적이며, 모든 생명의 충만이고 모든 운동의 근원이자 모든 희망의 원천이기도 합니다. 그러나 신의 본성이 정확히 무엇일까요? 신이 우리의 창조자입니까? 우리의 심판자입니까? 우리의 주인입니까? 우리를 사랑하는 아버지입니까?

아리스토텔레스는 이 모든 질문에 아니라고 답합니다. 신은 인간을 사랑할 수 있는 존재가 아니며, 다만 인간이 일방적으로 신을 사랑의 대상으로 삼고 있을 뿐입니다. 신은 스스로는 움직이지 않고 가만히 있으면서 다른 모든 것들을 움직이게 만드는 존재입니다. 요컨대 모든 운동의 근원이라는 거지요. 신에 관한 모든 정의에는 정의 내린 사람의 자취가 묻어 있기 마련입니다. 삼각형이 말을 할 수 있다면 아마도 신은 완전한 삼각형이라고 정의 내렸을 겁니다.

신은 결코 세계의 혼란에 영향 받지도 않고 그것에 개입하지도 않으면서, 이 세계의 운동의 최초 원인이 되는 탁월하면서도 완전한 존재입니다. 신이 인간들 사이의 갈등에 사사건건 개입하고 인간의 잘못에 분노하며 벌을 내린다면 그게 사람이지 어디 신이겠습니까? 흔들림 없이, 그리고 아무런 방해도 받지 않고 사람들을 보다 더 탁월하고 고귀한 삶으로 이끌고 싶다는 소망이 바로 아리스토텔레스의 소망이라고 한다면, 아리스토텔레스가 말하는 신은 그런 소망에서 비롯된 신이라 하겠습니다.

아리스토텔레스는 이 세상에서 반 발자국 정도 뒤로 물러나 아무런 이해관계의 갈등이나 혼란 없이 세상을 순수하게 그 자체로 관조하며 기쁨을 누리는 삶을 바랐습니다. 다른 사람들에게도 그런 삶을 권했지요. 그가 생각한 신의 삶도 이와 마찬가지입니다. 기독교의 신이나 그리스 신화의 신보다는 무기력한 신입니다만, 무척이나 점잖고 예의 바른 신임은 틀림없습니다. 아리스토텔레스 자신이 그러했던 것처럼 말이지요.

아리스토텔레스는 또 말합니다. 신을 향한 인간의 여정은 중용의 덕을 실천함으로써 훨씬 더 단축시킬 수 있다고 말입니다. 여기에서 그는 다시 한 번 자신의 체험에 바탕을 두고 이야기하는 셈입니다. 그는 필립포스 2세의 극단적인 열정과 욕망, 알렉산드로스 대왕의 지칠 줄 모르는 정복욕과 공격성, 그리고 사람들의 극단적인 열광이나 대책 없는 무관심의 폐단을 목격했던 것입니다. 이런 모든 종류의 극단들은 인간에게 결코 유익하지 못합니다. 과도한 것은 모자란 것만 못합니다. 가장 안전하면서도 유익한 길은 늘 가운데를 걸어가는 것이지요.

이를테면 모든 덕은 양극단 사이에 있습니다. 용기는 비겁함과 만용 사이에 있습니다. 너그러움은 낭비와 인색의 중간이고, 긍지는 허영과 비굴함의 중간이며, 기지와 재치는 익살과 아둔함의 중간이며, 겸손은 수줍음과 몰염치의 중간입니다. 이처럼 용기, 너그러움, 긍지, 기지, 겸손 등 모든 덕은 극단에 치우치지 않은 중용입니다. 물론 너무 도식적인 감이 없지 않고, 모든 덕을 이런 식으로 중용의 위치에 끼워 맞추려는 것도 좀 부자연스러워 보입니다만, 우리는 이러한 중용의 산술(算術)이 미쳐 돌아가는 세상을 제정신인 세상으로 만들고 싶어 했던 한 신사의 진지한 고민에서 비롯되었다는 것을 기억해야 합니다.

사실 아리스토텔레스의 옛 제자 알렉산드로스 대왕이야말로 극단적인 사고와 행동을 보여 준 대표적인 인물이었습니다. 동방에서 돌아온 여행자들은 대왕이 저지른 극단적인 행동에 관한 이야기를 퍼뜨렸습니다. 대왕은 기분이 좋을 때면 정복한 왕국 하나를 가까운 친구에게 선물하기도 했습니다. 그러나 바로 그 친구가 왕국의 새 주인이 된 것을 축하하는 연회에서 술에 취해 친구의 머리를 박살내 버리기도 했습니다.

대왕의 한 신하가 의사의 충고를 무시한 탓에 병이 깊어져 세상을 떠나자, 대왕은 신하의 어리석음에 대한 징벌로 의사를 죽여 버리는 어처구니없는 행동을 했습니다. 심지어 대왕 자신이 저지른 악행에 대한 속죄 의식을 거행한다는 명분 아래, 자신이 점령한 도시의 사람들을 의식의 희생양으로 삼아 죽여 버리기까지 했습니다. 한번은 아리따운 무희 하나가 집으로 돌아가는 밤길을 횃불로 밝혀 줄 것을 청했습니다. 그 무희에게 푹 빠진 대왕은 정복한 왕국의 궁전을 불태워 무희가 가는 길을 환하게 밝혀 주었습니다.

옛 제자의 이런 행동에 관한 소식을 접한 아리스토텔레스의 심정은 어떠했을까요? 그 제자는 자신이 정복할 수 있는 세상이 우주에 단 하나밖에 없다는 사실을 슬퍼하는 사람이었습니다. 알렉산드로스 대왕도 옛 스승에 관한 별로 달갑지 않은 소식을 들었을지도 모릅니다. 스승은 여러 정치 형태들 가운데 독재정이야말로 가장 좋지 못하다는 결론을 내렸던 것입니다. 대왕으로서는 스승의 이런 결론이 사실상 자신에 대한 비판이라고 받아들일 수도 있었을 겁니다. 그러나 아리스토텔레스는 개의치 않았습니다. 자신이 하는 말들을 대왕이 하찮은 것으로 무시해 버리고 말리라는 걸 잘 알았기 때문입니다. 대왕은 그저 예절 바른 신사이자 학자에 불과한 옛 스승의 이야기 따위에 신경 쓸 만큼 한가하지 않았습니다.

좀 더 근본적인 문제를 말해 볼까요? 사람이 사는 이유 혹은 목적이 무엇일까요? 아리스토텔레스의 답은 간단합니다. 행복해지기 위해서입니다. 행복해지는 가장 확실한 길은 이성의 인도에 따라 사는 것이며, 모든 생각과 행동을 조절하고 절제하는 것입니다. 다른 말로 하면 점잖고 예의 바른 신사처럼 살아가는 거지요.

아리스토텔레스는 적절한 부(富)를 추구할 것도 권합니다. 사치와 궁핍의 가운데를 걸어가야 하기 때문이지요. 그리고 소수에 불과하더라도 진실한 친구들과 참된 우정을 쌓아 나가라 권합니다. 진실한 친구는 두 몸에 깃든 하나의 영혼과 같다는 겁니다. 그러나 무엇보다 중요한 것은 늘 자기 자신의 마음을 가다듬고 다스리는 일입니다. 격정에 휩싸이지 않는 평온한 마음에 비로소 완전한 행복이 찾아옵니다.

이렇게 본다면 아리스토텔레스가 말하는 행복은 신사적인 생각과 말과 행동에서 온다고 할 수 있을 겁니다. 관대하고 친절하며 고상하고 우아하며 예의 바른 사람만이 행복해질 수 있다는 거지요. 그런 사람은 다른 사람에게 상처를 입어도 넓은 도량으로 빨리 잊고 복수심 같은 걸 품지도 않습니다. 근거 없는 비난이나 이유 없는 억압에 동요하지도 굴복하지도 않습니다. 정당하지 않은 배려나 사실과 다른 칭찬에 고무되지도 않습니다. 자신에 대해서는 엄격하고 남에 대한 비난은 자제합니다. 어떤 경우에도 기뻐 날뛰거나 낙담하지 않습니다. 무엇에도 놀라지 않는 침착함을 늘 유지합니다. 행운을 만나거나 불운이 닥쳐도 품위를 잃지 않습니다.

어떻습니까? 그가 말하는 행복이라는 것, 그가 말하는 사람답게 살아간다는 것, 요컨대 그가 말하는 윤리라는 게 너무 평범해 보이지 않습니까? 듣기에는 그럴듯하지만 그다지 독특할 것이 없는 상투적인 이야기에 불과해 보이지 않나요? 어떤 사람이 그의 철학을 가리켜 '향기는 그럴싸

하지만 진부해 보이는 꽃다발과 같다'고 말했습니다. 아리스토텔레스는 이에 대해 어떻게 답할까요?

'그렇다. 아름다운 꽃들이 줄지어 피어 있는 화단이란 의례 그런 것이다. 단순하고 분명하게 드러나 있으며 평범해 보이기까지 한다. 그러나 중요한 것은 그 꽃들이 모두 싱싱하게 살아 있다는 사실이다. 자연에서 되풀이되고 있는 모든 현상들은 알고 보면 단조롭고 뻔하다. 매일 아침 해가 동쪽에서 떠오른다. 밤에는 무수한 별들이 빛난다. 봄이 되면 잠자던 대지가 움을 트고 깨어난다. 그리고 전쟁터에서 인간과 인간 사이의 신뢰와 우정이 싹튼다.

이 얼마나 지극히 평범하면서도 위대하고 놀라운 현상들이란 말인가! 모든 학문은 일상적이고 평범한 것에 대한 놀라움에서 출발한다. 그러나 학문의 끝은 늘 처음의 놀라움에서 벗어나 다시 일상적이고 평범한 것으로 되돌아오는 데 있다. 나의 철학은 놀랄 만한 것을 발견하기 위한 것이 아니다. 다만 평범한 것들 속에서 놀랄 만한 것을 찾아내고, 그것을 연구한 뒤 다시 평범함으로 되돌아가기 위한 것이다.'

결국 아리스토텔레스가 윤리학의 영역에서 한 일이란, 주위에서 흔히 볼 수 있는 우애와 관용의 미덕을 체계화한 것이 아닐까요? 물론 그가 제시한 도덕 원리와 의무들은 그가 살던 시대의 관점에서 보면 매우 참신했습니다. 지금에 와서 그의 말이 진부해 보인다 해도 여전히 그것은 진리를 담고 있습니다. 진리는 늘 듣기에 좋은 것이나, 대단한 것이나, 독특한 것이 아닙니다. 오히려 상식에 가까운 경우가 많습니다. 아리스토텔레스의 철학은 비약이 없는 건전한 상식인의 철학이라고 할 수 있습니다.

상식이 통하지 않는 시대에 상식을 고집하는 것처럼 비상식적인 일도 없겠지요.

그러나 세상은 그를 상식 속에서 살아가도록 놓아두지 않았습니다. 알렉산드로스 대왕이 아리스토텔레스를 손볼 것이라는 소문이 나돌았지요. 그러나 대왕이 갑자기 죽어 버려서 소문이 현실이 되지는 않았습니다. 그런데 아테네 사람들은 아리스토텔레스가 알렉산드로스 대왕의 후계자인 안티파트로스(Antipatros, 필리포스 2세의 중신으로 알렉산드로스 대왕의 동방 원정 중 본국의 섭정이 된 인물)에게 아테네의 각종 정보와 기밀을 보내 주고 있다고 의심했습니다. 그리고 급기야 아리스토텔레스를 스파이 혐의로 고소해 버렸습니다.

알렉산드로스 대왕이 살아 있을 때에는 아리스토텔레스가 대왕의 스승이었다는 점 때문에 감히 무어라 말하지 못하다가, 대왕이 죽자 아리스토텔레스에 대한 좋지 않은 감정을 표출하기 시작한 겁니다. 다행히 아리스토텔레스는 스파이 혐의에서 벗어날 수 있었지만, 아테네 사람들은 소크라테스의 경우와 마찬가지로 그를 불경죄로 고소해 버렸습니다. 이번에는 소크라테스 때와 달리 아리스토텔레스가 강의하여 남긴 각종 노트와 저술을 증거로 삼을 수 있었기에 고소한 이들은 자신만만했습니다.

아리스토텔레스는 이런 움직임을 미리 간파하여 체포되기 직전에 겨우 아테네를 떠날 수 있었습니다. 그는 자신이 떠나는 이유를 이렇게 말했지요. "나는 아테네 시민들이 철학에 대해 또 한 번 죄를 저지르게 하고 싶지 않다." 만일 그가 체포되어 소크라테스와 마찬가지로 세상을 떠나야 했다면, 그의 말대로 아테네 사람들은 철학에 두 번 죄를 저지르게 되었을 것입니다. 그는 에우보에아 섬으로 피신해 지내다가 병이 들어 세상을 떠났습니다.

그리스는 고대 지중해 세계에서 가장 탁월했던 철학자 세 사람을 계속 배출해 냈습니다. 그들 세 사람은 이후 서양 사상사와 문화사에 지속적으로 영향을 미쳤습니다. 바로 소크라테스, 플라톤, 아리스토텔레스입니다. 세 사람은 스승과 제자의 관계로 이어져 있지요. 또 그들 모두는 자신의 사상과 행동 때문에 고난을 겪어야 했습니다. 고대 그리스 시인 아이스킬로스(Aeschylos)가 이렇게 말했다고 합니다. "불굴의 인간 정신은 고통을 감내함으로써만이 단련된다." 세 사람의 철학자들을 감안하면 여기에 한 구절을 덧붙여도 좋지 않을까요? "고통을 감내하며 앞서가는 생각으로 인류를 이끄는 이들이 있다. 우리의 고통은 그들이 겪은 고통 때문에 줄어들 수 있다."

참된 쾌락의
발견자
에피쿠로스

Epikuros, B.C.341~B.C.270
그리스 사모스 섬에 정착한 아테네 이주민의 아들로 태어났다. 힘든 청
년 시절을 보낸 뒤 기원전 307년 아테네에 정원이 딸린 집을 구입하
여 에피쿠로스 학파를 세웠다. 여자뿐만 아니라 노예와 고급 창녀
까지 받아들이면서 공동체 규모가 커졌으나 이 때문에 추문에
휩싸이기도 했다. 평온하고 안정적인 마음 상태를 이루는 것이
축복받은 삶이라고 생각했는데 쾌락을 추구함으로써 이를 실현
할 수 있다고 여겼다. 그가 주창하는 쾌락주의는 명예욕, 금전욕,
음욕(淫慾)이 아닌 빵과 물만 마시는 소박한 식사, 헛된 미신에 마
음이 흔들리지 않는 것, 우애 등이었다.

경건함이란 얼굴을 가린 채 돌에 절하거나 모든 신전을 두루 방문하며, 땅에 포복하거
나 신들의 동상 앞에서 팔을 들어 올려 우러르는 것, 동물의 피로 제단을 적시거나 서약
에 서약을 거듭하는 것 따위가 아니다. 오히려 평온한 정신으로 모든 사물들을 관조하는
것이 바로 경건함이다.
　　　– 에피쿠로스 사상을 표현한 루크레티우스의 『사물의 본성에 관하여』 중에서

나의 벗이여! 그대와 내가 살아온 시대가 그 얼마나 무시무시했던지.
알렉산드로스 대왕의 야망 탓에 세상은 피의 소용돌이에 휩싸였고, 그대
와 나는 젊을 때부터 삶의 온갖 비극과 그 덧없음을 뼈저리게 체험했었
지. 우리 또래의 젊은이들은 모두 미래에 대한 꿈과 희망을 박탈당한 처
지였지. 그대와 나는 세상의 비참함에서 우리를 구해 줄 지혜를 철학에
서 얻을 수 있으리라 기대했지만, 어디 그렇던가? 회의주의자들은 삶의
의미나 가치, 신의 존재나 그 능력을 철저히 의심할 뿐이었어.

모든 걸 의심하고 부정한다는 건 젊은 우리의 관심을 끌기에 충분했지
만, 우리는 곧 기대하고 희망할 수 없는 파괴적인 회의주의에 환멸을 느
끼며 떠났었지. 그대는 회의주의를 버린 뒤로 철학의 길을 접고 상인의
길을 걸어가기 시작했으니 사람의 일생이란 정말 모를 일이야. 지금 그대
는 이집트의 어느 항구를 떠나 소아시아나 이탈리아 땅으로 항해 중이겠
군. 그대와 달리 나는 젊은 시절부터 무척 병약했지. 이제 그 약한 몸이

아주 영원히 쉬게 될 날이 머지않은 것 같으니, 이렇게 그대에게 편지를 쓰며 지난날을 돌이켜보고자 한다.

나는 회의주의 학파를 떠난 뒤 많은 학파를 전전했다네. 인간의 모든 욕망과 의지를 사라져 갈 뜬구름 같은 것으로 보고 조롱하는 견유학파에도 머물러 보았지. 디오게네스의 가르침을 따르는 그 거지 철학자들 있지 않나? 나도 그들 무리에 끼어 이곳저곳 방랑했지만, 욕망에서 벗어나려는 욕망만큼 지독하게 강한 욕망도 없더군. 결국 욕망을 버리기 위해 또 하나의 욕망의 누더기를 걸친 셈이니 우습지 않은가.

그래서 나는 헤게시아스(Hegesias)라는 철학자 밑에서 모든 걸 부정하고 비판하는 철학에 빠져들었네. 헤게시아스는 인간의 삶이란 가장 행복한 순간조차 영원한 잠 가운데 꾸는 쓰디쓴 한 편의 짧은 꿈에 불과하다고 말했지. 그리고 그 꿈은 빨리 없어질수록 좋다고도 했어. 심지어 그는 우리가 택할 수 있는 최선의 길이 가능한 한 빨리 자살하는 것이라고 말했네. 나는 어리둥절해졌지. 왜 헤게시아스 자신은 자살하지 않고 건강에 신경 쓰며 수명을 연장하려 하는 걸까? 내가 그에게 까닭을 물어보니 그가 이렇게 답하더군 "내가 오래 살면서 한 사람이라도 더 많이 자살하도록 권하기 위해서다." 그 말을 듣자마자 나는 그의 곁을 떠났네. 나중에 들으니 여든 살까지 잘 살았다고 하더군.

그를 떠난 나는 향락주의자들과 친해졌네. 먹고 마시고 성적인 방종에 빠지는 걸 인생의 목표로 삼는 이들이었지. '내일이면 또 다른 알렉산드로스가 등장해 우리의 목을 날려 버릴지 모른다. 그러니 오늘 즐길 수 있는 향락의 잔을 한 방울도 남김없이 들이켜 비우자.' 이것이 그들의 생각이었네. 사실 내가 거친 여러 학파들은 모두 알렉산드로스 대왕이 일으킨 끝없는 정복 전쟁의 소용돌이 속에서 자라난 것들이었다네. 그들은 모두 조금씩 겁에 질려 있었어.

제정신으로는 이해하기 어려운, 미쳐 돌아가는 이 세상에 사람들이 어떻게 적응해 나갈 수 있을까? 안전과 평화를 찾기 힘든 이 세상에서 어떻게 내 한 몸이라도 그럭저럭 보존하며 살아갈 수 있을까? 그대처럼 적극적인 성격에 두뇌 회전이 빠르고 몸도 튼튼한 사람에게는 이 세상의 혼란이 도약의 기회가 되기도 하겠지만, 나 같은 얼치기 샌님들은 어떻게 해 볼 도리가 없지.

그대에게 언젠가 말한 적도 있는 것 같은데, 나는 에게 해의 사모스 섬 출신이라네. 나의 아버지는 그곳 학교의 교사였고, 어머니는 부적과 주문으로 환자를 치료하는 의사였네. 솔직히 말하면 무당이었던 거지. 이렇게 나는 합리적인 사고와 종교적인 분위기가 절반씩 감돌고 있는 좀 묘한 분위기의 집안에서 자라났다네. 더구나 나는 소년 시절 내내 알렉산드로스 대왕의 정복 전쟁 소식을 들어야만 했네. 내가 열여덟 살 되던 해에 대왕이 죽었으니까.

사실 나는 대왕 때문에 고향을 등져야 했지. 그대도 알지 않나? 대왕이 새로 정복한 땅에 새로운 주민들을 정착시키기 위해 진행한 대규모 강제 이주 사업 말일세. 나도 그 통에 고향을 떠나 정처 없이 떠도는 신세가 되었지. 그대와 내가 처음 만난 것도 그 방랑 길에서였지 않은가. 인생이란 늘 양면적인 법. 뜻하지 않은 방랑 덕에 나는 지중해 세계의 온갖 철학과 학문들을 두루 접할 수 있었으니 말이야.

나는 서른네 살 때 겨우 아테네에 정착했네. 정원이 딸린 작은 집을 사서 깨끗하게 꾸미고, 몇몇 친구들과 함께 공동생활을 해 나가기 시작했어. 사업이 번창일로에 있다는 그대 소식을 들은 나는 그대를 초대할 수 없었네. 사람에게는 각자의 일이 있는 법. 그대가 상인으로 성공하고 있다는 소식을 듣고 멀리서나마 축하해 주는 것만이 내 할 도리라 생각했지.

소문은 빠르더군. 내 작은 집에서 평화와 안식을 누리는 방법을 배울 수 있다는 소문이 퍼져 나가자 곳곳에서 사람들이 몰려들었어. 처음에는 그저 마음 맞는 친구들과 모여 살며 마음의 평화나 도모해 보자고 시작한 일이었지만, 나를 찾아오는 사람들을 외면하기는 어려웠다네. 결국 나는 사람들 각자의 형편에 따라 조금씩 기부금을 내게 하여 일종의 재단을 세웠다네. 무어라 이름 붙이지는 않았지만 사람들은 우리 모임을 가리켜 '우애의 집'이라 부르더군. 어울리는 이름 같아. 미움과 다툼 가득한 세상에서 서로 돕고 살아가는 공동체였으니 말일세. 사나운 풍랑 한가운데 외로이 떠 있는 평화로운 배 한 척이었다고 할까.

그러나 사람 사는 곳이 늘 그렇듯이 우리가 하는 일에 대해 갖가지 험담을 하는 사람들도 생기더군. 어리숙한 부자들을 끌어들여 돈을 내게 하는 장사치들이라느니, 디오게네스의 제자들이 길에서 구걸한다면 나 에피쿠로스는 편안히 앉아 많은 돈을 염치없이 구걸한다느니, 심지어 우리 모임에서 남녀 간의 비밀스러운 관계가 수시로 이루어진다느니 하는 험담을 들었지. 주로 우리 모임이 부자들을 등쳐먹는 사교 클럽이라고 비난하는 내용이었지.

마지막 소문은 내가 몸을 파는 창녀들까지도 우리 모임에 들어오는 걸 막지 않았기 때문에 생긴 소문이었어. 나는 우리 모임에 들어올 수 있는 자격을 제한하지 않았네. 그래야만 진정한 우애의 정신을 구현한다고 할 수 있지 않겠나? 나는 늘 이런 신념을 지켜 나가려 노력했다네. '타인에 대한 친절은 결국 자기에 대한 친절과 같다. 오늘 네 이웃에게 친절을 베풀고 그들과 평화를 이루어라. 네 이웃들도 너에게 친절을 베풀 것이다.'

우리 모임이 하는 일을 어떻게 설명할 수 있을까? 그렇지. 일종의 쾌락을 추구하는 것이었다네. 이 쾌락이라는 말 때문에 우리 모임이 적지 않은 오해를 받아야 했지만, 여하튼 우리는 쾌락을 추구했다네. 한 가지 분명히 알아두어야 할 건 일시적인 육체의 쾌락과 영원한 영혼의 쾌락은 분명히 구분되어야 한다는 점이라네. 우리 모임은 삶이라는 무대에서 배우보다는 관객이 되고자 했네. 그래야만 각자가 겪는 고통에 대해 여유 있게 웃을 수 있고, 영혼이 혼란과 격정에 빠지는 일 없이 고요함을 유지할 수 있을 테니까 말이야.

인간은 즐거움보다는 슬픔과 노여움 따위의 감정에 더 잘 휩싸이게 되어 있어. 우리의 몸도 쾌락보다는 고통에 대해 더 깊고 예민하다네. 우리가 해야 할 일은 극단적인 것을 피하고 흔들리지 않는 평형을 유지하는 것이라네. 저울은 어느 한 쪽 접시가 무거우면 기울기 마련 아닌가? 어느한 쪽으로 마음이 기울어지는 일 없이 늘 평형을 지키는 것. 나는 그런 평형 상태를 아타락시아(ataraxia)라 불렀네. '흔들리지 않는 마음의 상태' 혹은 그냥 '흔들리지 않는 마음'이라고 할 수 있다네.

안전한 항구가 주는 기쁨을 가장 크게 누리는 사람은 지독한 폭풍우에 시달리다가 벗어난 선원들이 아닌가? 그대는 항해를 자주 하니까 내 말을 잘 이해할 걸세. 오늘 그대가 누리는 기쁨은 어제 그대가 겪어야 했던 슬픔의 기억 때문에 가능하다네. 가장 큰 행복이란 가장 큰 불행에서 회복되고 치유될 때 얻을 수 있다네. 대부분의 고통은 지금 당장 견디기 어려울지라도 일시적인 것에 불과하다네. 제발 폭풍우 치는 밤바다로 배를 몰고 나가 세찬 바람과 물결에 맞서 싸우지 말게. 그럴 때는 해안의 안전한 쉼터에서 쉬어가게나.

그러나 고통에 대해 완전히 무심한 방관자가 되라는 말은 아닐세. 그대의 쉼터를 활짝 열고 간밤의 폭풍우에 난파된 배에서 살아남은 이들이 쉴 수 있게 해 주게. 그들이 점차 기력을 회복할 수 있도록 따뜻한 음식과 잠자리를 제공해 주게. 배고프지 않고 목마르지 않을 만큼 먹고 마시면서 조용히 살아가는 데 행복이 있다네. 그대가 무엇을 얼마나 먹고 마시느냐보다는 누구와 함께 먹고 마시느냐가 훨씬 더 중요하다네.

이렇게 절제하면서 우정을 나누는 생활은 몸과 정신의 건강을 약속할 걸세. 현명하고 올바르게 살지 않고서는 참된 쾌락을 누렸다고 할 수 없고, 참된 쾌락을 누리지 못했다면 현명하고 올바르게 살았다고 할 수 없지. 이제 내가 말한 쾌락이라는 게 아름다운 여인들과 어울려 술 먹고 노는 쾌락이 아니라는 걸 알겠지? 참된 쾌락을 누리기 위한 조건은 결국 두려움 중에서도 가장 큰 두려움, 즉 죽음에 대한 두려움을 없애 버리는 것일세.

그대처럼 늘 분주한 사람이라도 어느 한가한 순간에 갑자기 몰려드는 죽음에 대한 상념으로 괴로움을 느낀 적이 있을 거야. 더구나 갖가지 종교들은 삶의 끝을 기나긴 방랑과 고통의 시작이라고 말하지 않는가? 저 세상에서 받게 될지도 모르는 무시무시한 징벌의 고통에 대한 두려움이야말로 우리가 마땅히 누려야 할 참된 쾌락의 가장 큰 장애물이라네. 죽은 뒤의 세계는 무시무시한 악몽처럼 그려지기 일쑤지. 지옥에서 겪는 고통에 대한 두려움은 아주 현실적인 괴로움이기도 하다네. 많은 사람이 사후의 고통을 굳게 믿고 있는 형편이니 말일세. 그런 이들에게 나는 말했네.

　"기운을 차리시오. 죽은 뒤의 삶이란 없소. 당신들의 몸이 썩어 사라지고 난 뒤에는 당신들의 영혼은 더 이상 고통을 겪지 않는다오. 오히려 죽음은 당신들을 고통과 괴로움과 악몽에서 벗어나게 해 준다오. 죽음은 영원한 해방이라오."

　나의 이런 충고에 대해 어떤 이는 이렇게 말하더군.

　"죽은 뒤의 고통은 없다는 당신의 말에 찬성하더라도 여전히 괴로움은 남습니다. 죽고 나면 모든 게 끝이라는 당신의 말을 듣다 보면 허무의 심연에 빠지게 된단 말입니다. 그처럼 우리의 삶이 허망하고 유한하다면 우리는 여전히 괴로워해야 하는 것 아닙니까?"

　내가 그에게 대답해 주었네.

　"아무것도 느낄 수 없는 죽은 몸이 도대체 무슨 괴로움을 겪겠는가? 당신은 태어나기 전에, 당신이 존재하지 않는다는 허무감 때문에 괴로워했었는가? 당신이 죽은 다음에는 허무도 느낄 수 없다는 걸 깨달아야 한다. 삶이란 영원한 잠 가운데 꾸는 짧은 한 마당의 꿈과 같다. 꿈이 없는 잠은 꿈보다 훨씬 더 달콤하다.

긴 잠은 사실 한순간에 불과하다. 깊은 잠에 빠졌다가 깨어났을 때, 조금 전에 잠들었다가 일어난 기분이 든 적이 있을 것이다. 죽음이라는 깊은 잠은 결국 하룻밤의 잠과 다를 게 없다. 잠에 빠진 동안 자신을 잊게 되듯이 죽음 뒤에도 우리는 자신을 잊게 된다. 그러니 무얼 걱정하겠는가?"

부디 삶을 즐기게나. 깊고 긴 잠 가운데 찾아온 잠깐의 깨어 있는 시간을 왜 괴롭고 슬프게 보낸단 말인가? 우주는 원자들이 춤을 추는 무도회장과 같다네. 별들은 하늘에서 춤추는 불꽃들이며, 우리의 삶은 우주에서 벌어지는 거대한 무도회에서 막간으로 공연되는 짧은 춤이지. 그렇다면 하늘과 땅에 가득한 이 모든 것들의 원인이 무엇일까? 무엇이 별과 구름과 바다와 짐승과 인간을 창조하고 파괴하는 걸까?

바로 허공에서 끊임없이 움직이는 원자들끼리의 충돌 때문에 그 모든 게 가능하다네. 이 원자들이란 아주 미세해서 더 이상 쪼갤 수 없는 물질의 궁극적 단위라네. 우주는 무수한 원자가 쉴 틈 없이 소용돌이치며 서로 부딪히고 있는 무한한 공간이라고 할 수 있을 걸세. 원자들의 운동은 결코 같은 방향으로 일어나는 법이 없다네. 그것들은 전혀 예기치 못하는 방향으로 제멋대로 좌충우돌하고 있지. 바로 그런 운동이 우주의 갖가지 현상과 사물을 가능케 하는 거야. 원자들이 충돌해서 우주의 사물들이 형성되는 놀라운 모습을 상상해 보게나. 그건 정말 아름답고 신비롭기까지 한 춤, 원자들의 춤, 우주의 춤이라고 할 수 있을 걸세.

결국 자연과 우주는 물질적인 것이라네. 인간의 영혼도 물질이지만, 다만 영혼을 이루는 원자들은 몸을 이루는 원자들보다 훨씬 더 미세하고 가벼우며 활동성이 강할 뿐이지. 때문에 죽음을 맞이하면 영혼도 몸처럼 해체되어 버리고 말겠지만, 영혼과 몸을 이루고 있던 낱낱의 원자들은 그대로 남는다네. 그렇게 흩어져 남게 된 원자들이 공간에서 운동하다가 우연히 서로 충돌하면 또 다른 형태의 사물을 형성하게 되는 거야. 유한한 사물들은 소멸과 생성을 거듭하는 듯이 보이지만 원자들만은 영원히 존재한다네.

한 가지 강조해 둘 것은 원자들의 충돌에서 비롯되는 생성과 소멸의 과정은 완전히 무계획적으로 이루어진다는 점이야. 요컨대 이 세계를 창조하거나 계획한 존재는 없다네. 마치 안무가의 지도 없이 되는 대로 추는 자유로운 춤과 같다고 할까. 그러나 이런 내 생각에도 약점이 있다는 걸 부인하지 않겠네. 불완전한 것과 완전한 것 사이의 차이, 자연이 보여주는 어떤 질서를 설명할 길이 없어지니 말일세. 나는 그런 약점을 보완하기 위해 일종의 진화론을 도입했다네.

오랜 세월에 걸쳐 우연히 원자들끼리 거듭 충돌하다 보면 온갖 형태의 생명체들이 생겨나게 되지. 그리고 주위 환경에 가장 잘 적응하는 생명체들만 살아남고 그렇지 못한 것들은 소멸되어 버리고 마는 거야. 물론 나는 생명체들이 정확히 어떻게 발생하는지 알 길이 없었고, 환경에 잘 적응하는 것과 그렇지 못한 것이 어떻게 판가름 나는지도 잘 몰랐네.

물질로만 이루어져 있는 우주에 신을 끌어들이면 문제를 간단히 해결할 수 있겠지. 신이 창조했다거나 신이 선택하고 개입했다거나 하는 식으로 말해 버리면 편할 거야. 그러나 나는 내가 잘 모르는 부분은 비록 약점이 되더라도 그냥 남겨두기로 했네. 원자들의 운동을 다스리고 이끄는 어떤 지적인 존재를 나는 끝까지 거부한 거야.

인간이라는 존재는 말할 수 있고 생각할 수 있고 남을 동정할 수도 있는 힘을 지닌 존재, 즉 영혼을 지닌 존재라고 할 수 있네. 이 점에서 인간은 다른 존재들과 아주 다르지. 그런 인간의 영혼은 아주 희미하게나마 천상(天上)에 대한 관념을 품고 있는 건 아닐까? 바로 여기에서 무신론자인 내가 신을 필요로 하게 되었다네. 나는 이 세상을 창조하거나 미리 설계한 신적인 존재를 인정하지 않지만, 막연하게나마 지녀 온 종교적인 감정을 완전히 떨쳐 버릴 수는 없었다네. 어떻게 보면 나는 내 삶을 신들의 삶과 비슷한 것으로 이끌기 위해 노력했다고 할 수 있을 거야.

그러나 나는 신마저도 원자들이 추는 춤의 결과라고 생각했네. 신들은 인간의 영혼을 이루는 원자들보다도 훨씬 더 미세하고 가벼운 원자들로 이루어진 존재가 아닐까 하는 거지. 그런 신이 있다면 인간이 빠지는 불운과 맹목적 열정과 근심과 욕망에서 자유롭겠지. 신들 사이에서는 다툼이란 없고 오직 우애와 친절만 넘쳐날 거야. 우애와 친절이 없다면 참된 쾌락이 아니라네. 참된 쾌락은 시끌벅적한 잔치에도, 미인과의 하룻밤에도 없으며, 이기심이 없는 친구들과의 사귐에서 찾을 수 있다네. 사람과 사람 사이의 우애야말로 운명의 세찬 공격을 견디어 낼 수 있는 방패가 되어 줄 걸세. 우정은 아름답고 달콤하며 성스럽다네. 우정은 미덕과 가치가 무너져 버린 이 세상에서 우리가 끝까지 소중하게 간직해야 할 미덕이자 가치라네.

삶의 고통이 그대를 엄습할 때 사람들과의 우애가 그 고통을 멈추게 하는 데 얼마나 큰 힘을 발휘하는 줄 아나? 내 지난날 그대와 함께했던 시간들의 기억이 지금 그런 힘이 되어 주고 있다네. 세상 물정에 어둡기만 한 나를 위해 그대는 늘 친절을 베풀어 주었지. 나는 이미 알고 있었다네. 내가 얼토당토않은 모함과 비방에 빠져 곤란을 겪으며 '우애의 집'의 문을 닫을 수밖에 없었을 때, '우애의 집'을 구해 준 이가 바로 그대였다는 걸 말이야. 비록 익명의 기부였지만 나는 아무런 사심이 없는 그대의 친절을 깊이 느꼈다네. 정말 고맙네!

나는 지금 병이 깊어 누워 있네. 그대가 내 편지를 받아 볼 때쯤이면 이미 내 영혼의 원자들이 흩어져 있을지도 모르겠군. 내 몸은 더 이상 견디기 어려운 고통 속에 서서히 침몰되는 중이야. 그러나 염려하지 말게나. 그대와 함께했던 시간의 추억만으로도 나는 병의 고통에서 벗어날 수 있으니 말일세. 그대가 비록 지금 내 곁에 없다 해도 그대는 변치 않는 우정의 힘으로 늘 내 곁에 있는 걸!

더구나 나는 닥쳐올 미래에 대한 아무런 두려움도 없으니 지극한 쾌락을 누리고 있는 셈이 아니겠는가. 과거의 우정에 대한 기쁜 회상과 두려울 것 없는 미래에 대한 확신이 있으니 더 이상 무얼 바라겠는가? 나는 이제 아무것도 방해할 수 없는 길고 깊은 잠 속에 조용히 빠져들 준비를 마쳤다네. 부디 그대가 항해를 무사히 마치기를 바라네. 그대의 삶의 항해 또한 그러하기를!

친절했던 그대를 떠올릴 때마다 조용히 미소 짓는 그대의 벗, 에피쿠로스로부터.

황제와 노예

아우렐리우스와
에픽테토스

마르쿠스 아우렐리우스 / Marcus Aurelius Antoninus, 121~180
로마 제국의 제16대 황제이자 5현제(賢帝)의 마지막 황제이다. 고모부
였던 안토니우스 피우스 황제의 양자가 된 후 145년 안토니누스의 딸
과 결혼하고, 161년 제위에 올랐다. 철학에 심취하고 조용한 시골 생
활을 꿈꾸었으나 치세 동안 지진, 페스트, 전쟁, 군사 반란이 끊이지 않
았기 때문에 59세에 전쟁 막사에서 죽을 때까지 원정 전쟁을 직접 수행
해야만 했다. 그가 남긴 독백 형식의 『명상록』은 진중에서 쓴 것으로 스토
아 철학과 황제의 직무라는 모순에 고민하는 인간의 애조가 담겨 있다.

에픽테토스 / Epiktētos, 55?~135?
노예 출신으로 주인에게 매를 맞아 절름발이가 되었다. 당시 유명한 철
학자의 문하로 들어가 공부하고, 노예 신분에서 벗어난 뒤 그리스에
학교를 열고 제자를 가르쳤다. 질병, 신분, 부 등의 외적 조건보다 정
신적 자유를 중시한 그는 신의 섭리와 인간의 이성에 따라 살아갈 때
행복해진다고 여겼다. 결혼, 우정, 질병 등에 관한 진지하고 소박한 가
르침은 제자의 기록을 통해 『어록』에 담겼고, 그의 사상은 마르쿠스 아
우렐리우스와 후세의 철학자에게 깊은 영향을 끼쳤다.

갖고 있지 않은 것을 갖고 있는 듯이 생각하지 마라. 오히려 당신이 갖고 있는 것 중에서 제일 좋은 것들을 골라내고, 이것마저도 갖고 있지 못했다면 얼마나 갈망했을까를 생각해 보라. 너무 기쁜 나머지 습관적으로 가진 것을 과대평가하지 말고, 가진 것을 잃어도 괴로워하는 일이 없도록 조심하라.

— 아우렐리우스, 『명상록』, 제7장 27절

이제 당신은 당신 자신을 돕는 게 어떻겠습니까? 그 도움이란 얼마나 쉬운지요. 어떤 사람을 죽이거나 투옥할 필요도 없고, 무례하게 다루거나 법정으로 갈 필요도 없습니다. 당신은 오로지 당신 자신에게 말해야만 합니다. 당신은 당신 자신에게 가장 쉽게 설득될 것입니다. 당신 자신보다 당신을 더 잘 설득할 힘을 가진 사람은 아무도 없습니다.

— 에픽테토스, 『어록』 중에서

　　스토아 철학이라는 게 있다. 스토아 철학을 제대로 맛보려면 두 명의 인물을 만나 보는 게 좋다. 바로 로마의 황제였던 마르쿠스 아우렐리우스와 노예였던 에픽테토스다. 전혀 다른 인생의 처지에서 출발한 그들은 결국 같은 결론에 도달했다. 여기에 스토아 철학의 특징이 숨어 있다. 인간이 누릴 수 있는 최고의 영광의 정점에서 이 세상을 바라본 황제는 온갖 기쁨과 쾌락의 밑바닥에 진하게 깔려 있는 고통을 보았다. 인간으로서 가장 낮은 자리에 처했던 노예는 고통과 속박의 한가운데에서도 누릴 수 있는 행복을 보았다.

　　그들은 모두 영광과 비천함, 쾌락과 고통의 부질없는 변화에 대해 초연했다. 그들은 모두 자신에게 주어진 삶의 형편에 조용히 순응하며 마음속에서 진정한 평화를 발견했다. 자신의 운명을 용기 있게 받아들이는 방법을 터득했던 것이다. 어떻게 보면 마음의 평화가 더욱 절실했던 쪽은 황제였다. 황제라는 자리는 아우렐리우스에게 사람들을 죽이는 방법에 능숙해질 것을 강요했다고 할 수 있으니 말이다. 이에 비해 노예인 에픽테토스는 사람들에게 제대로 살아가는 방법을 가르칠 수 있었다. 다음의 두 편지는 모든 백성을 지배했던 불행한 주인과, 자기 자신의 마음만을 지배할 수 있었던 행복한 노예가 보낸 것들이다.

나 로마 제국의 황제 마르쿠스 아우렐리우스는 내 뜻과 상관없이 황제가 되었다. 나의 불행은 내가 황제가 되고 나서부터 이미 예정된 것이었다. 싸움꾼들로 득실거리는 나라를 싸움을 싫어하는 황제가 다스려야 했다는 걸 한 번 생각해 보라. 나는 어릴 적부터 철학자가 되기를 바랐다. 헛된 명예와 부보다는 올바름과 단순함을 기꺼이 택했던 소크라테스와 디오게네스를 나는 무척 본받고 싶었다. 그래서 나는 일부러 헌 옷을 되는 대로 걸치고 딱딱한 침대에 누워 자기도 했다.

그러나 내 나이 열여덟 살 되던 해 나는 철학자가 되고 싶은 소망을 영영 접어두어야 할 처지가 되고 말았다. 로마 황제인 나의 고모부 안토니우스(Antoninus Pius)의 양자가 되었던 것이다. 161년 고모부가 세상을 떠나자 나는 황제가 되었고, 내가 원하지도 않는 부와 권력을 그로부터 물려받아야 했다. 나는 황제가 되고 나서부터 내내 말안장을 옥좌로 삼고 전쟁터의 막사를 궁전으로 삼아야 했다. 끊임없는 반란과 이민족의 침입으로 제국은 쉴 사이 없이 시달리고 있었기 때문이다.

나는 막사 안에서 밤늦게까지 불을 밝히고 삶과 죽음에 관한 깊은 사색에 빠지기 일쑤였고, 그런 사색의 조각들을 한 글자 한 글자 적어 보기도 했다. 그러나 날이 밝으면 나는 또다시 삶과 죽음이 수없이 교차하는 전장으로 가야만 했다. 한 사람의 적이라도 더 죽이기 위한 작전을 궁리하는 회의가 끝나고 돌아와 홀로 갖는 사색의 시간에만 나는 진정한 나 자신이 되어 자유로울 수 있었다. 사실 인간의 삶이란 긴 전쟁이요, 이방의 땅을 가로지르는 고된 나그넷길이 아니던가?

황제라는 자리가 무척 싫었지만 나는 충실한 스토아 철학자이고자 했다. 그 때문에 나는 황제로서 갖추어야 할 위엄과 수행해야 할 책무를 무척 주의 깊게 챙겼다. 그것이 내게 주어진 황제라는 쓰디쓴 운명에 대해 내가 취할 수 있었던 가장 용기 있고 의연한 태도였기 때문이다. 심지어 나는 무척 잔인한 군인의 구실을 능숙하게 수행하기도 했다. 운명에 대한 철저한 순응이 운명에 대한 철저한 반항일 수도 있다는 역설을 일찍부터 깨달았던 것이다.

내가 진정한 내 마음을 바라볼 수 있는 유일한 창은 막사의 불빛 아래 홀로 행하던 사색의 순간 그 자체뿐이었다. 오직 그 순간만이 내가 어떤 지혜의 빛을 내 마음속에 켜올릴 수 있었던 유일한 때였으니, 나는 사나운 폭풍이 몰아치는 어두운 바다 위를 항해하는 평화롭고 태연한 항해자이고자 했다.

로마 제국은 바로 사나운 폭풍 그 자체였다. 야심만만하고 탐욕스러운 로마의 세력가들은 내가 싸움꾼의 기질을 타고난 사람이 아니라는 걸 잘 알고 있었다. 그들은 나 하나쯤을 내동댕이쳐 버리기란 식은 죽 먹기라고 판단하고 있었다. 내 부하 장군이었던 카시우스(Avidius Cassius)를 우두머리로 하여 그들은 나에게 대들었다. 삼척동자들조차도 카시우스가 나를 몰아내고 권좌에 오르려 한다는 걸 알고 떠들어 댔다.

심지어 내 입에 담기조차 거북한 추악한 소문마저 나돌았다. 카시우스가 이미 나의 침실을 점령했다는 소문이었다. 행실이 좋지 않다고 소문나 있던 내 아내를 비꼬고 나를 만신창이로 만들어 버리려는 소문이었다. 위태로운 권좌, 침실을 다른 남자에게 허락하곤 하는 부정한 아내. 이런 상황에서 스토아 철학자이기를 바라는 내가 취해야 할 태도와 행동은 무엇일까? 나를 몰아내려는 자들은 심지어 내가 이미 병들어 죽었다는 소문까지 퍼뜨리며 제국의 여러 지역들을 자신들의 영향 아래 두려 했다.

나는 황제로서 마땅히 취해야 할 대응책을 강구했다. 스토아 철학은 나에게 자신의 운명을 기꺼이 받아들일 것을 가르쳐 주었다. 나는 내게 주어진 황제라는 운명의 잔을 거부해서는 안 되었던 것이다. 언제나 황제의 직무에 충실한 것이야말로 내가 마땅히 치러야 할 나의 운명의 몫이라고 생각했다. 나는 반란자들을 원망하지 않았다. 다만 반란자들을 물리치는 게 황제의 책무였다. 나는 병사들을 소집하여 이렇게 연설했다.

"병사들이여! 이 황제의 비통한 심정을 알겠는가? 내 가장 절친했던 친구이자 부하 장군 한 사람이 이제 나를 내쫓으려 하는 일에 앞장서고 있다. 나는 어쩔 수 없이 그와 싸우기 위해 전장으로 나가야 한다. 내가 두려워하는 것은 오직 하나, 카시우스가 치욕 속에 자살하거나 성급한 누군가에 의해 살해당하는 일이다. 그렇게 된다면 나는 어떤 황제도 누려보지 못한 위대한 영광을 누릴 기회를 도둑맞게 된다. 나를 해치려던 이를 용서하고, 우정을 배신으로 바꾼 사람과 다시 화해하여 친구가 되는 기회를 말이다."

과연 나의 염려대로 카시우스는 암살당하고 말았다. 나의 친위대 병사들은 반란 세력과 내통한 이들을 모조리 죽이려 했다. 나는 성난 친위대 병사들을 진정시키고 그들에게 조용하지만 강한 어조로 말했다.

"재산을 몰수당한 이들에게 다시 집과 재물을 돌려 주자! 추방당한 자들이 고향으로 돌아와 살 수 있게 해 주자! 그들은 이미 죄과를 톡톡히 치렀다. 더 이상 죽음과 가난에 시달리는 희생자들을 만들지 말자!"

그리고 나는 반란에 동조했던 제국의 속주(屬州)들을 방문했다. 반란으로 소용돌이치던 곳에 자비와 치유의 기름을 부어 보고자 나섰던 것이다. 그러나 그 여행은 나에게 깊은 슬픔 하나를 안겨 주었다. 동행했던 아내가 세상을 떠난 것이다. 아내는 정숙하지 못하다는 평판을 들었고, 실제로도 그러했다. 그러나 나는 결혼 생활 내내 아내를 사랑했다. 내 아내 파우스티나에 대한 사랑은 그녀가 세상을 떠난 뒤에도 변함이 없었으니, 나는 그녀를 닮은 황금 상을 만들어 늘 곁에 두었고, 전쟁터로 떠날 때도 황금 상을 지니고 떠났다. 나는 죽은 아내를 기리기 위해 가난하고 의지할 곳 없는 여인들을 위한 쉼터를 세웠고, 그곳에서 보호받는 여인들로 하여금 내 아내를 위한 기도를 바치게 했다.

이번에도 나는 스토아 철학자로서 내 슬픔을 다스리는 주인이 되고자 노력했다. 나는 고통과 즐거움 모두에 초연해야 했다. 어리석은 자들의 입방아와 소문에 흔들리지 않고, 악의를 지닌 자들이 퍼뜨리는 구설수에도 개의치 않아야 했다. 파우스티나는 이제 삶이라는 흐릿한 꿈에서 깨어나 보다 나은 영혼으로 영원히 살아가고 있을 것이다.

나는 다시 전쟁터로 나가 제국을 지키기 위해 이방인들을 죽이는 일을 지휘했고, 그러면서도 삶의 의미를 찾기 위해 애썼다. 철학자이고자 했던 이가 황제가 되고 만 비극의 주인공인 나는, 남들이 듣기에 이상할지 몰라도 불행한 인간이었다. 하긴 우리는 모두 불행하다는 점에서는 동포인지도 모른다. 때문에 나는 나의 불행한 동포들을 화나게 할 수 없었고, 그들과 관계를 끊을 수도 없었다. 우리 인간은 위아래 눈꺼풀들처럼, 두 다리처럼, 두 손처럼, 윗입술과 아랫입술처럼, 그렇게 서로를 돕고 의지해야 할 운명이다.

그러나 나는 기독교인이라 불리는 동포들을 도울 수는 없었다. 그들은 천상에 있다는 이상한 왕국을 믿고 섬겼다. 나는 그런 믿음이 땅의 왕국인 로마 제국에 대한 중대한 도전이요, 일종의 반역이라고 판단했다. 기독교인들의 천상에 대한 확신은 로마 제국의 인민으로서 지녀서는 안 되는 악덕이라고 판단한 것이다.

거듭 말하지만 나는 로마의 황제였다. 나는 기독교인들을 탄압했고, 그들의 지도자들을 사형에 처했다. 나는 내 의무를 다한 것이다. 황제로서의 의무와 스토아 철학의 가르침이 서로 충돌하는 상황이라면 나는 기꺼이 황제 쪽을 택하고자 했다. 왜냐하면 그것이 스토아 철학의 정신을 올바르게 실현하는 길이라고 여겼기 때문이다. 어디에서 어떤 운명의 수레바퀴에 묶여 있든 자기 몫으로 주어진 운명을 그 누구보다도 사랑하는 것만이 이 비참한 세상에서 어떤 고귀함을 누릴 수 있는 유일한 길이다.

나 에픽테토스는 노예였다. 나는 내 육신을 맘대로 움직일 수 있는 자유를 박탈당한 노예였다. 그러나 나는 지독한 행운아였다. 육신이 묶인 노

ROMA

STOA

예였을지라도 영혼만은 자유로울 수 있었기 때문이다. 나는 내 목숨을 빼놓고는 아무것도 잃을 게 없는 처지였다. 나는 영혼을 온전히 내 자신의 것으로 소유하고 부릴 수 있는 사람이었다. 나는 신체적으로도 앉은뱅이였다. 비록 불편한 몸이지만 그 몸은 건강한 영혼을 담고 있었기에 지상에서 가장 행복한 사람이었노라 감히 말할 수 있다.

나는 일찍부터 육신의 욕망과 갈등을 이기고 이성의 인도에 따르는 방법을 익혔다. 내가 바라는 것들만큼 성취하지 못할 바에야 성취한 것들에 자신의 욕망을 맞추는 편이 행복에 이르는 지름길이라고 생각했기 때문이다. 그래서 나는 앉은뱅이 노예라는 처지를 여유 있게 받아들일 수 있었다. 삶이라는 연극 속에서 고통을 감수하는 방식을 철저하게 익힌 능숙한 배우였다고 할까.

뿐만 아니라 나는 스스로의 처지를 바라보며 기꺼이 미소 지을 수 있는 훌륭한 관객이 되는 방법도 터득했다. 내 주인은 종들에게 고통을 가하면서 기쁨을 느끼는 잔인한 벼락부자였다. 어느 날 그는 말도 안 되는 이유를 들며 나에게 혹독한 고문을 가하기 시작했다. 평소에 군말 없이 열심히 일만 하는 나를 일부러 괴롭히며 즐기려 했던 것이다. 내가 소리 한 번 안 지르며 고문을 참아내자 약이 오른 주인은 더욱 심하게 고문을 가했다. 나는 어쩔 수 없이 주인에게 말했다.

"주인님, 그만 멈추시는 게 좋지 않겠습니까?"

나는 나를 재산으로 소유한 주인에게 재산을 손상시키는 건 현명하지 못하다는 걸 말하고자 했던 것이다. 그러나 주인은 막무가내였고, 결국 내 두 다리는 완전히 부러져 못 쓰게 되고 말았다. 나는 낮은 신음소리를 내며 조용히 말했다.

"주인님, 제가 그렇게 될 거라 미리 말씀드리지 않았습니까?"

그날 이후 나는 앉은뱅이가 되었다. 불행은 늘 내 뒤만 따라다니는 것 같았다. 주인이 죽고 나서 나는 겨우 노예 신세를 면하여 로마에서 철학을 가르칠 수 있었다. 그러나 도미티아누스(Titus Flavius Domitianus) 황제는 나를 비롯한 여러 철학자들을 로마에서 추방했다. 폭군은 늘 지혜로운 이를 용납하지 못하는 법. 나는 그리스에서 가르치는 일을 다시 시작했다. 나는 제법 유명해졌지만 무척 가난했다. 그러나 스토아 철학자로서 나는 명성이나 가난은 신경 쓸 만한 게 못 된다는 걸 잘 알고 있었다.

어느 날 나는 등잔을 도난당했다. 그러나 범인을 잡거나 등잔을 다시 찾으려는 생각을 하지 않았다. 등잔을 훔친 사람은 이미 내가 등잔을 사기 위해 들인 돈보다 훨씬 더 많은 대가를 치렀기 때문이다. 나는 동전 몇 닢을 치렀을 뿐이지만, 그 도둑은 등잔을 손에 넣기 위해 영혼을 대가로 지불했다. 영혼을 등잔과 맞바꿀 만큼 어리석었던 그에게 부디 신의 가호가 있기를.

내가 이 세상에서 가장 위대하다고 생각한 것은 영혼의 자유였다. 주인은 노예인 나의 몸을 족쇄로 꼼짝 못하게 할 수도 있고, 나를 굶주리게 할 수도 있고, 심지어 죽일 수도 있다. 그러나 주인이 나를 죽인다 해도 영원히 죽지 않는 나의 영혼까지 해칠 수는 없다. 묶인 내 몸 안에서도 영혼만은 끝까지 자유롭다. 나는 영혼의 자유를 위해 결혼도 하지 않았지만 평생 혼자 살지는 않았다. 나는 부모들이 돌볼 힘이 없거나 세상을 떠나 버려 갈 곳 없어진 아이들 여럿을 양자로 들여 키웠다.

나는 가장 단순하게 살고자 했고 또 실제로도 그렇게 살았다. 그 무엇도 내 영혼의 자유를 방해할 수는 없었다. 그 무엇이 되어 있기보다는 늘 나 자신이고자 했다. 진리란 햇빛과 같은 것이어서 세상의 무수한 창문을 통해 내리쬔다. 다른 때, 다른 장소, 다른 말들을 통해 진리는 우리 곁에 그 모습을 드러내 보이는 것이다. 그러나 그 참뜻은 늘 같다. 그것은 남을 용서해야 한다는 것, 남들에게 베풀어야 한다는 것, 남들과 서로 사랑해야 한다는 것 등이다.

우리의 삶은 실로 전쟁과도 같지만 삶이라는 전쟁은 다른 사람들과의 전쟁, 적들과의 전쟁이 아니다. 그것은 증오에 대한 전쟁이어야 한다. 전쟁에 나섰으면 적을 물리쳐야 한다. 그러나 적을 친구로 만드는 것이 진정으로 적을 물리치는 길이다. 우리 모두가 증오에 대한 전쟁에서 승리를 거둔다면 사람과 사람 사이의 전쟁이란 있을 수 없다. 혹시 이런 이야기를 들어 본 적이 있는가?

스파르타의 입법가 리쿠르구스(Lycurgus)는 폭도들의 공격으로 한 쪽 눈이 멀게 되었다. 그의 한쪽 눈을 멀게 한 범인이 잡혀 리쿠르구스 앞에 끌려와 처벌의 선고를 기다리게 되었다. 리쿠르구스는 그 젊은이를 한참 동안 아무 말 없이 바라보더니 그만 자신의 제자로 삼아 버렸다. 몇 달이 지난 뒤 리쿠르구스가 그 젊은이와 함께 공공장소에 나타나 아무렇지도 않게 행동하자 스파르타 사람들은 크게 놀랐다. 리쿠르구스가 말했다.

"이 젊은이에게 내가 내린 처벌을 정말 옳은 것이었소. 나는 이 젊은이를 한 사람의 무뢰배로 여러분에게 넘겨받았지만, 이제 나는 그를 여러분에게 한 사람의 어엿한 신사로 보내 드리게 되었으니 말이오."

멋지지 않은가? 우리는 모두 리쿠르구스의 태도를 본받아야 한다. 자신의 한쪽 눈을 멀게 한 폭도를 깨우쳐 신사로 만든 그 용서의 마음을 말이다. 나는 기독교라 불리는 동방의 이상한 종교를 믿는 사람들에 관해 들은 적이 있다. 그들이 지키는 가르침과 내 신념 사이에 제법 많은 공통점이 있다는 것도 알고 있다. 그러나 나와 그들은 다르다. 나는 천상에서 받을 행복을 기대하며 이 세상을 저주하거나 하찮은 것으로 여기지 않는다. 나는 천상에서 보상받기 위해 땅에서 용서와 나눔을 실천하지 않는다. 그런 것은 더 많은 이자를 받기 위해 애쓰는 고리대금업자의 마음과 비슷한 악덕이다.

나는 내게 주어진 앉은뱅이 노예라는 가혹한 운명을 한탄하거나, 지상에서 못 누린 행복을 하늘에서 보상받고자 하는 마음을 먹은 적이 없다. 운명의 폭풍 속에서도 흔들리지 않는 내 영혼의 고요와 자유를 지켜 나가기만 한다면, 그곳이 바로 천상의 행복이 실현된 곳이 될 터이다. 가혹한 운명의 소용돌이가 없는 그저 편안하기만 한 천상이라면, 나는 그곳을 거부할 것이다. 그런 곳에서의 행복이란 게으름뱅이의 나태와 안일이 아니고 또 무엇이겠는가? 그런 곳에서는 굴하지 않는 강인한 영혼만이 누릴 수 있는 고귀함을 찾기 어렵다. 나는 끝까지 이 땅 위에서도 가장 낮은 곳에 자리한 고귀한 영혼이고자 했다.

황제는 이렇게 말하는 것 같다. "네가 얻지 못한 것들 때문에 괴로워하지 마라." 이에 비해 노예는 이렇게 말하는 것 같다. "당신이 지금 지닌 것들에서 기쁨과 만족을 얻어라." 황제는 또 이렇게 말한다. "네가 씹은 과

일이 쓰더냐? 그렇다면 버려라." 노예는 또 이렇게 말한다. "단맛이 좋다는 건 쓴맛과의 대비를 통해서만 알 수 있다." 황제는 이렇게 말한다. "모든 영웅은 언젠가는 잊힌다. 모든 것은 쇠락하고 모든 것은 오래된 옛이야기가 되어 결국 망각의 구렁텅이에 묻혀 버리고 만다." 노예는 이렇게 말한다. "만족하시오. 내일을 믿으시오. 신은 우리의 영혼 깊숙이 파고드는 참된 기쁨을 마련해 두었다오."

황제와 노예는 부와 가난, 성공과 실패, 주인과 노예, 기쁨과 고통, 이런 것들에 집착하여 전전긍긍해서는 안 된다고 말하는 것 같다. 정말 중요한 건 우리는 모두 궁극적으로는 평등하다는 사실이다. 스토아 철학자들은 역사상 최초의 만민평등주의자들이라고 일컬어지기도 한다. 인간은 각기 다른 운명을 타고났지만, 죽음이라는 운명은 그 누구에게도 같다. 죽음은 모든 차이를 무색하게 만든다.

황제가 말한다. "신이 나를 어떤 곳에 자리 잡게 하든, 어떤 운명을 정해 주든, 나는 나 자신의 신성함과 고귀함 속에서 평안을 취할 것이다." 노예가 말한다. "신이 내려준 나의 영혼은 강인하고 고결하다. 나는 내 의지를 그 강인하고 고결한 힘에 순순히 복종시킬 것이다." 황제와 노예는 모두 영혼이 지닌 신성불가침의 고귀함과 존엄성을 확신했다. 그렇다면 지금 우리가 겪고 있는 불행은 우리의 영혼을 보다 강하게, 보다 고결하게 만들기 위해 주어진 작은 시험인지도 모른다. 탄생과 죽음, 그리고 그 사이의 모든 사건은 보다 나은 영혼으로 단련하기 위한 신의 소환장인지도 모른다. 황제와 노예는 신의 소환을 억지로 거부하지 말라고 충고한다.

    스토아 철학자들은 실로 세계의 시민들이었다. 황제가 말한다. "내가 아우렐리우스인 한 나는 로마의 시민이다. 그러나 내가 한 인간인 한 나는 이 세계의 시민이다." 노예가 말한다. "우리가 이성의 지도에 따라 산다면, 가족과 도시와 나라의 경계를 넘어서 모든 인간의 친구로 살아갈 수 있다." 이제 황제와 노예가 함께 말한다.

    "이 우주는 한 몸과 같다. 우주 안에서 작용하는 이성의 엄밀한 계획에 따라 우리는 살아간다. 황제이든 노예이든 그런 거대한 우주의 이성의 작은 부분들이다. 우주의 이성과 나의 이성이 온전히 하나가 될 때, 우리는 우주의 시민으로서 살아갈 수 있다. 우주의 이성과 하나 되는 것은 운명을 받아들이는 용기에서 시작된다. 운명을 개척한다고들 말하지만, 그렇게 개척한 운명이라는 것은 우주의 이성을 거부한 뒤에 남는 공허하고 흐린 영혼의 가난함일 뿐이다."

진정한
영웅의 이름
마이모니데스

Moses Maimonides, 1135~1204
스페인의 유대 지식인 가정에서 태어나 안락한 유년 시절을 보냈다.
그러나 무와히드 왕조가 유대교를 탄압하자 고향을 떠나 각지를
방랑하다 이집트 카이로에 정착하였다. 생계유지를 위해 의사가
되었는데 명성을 얻어 살라딘의 주치의로 초빙되었다. 대부분 아
랍어로 저술 활동을 펼쳤는데 그중 아리스토텔레스와 유대교 철
학을 화해시키려고 집필한 『방황하는 자들을 위한 안내서』가 유
명하다. 이븐 루시드(Ibn Rushd)와 함께 중세 유럽의 최대 학자로
인정받는 철학자이다.

유대인이 모세를 믿었던 것은 그가 행한 기적 때문이 아니었다. 언제든 한 개인의 신앙이 기적을 목격하는 것에 바탕을 둔다면 그는 끊임없이 의심에 시달린다. 왜냐하면 그런 기적들이 마법이나 마술에 의해 이뤄진 것일 가능성이 있기 때문이다. 모세가 사막에서 행한 기적은 단지 그것이 필요했기 때문이며, 그가 자신의 예언을 입증하기 위해 기적을 행한 것은 아니었다.

— 마이모니데스, 유대 율법서 『미쉬네 토라(Mishneh Torah)』 중에서

이름 모를 나의 벗이여! 내가 살던 때는 역사상 가장 시끄럽고 어지러운 시대였으니 혼란의 시대에는 범상치 않은 이들이 나타나 활동하는 법이라 하지요. 내가 살던 시대에는 세계에서 가장 위대한 전사(戰士)들이 나타났습니다. 그대는 영국의 사자왕 리처드에 관해 들어 보았나요? 정식 이름이 살라흐 앗딘 유수프 이븐 아이유브인 살라딘에 관해서도? 이들은 성지(聖地) 예루살렘을 차지하기 위해 숙명의 대결을 펼쳤던 십자군과 사라센 제국 군대의 제일가는 지도자들이었습니다.

이 위대한 신(神)의 전사들이 떨친 위명은 수많은 전설을 낳았지요. 그들은 분명 서로를 무찔러야 하는 관계였지만, 리처드가 병에 걸려 드러눕자 살라딘은 쾌유를 빌며 눈 속에 넣어 보관한 시원한 과일을 보내 주기도 했습니다. 씩씩한 기개가 넘쳐났던 리처드는 자신의 누이동생과 살라딘의 남동생 사이의 혼인을 제의하기도 했습니다. 비록 적이면서도 서로의 용기를 존경해 마지않았던 훌륭한 전사들이었지요.

그러나 이들 두 영웅이 보여 준 기사도는 그 부하 병사들이 치러야 했던 비참한 전투와 희생에 비춘다면 한낱 낭만적인 뒷이야기에 불과하답니다. 한번은 아주 사소한 오해로 인해 살라딘이 십자군 포로 2천 5백 명을 한꺼번에 처형하기도 했습니다. 그리고 리처드는 이에 대한 보복으로 역시 2천 5백 명의 이슬람교도 포로들을 처형했습니다. 그러나 그들 사이의 오해는 끔찍한 포로 처형이 이루어지고 나서 풀렸고, 살라딘과 리처드는 기사로서의 예의를 한껏 갖추고 서로에게 정중하게 사과했지요. 그러나 죽은 포로들이 두 영웅의 기사도 정신으로 되살아날 수는 없는 일이 아니겠습니까?

이제 내가 살던 시대의 분위기를 조금은 알 수 있겠지요? 기사도 정신으로 충만한 씩씩한 영웅들의 낭만적 이야기가 들려오는 한편으로, 야만적이고 끔찍한 비극이 되풀이되는 그런 시대였습니다. 나는 이렇게 미쳐 돌아가는 세계를 조금이라도 제정신으로 돌려놓기 위해 나름대로 노력했습니다.

여기 두 철학자가 인류의 역사를 놓고 토론하고 있습니다. 한 사람이 먼저 말합니다.

"전체 역사는 이렇게 요약할 수 있다. 인간의 인간에 대한 비인간적인 행위들."

이제 다른 사람이 말합니다.

"그건 아니다. 내가 보기에는 이렇게 요약할 수 있다. 고통과 어리석음에서 행복과 지혜를 향하여."

앞사람은 비관주의자고 뒷사람은 낙관주의자입니다. 내가 걸어온 길을 보면 이들 두 사람의 말이 모두 맞는 것 같습니다.

어릴 적 나는 쓰디쓴 비관주의에 빠지기 딱 좋은 일을 겪었습니다. 내 나이 열세 살 때, 그러니까 1148년에 나의 가족은 스페인의 도시 코르도바에서 강제로 쫓겨났습니다. 당시 스페인 지역은 아랍인 이슬람교도가 지배하고 있었습니다. 나는 말안장 위에 올라탄 군인들이나 지체 높은 이들은 두 발로 걸어 다녀야 하는 지체 낮고 힘없는 이들을 무자비하게 짓밟는 것에서 기쁨을 얻는다는 걸 깨달았습니다.

그대도 알고 있겠지만 팔레스타인 지방의 유대인 왕 헤롯은 자기 민족의 예언자 요한을 죽여 버렸습니다. 유럽의 기독교 사제들은 유대인들을 박해하며 내몰아 버리려고 했습니다. 그리고 이제 내가 살던 스페인을 다스리는 이슬람교도 통치자는 유대인과 기독교인들을 코르도바에서 추방시켜 버렸습니다. 그렇습니다. 나는 유대인입니다. (내 아랍 이름은 좀 깁니다. 아부 임란 무사 이븐 마이문 이븐 우바이드 알라. 보통은 모세스 벤 마이문이라 불렸답니다.) 추방은 나에게 길고 긴 모험의 시작이었습니다. 위험, 궁핍, 질병, 재앙, 증오로 가득한 세상을 헤쳐 나가는 모험 말입니다.

내 가족은 코르도바에서 추방당한 뒤 9년 동안 이 나라 저 나라로 옮겨 다니며 갖은 고생을 했습니다. 어느 곳을 가더라도 거부당하기만 할 뿐이었지요. 그런 와중에 어린 나를 가르쳐 준 교사는 천문학자이자 수학자이며 유대교에도 정통했던 나의 아버지 마이문 한 분뿐이었습니다. 마이모니데스라는 이름의 본래 뜻도 '마이문의 아들'이지요. 내가 의지할 수 있는 도서관도 바로 나 자신의 기억력뿐이었습니다. 이리저리 옮겨 다니는 처지에 놓인 가난한 유대인 집안이고 보니 많은 책을 소장할 여유가 없었던 거지요.

나는 배를 타고 항해하기도 하고, 낙타의 등 위에 올라 끝없는 사막을 건너기도 하고, 두 발로 걸어 먼 길을 가기도 하면서 수학, 의학, 고대 그리스 철학, 탈무드, 구약 성서 등을 공부하고 연구했습니다. 거친 사막과 사나운 바다와 뜨거운 모랫길을 걸어야 했던 이 긴 방랑의 여로는 결코 약속의 땅을 쉽사리 보여 주지 않았습니다. 도대체 그런 환경 속에서 내가 어떻게 학자로 성장할 수 있었는지 너무 궁금해하는 분들도 많았습니다.

여하튼 나는 스물세 살 때 이미 천문학과 논리학에 관한 책을 저술했습니다. 나는 밤이 찾아올 때마다 홀로 하늘을 쳐다보며 별들에 관해 알고 그것을 사랑하는 방법을 배웠습니다. 그리고 많은 나라를 다니며 많은 사람과 만나면서, 인간의 마음의 움직임에 관해 폭넓고 깊게 이해할 수 있었습니다.

서른 살 때인 1165년 나는 모로코의 수도 페즈에 머물고 있었습니다. 하지만 그것도 잠시였습니다. 이슬람교도 도시인 페즈의 행정관은 내가 유대교 사상을 지닌 사람이라는 이유로 나를 잡아 처형하려 했던 겁니다. 이슬람교도이면서도 나를 이해해 주던 한 친구가 나에게 이 계획을 알려 주어 한밤중에 겨우 페즈를 빠져나와 죽음을 면할 수 있었습니다.

나는 또다시 기약 없는 방랑길에 나섰고 겨우 팔레스타인 지역에 도착했습니다. 그러나 나의 위대한 선조들의 땅 팔레스타인도 나에게 어떤 정신적 자극이나 위안을 주지 못했습니다. 십자군이 휩쓸고 지나간 그 땅은 지치고 가난한 이들이 여기저기 흩어져 겨우 생명을 부지하고 있는 버려진 땅에 불과했습니다. 결국 나는 발길을 이집트로 돌렸습니다.

이집트의 카이로에서 나는 기나긴 방랑을 끝냈습니다. 그러나 나의 시련도 함께 끝난 건 아니었습니다. 무역상이 되어 가족을 부양하면서 내가 학문에 전념할 수 있게 도와준 고마운 내 동생이 항해 도중 배가 침몰하여 젊은 아내와 딸 하나를 남겨 두고 세상을 떠난 것입니다. 내가 이 충격에서 벗어나기까지는 꽤 오랜 시간이 필요했습니다. 내가 겪어야 했던 수많은 시련과 슬픔 가운데에서도 가장 견디기 힘들었습니다. 동생은 내 무릎 위에서 자라났지요. 늘 나를 스승이자 형으로 떠받들며 어려운 환경에서도 쾌활했던 내 동생!

동생은 가족을 위해 일찍부터 장삿길로 나섰고, 나는 집을 지키며 학문에 몰두했습니다. 장사를 위해 먼 곳을 방문했다가 희귀한 책이라도 발견하면 자기 일처럼 기뻐하며 사서 돌아와 내게 건네며 웃던 내 동생. 나의 유일한 기쁨은 그가 즐거워하며 떠드는 걸 지켜보는 일이었는데, 이제 동생은 영원한 고향으로 떠나 버렸고 나는 쓸쓸히 낯선 땅에 남겨졌습니다. 철학과 성서가 나의 비탄을 치료하는 데 도움이 될지도 모르지만, 그 치료란 임시방편에 불과한 것이겠지요.

이제 나는 학문에만 전념할 수 없게 되었습니다. 생계를 위해 의사 일을 시작했습니다. 그동안은 학문으로서 의학을 연구해 왔지만, 이제 환자를 치료하는 데 나서야 했습니다. 나의 의학 지식과 기술은 금방 널리 소문나게 되었고, 살라딘의 수석 대신이 나를 궁정 의사로 초빙하기에 이르렀습니다. 늘 쫓겨만 다니던 유대인 방랑자가 마침내 제국의 궁정에서 일하게 된 것입니다.

그러나 나에게 완전한 평화와 안식이 허락된 것은 아니었습니다. 십자군과 사라센 군의 전투로 내가 살던 도시는 불길에 휩싸였습니다. 두 달동안이나 계속된 불길에 도시는 폐허가 되어 버리고 말았습니다. 이 비극이 벌어지고 있는 동안에도 나는 환자들을 돌보느라 바빴습니다. 그리고 각지에 흩어져 있는 나의 동족 유대인들에게 두려워 말고 기운을 내라고 격려하는 편지를 수없이 써 보냈습니다. 철학자로서의 나는 바로 그렇게 사람들에게 위안을 주는 철학을 하고자 했습니다.

어둠 속에서 방황하고 있는 이들을 위한 빛, 평화로운 천국을 향한 지적인 이정표, 혼란에 빠져 당혹스러워하는 정신들을 위한 지침. 내가 꿈꾸었던 철학은 바로 그런 것입니다. 그래서 내가 쓴 대표적인 철학서의 제목은 '방황하는 자들을 위한 안내서'입니다. 그것은 고대 이스라엘 예언자들의 윤리적인 가르침과 고대 그리스 철학자들, 특히 아리스토텔레스의 철학을 결합시킨 것이기도 했습니다.

고대 이스라엘 예언자들처럼 나도 정의(正義)가 최우선임을 선언했습니다. 그리고 다른 한편으로는 그리스 철학자들처럼 조화와 중용의 중요성을 강조했습니다. 그렇습니다. 정의란 곧 조화입니다. 언뜻 수긍이 가지 않을지도 모르겠습니다만 우리가 조화로운 삶을 산다면, 즉 나와 타인이 부딪히는 일 없이 살아간다면 나는 정의로운 인간입니다. 삶이란 각자가 자신의 소리를 너무 약하지도 너무 세게도 내지 않으면서 다른 사람들의 소리와 조화를 이루는 음악과 같습니다. 자신이 맡은 부분을 올바르게 연주하는 사람이야말로 정의로운 사람입니다. 이렇게 될 때 우리는 고대 그리스인들이 말한 자기 절제의 힘을 지니게 됩니다.

결국 내가 이상적으로 생각한 삶은 그리스인들이 말하는 이상적인 삶과 크게 다르지 않습니다. 정의로운 삶, 조화로운 삶, 절제하는 삶, 중용의 삶이 그 이상이었으니까요. 그리고 이것은 고대 이스라엘 예언자들이 말한 정의와도 부합됩니다. 신의 말씀을 어기고 우상을 섬기거나 도덕적으로 타락하여 방종할 때면 신이 언제나 분노의 징벌을 내리는 것이 예언자들이 말한 정의였습니다. 결국 절제, 겸손, 조화, 중용과 일맥상통한다고 할 수 있지요.

이런 나의 태도를 두고 어떤 이는 '마이모니데스가 고대 그리스 철학의 언어를 가지고 고대 이스라엘의 가르침을 말한다'고 평가하더군요. 그런 평가를 순순히 받아들이겠습니다. 무엇보다도 우리는 믿음을 지녀야 합니다. 여기에서 주의할 점이 있습니다. 그리스 신화에 나오는 제우스처럼 신이 인간의 능력을 뛰어넘는 불가사의한 위력을 발휘하기 때문에 우리가 신을 믿어야 하는 건 아닙니다. 우리는 조화를 펼치고 정의를 실현시키는 영적인 힘으로서의 신을 믿는 것입니다.

신의 지혜가 우리를 창조했고, 신의 선함이 우리를 지탱해 줍니다. 신은 삶의 목적이며 삶의 계획이자 삶의 영원한 법칙 그 자체입니다. 신은 장엄한 음악이며 우주가 창조될 때의 질서입니다. 신은 예언자들을 예비해 두는 영(靈)이며, 그들로 하여금 진리를 외치게 하는 의지입니다. 예언자들이 전하는 진리의 핵심은 생명을 지닌 모든 것들이 영원불멸하다는 것입니다.

　다음으로 우리는 희망해야 합니다. 우리는 죽음 뒤에도 계속되는 삶을 향한 희망을 지녀야 합니다. 불멸성이란 무엇일까요? 불멸하는 존재로서의 우리는 감각적 만족을 누리는 존재가 아닙니다. 세상을 떠난 뒤에도 불멸하는 영혼이 누리는 기쁨이란 감각적 쾌락이 아니라는 것입니다. 불멸이란 각자의 개별적인 정신이 신의 보편적인 정신과 하나가 되는 것을 뜻합니다.

　모든 살아 있는 피조물들은 시간이라는 페이지에 찍혀 있는, 신의 창조의 시(詩)라고 할 수 있습니다. 이것을 눈에 보이는 정신이라고 할 수 있습니다. 그 페이지가 파괴되어 버리면, 신의 정신이 눈에 보이는 형태로 표출되어 있던 개별적인 나도 사라집니다. 그러나 그 정신의 본질만은 절대 죽지 않으며 사라지지도 않습니다.

　이를테면 성서의 시편(詩篇)이 적혀 있는 어느 페이지가 찢겨 나갔다고 상상해 봅시다. 그러나 찢겨 나간 페이지 자체가 시편의 본질은 아닙니다. 그것은 언젠가는 사라져야 했을, 눈에 보이는 대상에 불과합니다. 더 나아가 성서 전체가 불타 버리거나 해서 사라져 버릴 수도 있습니다. 그러나 성서의 정신만은, 즉 그 본질만은 살아남아 있습니다. 몸은 죽습니다. 그러나 정신은 계속 살아남습니다.

　우리들 각자가 생명이라는 만화경(萬華鏡) 속의 색유리 조각들이라고 가정해 봅시다. 유리가 깨진 뒤에도 그 색깔만은 사라지지 않습니다. 깨졌으되 색깔은 잃지 않은 우리들 각자는 태양이 내리쬐는 빛과 하나 되어 불멸합니다. 또 인간의 몸이 진흙이라고 생각해 봅시다. 그리고 인간의 영혼을 그 진흙 반죽에 태양 빛이 비추어 반사되는 빛이라 해봅시다. 진흙 반죽이 다 말라 버리면, 거기에 반사되어 빛나던 빛도 사라져 버리겠지요. 그러나 처음에 그 빛을 주었던 태양은 전과 다름없이 하늘 위에서 찬란히 빛나고 있습니다.

결국 죽음 뒤의 삶이란 개별자의 위치에서 벗어나 보편적인 정신과 온전히 하나가 되는 일종의 황홀경입니다. 우리는 이런 황홀경을 살아 있는 동안에도 체험할 수 있습니다. 나 자신이라는 좁은 범위를 벗어나 내 자아가 확장되는 것처럼 느껴지는 순간이 있습니다. 이를테면 아름다운 시 한 편을 읽으며 그 속에 몰입될 때, 영혼을 일깨우는 감동적인 노래에 취할 때, 진심에서 우러나오는 기도를 바칠 때, 남을 돕고 아끼는 자비로운 행동을 통해 남의 행복과 나의 행복이 하나가 되는 체험을 할 때, 찬란히 떠오르는 태양을 바라볼 때 등에 우리는 어떤 황홀경에 빠지는 경험을 합니다.

마지막으로 이러한 믿음과 희망은 우리를 자비로 이끕니다. (물론 자비는 거꾸로 믿음과 희망을 강화시키기도 합니다. 자비를 사랑이라는 말로 바꿔도 좋겠지만 나는 우애, 동포애, 형제애 등의 의미를 살리기 위해 자비라는 말을 써 보았습니다.) 우리는 이웃들이 필요로 하는 것들을 채워 주고 그들의 고통을 공감함으로써 생명의 보편적인 정신과 조화를 이룰 수 있습니다.

나는 단지 철학자였던 것만은 아니었습니다. 열심히 생계를 꾸려 나가고 일상의 단맛과 쓴맛을 모두 겪은 생활인이기도 했습니다. 우리가 아무리 신에 대한 믿음과 미래에 대한 희망을 간직한다 해도, 고통 받는 주위 사람에 대한 연대감을 갖지 못한다면 모두 헛일입니다. 좋은 삶, 선한 삶이란 수동적인 바람 이상의 것, 그러니까 능동적이고 적극적인 삶입니다. 좋은 인간, 선한 인간은 자비의 사다리에 있는 여덟 개의 황금 계단을 밟고 천국을 향해 한 걸음씩 올라갑니다.

첫 번째 계단은 약간의 주저함 속에서 다른 이에게 베풀고, 때로는 베푸는 것을 후회하기도 하는 단계입니다. 손으로는 주고 있지만 마음으로는 주고 있지 않은 단계라 할까요. 두 번째 계단은 기꺼운 마음으로 베풀지만 고통 받는 이들의 절실한 필요에는 못 미칠 정도로 베푸는 단계입니다. 세 번째 단계는 기꺼운 마음으로 고통 받는 이들의 절실한 필요에 맞게 베풀지만, 그들이 간청하기 전까지는 베풀지 않는 단계입니다.

네 번째 단계는 아주 기꺼운 마음으로, 고통 받는 이들이 간청하기도 전에 그들의 필요에 맞게 베푸는 단계입니다. 그러나 고통 받는 이들의 손에 직접 쥐어 주기 때문에, 도움을 받는 이들이 부끄러움이나 수치심이라는 고통스러운 감정에 시달릴 수도 있는 단계입니다. 다섯 번째 단계는 고통 받는 이들이 자신에게 베푸는 이가 누구인지 알 수 있게 하되, 베푸는 이의 입장에서는 자기가 누구에게 베푸는지 모르고 베푸는 단계입니다. 이것은 옛날 유대인들에게는 하나의 고귀한 의무였습니다. 이를테면 돈이 많은 사람이 외출할 때는 일부러 자신의 겉옷에 돈주머니를 허술하게 매달아서 길을 나섭니다. 가난한 이들이 그 돈을 슬그머니 떼어 갈 수 있도록 하는 거지요. 결국 베푸는 이는 자기가 누구에게 베푸는지 모르게 됩니다.

여섯 번째 단계는 누가 베풀었는지 모르게 베푸는 단계입니다. 이를테면 돈이 많은 이가 굶주리고 있는 이의 집 앞에 식량을 아무도 모르게 놓아두는 일 같은 거지요. 아무도 누가 베풀었는지 모르게 되는 겁니다. 일곱 번째 단계는 더욱 칭찬받을 만한 단계로서 베푸는 이가 누구인지도, 받는 이가 누구인지도 모르는 단계입니다. 오로지 베푸는 것 그 자체와 자비만 있을 뿐 베푸는 자도, 받는 이도 없습니다.

마지막으로 여덟 번째 단계는 빈곤을 미리 예방함으로써 빈곤한 이들에게 자비를 베풀기 전에 미리 자비를 베푸는 단계입니다. 이야말로 자비의 사다리에서 가장 높은 단계입니다. 내가 현실 감각이 좀 있다는 걸 알 수 있지 않습니까? 나는 빈곤한 이들에게 자비를 베풀어야 하는 상황 자체를 바꾸어 놓으려는 실천적인 노력을 가장 위대한 자비라고 본 것입니다. 자비와 같은 추상적인 문제를 어떤 의미에서는 사회적으로 해결해 보고자 한 거지요. 그래서 나에게 일종의 사회 과학자 같은 태도를 발견하는 사람도 있답니다.

나는 삶의 마지막 20년 동안 병들고 가난한 이들의 필요를 충족시켜 주는 데 전념했습니다. 나처럼 바쁘게 산 사람도 드물 겁니다. 의사로서, 철학자로서, 천문학자로서, 유대교 지도자로서, 전 세계에 퍼져 있는 이웃들에게 위로와 격려의 말을 전하는 일종의 고민 상담자로서 살았으니까요.

한번은 나의 부끄러운 저술을 다른 나라말로 번역하는 사람이 나를 찾아오겠다는 내용의 편지를 보내온 일이 있었습니다. 그에게 내가 보낸 답장은 이러했습니다.

저를 찾아오신다는 이야기를 들었습니다. 저 또한 당신만큼이나 우리의 만남을 기대하고 있습니다만, 그럼에도 저는 당신이 저를 찾아오시지 말기를 부탁합니다. 사실 당신이 어렵게 저를 찾아와도 얻을 것이 거의 없기 때문입니다. 저는 후스타트에 살고 있고 왕은 카이로에 살고 있습니다. 후스타트와 카이로는 수 킬로미터밖에 떨어져 있지 않지만, 저는 왕에 대한 의무를 매우 엄격하게 준수해야 합니다.

저는 매일 이른 아침에 왕을 찾아뵈어야 합니다. 왕이나 그 가족, 혹은 왕궁에 사는 그 누군가가 아프기라도 하는 날에는 하루 중 대부분의 시간을 아픈 이를 치료하기 위해 왕궁에 머물러야 합니다. 왕의 대신들을 치료하기도 합니다. 설령 아무도 아픈 이가 없다 해도 저는 의무적으로 오후까지 왕궁에 머물러 있어야 합니다. 후스타트의 집에 돌아올 때쯤이면 저는 배가 고파 미칠 지경이 됩니다. 저는 왕궁에서 제공하는 음식은 입에 대지 않기 때문이지요.

그렇게 주린 배를 움켜쥐고 피로에 지쳐 집에 도착하면 접견실에는 각양각색의 사람들이 웅성거리며 저를 기다리고 있습니다. 유대인, 이슬람교도, 부자, 가난한 자, 재판관, 지주의 대리인, 제 친구들. 정말 각계각층의 사람들이 자신들의 건강과 질병에 대한 조언을 듣기 위해 기다리고 있습니다. 저는 말에서 내려 손을 씻자마자 시원한 물 한 잔을 마시고 곧바로 환자들을 돌보기 시작합니다. 환자들은 해가 질 무렵에도 계속 찾아옵니다. 어떤 날은 해가 지고 두 시간이 지난 다음에까지 환자들이 밀려 있습니다. 저는 계속 진찰하고 처방을 내립니다. 마지막 환자가 가고 나면 저는 완전히 지쳐서 말할 기운조차 내기 힘듭니다.

이런 상황에도 당신이 굳이 저를 만나러 오시겠다면, 번역 작업을 끝마치자마자 오시기 바랍니다. 저를 이해해 주시는 당신과 이야기를 나누며 큰 기쁨을 함께 누릴 수 있으리라 믿어 의심치 않습니다. 그러나 당신은 저에게서 어떤 유익한 것을 배울 수는 없을 겁니다. 저는 남을 가르치고 일깨울 만한 사람이 못 됩니다.

그러나 위의 편지에는 내가 하는 다른 일들은 빠져 있습니다. 의사로서 정신없이 바쁜 일과 속에서도 나는 의학, 철학, 천문학을 연구하며 책을 집필했고, 개인적인 충고를 담은 편지를 썼으며, 유대인 공동체를 위해 갖가지 일을 처리했습니다. 물론 내가 동족인 유대인에게만 편파적으로 의술을 베풀거나 했던 건 결코 아닙니다. 유대인, 이슬람교도, 기독교인, 그 밖에 다른 종교를 따르거나 종족이 다른 사람일지라도 나는 똑같이 대우했습니다. 그런 나를 가리켜 부끄럽게도 '인류의 스승이자 진정한 박사'라 칭해 주시는 분도 있었습니다.

내가 의사이다 보니 건강 비결 하나를 알려 드리는 게 좋을 것 같군요. 건강하게 살기 위한 세 가지 필수 조건이 있습니다. 첫째는 적절한 영양 섭취, 둘째는 충분히 몸을 움직이는 것, 셋째는 세상에 대해 낙관적이고 너그러운 태도를 취하는 것입니다. 너무 당연해 보인다고요? 당연한 것을 실천하지 못하는 데서 모든 문제가 생기지 않던가요?

다시 살라딘과 리처드 이야기로 돌아가 보겠습니다. 두 영웅은 아무리 기사도를 발휘했다고 해도 결국 증오에 바탕을 두고 무력으로 다툼으로써 세상의 비극을 부채질한 사람들일 뿐입니다. 그대가 사는 시대에도 영웅을 자처하며 다툼을 부채질하는 사람들이 있지 않습니까? 그대가 사는 시대에도 세상 어느 곳에선가는 전쟁과 비극과 슬픔이 계속되고 있지 않습니까? 여전히 세상에는 살라딘과 리처드를 닮고 싶어 하는 사람들과, 또 그런 사람들을 우러러보며 따르려는 사람들이 있지 않나요? 그런 사람들의 헛된 욕망에 희생되는 수많은 사람의 비탄의 목소리가 들려오지 않나요?

진정한 영웅이 있다면 바로 그렇게 희생되는 사람들을 위해 자비를 베푸는 사람입니다. 나 자신이야말로 사막이나 바다 한가운데서 이름 없이 죽어 갈 운명을 타고났던 사람이었지만 다행히도, 아니 신의 무한한 자비로 그런 운명의 굴레에서 벗어나 학자이자 의사로 일생을 보낼 수 있었습니다. 다시 한 번 신의 자비에 깊은 감사를! 그런 나이기에 지난날 나의 모습을 하고 있는 곤궁에 처한 이들을 결코 외면할 수 없었습니다.

나는 일흔 살 때 신의 부르심을 받아 불멸하는 영혼의 세계로 떠났습니다. 나의 시신은 이집트에서 팔레스타인으로 옮겨졌습니다. 세상을 떠나기 직전 내가 위대한 선조들의 땅으로 옮겨 달라고 유언을 남겼기 때문입니다. 운구 행렬이 사막을 지날 때 갑자기 사막에 사는 부족들이 공격해 왔습니다. 그 당시에는 사막을 지나는 상인들을 습격하여 재물을 빼앗고 사람을 잡아 노예 시장에 파는 무리들이 많았지요. 그러나 그들은 나의 시신을 옮기는 행렬이라는 걸 알고 곧 부끄러운 얼굴을 했다고 합니다. 그리고 행렬을 안전하게 호위해 주었지요. 다시 한 번 신에게 감사를!

그대가 사는 세상이 평화의 세상이길 진심으로 기원하며 마이모니데
스로부터.

2
근대의 고뇌:
관용, 평화, 민주주의

　철갑옷 입고 말 탄 기사들이 질주하는 시대가 저물었다. 총포로 무장하고 고도로 조직화된 부대가 중세의 기사단을, 성벽을 무너뜨렸다. 교역이 활발해지고 자유시장이 번성하며 자본의 덩치가 커지고 새로운 대양 항로가 속속 열렸다. 런던의 신사들은 동양의 자기 잔으로 커피를 마셨다. 절대 군주가 다스리는 국가들이 무한경쟁하기 시작했다. 종교개혁이 종교전쟁으로 이어졌고 관용과 평화는 멀기만 했다.

　인간이 하늘을 인식하는 틀은 지구 중심에서 태양 중심으로 바뀌었다. 이는 우주 안에서 인간의 지위, 그 인간의 지위를 보증하던 교회 중심의 질서가 바뀌는 변화이기도 했다. 중세 질서를 무너뜨리며 자본을 매개로 군주권에 호응했던 부르주아 계급은 이제 군주권을 걸림돌로 여기기 시작했다. 민주주의와 혁명의 기운이 싹텄다. 이 시대 철학자들은 추방, 도피, 망명, 탄압, 투옥, 파문을 각오해야 했다. 그들이 거할 곳, 속한 곳은 다만 정신의 공화국, 지식 공화국이었다.

인간성의 미덕과
신(神)의 사랑
에라스뮈스

Desiderius Erasmus, 1466~1536
네덜란드의 로테르담에서 성직자의 사생아로 태어나 수도원에서 자
라고 수도사가 되었다. 1493년 캉브레 주교의 비서가 된 후 주교
의 도움으로 파리 대학에서 신학을 공부하였다. 1499년 영국에
방문해 존 콜렛, 토머스 모어와 교제하면서 지적인 자극을 받고,
1509년에는 전환기 유럽의 퇴폐 현상과 성직자의 위선 등에 대한
날카로운 풍자를 담은 『우신예찬』을 집필하였다. 교회의 타락을 비
판하는 입장이었으나 루터의 격렬한 종교개혁에 반대하면서 루터와
의 논쟁을 불러일으켰고 루터파와 가톨릭파의 사이에서 고난을 겪었다.

전쟁이야말로 있을 수 있는 모든 빛나는 무훈(武勳)의 무대이자 그 근원이 아니겠습니까. 그러나 결국에는 적군과 아군 모두 득보다는 실이 많은데도 이런 전쟁을 일으키는 것 이상으로 바보 같은 짓이 또 어디 있겠습니까. (……) 전쟁을 벌일 때에는 아무 생각 없이 그저 앞으로, 앞으로만 돌진하는 비대하고 기름진 인간이 필요한 것입니다.

– 에라스뮈스, 『우신예찬』 중에서

저 데시데리위스 에라스뮈스는 네덜란드 로테르담에서 성직자의 사생아로 태어났습니다. 이상하게 생각하실지 모르겠지만 성직자가 아이를 두는 것은 사실 흔한 일이었습니다. 저는 이러한 출생 배경을 평생 민감하게 생각했습니다. 그러나 저의 어린 시절이 매우 고독했거나 남달리 불행했던 것은 아니랍니다. 제 아버지는 저를 성(聖) 레빈 문법 학교에 보내 교육시켜 주셨습니다. 제가 열네 살 때 어머니와 아버지가 세상을 떠나셨고, 저는 수도원에 맡겨졌습니다.

이렇게 문법 학교와 수도원에서 라틴 고전학과 신학을 공부한 다음 저는 스물한 살 때 아우구스티누스 수도원의 수도사가 되었습니다. 그리고 1492년 사제가 되어 이듬해 캉브레 주교 베르겐의 비서가 되었지요. 1495년에는 당시 유럽 최고의 학문 기관인 파리 대학 신학부에 들어가 1499년까지 머물렀습니다.

저의 뒤를 봐주신 베르겐 주교님의 재정 후원이 흔들리면서 저는 부유한 가문의 가정교사로 일해야 했습니다. 형편이 어려운 처지에서 공부를 많이 한 사람들이 걷는 일반적인 경로였지요. 저에게는 행운이었습니다. 가정교사 생활로 맺은 마운트조이 공 윌리엄 블런트와의 인연 덕분에 1499년 영국을 방문할 수 있었으니까요. 영국 방문에서 저는 많은 것을 얻을 수 있었습니다.

저는 영국에서 토머스 모어, 윌리엄 그로신(William Grocyn), 존 콜렛(John Colet) 등 인문주의자들과 만났고 장래의 헨리 8세와도 만났습니다. 저는 특히 그리스 문화를 숭배하는 영국 인문주의자들과의 만남을 계기로 고전 그리스어를 집중적으로 공부하기 시작했습니다. '집중적으로 공부했다'는 표현에는 좀 모자람이 있는 듯도 합니다. 정말 열심히, 열심히 공부했으니까요. 자부하자니 부끄럽기도 합니다만 저는 당대 최고의 그리스 문헌학자, 즉 고전학자가 되었습니다.

더구나 당시 영국의 분위기는 대륙의 분위기와 많이 달랐습니다. 무엇이 달랐는가 하면 영국의 학문적 관용이 상대적으로 넓었습니다. 제가 세운 필생의 과업도 영국 생활 경험에 크게 빚지고 있다고 할 수 있습니다. 그 과업이란 고전에 담긴 자유로운 인간적 이상(理想)과 기독교 정신을 융합시키는 것입니다. 그러한 과업은 구체적으로는 그리스 및 라틴 고전과 기독교 문헌의 번역과 편집 작업으로 이루어졌습니다.

저는 아우구스티누스, 히에로니무스의 저작집을 편찬하고, 그리스어와 라틴어 대역 성경 번역서를 펴냈고, 라틴 고전과 그리스 고전에서 인용한 격언들을 모아 『격언집』(초판 1500년)을 펴냈습니다. 단순히 격언을 모으는 것에 그치지 않고 각 구절의 의미를 설명하는 일종의 논평을 덧붙이고 비슷한 구절을 찾아 제시했으며 당시의 종교, 정치, 사회 상황과 관련 있는 논평도 덧붙였답니다.『격언집』은 이후 여러 세대에 걸쳐 인문주의자들의 중요한 참고서 역할을 했고, 저의 명성이 유럽 전역으로 퍼져 나가는 중요한 계기가 되었지요.

1504년부터 유럽 각지를 여행하던 저는 이탈리아에서 상당 기간 머무르다가 헨리 8세가 즉위한 1509년 영국으로 향했습니다. 영국행 도중 알프스를 넘으면서 저는 수도원 생활을 풍자한 작품을 구상했습니다. 그리고 영국에 도착한 뒤 토머스 모어 경의 집에 머무른 일주일 동안 작품을 완성했습니다. 바로 1511년에 출간된『우신예찬』입니다. 1515년에는 화가 한스 홀바인 2세가 이 책에 삽화를 그려 넣기도 했답니다. 어리석음의 여신인 모리아가 화자(話者)로 등장하여 어리석음을 통해 진정으로 현명한 것이 무엇인지 밝히는 내용입니다.

"아마도 신학자들에 대해서는 침묵한 채 지나치는 게 좋을 것이다. 그들은 놀라울 정도로 거만하고 화를 잘 내는 족속이기 때문이다. 그들은 6백 개에 달하는 논거를 한 조(組)로 묶어 내 주장을 취소하도록 몰아세울 것이다. 내가 그것을 거절하면 그들은 즉각 나를 이단자로 선언할 것이다. 스콜라 신학자들이 추구하는 방법은 난해한 것들 가운데 가장 난해한 것을 더욱 난해하게 만들 뿐이다."

바보에도 여러 가지가 있습니다. 어리석음을 그대로 드러내는 광대 같은 부류의 바보와, 똑똑한 체하는 지식인이나 현자 부류의 바보가 있습니다. 저는 똑똑한 체하는 부류의 바보들을 풍자했습니다.

"광대들은 군주에게 진실을 받아들이게 하고, 군주에게 욕설을 퍼부으면서도 그들을 즐겁게 하는 놀라운 일을 해치운다. 신들은 오직 이런 광대들에게만 진실을 맡겨 놓는다."

저는 문법학자, 시인, 법학자, 신학자, 군주, 궁정인, 교황, 추기경, 주교, 수도사, 신부 등 제가 살던 시대의 지식인과 사회 지도층 모두를 풍자의 대상으로 삼았습니다. 이러한 『우신예찬』이 금서(禁書)가 된 것은 어쩌면 당연한 일이었겠지요. 당대 유럽의 베스트셀러였던 이 책은 불온하다고 지목될 수 있는 부분이 삭제되거나 저자인 제 이름이 지워진 상태로 널리 유포되었습니다.

저의 삶에서 빼놓을 수 없는 인물이 있습니다. 바로 마르틴 루터입니다. 루터는 1517년 10월 31일 비텐베르크 교회 문에 95개조의 논제를 못박아 걸었습니다. 교회의 면죄부 판매 행위를 규탄하면서 루터 자신의 신학적 견해를 펼친 이 논제는 종교개혁의 중요한 역사적 계기로 일컬어지기도 하지요. 루터는 제가 자기편이 되어 주기를 간절히 바랐습니다. 그래서 1519년 3월 저에게 공개적인 지지를 당부하는 편지를 써 보냈습니다. 저는 그 편지에 대한 답장을 썼습니다. 그 일부를 읽어 볼까요?

"그리스도 안의 내 소중한 형제여! 당신의 책들이 이곳 루뱅에서 얼마나 큰 소동을 일으키고 있는지 이루 말할 수 없습니다. 이곳 사람들은 당신의 저작들이 저의 후원으로 쓰였다고도 하고, 또는 내가 당신 파당(派黨)의 지도자라 하기도 합니다. 나는 그들에게 증언하기를 당신의 책은 읽은 적도 없고, 당신의 주장에 대해 긍정도 부정도 하지 않는다고 했습니다. 나는 중립을 지킬 것이며 그렇게 함으로써 내가 할 수 있는 한 학문의 부흥에 기여할 생각입니다. 나는 격렬한 언동보다는 정중한 중용을 지킴으로써 더 많은 것을 성취할 수 있으리라 생각합니다."

어떻습니까? 제가 루터를 지지한 것 같습니까? 아니면 지지하지 않은 것 같습니까? 편지에서도 밝혔듯이 저는 루터의 주장에 대해 긍정도 부정도 하지 않았습니다. 제가 크게 걱정한 것은 루터의 주장과 그것에서 비롯된 움직임들이 극단으로 치닫는 것이었습니다. 서로가 서로를 미워하다가 상대방을 잡아먹지 못해서, 죽이지 못해서 안달하는 상태로 치닫는 것이 저는 무엇보다도 싫었습니다.

저는 루터가 자신의 주장으로 인해 박해받게 되기를 원치 않았습니다. 그래서 저는 루터의 안전을 보장해야 한다는 취지의 진정서를 대주교에게 보내기도 했습니다. 어떤 사람이 자신의 신념과 주장 때문에 목숨이 위태로워지는 것, 저는 그런 것을 원치 않았습니다. 루터는 자신의 양심에 솔직했을 것입니다. 자신의 생각에 더없이 솔직했을 것입니다. 루터 아니라 그 어떤 사람이라도 자신의 양심과 생각에 솔직한 탓에 박해받고 생명에 위협을 느낀다면 그것이 과연 신께서 바라시는 일일까요? 결단코 아닐 겁니다.

그러나 다른 한편으로 저는 루터가 온건한 태도를 취하기를 바랐습니다. 저는 교회에 대한 루터의 비판이 옳다고 생각했습니다. 교회라고 해서 늘 올바를 수는 없습니다. 교회도 사람이 만든 제도인 이상 얼마든지 잘못될 수 있습니다. 그러나 저는 은총, 자유의지, 예정설 등과 같은 중요한 기독교 교리에서 루터와 의견을 달리했습니다. 요컨대 제도로서의 교회가 저지르는 잘못에 대해서는 루터와 어느 정도 의견이 같았지만, 교리적 입장은 달랐던 겁니다.

제가 루터에 관해 가장 크게 걱정했던 것은 루터의 격렬한 언동이 교회 안의 강경 세력의 입지를 강화시킬지도 모른다는 것이었습니다. 강경한 태도는 다시 강경한 대응을 낳고, 다시 강경한 대응은 더욱 강경한 태도를 낳는 것. 이렇게 되는 것이 인간사의 법칙 아니던가요? 그 법칙은 제 걱정대로 실현되고 말았습니다. 1520년 교황은 루터를 파문하겠노라 위협했고 루터가 교황의 칙서와 교회 법전을 불태우자 이듬해 루터를 이단으로 지목해 파문했습니다.

그 이후 저는 매우 난처해졌습니다. 교회 측은 루터에 반대하지 않는 것이 곧 루터에 동조하는 것이라 보았습니다. 종교개혁을 추구하는 진영은 제가 보다 분명하게 루터 편에 설 것을 요구했습니다. '도대체 너의 정체가 뭐냐? 빨리 확실하게 우리 편에 줄을 서라!' 이런 요구를 양쪽에서 받은 셈이지요. 어느 편에도 확실하게 줄을 서지 않은 사람이 겪게 되는 곤란함이란 그 얼마나 큰 것인지요. 그러나 저는 흔들리지 않았습니다. 저는 루터가 보낸 다른 편지에 대한 답장에서 이렇게 썼습니다.

"나를 가슴 아프게 하는 것은 귀하의 오만하고 무례하고 반골적인 본성 때문에 온 세상이 무장하고 있다는 사실입니다. 귀하는 폭풍이 잠잠해지는 것을 저지하는 게 가장 큰 목적이라도 되는 듯이 모든 것을 뒤죽박죽으로 만들고 있습니다."

결국 저는 루터파로 살지도 않았고 그렇다고 해서 기성 교회에 종속되어 살지도 않았습니다. 저의 제자라고 할 수 있는 사람들을 비롯해서 많은 인문주의자들이 루터파에 가담했던 것이 사실입니다. 인간성에 대한 신뢰를 바탕으로 인간의 자유와 합리적 정신을 중시하는 인문주의자들의 처지에서 보면 아무래도 루터파에 끌리기 마련입니다. 어느 편에도 가담하지 않는다는 것. 스스로 자초한 고독. 그렇습니다. 저는 고독해졌고 고립되어 갔습니다.

교회의 보수파는 저를 공격했습니다. 제가 루터에 대한 관용을 주장하고 교회의 물질주의와 부패를 지적했기 때문입니다. 루터파도 저를 외면했습니다. 제가 자신들을 적극적으로 지지하지 않았기 때문입니다. 루터파가 보기에 저는 기성 교회의 테두리 안에 있는 인물이었던 거지요. 제가 중간에서 줄타기하는 사람으로 보일지도 모르겠습니다. 그렇습니다. 저는 줄타기를 했습니다. 하지만 저의 줄타기는 저의 한 몸을 온전하게 보전하기 위한 책략이 아니었습니다. 오히려 금방이라도 떨어져 버릴 것 같은 위험을 무릅쓰고 극단을 피하려는 신념이자 선택이었습니다.

어떤 이들은 저를 두고 지독한 이상주의자라고 말씀하시더군요. 부인하지 않겠습니다. 오히려 영광입니다. 저는 보편적 인간성에 바탕을 둔 미덕이 가능하다고 믿었습니다. 극단적인 갈등과 투쟁이 아니라 중용과 관용을 통한 개혁이 가능하다고 믿었습니다. 위대한 고전들을 읽고 이해하는 것을 통해 인간이 좀 더 사려 깊고 선해질 수 있다고 확신했습니다. 이보다 더 이상적인 믿음, 그래서 실현되기 어려운 믿음이 있을까요? 저는 지독한 이상주의자입니다.

극단이 지배하던 시대에 중도와 중용의 이상을 추구했다는 점에서 제 삶은 비극적이었던 걸까요? 온건하고 합리적이며 타협과 관용을 중시하는 태도는 도대체 설 자리가 없었으니, 보편적 인간성의 미덕과 기독교 사랑의 정신이 조화를 이룰 가능성이 좀처럼 보이지 않았으니, 어쩌면 제 삶은 비극적이었는지도 모르겠습니다.

　그러나 다른 한편으로 저의 명성은 날로 높아져 갔습니다. 당시 유럽
의 많은 지식인이 공개적인 자리에서 다음과 같은 말로 소개되는 것이
큰 영광이었다고도 합니다. "이 분은 에라스뮈스로부터 편지를 받은 적
이 있는 분입니다." 그러나 명성이 무슨 가치가 있겠습니까? 다 부질없습
니다. 저는 만년으로 갈수록 좌절감에 휩싸여야 했습니다. 인간 정신의
위대함과 기독교 정신의 숭고함이 융화되어 인류가 더 나은 삶을 살 수
있게 되는 날, 서로의 다름을 인정하고 관용의 미덕을 실천할 수 있는 시
대는 너무도 멀어 보였기 때문입니다.

　저의 이러한 좌절감, 저의 고독은 과연 제가 살던 시대만의 것일까요?
여러분이 살고 있는 시대는 어떻습니까? 질문을 바꾸어 보면, 여러분 각
자의 생각은 어떻습니까? 나와 '다른' 생각을 '틀린' 생각이라고 여기고
있지는 않습니까? 다름은 어디까지나 다른 것일 뿐, 틀린 것이 아니지요.
여러분의 시대에서도 여전히 극단적인 것들이 횡행하고 있다면 저를 기
억해 주십시오. 아니 저의 고독과 저의 좌절감을 기억해 주십시오.

　훗날 많은 분이 저를 칭송해 주셨습니다. '최초의 의식 있는 세계주
의자이자 유럽인'(슈테판 츠바이크), '최상과 최대'(멜란히톤, Philipp Melan-
chton), '비할 데 없는 인간이자 불멸의 박사.' 칭송해 주신 것에 대해서는
진심으로 감사드리고 또 무척 부끄럽기도 합니다만, 제가 칭송받는다는
것은 어떤 의미에서는 제가 꿈꾸었던 세상, 제가 추구했던 이상이 여전히
실현되지 못하고 있다는 뜻도 되겠지요.

　그래서 저는 슈테판 츠바이크라는 분의 말이 가슴 깊이 와 닿습니다.

"아직 실현되지 않은 이상만이 영원한 회귀성을 갖기에, 에라스뮈스의 이상은 평가절하되지 않는다." 저의 이상이 하루빨리 실현되어 제가 평가절하되기를 간절히 바랍니다.

저는 1536년 7월 12일 스위스 바젤에서 세상을 떠났습니다. 제가 세상을 떠나면서 마지막으로 남긴 말은 이것이었습니다.

"하느님이시여!"

악마의 가르침?

마키아벨리

Niccoló Machiavelli, 1469~1527
이탈리아 피렌체의 중산층 가정에서 태어났다. 피렌체를 통치하던 사보나롤라의 비참한 최후를 목격한 직후 피렌체 정부의 관리직을 맡았다. 외교 임무를 수행하던 중 당시 강력한 집권 정치를 펼친 체사레 보르자를 만나 정치사상을 보다 구체화하였다. 메디치 가문이 다시 피렌체의 지배자가 되자 체포되었으나 곧 석방되어 피렌체 근방에 머물며 빈곤과 실의 속에서 생활하였다. 『군주론』은 그의 대표작으로 가치와 당위가 아니라 사실과 경험을 기본으로 함으로써 근대 정치사상의 기원이 되었다.

저녁이 오면 나는 집으로 돌아와 서재로 들어가네. 문 앞에서 온통 흙먼지로 뒤덮인 일상의 옷을 벗고 왕궁과 궁중의 옷으로 갈아입지. 우아하게 성장을 하고는 나를 따뜻이 반겨 주는 고대인들의 옛 궁전으로 들어가, 나를 이 세상에 나오게 한 이유이자 오직 나만을 위해 차려진 음식을 맛보면서, 그들과 스스럼없이 이야기하고 그들이 왜 그렇게 행동했던 가를 물어본다네. (……) 단테도 말하지 않았던가? 우리가 어떤 것을 듣고 이해하더라도 기억 속에 넣어 놓지 못하면 지식이 되지 못한다고 말일세. 그래서 나는 그들과의 이야기에서 배운 것을 일일이 써 놓았다가 '군주국에 대하여'라는 조그만 책자를 썼다네.
— 마키아벨리, 『군주론』 중에서

★

내가 쓴 『군주론』을 설명해 달라는 그대의 편지에 나는 매우 놀랐다. 나는 그대처럼 야심만만하고 패기에 찬 젊은이들을 무척 좋아한다. 그대의 모습에서 지난날 내 모습을 발견할 수 있을 것 같다. 그대 같은 청년이 나에게 한 수 배우기를 자청하다니, 이처럼 기쁜 일이 또 어디 있겠나. 이제 나는 늙고 병들어 아무도 찾아오는 이 없는 시골에서 소일하고 있지만, 그대의 편지를 받고 지난날의 열정이 되살아나는 기분이다.

그대가 나에게 편지를 띄우기까지 많은 망설임과 고민이 있었으리라 짐작한다. 그대도 알겠지만 사람들은 나를 악마의 제자라 부른다. 그렇다면 그대는 이 악마의 제자의 제자가 되고 싶은 건가? 혹시 그대의 영혼을 악마에게 팔아 버리는 기분이 들지는 않았는가? 그대의 뜻이 무엇이든 상관없다. 나는 지금까지 늘 그러했듯 이 답장을 쓸 때도 나 자신에게 솔직하려고 할 뿐, 세상의 평판에 휘둘릴 생각은 추호도 없다. 이 답장을 읽는 그대도 내 생각을 다른 이들에게 가감 없이 전해 주기 바란다.

1498년의 일이었다. 정직한 신념을 끝까지 지킨 대가로 지롤라모 사보나롤라(Girolamo Savonarola)가 화형을 당했다. 나는 그가 뜨거운 불길 속에서 죽어 가는 모습을 지켜보았다. 그리고 확신하게 됐다. 정직은 최악의 선택이며 거짓이야말로 영광을 향한 지름길이라는 걸 말이다. 바로 그때 나는 악마의 제자가 되었던 것이다. 독재자와 사기꾼들이 내 가르침을 교과서로 삼았고, 목적이 수단을 정당화할 수 있다고 생각하는 사람들이 내 가르침에서 영감을 얻었다. 마음이 불편해지는가? 이래도 계속 내 편지를 읽을 건가? 그대가 정의는 반드시 이긴다고 믿는 사람이라면, 당장 이 편지를 찢고 싶겠지.

굳이 변명 비슷한 걸 하자면, 다른 모든 이들과 마찬가지로 나는 내가 살던 시대의 산물이다. 내 시대가 어떤 시대였는지 아는가? 바로 체사레 보르자(Cesare Borgia)의 시대였다. 위선의 사도, 살인의 대가, 음모의 챔피언이었던 체사레 보르자는 정말 대단한 사람이었다. 자신의 앞길을 방해하면 친형제, 친척, 친구를 가리지 않고 죽이는 사람이었으니 말이다. 그렇게 해서 보르자는 중부 이탈리아의 지배자가 되었고 유럽의 강력한 군주들 가운데 한 사람으로 떠오를 수 있었다.

그는 따뜻하게 친구를 감싸 안으면서 친구의 등을 칼로 찌를 수도, 손님을 초대하여 함께 식사하는 동안 손님이 독배를 들이켜고 죽어 가는 모습을 지켜볼 수도 있는 사람이다. 보르자가 하늘 아래 둘도 없는 악당으로 보인다고? 그대가 영리한 사람인 줄 알았는데, 그렇지 못한 것 같군.

체사레 보르자의 시대에 거의 모든 지도자가 그와 같았다. 그들은 정의나 자비 따위에는 관심이 없었고, 오로지 권력과 부를 추구했다. 신의 말씀에 귀 기울이는 듯 가장했지만 사실은 탐욕의 목소리에만 귀 기울였다. 내가 살던 시대, 아니 어쩌면 그 어느 시대에서도 야심 가득한 인물들의 삶이란 바로 그러할 터.

그대는 인간관계의 황금률이라는 걸 들어 본 적이 있는가? 남의 처지에 서서 생각해 보고, 남들이 원하지 않는 것을 행치 말라는 도덕 원칙이지. 남이 나에게 하지 말았으면 하는 행동을 남에게 하지 말라고 바꿔 말할 수도 있다. 나는 그런 말라비틀어진 황금률 대신 철(鐵)의 원칙을 세웠다. 서릿발처럼 매섭고 날카로운 철의 원칙을 말이다. 남의 처지에 서서 생각해 보는 건 황금률과 마찬가지지만, 그다음 행동은 완벽히 다르다. 남들이 그대에게 타격을 가하기 전에 그대가 먼저 타격을 가하라는 원칙이니 말이다. 여기에서 성서의 한 구절을 비틀고 싶어지는군. '악당들은 행복하다. 그들은 땅을 차지할 것이다.'

나도 한때는 '인민의 소리가 신의 소리(*vox populi vox dei*)'라는 라틴어 격언을 옹호했었지만, 『군주론』을 집필할 때는 생각이 달라졌다. 인민의 소리는 아무짝에도 쓸모없으며, 군주의 소리만 울려 퍼져야 한다고 생각하게 된 것이다. 내가 일관성이 없는 사람 같다고? 한 사람의 생각이 일생 동안 변하지 않아야 한다는 것처럼 어리석은 생각이 또 어디 있겠는가?

내 삶에 관해 그대가 알고 있다면 내가 개인적인 목표를 달성하지 못했다는 것도 알고 있을 것이다. 나는 군주의 눈에 들기 위해 책을 집필하여 그들을 일깨웠지만 아무도 나에게 관심을 보이지 않았다. 군주들은 내 가르침을 받아들이면서도 정작 나를 받아들이지는 않았다. 가난과 무관심 속에 살아가는 것은 정말 고독한 삶이다. 하지만 나는 실망하지 않았다. 많은 사람이 이 악마의 제자가 가르친 것들을 필요로 할 터이니 말이다. 이제 내 삶과 『군주론』의 내용에 관해 좀 더 자세히 적으려니 집중해 달라.

내 삶의 이런저런 부분들을 시시콜콜 이야기하기는 싫다. 다만 편지를 보낸 그대의 성의를 생각해서 몇 마디만 하겠다. 나는 이탈리아의 피렌체에서 1469년에 태어났다. 유럽 여러 나라의 궁정을 돌아다니며 외교관으로 경력을 쌓았고, 1502년부터 1512년까지 10년 동안 피렌체의 종신 통령 소데리니(Piero di Tommaso Soderini)의 심복 구실을 했다. 나는 이런 경력을 통해 15세기 말에서 16세기 초 유럽 정치 무대의 뒤에서 무슨 일들이 벌어지고 있는지 자세히 관찰할 기회를 가졌다. 나는 소데리니를 도와 피렌체 군대를 재편하기도 하고, 소데리니의 연설문을 작성하고 정치적인 조언도 많이 했다.

하지만 1513년 소데리니가 경쟁자들에게 패했고 피렌체의 대권은 메디치 가문으로 넘어갔다. 소데리니의 심복이던 나는 피렌체 근교 시골로 추방당했다. 내 고향 피렌체에서 일어나는 일들을 정확히 관찰할 수 있는 가까운 거리였지만, 새로운 통치자들에게 내가 영향력을 미치기에는 너무 먼 거리였다. 이후 나는 현실 정치 무대에서 활동하지 못했다. 그러니 내가 할 수 있는 일이 무엇이었겠는가? 펜을 붙잡고 글을 쓰는 일밖에 없었다.

정치적 도의, 정의로운 전쟁, 나는 이런 말을 들을 때마다 실소를 금할 길 없다. 정치에서든 전쟁에서든 도의와 정의는 애당초 불필요하다. 그런 건 오히려 치명적인 약점일 뿐이다. 적어도 정치와 전쟁에서만큼은 이기기 위해 어떤 행동을 하더라도 정당하다. 그대가 만일 칼로 적을 찔러야 한다면, 칼끝에 온 신경을 집중해서 가능하면 적의 뒤를 찌르도록 하라. 뒤를 찌르는 게 마음에 걸린다고? 그렇게 마음 쓰는 사이에 누군가 그대의 뒤를 찌르고 말 것이다. 중요한 건 그대가 찌른 적이 쓰러졌고 그대는 살아 있다는 사실 아니겠는가?

그대가 이미 읽어 보았는지 모르겠지만, 『군주론』이야말로 이 악마의 제자가 심혈을 기울여 쓴 책이다. 악당들의 복음서로 지목되는 『군주론』에서 나는 체사레 보르자를 이상적인 모델로 삼았다. 나는 『군주론』을 통해 로렌조 드 메디치를 비롯한 여러 통치자들에게 보르자의 방식을 택하라고 충고했다. 권력을 완벽하게 장악하고 군주의 통치권을 굳건히 확립하고 싶다면 말이다. 백문이 불여일견이라 했던가? 내가 아무리 그 핵심을 설명한다 한들 그대가 『군주론』을 직접 읽어 보는 것만 못할 것이다. 그러니 지금부터 내가 설명하는 몇 가지 원칙들, 악마의 십계명이라고 할 수 있는 원칙들이 『군주론』의 전부라고 여기지는 말아 달라.

첫째, 자신의 이익만 추구할 것. 세상이라는 이 무시무시한 정글에서 단 하나의 타당한 법칙은 그대가 남들을 내리누르지 않으면, 다른 누군가가 그대의 목줄을 쥔다는 것이다. 인간은 본성상 서로 돕고 협력하게 되어 있다는 말도 안 되는 주장에 귀 기울이지 마라. 잔혹하고 영리한 인간과 어리석고 별 볼일 없는 인간, 인간은 이렇게 둘로 나눌 수 있다. 잔혹하고 영리한 이들이 할 일은 분명하다. 자신의 목표를 달성하기 위해 어리석은 이들을 이용하는 것이다.

최선의 이용 방법은 다름 아니라 적당히 겁을 주고 내리누르는 것이다. 강자는 늘 자신의 힘을 과시하고 자기 이익을 추구해야 한다. 약자들을 내리누르는 구체적인 방법의 예로 법률을 들 수 있다. 강자의 이익에 봉사하는 법률을 지킬 것을 강요하라. 강자의 특권은 오직 자기만을 위할 수 있다는 점이다. 잊지 마라. 힘이야말로 정의로운 것이다.

둘째, 자기만을 드높이고 명예롭게 할 것. 남을 드높여 주고 명예롭게 하지 마라. 물론 예외는 있다. 그대가 다른 사람을 드높이고 명예롭게 함으로써 결과적으로는 그대의 이익을 더 크게 만들 수 있을 때이다. 그런 때를 제외하면 다른 경쟁자들의 명예가 높아지는 걸 용납하지 마라. 다른 사람이 위대한 인물이 되도록 돕는 사람들의 운명을 아는가? 위대한 인물에 의해 쫓겨나 파멸에 이르고 마는 운명이다.

국가라면 오직 한 사람의 최고 권력자가 있고 나머지 모든 사람들은 그의 발아래 엎드려야 한다. 그 최고 권력자야말로 절대 유일의 군주로서 명예와 존귀와 부를 독차지해야 마땅하다. 어떤 다른 사람의 위신이 점점 더 높아지고 사람들의 신망을 얻어 간다면, 최고 권력자가 어떻게 그런 사람을 가만 놓아둘 수 있겠는가?

셋째, 악을 행하되 필요하다면 선을 행하는 척 꾸밀 것. 나는 '진실하지 못함'의 뛰어난 가치를 진실로 확신한다. 나는 '솔직하지 않음'이야말로 쓸모가 가장 많은 처세술이라고 솔직하게 말해 왔다. 선하다는 것처럼 위험한 일은 없다. 다만 선한 사람인 것처럼 꾸미는 일은 쓸모가 많다. 힘을 길러 최고가 되려면 정의, 믿음, 인간성, 친절, 우애 따위는 내던져 버려야 할 때가 있는 법이다.

물론 그런 일을 할 때는 남들이 눈치채지 못하도록 하는 게 좋다. 더없이 고결하고 정의롭다고 믿게 해야 한다. 가장 성공한 군주는 백성을 쥐어짜고 억누를 때조차 백성으로 하여금 군주가 자신들을 위해 봉사한다고 믿게 만든다. 입으로는 자비를 말하라. 남들은 그대를 존경할 것이다. 그러나 실제로는 악을 행하라. 남들은 곧 그대의 발아래 놓이게 될 것이다.

넷째, 누구의 것이든 탐하고 쟁취해 낼 것. 군주는 자신의 욕망 이외에 그 어떤 것도 고려해서는 안 된다. 다른 사람들의 권리를 돌볼 필요는 없다. 모든 것을 쟁취하라. 불만을 털어놓는 자들을 침묵하게 하여라. 다시 한 번 강조하지만, 이때에도 겉으로 탐욕을 드러내서는 안 된다. 그것이 올바르지 못하기 때문이 아니라 더 많이 쟁취하는 데 방해가 되기 때문이다. 약한 자들에게 철저하게 뜯어내어 자신의 강함을 과시하는 게 좋다. 예컨대 외국인들의 것을 많이 빼앗는 게 좋다. 그들은 군주에게 앙갚음할 힘이 없다. 자기의 백성을 쥐어짜내다가 자칫 백성의 분노와 저항에 부딪히면 골치 아픈 일이 아니겠는가?

다섯째, 철저히 인색할 것. 자기 돈은 아끼고 남의 돈으로 일을 벌이는 게 좋다. 군주가 백성을 즐겁게 해 주려고 선심을 쓰는 건 어리석다. 물론 처음에야 후한 마음씨에 칭송하겠지만, 얼마 안 가서 재정이 바닥나면 백성에게 더 많은 세금을 거둘 수밖에 없다. 결국 백성의 불만과 원성이 높아지고 군주권이 위기에 처한다. 그대가 가진 것을 남들에게 드러내 보여 주고 그것을 나누어 주는 짓은 파멸에 이르는 지름길이다. 전쟁을 통해 외국인들의 재산을 강탈하여 백성을 위해 쓰는 편이 좋다. 그렇게 되면 백성은 전쟁에서 훨씬 더 용감하게 싸울 자세를 갖추게 되고, 군주를 위해 죽을 각오까지 하게 된다.

여섯째, 철저하게 잔인할 것. 군주는 결코 신사답거나 점잖기만 해서는 안 된다. 보르자는 다른 군주들보다 훨씬 더 잔혹했기 때문에 더 큰 영광을 누릴 수 있었다. 에스파냐의 페르디난트 왕도 잔혹함을 통해 한몫 톡톡히 챙길 수 있었다. 정의를 사랑하고 인간적으로 부드러운 군주들의 대부분은 비참한 최후를 맞이했다. 그런 군주들이 성공하는 일은 이야기책에서나 자주 볼 수 있다. 군주가 백성의 복종과 군대의 충성을 유지하려면 자기 안에서 인간을 제거시키고 야수를 키워 나가야 한다. 마치 사자와도 같은 야수성을 말이다.

일곱째, 기회가 있을 때마다 속일 것. 그대의 경쟁자들을 억누르고 싶다면 그대는 의도적으로 한 마리의 짐승이 되어야 한다. 짐승이 되기 싫다면 성공할 생각은 일찍 접는 게 좋다. 내가 군주들에게 추천한 짐승은 사자와 여우였다. 사자와 같은 흉포함에 여우와 같은 꾀를 겸비한다면 세상에 두려울 게 없다. 힘은 정의보다 위대하고 속임수는 진실보다 강하다. 그대가 사람들에게 한 약속을 지키려 애쓰지 마라. 세상 사람들이 모두 착하기만 하다면 내가 이런 충고를 할 까닭이 없지만, 사람들은 거의 모두가 사악하고 신뢰를 저버리기 일쑤다. 그러니 그들과의 약속을 지킬 까닭이 없다.

남들의 비난이 두렵다고? 걱정하지 마라. 그대에 대한 남들의 신뢰를 배반하는 것을 가리기 위한 그럴듯한 이유들을 잘 마련해 놓으면 된다. 역사를 살펴보면 그 어떤 군주도 자신이 약속했던 것을 어기면서 당당하게 그리고 뻔뻔스럽게 그 이유를 대지 않았던 적은 없다. 이 세상 사람들은 대부분 어리석다. 그대는 늘 그들을 속이고 배신할 궁리만 하면 된다. 그들은 늘 속을 준비가 되어 있다.

여덟째, 적들을 죽이고 필요하다면 친구라도 죽일 것. 내가 살던 시대에 인간성이라는 건 씨알도 먹히지 않았다. 인권(人權)이니 뭐니 하는 것들도 마찬가지였다. 끊임없이 크고 작은 전쟁이 계속되던 그 시대에 사람들의 감정은 메말라 버리고 인간의 생명도 값어치 없는 것에 불과했다. 음모와 살인이 다반사였고 목적 달성에 방해가 되는 친구를 제거하는 일은 널리 인정된 규칙과도 같았다. 삶이란 목숨을 내걸고 벌이는 한 판의 도박과도 같았다. 그대가 살고 있는 시대는 어떠한가? 내가 살던 때보다는 좀 나은가? 그렇다면 다행이지만 사람 사는 세상이 어디 크게 다르기야 하겠는가?

아홉째, 무력을 사용하여 다른 사람들을 압도할 것. 그대와 경쟁 관계에 있던 군주를 몰아내 버린다고 생각해 보라. 그대는 그 군주의 가족들을 어떻게 처리할 텐가? 관용을 베풀어 다른 곳으로 옮겨 가 살 수 있게 해 줄 건가? 정말 그렇게 할 건가? 그대는 제정신인가? 군주와 군주의 가족들을 모두 제거해야 한다. 만일 그 가족들을 놓아둔다면 분명 그들 중 누군가가 그대에게 복수하려 들 것이다.

어설프게 잔혹해서는 안 된다. 반드시 한꺼번에 집중적으로 목표를 공

략하라. 어설프게 했다가는 반격을 당하기 십상이다. 일순간에 상대에게 타격을 입혀야 그대의 잔혹한 행동이 사람들의 기억에서 빨리 사라진다. 반대로 그대가 누군가에게 이익을 제공해야 할 상황이라면 가능한 한 조금씩 제공하라. 그래야만 그대의 행동이 사람들의 기억에 오래 남는다.

열째, 늘 전쟁을 생각할 것. 군주는 살인의 기술에 능해야 한다. 전쟁이야말로 군주가 숙달해야 할 가장 중요한 기술이다. 군주는 군사적인 문제에 늘 관심을 기울여야 한다. 평화로울 때에도 군주는 늘 전쟁에 대비해야 한다. '어떻게 하면 경쟁자들을 효과적으로 정복할 수 있을 것인가?' 군주의 대화, 공부, 놀이, 독서는 모두 이 문제에 바쳐져야 한다. 설혹 총이나 칼을 들고 싸울 일이 없다 해도 그대의 삶이란 사실상 크고 작은 전쟁의 연속이다. 그러니 부디 내 말을 명심하라.

『군주론』은 결국 세상을 지배하려는 야망에 불타는 군인과 정치가들의 철학을 담고 있다. 어차피 삶이란 전투가 아니겠는가? 유일한 정의는 힘이다. 어떤가? 내가 악마의 제자로 보이지 않는가? 내 말에 몸서리쳐지지 않는가? 사실 내가 이런 생각을 하게 된 것에는 깊은 까닭이 있다. 그것은 바로 이탈리아의 통일을 향한 나의 열망이다. 크고 작은 도시 국가와 지역들로 나누어져 늘 싸움과 음모로 날을 지새우는 상황이 나는 지긋지긋했다. 그런 상황을 어떻게 하면 바꿀 수 있겠는가? 내 생각에는 강력한 힘을 지닌 절대 군주가 나타나 군사력으로 이탈리아를 통일하는 게 유일한 방법이었다. 나는 그런 군주가 갖추어야 할 자질을 『군주론』에서 제시했다.

그런 군주의 힘으로 이탈리아가 통일된다면 나는 비록 높은 자리에 앉지 못하더라도 더할 나위 없이 기뻐할 것이다. 역설적으로 들리는가? 평화를 위한 전쟁이라니 말이다. 그렇다 해도 어쩔 수 없다. 세상은 어차피 역설로 가득한 곳이니 말이다. 나는 절대 군주의 강력한 군사력과 통제로 유지되는 평화를 꿈꾸었다. 뭐 그따위 평화가 있느냐는 말은 하지 마라. 언제 어디서 무슨 일 때문에 죽을지 모르는 불안한 나날을 보내고 있던 내 이웃들을 바라보면서도 그대가 과연 그런 속 편한 말을 할 수 있을까? 그런 내 이웃들에게는 절대 군주의 엄격한 통치 아래에서나 누릴 수 있는 평화가 얼마나 소중한 건지 그대는 모를 것이다.

나는 사자의 용기와 여우의 꾀를 갖춘 절대 군주야말로 평화를 가져오는 구세주와 같다고 생각했다. 나는 그런 구세주를 기다리며 빈 들판에서 홀로 외치는 예언자의 구실을 맡았다.

그대는 내게 보낸 편지에서 크게 출세하려는 야망을 갖고 있다고 했다. 그대의 야망이 뭔지는 모르지만 다시 한번 심사숙고해 보라. 출세한 뒤에는 무얼 하려는 건가? 물론 밝히지 않아도 상관없다. 그러나 대답이 궁해서 밝히지 못하는 거라면 그대에게 신신당부하고 싶다. 큰 뜻을 먼저 세워라.

막연히 출세하겠다는 생각만 하지 말고 그대가 사는 시대가 안고 있는 큰 문제들을 곰곰이 생각해 보라. 그리고 그대의 사명을 세우라. 그런 다음에 이 마키아벨리에게 다시 한 번 편지를 보내라. 아마도 다음에 그대가 보낸 편지를 받고 내가 쓸 답장에는 그대의 큰 뜻에 관한 나의 충고가 담겨 있을 것이다.

긴 시간 동안 내 편지를 읽느라 수고했다. 부디 눈앞의 현실을 두 눈 크게 뜨고 똑바로 보면서 지혜롭게 처신하길 바란다. 그대가 뜻을 이루어 크게 성공하기를!

우주 안의 인간의
지위를 바꾸다

코페르니쿠스와
갈릴레이

니콜라우스 코페르니쿠스 / Nicolaus Copernicus, 1473~1543
폴란드의 천문학자로 지동설을 제창하였다. 프로이센에서 부유한 상
인의 아들로 태어나 크라코우 대학에서 신학, 수학, 천문학을 공부하
다 천동설의 오류를 알게 된다. 1496년 이탈리아에 가서 법률, 교회
법, 의학 등을 배우고 1506년 귀국하여 프라우엔부르크 대성당의 의
원직을 맡는다. 이후 의술 활동을 펼치는 한편 천체 관측에 몰두하면서
『천체의 회전에 관하여』를 집필하였다.

갈릴레오 갈릴레이 / Galileo Galilei, 1564~1642
이탈리아의 물리학자, 천문학자, 철학자이다. 피사의 귀족 가문에서 태어
나 처음에는 의학을 공부했으나 중퇴하고 피렌체에서 가정교사를 하
면서 수학을 연구했다. 1589년 피사 대학의 수학 교수가 된 후『운동에
대하여』를 저술하였다. 망원경을 제작하여 1610년에 목성의 위성, 토
성의 띠, 달 표면의 요철, 태양의 흑점 등을 발견하고, 지동설을 주장하
여 종교 재판에 회부되었다. 유죄 판결을 받고 은거하면서 1632년『대화』
를 출판하지만 다시 로마에 소환된다. 결국 지동설 철회를 언약하고 사면되었
다. 이후 피렌체의 교외에서 여생을 보내며『신(新)과학 대화』을 저술하였다.

존엄하신 추기경(벨라르미노)은 갈릴레이에게, 전술된 견해는 오류이며 견해를 포기하는 것이 좋다고 경고했다. 그 직후 위원회는 다음과 같이 명령했다. 갈릴레이는 태양이 세계의 중심이고 돌지 않으며 지구는 돌고 있다는 견해를 완전히 포기해야 한다. 그는 지금부터 말과 글을 포함한 어떤 방식으로든 그 견해를 주장하거나 가르치거나 옹호하지 말아야 한다. 그렇지 않으면 추기경위원회가 제제할 것이다. (······) 갈릴레이는 이러한 지시에 따르고 순종할 것을 약속했다.

– 1616년 2월 26일 교황청 추기경위원회 의사록 중에서

★

1510년에서 1514년 사이 코페르니쿠스는 태양의 중심 천문 체계에 관한 개략적인 생각을 발전시켜 나갔다. 그리고 그것을 짧은 논문으로 작성했다. '천체의 운동에 관해 구성한 가설에 관한 니콜라우스 코페르니쿠스의 소론(小論)', 줄여서 '소론'이라 일컫는 논문이다. 논문 제목은 코페르니쿠스 자신이 아니라 그것을 필사하여 유포시킨 이들이 붙인 것이다. 코페르니쿠스는 이 논문을 소수의 지인에게만 배포했다(정식 인쇄본은 1878년에 출간되었다). 이 논문에서 그는 본격적인 수학적 설명을 시도하지는 않았지만, 아리스토텔레스 천문학 체계에 의문을 제기하면서 지구가 움직이는 태양 중심 체계를 가설로 제시했다.

「소론」을 내놓은 이후 꾸준한 연구를 통해 코페르니쿠스는 『천체의 회전에 관하여』를 1532년경 거의 마무리 지었던 것으로 보인다. 이 책에서 그는 먼저 우주와 지구가 둥글다는 것을 얘기한다. 또한 지구는 스스로 돌면서 태양 주위를 1년에 한 번 도는 별에 지나지 않는다는 것을 분명

히 했다.

'만물의 중심에는 태양이 있다. 전체를 동시에 밝혀 주는 휘황찬란한 신전이 자리 잡기에 그보다 더 좋은 자리가 또 어디 있단 말인가. 혹자는 그것을 빛이라 불렀고, 혹자는 영혼이라 불렀고, 또 어떤 이는 세상의 길잡이라 불렀으니 그 얼마나 적절한 표현인가. 태양은 왕좌에서 자기 주위를 선회하는 별들의 무리를 내려다본다.'

코페르니쿠스의 새로운 체계는 전통적인 교회의 입장과 다른 것이었지만 적어도 당대에는 탄압받지 않았다. 오히려 교황청의 일부 인사들은 그의 이론을 옹호하기까지 했다. 물론 비판이 없지는 않았다. 예컨대 그와 동시대인인 종교개혁가 루터는 이렇게 말했다.

'하늘이나 하늘의 덮개, 해와 달이 아니라 지구가 회전한다는 것을 입증하려고 발버둥치는 오만불손한 주장이 나왔다. 그 바보는 천문학 전체가 뒷걸음치는 걸 바라고 있다.'

코페르니쿠스의 새로운 체계가 우주에 대한 인간의 인식과 세계관을 바꾸어 놓기까지는 오랜 세월이 필요했다. 요컨대 그것은 '점진적 혁명'이었다. 종교개혁이 많은 신자로 하여금 교황청에 등 돌리게 하였다면, 코페르니쿠스의 우주론은 신으로부터 등 돌리게 만들 수 있는 엄청난 파괴력을 지닌 것이었다. 그것은 지구와 그곳에 사는 인간의 우주적 의미를 보잘것없는 차원으로 만들 수 있는 것이었다. 인간은 정말로 신의 사랑을 독차지하는 존재인가? 무한한 우주를 창조한 신은 하나밖에 없는 아들을 왜 굳이 지구로 보냈단 말인가?

코페르니쿠스가 흔들어 놓은 우주 안에서의 인간의 지위를 더욱 결정적으로 뒤흔들어 놓은 사람이 망원경으로 달과 목성 등을 관찰하고 역학 연구를 통해 근대 물리학 발전에 크게 기여한 갈릴레오 갈릴레이다. 그는 코페르니쿠스의 지동설을 옹호하여 교황청 종교 재판에서 유죄 선고를 받았고, 350여 년이 지나 교황청에 의해 공식 복권됐다. 그는 전설적인 종교 재판 이야기를 중심으로 천문학과 물리학의 상징적 아이콘이기도 하다.

갈릴레이는 1597년 케플러에게 보낸 편지에서 천동설으로 바다의 조수 현상을 설명할 수 없어서 자신은 코페르니쿠스의 지동설을 신봉해 왔다고 밝혔다. 1610년 갈릴레이는 망원경으로 태양의 흑점, 달의 표면, 금성의 차고 기움, 목성의 4개 위성을 관찰했고, 그러한 관찰 결과가 지동설을 뒷받침한다고 공표했다. 갈릴레이의 활동에 대해 벨라르미노 추기경이 엄중히 경고했고, 결국 1616년 2월 26일에 지동설을 논하거나 옹호하지 않겠다는 서약을 했던 것이다. 당시 금지된 명제는 다음의 두 가지였다.

'태양은 하늘의 중심에서 부동(不動)이다.'

'지구는 하늘의 중심에 있지 않으며, 부동이 아니라 이중 운동을 하며 움직인다.'

갈릴레이는 1615년 12월 로마를 방문할 때만 해도 교황청을 설득시킬 수 있으리라 생각했지만 교황청은 갈릴레이의 모든 활동을 감시하면서 결정을 미리 내려 두고 있었다. 추기경위원회 고문 신학자들은 2월 23일에 갈릴레이의 견해가 '철학적으로 우매하고 신학적으로 이단적'이라는 의견을 제출했으며, 다음 날 추기경위원회가 이 의견을 수용하는 형식을 취함으로써 최종적으로 26일에 위와 같은 명령이 내려졌다.

이후 갈릴레이는 벨라르미노 추기경에게 자신의 향후 활동에 대한 일종의 증서를 요청했고 이에 추기경은 갈릴레이가 자기 견해를 포기한다는 공식적인 서약서를 작성하거나 속죄할 필요까지는 없으며, 다만 성서의 내용과 모순되는 코페르니쿠스의 학설을 주장하거나 옹호하지 말아야 한다는 점을 강조했다.

갈릴레이는 자신과 친분이 있는 바르베리니 추기경이 1623년 교황 우르바노 8세로 즉위하자, 교황을 설득하여 코페르니쿠스 체계와 아리스토텔레스 체계를 균형 있게 비교하는 책을 쓸 수 있도록 허락받았다. 1632년 2월 21일에 1천 부를 출간한 『프톨레마이오스-코페르니쿠스 두 개의 주요 우주 체계에 대한 대화』(보통 『대화』라고 한다)의 주인공은 세 사람이다.

코페르니쿠스의 입장을 합리적으로 변론하는 철학자 살비아티, 사회자 구실을 하는 시민 사그레도, 아리스토텔레스주의를 고집하는 심플리치오(6세기의 아리스토텔레스 저작의 주석가의 이름에서 따왔지만 바보, 멍청이를 뜻하는 'simpleton'을 암시한다는 설도 있다). 인물 구성은 공평해 보이지만 내용은 두 체계를 공평하게 다루라는 교황의 충고와 거리가 멀었다.

살비아티는 심플리치오의 주장을 설득력 있게 비판하고, 사그레도도 살비아티 쪽으로 기운다. 갈릴레이는 특히 지구의 공전과 자전 운동을 통해 밀물과 썰물을 설명하는 부분을 가장 중시했다. 그러나 열두 시간마다 밀물과 썰물이 반복된다는 갈릴레이의 예측은 실제로 여섯 시간인 주기와 맞지 않았다(조수 문제는 나중에 뉴턴의 중력 이론을 통해 비로소 제대로 설명되었다). 과학사학자들은 조수 이론보다는 코페르니쿠스 천문학 체계의 역학적 문제들을 추상적, 수학적으로 설명하려 했다는 점에서 이 책의 과학사적 가치를 찾는다.

책은 일단 검열을 통과하여 출간되었지만 1633년 4월 12일 갈릴레이는 교황청으로 소환 당해 첫 심문을 받았으며, 이후 4월 30일, 5월 10일, 6월 21일에도 같은 일을 겪었다. 마지막 심문 다음날인 6월 22일 갈릴레이는 산타 마리아 소프라 미네르바 성당에 딸린 방으로 안내되어 선고를 받는 동안 무릎을 꿇어야 했다. 1616년의 서약을 어겼다는 것이 유죄의 주요 근거였다. 종신 가택 연금, 3년 동안 매주 한 번 '7대 고해성시'(시편 6, 31, 37, 50, 101, 129, 142편)를 음송할 것, 사후 장례를 치르거나 묘비를 세우는 일의 금지 등의 형벌을 선고받았다.

'태양이 세계의 중심이고 움직이지 않으며 지구는 세계의 중심이 아니고 움직인다는 거짓 의견을 완전히 버릴 것이며, 말이나 글 등 어떤 방식으로든 옹호하거나 가르쳐서는 안 된다는 명령을 이 성청(聖聽)이 저에게 사려 있게 암시한 뒤에도, 그리고 전술한 교리가 성서에 배치된다고 저에게 통보한 뒤에도, 저는 이 교리를 논하고 어떠한 해답도 제시하지 않은 채 그 교리를 지지하는 매우 강력한 주장을 도출하는 한 권의 책을 써서 출판했습니다. 그리고 그 사실이 원인이 되어 저는 이단, 즉 태양이 세계의 중심이고 움직이지 않으며 지구는 중심이 아니고 움직인다는 것을 주장하고 믿었다는 강력한 의심을 받았습니다.

따라서 저에 대해 정당하게 제기된 이 강력한 의심을 추기경 예하와 믿음 있는 모든 기독교도들의 마음에서 제거하고자, 성실한 마음과 거짓 없는 믿음으로 저는 앞서 말한 과오와 이단, 교회에 배치되는 다른 모든 과오와 교파 전반을 포기하고 저주합니다. 앞으로도 이단의 의혹을 받을 수 있는 그 어떤 것도 절대로 말이나 글로 주장하지 않을 것을 맹세합니다.'(제이콥 브로노우스키, 『인간 등정의 발자취』, 김현숙·김은국 옮김, 바다출판사, 2009, pp. 235~236)

갈릴레이의 굴욕적인 맹세는 곧 유럽의 지식인들에게 알려졌다. 『대화』를 갖고 있는 사람은 거주지의 종교 재판관에게 제출해야 한다는 명령이 내려졌지만, 사람들은 『대화』가 자취를 감추기 전에 앞다투어 손에 넣으려 했다. 1633년 여름 책값이 정가의 열 배 이상으로 뛰어 올랐다.

1633년 6월 22일 갈릴레이가 "그래도 (지구는) 돈다(Eppur si muove)"는 말을 했을까? 여러 달의 재판을 통해 심신이 극도로 지친 70세 노인이 서슬 퍼런 종교 재판관들 앞에 홀로 서 있다. 속삭이는 혼잣말이라 해도 그런 말을 감히 입 밖에 낼 수 있었을까? 재판이 끝난 다음 마차를 타고 가다 내리면서 문제의 말을 외쳤다는 설도 있으나 재판을 다시 받기를 자청하는 것이나 마찬가지인 그런 행동을 했을 가능성은 거의 없다.

정황상의 추측이 아니더라도 많은 전문가들은 갈릴레이가 그런 발언을 했다는 데에 동의하지 않는다. 갈릴레이의 제자 빈첸초 비비안니(Vincenzo Viviani)가 쓴 갈릴레이에 관한 최초의 전기에도 이에 관한 얘기는 등장하지 않으며, 다만 갈릴레이가 신중하게 진정으로 자신의 견해를 철회했다는 언급만 나온다. 갈릴레이가 쓴 편지나 글, 당시의 다른 그 어떤 기록에도 나오지 않는다.

스페인 화가의 한 그림(1643년 또는 1645년경의 것으로 추정)에 문제의 문구가 등장한다는 게 1911년에 밝혀졌지만, 그 그림은 갈릴레이를 지하 감옥에 갇혀 있는 것으로 묘사하는 등 사실을 제대로 반영하고 있지 못해 신뢰하기 힘들다. 다만 갈릴레이가 살아 있을 때도 이미 문제의 풍문이 나돈 것이 아닌가 짐작케 할 뿐이다.

문헌 기록으로는, 프랑스의 신부이자 역사학자 오귀스탱 시몬 이라이유(Augustin Simon Irailh)가 1761년에 전 4권으로 출간한 『문학 논쟁』(전체 제목은 '호메로스 시대부터 우리 시대에 이르는 문학 공화국의 혁명의 역사를 위한 비망록 또는 문학 논쟁들'이다)의 제3권 49페이지에 런던에 거주하던 이탈리아인이 1757년에 펴낸 이야기책의 내용을 언급하면서 문제의 일화가 소개돼 있다. 이 책은 그러나 당시 지식인들 사이에서 가벼운 읽을거리 정도로 취급되었다.

"그래도 지구는 돈다"는 발언은 정확한 근거가 없으면서도 마치 사실처럼 오랜 세월 전해지는 이야기, 이른바 '도시형 전설(urban legend)'에 해당한다. 다만 일화의 사실 여부와 상관없이 중요한 것은 과학적 진실이 종교적 억압을 극복하고 이긴다는 뜻을 담은 상징적 일화라는 점 그 자체일 것이다. 계몽주의 시대의 지적 분위기 속에서 갈릴레이를 과학적 진리의 순교자로 형상화하려는 많은 사람들의 뜻이 반영되었던 셈이다.

갈릴레이가 피사의 사탑에서 무거운 물체와 가벼운 물체를 동시에 떨어뜨려 아리스토텔레스 과학의 오류를 증명했다는 얘기도 근거가 희박하다. 그런 실험을 한 것은 네덜란드의 물리학자 스테빈(Simon Stevin)이다. 문제의 전설은 갈릴레이 전기를 쓴 비비안니가 만들어 낸 것으로 볼 수 있다. 갈릴레이가 열아홉 살 때 피사 대학 예배당 천장의 샹들리에가 흔들리는 것을 보고 자신의 맥박을 측정해 진자의 등시성을 발견했다는 이야기도 근거가 희박하다. 예배당 천장의 샹들리에는 갈릴레이가 열아홉 살이 되던 해보다 몇 년 뒤에 설치되었다는 것이다.

'이전에 한 번도 보지 못했고, 이미 알려진 옛 별들보다 10여 배나 많은 무수한 별들을 나는 보았다. 그러나 다른 것과는 비길 수 없으리만치 커다란 놀라움을 주고, 특별히 내가 모든 천문학자와 철학자들의 주의를 환기시키지 않을 수 없게 한 현상은, 이전에 어떠한 천문학자도 알거나 관찰하지 못한 네 개의 행성들을 발견했다는 사실이다.'

1610년 베네치아에서 출간한 『별의 사자(使者)』에서 갈릴레이는 목성의 위성 이오, 유로파, 가니메데, 칼리스토를 발견한 것에 관해 위와 같이 말했다. 갈릴레이는 피렌체를 지배하는 메디치가의 코시모 1세가 목성을 신성하게 여긴다는 점, 그에게 네 명의 자식이 있다는 점을 생각하여 그 위성들을 '메디치가의 별'로 이름 붙였다. 이에 따라 갈릴레이는 메디치 가문 전속 수학자 겸 철학자로 고용됐다.

그러나 오늘날에는 네 위성을 '갈릴레이 위성(Galilean moons)'이라고 일컫는다. 그는 달 표면도 망원경으로 관찰했다. 1608년 네덜란드의 리페르세이(Hans Lippershey)가 초보적 형태의 쌍안경을 만들어 베네치아

공화국에 팔려한 소식을 접한 갈릴레이는 즉시 망원경 개발에 착수해 1609년부터 확대율을 30배로 높여 천체를 관측했다.

'달 표면은 가장 아름답고 즐거운 광경 중의 하나다. (……) 그것은 분명히 매끈하게 잘 다듬어진 모양이 아니라, 표면이 거칠고 울퉁불퉁하며, 지구의 표면과 마찬가지로 어디에나 광대한 돌출부, 깊은 계곡과 만곡부가 가득하다.'

망원경으로 관찰한 결과가 코페르니쿠스가 옳았다는 걸 증명한다고 확신한 갈릴레이는 모든 사람들이 이에 동의하리라 기대했지만 그 기대는 순진한 것이었다. 눈으로 관찰할 수 있는 현상이라도 기존의 주류 체계 및 신념과 맞지 않는 것은 배제했던 것이다.

교황청이 갈릴레이를 공식 복권시키기까지는 350여 년이 걸렸다. 1979년 당시 교황 요한 바오로 2세는 로마 가톨릭 교회가 갈릴레이에게 유죄를 선고한 것이 실수였을 수 있다는 견해를 밝히면서 특별위원회를 소집했다. 1992년 특별위원회가 교황청 과학원 회의에 최종 보고를 했으며, 10월 31일자로 갈릴레이는 교회에서 복권됐다.

갈릴레이의 이름은 천문학과 물리학에서 상징적 아이콘이다. 1989년 10월 18일 우주왕복선 아틀란티스호를 통해 발사된 목성과 그 위성 탐사선의 이름은 갈릴레오호다(2003년 9월 목성 대기권에 진입한 뒤 소멸되었다). 유럽연합이 미국의 GPS에 대응해 추진하는 새로운 전 세계 위성항법시스템(GNSS)의 프로젝트 이름도 갈릴레오. 두 개의 좌표계가 서로 일정 속도로 운동하고 있을 때, 한쪽 좌표계(관성계)에서 다른 쪽 좌표계로 뉴턴의 고전역학에 따라 변환해 주는 법칙의 이름은 '갈릴레이 변환

(Galilean transformation)'이다.

갈릴레이는 2009년 세계 천문의 해를 맞이하여 주조된 25유로 기념주화의 도안 인물이다. 주화에는 갈릴레이의 얼굴과 그의 망원경을 새겨 넣었고 배경으로 갈릴레이가 그린 달 표면 그림을 그렸다. 세계 천문의 해도 갈릴레이가 망원경으로 우주를 관측한 지 4백주년이 되는 해라는 점에서 정해진 것이다.

종교 재판 이후 갈릴레이는 피렌체 근교에서 연금 상태로 여생을 보냈다. 1636년 72세에 『두 개의 신과학(新科學)에 관한 수학적 논증과 증명』(『신과학 대화』라고도 한다)을 완성하고 2년 뒤 네덜란드 라이덴에서 출간했다. 시력을 잃은 상태에서 헌신적인 딸의 도움으로 완성한 최후의 역작이었다.

'슬프다. 앞선 모든 시대의 학자들이 보편적으로 받아들였던 한계를 내가 탁월한 관찰과 명석한 논증으로 백배, 아니 천배나 넘게 확장시켜 놓은 이 하늘, 이 지구, 이 우주가 이제는 나의 육체적 감각으로 채워지는 좁은 영역 안에 움츠러들고 말았구나.'

말년에 이렇게 탄식했던 갈릴레이는 1642년 세상을 떠났다. 그리고 같은 해 12월 25일 성탄절에(당시 영국에서 사용 중이던 율리우스력 기준. 그레고리력으로는 이듬해 1월 4일) 영국에서 아이작 뉴턴이 태어났다. 괴테는 지동설에 대하여 이렇게 말했다.

'지구는 우주의 중심점이라는 엄청난 특권을 포기해야 했다. 이제 인간은 엄청난 위기에 봉착했다. 낙원으로의 복귀, 종교적 믿음에 대한 확신, 거룩함, 죄 없는 세상, 이런 것들이 모두 일장춘몽으로 끝날 위기에 놓인 것이다. 새로운 우주관을 받아들인다는 것은 사상 유례가 없는 사고의 자유과 감성의 위대함을 일깨워야 하는 일이다.'

지식이 우리를
강하게 만들리라
프랜시스
베이컨

Francis Bacon, 1561~1626
영국의 국새상서(國璽尙書)였던 니콜라스 베이컨 경의 아들로 태어
났다. 엘리자베스 여왕 치하에서 국회의원이 되었고, 제임스 1세
의 재임 기간 중 사법 장관에 이어 추밀 고문관, 대법관의 자리에
오르는 등 출세가도를 달렸다. 그러나 뇌물 수수의 이유로 기소
되었고 유죄 판결을 받았다. 그 후 공직 생활을 접고 학문에만 전
념하였다. 경험론에 의한 유물론적 견해와 귀납법과 과학적 탐구
절차를 논리적으로 체계화하려고 노력한 선구자였다. 주요 저서로
는 『학문의 진보』, 『신기관』, 『새로운 아틀란티스』 등이 있다.

그간 학문에 종사한 사람들은 실험을 일삼거나 독단을 휘둘렀다. 실험하는 이들은 오직 수집하고 사용한다는 점에서 개미와 같다. 독단적 추론가들은 자기 안에 있는 것들을 풀어서 집을 짓는 거미와 같다. 그러나 꿀벌은 제3의 길을 택한다. 벌은 꽃에서 재료를 모아 자신의 힘으로 변화시키고 소화시킨다. 참된 철학의 길은 꿀벌의 태도와 비슷하다.
 – 프랜시스 베이컨, 『신기관』 중에서

★

"나의 정신은 밤하늘의 별을 향했지만 나의 몸은 지상의 보기 좋은 것들을 향했다." 셰익스피어의 말이던가? 무엇이 올바른 것인지 알기보다 올바른 것을 행하는 게 훨씬 더 어렵다. 나의 삶이 그 말을 진리로 만드는 증거라고 인정하는 바이다. 변명하자면 내 안에서 격렬한 전쟁이 일어나고 있었으니 지혜에 대한 사랑과 부(富)에 대한 욕망이 벌이는 내적 전쟁이 그것이다. 나는 열두 살 때 대학에 입학할 정도로 명민했고 자부심도 하늘을 찌를 듯했다.

진리를 추구하는 것 이외에 그 어떤 것도 나에게 적합한 일이 아니며, 나야말로 진리를 탐구하는 데 가장 적합한 인물이었다. 그러나 나는 다른 한편으로 나의 아버지를 능가해 보겠다는 욕망에 불타고 있었다. 나의 아버지는 성공한 정치인이었고, 내가 대를 이어 대정치가가 되어 주기를 바랐다. 나는 세상에 태어난 이후로 모든 면에서 정치가가 되기 위한 소양을 갖추도록 교육받았다. 위대한 철학자의 길과 막강한 권력을 누리는 정치가의 길을 나는 모두 추구했다.

서른한 살 때 나는 이 지상의 모든 지식을 내 품 안에 넣었노라 자부했다. 그리고 전 영국을 나의 개인 사냥터로 만들려는 욕심에 불탔다. 나는 자유로운 정신의 미덕을 찬양하는 글도 썼지만, 엘리자베스 1세 여왕의 눈에 들도록 나를 뒷받침해 줄 유력한 인사들에게 아첨하는 편지도 쓰곤 했다. 편지의 효과가 나타날수록 나의 사냥터도 넓어졌으니, 철학자가 마음만 먹으면 부자가 될 수 있다는 고대 그리스의 탈레스의 말이 진리라고 생각했다.

사람들은 탈레스를 가리켜 일상생활에서는 무능하기 짝이 없어 가난한 주제에 하늘의 별이나 쳐다보고 공상에 잠긴다고 조롱했다. 더구나 별을 관찰하다가 발 앞의 시궁창을 보지 못하고 빠져 버리자 길 가던 여자노예 한 사람이 비웃으며 말했다. "발밑에 있는 것도 보지 못하면서 하늘의 일을 알려고 하다니." 그러나 탈레스는 그 해의 기상 상황을 예측하고 올리브를 사재기하여 엄청난 이익을 거두었다. 이른바 매점매석을 한 것이다. 그를 비웃던 사람들은 아무 말도 못 했다. 탈레스는 그렇게 해서 번 돈을 가난한 이들에게 나누어 준 뒤 이렇게 말했다.

"철학자들은 원하기만 한다면 이 땅의 모든 재화를 자기 것으로 만들 수 있는 능력을 갖추고 있다. 그러나 그들은 그렇게 하지는 않는다. 그들은 재화보다 진리를 더 원하기 때문이다."

이 얼마나 멋진 말인가? 그러나 나는 진리와 재화를 모두 추구했다. 사실 나는 낭비가 심한 편이었다. 늘 수입보다 두 배가량 많이 지출했고, 빚을 갚지 않아 감옥에 갇힌 적도 있었다. 그러나 나는 수입과 지출의 간격을 메우는 좋은 방법을 찾아냈다. 나의 정치적 지위가 높아질수록 주위 사람들에게 재정적 도움을 청하는 편지를 더욱 자주 썼던 것이다. 사람들은 이걸 가리켜 공공연히 뇌물을 요구했다고 입방아 찧었지만 나는 개의치 않았다.

내가 받기만 했다면 비난받아 마땅하겠지만 나는 남에게 주는 일에서도 솜씨를 발휘했다. 이걸 두고서도 사람들은 뇌물을 바쳤다고 말했지만 역시 개의치 않았다. 에식스 백작(로버트 데버루)을 든든한 배경 삼아 나는 영국 사법부의 고위직에 오를 수 있었다. 에식스 백작은 이렇게 공언하기까지 했으니 나는 그에게 깊이 감사하지 않을 수 없다. "나는 모든 권력과 권위와 영향력과 친분 관계를 동원하여, 어떤 방해가 있더라도 반드시 베이컨을 여왕에게 소개해 올리고야 말 것이다."

그러나 백작이 실제로 나를 여왕에게 천거하기까지 오랜 시간을 기다려야 했다. 에식스 백작은 나에게 땅을 선물로 주면서 나의 불만을 진정시켜 주기도 했다. 그러나 불행하게도 에식스 백작은 여왕의 노여움을 사반역죄로 체포당하는 처지가 되었다. 운명의 장난이라고 할까. 에식스 백작의 혐의를 조사하는 임무를 바로 내가 맡게 된 것이다. 백작은 피고인으로, 나는 검사로 만났으니 내가 얼마나 난감했겠는가?

나는 에식스 백작을 진심으로 존경했으며 우정의 소중함도 알고 있었다. 지난날 내가 그에게 입은 은혜를 갚을 기회이기도 했다. 그러나 나의 뒤를 돌보아 준 백작에 대한 존경과 그와의 우정은 이제 나의 출셋길에 놓인 장애물에 불과했다. 여왕의 눈 밖에 난 백작을 옹호하다가는 지금까지 내가 이룬 것을 모두 잃을지도 모른다고 생각했다. 반역 죄인과 친했다는 말을 듣는 게 두려웠다. 결국 나는 백작이 나에게 베푼 친절을 철저한 수사로 갚았다. 백작의 목은 단두대에서 달아나고 말았다. 이 배신의 대가로, 아니 여왕에 대한 충성의 대가로 1천 2백 파운드를 받았으니 이 정도면 남는 장사가 아닌가?

이 사건 이후 나의 출셋길은 평탄 대로였다. 그러나 누군가가 평탄 대로를 걷는 걸 보면 시기하는 이가 생기기 마련이다. 기회만 있으면 나를 무너뜨리려는 자들 사이에서 살얼음판을 걸어가게 된 것이다. 나는 살얼음판을 걷는 요령을 잘 알고 있었다. 그것은 충직한 심복들을 많이 만들고 권력자에게 아첨하는 것이다. 나는 왕실 직속 자문위원이라고 할 수 있는 추밀 고문관과 사법 장관, 그리고 국왕 비서실장이라고 할 수 있는 국새상서(國璽尚書)를 역임하고 마침내 대법관이 되었다. 당시 영국의 대법관은 상원 의장과 국새상서의 자리를 겸했으니 명실상부한 최고위 관직이었다.

나는 영국에서 가장 높은 관직에 올랐을 뿐 아니라 가장 많은 재산을 소유했다. 나는 나의 영지 한가운데 인공 호수를 파서 섬을 만들어 놓기도 했다. 그리고 그곳에 대리석 기둥이 떠받치고 있는 크고 아름다운 여름 별장을 지었다. 여름 별장에서 성대한 연회를 여는 것이 그 시절 나의 큰 기쁨 중 하나였다. 그러나 나의 발밑은 늘 미끄러웠다. 한 번 미끄러지면 다시 일어나기 어렵거나, 순식간에 파멸의 구렁텅이에 빠지게 된다는 것도 잘 알고 있었다. 솔직히 말하건대 나는 늘 우울에 시달렸고 즐겁게 먹지도 못했다. 나의 명성과 지위가 절정에 달하던 때 나는 어떤 시련의 징후를 느끼기 시작했다. 오르막이 있으면 내리막이 있는 법.

나는 런던의 저택에서 60세 생일 파티를 열었다. 하객들로 발 디딜 틈이 없었다. 배우와 광대들은 나의 업적을 칭송하는 야외극을 상연했고, 시인들은 생일을 축하하는 노래를 지어 불렀다. '마치 독사의 눈처럼 빛나는 담갈색 눈에 밤색 수염을 한' 이 키 작고 거만한 대법관을 축하하기 위해서 말이다. 연회가 한창 무르익을 무렵 시종 한 사람이 다가와 속삭였다. 내가 대법관으로서 수행한 일에 대해 의회가 조사에 착수했다는 소식이었다. 나는 엄청난 규모의 사취(詐取) 사건에 연루되었다는 혐의를 받았다.

솔직히 밝히거니와 그 혐의는 사실이었다. 나는 탈세 혐의가 있는 상인을 회유하거나 협박하여 큰돈을 뜯어내고 탈세를 눈감아 주었다. 그 밖에도 기소당한 범인에게 뇌물을 받고 그 대가로 형량을 턱없이 낮추어 주기도 했다. 나는 궂은비를 일단 피해 보려 했다. 그래서 영향력 있는 이들에게 편지를 써 보냈다.

'제 손은 깨끗합니다. 제 마음은 깨끗합니다. 그러나 제 업무의 특성상 어쩔 수 없이 불미스러운 일에 본의 아니게 연루된 것으로 오해받을 수는 있을 겁니다. 제 명성과 지위를 시기하고 질투하는 이들이 많다는 걸 상기시켜 드리고 싶습니다. 저의 혐의로 거론되는 일들도 분명 누군가의 모함에 불과합니다.'

그러나 조사가 진행될수록 나에게 불리한 증거들이 속속 드러났다. 나는 작전을 바꾸었다. 불쌍한 표정을 짓기로 한 것이다. 나는 혐의의 대부분을 인정하고 국왕의 아량을 기대하기로 했다. 국왕에게 사면을 요청하는 일종의 탄원서를 써 보냈다.

'전하! 모든 것은 전하의 자비로운 손길에 달려 있습니다. 저는 지금 비탄의 심연에 빠져 헤어날 길을 못 찾고 있습니다. 지극히 높은 선(善)의 심연에 계신 전하의 고결한 마음으로 부디 전하의 자비로움을 크게 떨치시어 저를 처분해 주십시오. 뇌물을 받는 이는 뇌물을 주기도 잘한다 했습니다. 저는 전하에게 진심 어린 충성이라는 뇌물을 바치고 싶습니다.'

그러나 나의 탄원은 소용이 없었다. 국왕은 의회가 나를 기소하는 것에 개입하지 않았다. 나는 런던 탑에 갇히고 4천 파운드의 벌금을 내야 했다. 일부 의원들은 나를 영국에서 추방시켜야 한다고 주장했지만, 내 친구들이 추방형만은 막아 주었다. 친구들이 내세운 핑계는 이러했다. "대법관은 이미 병들어 오래 살기 어렵다." 런던 탑에서 며칠 만에 풀려난 뒤 모든 공직을 박탈당했고 런던에서 추방당했다. 시골로 내려가 조용히 살 수밖에 없게 된 나는 대단한 행운아였다. 정치인으로서의 삶은 끝났지만 학자로서의 삶이 기다리고 있었으니 말이다.

나는 부적합한 지식 탓에 권력을 향한 과도한 욕망에 빠져 버렸던 것이다. 잘못을 자인하고, 구차하게 변명하지는 않겠다. 내가 천하에 둘도 없는 악당처럼 보인다 해도 어쩔 수 없다. 다 못난 내 탓이다. 그러나 이것만은 염두에 두기를 바란다. 내가 살던 시대에 고위 공직자들 사이에서 벌어지는 암투와 음모와 뇌물과 술수는 예외가 아니라 일상화된 규칙과도 같았다는 것을 말이다. 나는 정적들에게 '재수 없게' 적발된 경우에 지나지 않았다.

나에게 실수가 있었다면 그건 세속적인 성공을 위해 친구들까지 배반했다는 점이다. 결국 나는 적을 너무 많이 만들어 버렸고, 평판이 크게 나빠지는 계기를 제공하고 만 것이다. 솔직히 말하건대 나는 매우 이기적인 인간이었다. 그러나 과연 나만 그러할까? 아! 변명하지 않겠다고 해 놓고 이렇게 말하다니 부끄럽다. 그러나 영광의 잔이 텅 비어 버린 다음부터 나는 더욱 많은 재물과 더 높은 지위가 아니라, 보다 밝은 정신의 빛을 추구했다.

보다 밝은 빛을 추구하는 삶. 그것은 광범위하고 정확한 지식을 통해 실수를 줄이고, 가능한 한 많은 주제에 관한 많은 지식을 섭렵하여, 그런 지식의 인도에 따라 살아가는 삶이다. 지식을 섭렵하는 데 삶을 바친다면 우리는 더욱 나은 삶을 살 수 있다. 마음의 혼란과 오류를 제거함으로써 잘못된 판단을 내리지 않고 공허한 상상에 빠지지 않을 수 있다. 어떻게 우리 마음을 혼란과 오류에서 벗어나게 할 수 있을까? 그것은 모든 사물과 사건들을 그것의 본래 가치에 따라 평가하고 판단할 때, 본래 모습대로 보려할 때 가능하다. 허구적인 가치들에 휩싸여 혼란에 빠진 지성을 스스로 구하려면 잘못된 관념들을 무너뜨려야 한다. 우리가 세계를 바라볼 때 생기는 잘못된 관념을 나는 우상에 비유했다. 그 우상들은 다음과 같다.

1. 종족의 우상: 이것은 각종 미신, 꿈, 어떤 예감이나 막연한 느낌 같은 것에서 비롯되는 오류다. 곧 모든 인간들에게 공통으로 일어나는 오류라고 할 수 있다. 인간이라는 종이기에 일어날 수밖에 없는 잘못된 관념과 인식을 뜻한다. 우리가 이 오류에 빠지면 사실에 대한 검증 없이 곧바로 결론으로 비약해 버리고 만다. 무엇인가를 올바르게 알려면 날개를 달고

무작정 날아오르려 해서는 안 된다. 그보다는 사실이라는 무거운 바위를 등에 지고 한 걸음 한 걸음 힘들게 걸어가야 한다. 그러나 우리는 인간이기에, 무거운 사실의 바위를 버리고 단번에 날아오르고 싶어 한다.

2. 동굴의 우상: 이것은 인간으로서 우리가 저지르고 빠지기 쉬운 잘못된 관념과 인식이 아니라, 개인적인 특성이나 성격 때문에 범하는 오류다. 곧 보편적으로 인간이 범하는 오류가 아니라 개인적으로 범하는 오류이다. 우리는 모두 자연의 빛을 굴절시키고 왜곡시키는 각자의 동굴을 하나씩 지니고 있다. 그 동굴에서 벗어나려면 과거에 지나치게 의지해서 시야를 제한시켜도 안 되고, 그렇다고 미래에 대한 막연한 예측에 기대어도 안 된다. 과거에 붙들려 지나간 것을 고집하지도, 미래의 환상에 붙들려 아직 오지 않은 것을 고집하지도 말아야 한다. 바로 어제 배운 확실한 것들에 바탕을 두어, 내일 우리가 바랄 수 있는 것들을 추구해야 한다. 옛사람들이 이룬 확실한 것들을 모두 파괴해서도 아니 되고, 과감하게 새로운 것을 창조하려는 이들을 무시해서도 안 된다.

3. 시장의 우상: 이 오류는 주로 상행위처럼 인간과 인간의 상호 교류와 관계에서 발생한다. 사람들 사이의 상호 교류와 관계를 매개하는 의사소통상의 오류, 언어상의 오류라고도 할 수 있다. 우리는 가능한 한 우리가 진정으로 뜻하고자 하는 것을 잘 표현하는 말을 취사선택해서 써야 한다. 그러나 우리는 종종 잘못된 말, 부적절한 말을 사용한다. 무지해서 그러는 수도 있지만 많은 경우 우리는 의도적으로 남을 속이기 위해 그렇

게 한다. 그러나 위조지폐 사용을 꺼리는 것과 같은 심정으로 우리는 거짓말을 피해야 한다. 그래야만 우리는 정확한 말로 다른 사람들과 교류하면서 행복과 이익을 추구할 수 있다. 왜곡된 말은 왜곡된 인간관계를 낳고, 왜곡된 인간관계야말로 불행의 시작이 아니겠는가.

4. 극장의 우상: 이것은 전통과 인습을 무비판적으로 받아들이는 데서 생긴다. 우리는 연극 무대 위에서 우리가 본 것들 때문에 어리석음에 빠지지 말아야 한다. 연극 무대에서 우리가 보는 것들은 무대 장치와 조명 효과 등에 의해 설정된 가공의 세계에 불과하다. 무대 위에서 상연되기 위해 쓰인 이야기들이란 실제 역사보다도 더 사실적으로 보이기를 바라는 극작가와 관객들의 바람 때문에 왜곡과 과장이 불가피하다. 전해 내려오는 인습과 전통을 무턱대고 답습하여 떠받드는 것은 마치 연극을 현실과 분간하지 못하는 것과 같다. 연극은 어디까지나 연극일 뿐이며 극장은 진짜 삶의 무대가 아니다.

나는 세상을 떠나기 두 해 전에 『새로운 아틀란티스』라는 책을 내놓았다. 탁월한 지성을 통해 최상의 행복을 누리는 사람들이 사는 신비한 섬에 관한 이야기다. 그 섬에는 정치가들이 없다. 능력과 적성에 따라 공정하게 선발되고 승진하는 관리들이 있을 뿐이다. 그 섬에는 은행가나 사업가들이 농간을 부리는 일 따위도 없다. 다만 철학자들과 과학자들의 자기희생적인 봉사가 있을 뿐이다. 갈등과 투쟁도 없으며, 다만 자연의 힘을 다스리고 이용하기 위한 사람들의 협력이 있을 뿐이다.

갈등과 투쟁이 어떻게 없을 수 있느냐고? 아무도 이웃보다 많은 재산을 쌓으려 하지 않기 때문이다. 모든 재화는 모든 거주민에게 공평하게 분배된다. 그들은 보석이나 비단이나 향신료 같은 것을 거래하지 않으며, 대신 빛을 가지고 사업을 한다. 그 빛이란 다름 아니라 인간 지성의 빛이다. 어두운 무지를 밝힌다는 뜻에서 빛은 늘 지성의 상징적인 표현이 되곤 한다. 빛을 가지고 사업하는 사람들은 철학자와 과학자들이니, 그들은 새로운 생각과 발견과 사상을 서로 교환하는 데 여념이 없다.

이야말로 영광과 치욕을 두루 겪은 내가 꾼 마지막 꿈이었다. 나는 거만한 정치가의 욕망을 접고 겸손한 '빛의 상인'이 되기를 꿈꾸었던 것이다. 나는 과학 실험을 하다가 병을 얻어 세상을 떠났으니 이만하면 '빛의 상인'에 어울리는 최후가 아니겠는가. 나는 한겨울에 시골 농장에서 방부 실험을 했다. 동물의 살이 소금뿐만 아니라 눈에 의해 얼마나 오래 썩지 않고 보존될 수 있는지 알고 싶었다. 나는 닭을 사서 죽인 뒤 몸통을 자르고 그 속에 눈을 채워 넣었다. 그리고 차가운 곳에 놓아두어 부패의 정도를 관찰했다.

이 실험을 시작한 지 얼마 되지 않아 나는 오싹한 추위 때문에 심한 고통을 느끼기 시작했다. 그러나 정확한 실험 결과를 얻기 위해서는 고통을 참아야 했다. 결국 나는 폐렴에 걸리고 말았다. 그리고 며칠 뒤 실험이 매우 성공적이었음을 확인하고 세상을 떠났다. 나의 장례식은 화려했던 시절의 삶과는 대조적으로 간소하기 짝이 없었다. 내 육신은 아무도 모르게 조용히 묻히기를 바랐고, 내 이름은 다음 세대의 사람들에게 널리 전해지기를 바랐으며, 내 영혼은 영원토록 신에게 맡기고 싶었다. 썩어 없어질 육신의 찰나에 불과한 영광보다도, 진정한 명예와 영혼이 더욱 중요하다는 걸 나는 비로소 깨달은 것이다.

지구 학교의
고독한 스승
스피노자

Baruch De Spinoza, 1632~1677
네덜란드 암스테르담에서 유대인 상인의 아들로 태어났다. 유대인 학교에서 히브리어, 유대 신학을 공부했으나 정통적 견해에 비판적이어서 1656년, 유대 교회에서 파문당했다. 1673년 하이델베르크 대학의 교수로 초빙되었으나 사상의 자유를 지키기 위해 요청을 거절했다. 주요 저작으로는 『정치론』, 『신학 정치론』, 『에티카』 등이 있다.

현자(賢者)는 현재로 고찰되는 한에서 영혼이 거의 흔들리지 않고, 자신과 신과 사물을 어떤 영원한 필연성에 의해 인식하며, 존재하는 것을 결코 멈추지 않고 늘 영혼의 참다운 만족을 누린다. 이제 여기에 이르는 것으로 내가 제시한 길은 매우 어려워 보일지라도 발견할 수 있다. 이처럼 드물게 발견되는 것은 물론 험난한 일임에 분명하다. 행복이 눈앞에 있다면 그리고 큰 노력 없이 찾을 수 있다면, 그것이 모든 사람에게서 등한시되는 일이 도대체 어떻게 있을 수 있을까? 그러나 모든 고귀한 것들은 이루기 힘들 뿐만 아니라 드물다.
– 스피노자, 『에티카』 중에서

네덜란드 암스테르담의 유대교 회당. 한 청년이 회당 문턱 바로 옆에 누워 있다. 사람들이 그 청년의 몸을 밟고 지나간다. 그냥 길을 걸어가듯이 태연하게 사람의 몸을 밟고 지나간다.

"저 사람이 무슨 짓을 했기에 저런 일을 당하는 거지요?"

"말하자면 무척 긴 얘기가 되겠구나, 바뤼흐야. 다비드는 우리 유대교의 율법에 동의하지 않았단다. 그래서 유대인 사회에서 추방당했었지. 추방당한 다비드는 외로움에 시달리다가 결국 유대인 사회로 돌아오고 싶다고 간청했어. 지금 저 벌은 그가 우리 유대교 회당으로 돌아오기 전에 치러야 하는 의식이란다."

"저 사람의 몸을 밟고 지나가기만 하면 저 사람을 다시 좋은 유대인으로 만들 수 있나요?"

"글쎄다. 적어도 어떤 사람을 좋은 기독교인으로 만들기 위해 화형에 처하는 것보다는 훨씬 낫지 않겠니?"

어린 바뤼흐, 즉 스피노자는 생각했다.

'아버지의 말씀이 옳은 듯도 하다. 배교자나 이단자를 화형에 처하는 기독교보다는 우리 유대교의 저런 의식이 덜 잔혹하지 않은가.'

암스테르담의 유대인 사회는 온통 다비드에 관한 이야기로 들끓었다. 대부분의 유대인들은 회당이 내린 처분과 회당의 권위에 지지를 보냈고, 극소수에 불과한 반대자들은 목소리를 낮추어 속삭일 뿐이었다. 어린 스피노자는 친구들에게 다비드가 불쌍하다고 말했다가 얻어맞고 놀림을 당했다. 그리고 다음 날 다비드는 시신으로 발견되었다. 굴욕과 수치를 견디지 못한 다비드가 스스로 목숨을 끊었던 것이다.

어린 스피노자에게 이 비극은 수긍하기 어려운 충격적인 사건으로 다가왔다. 종교재판소와 고문대와 사형대는 유럽의 유대인들이 겪어야 했던 운명이었다. 스피노자 집안도 박해를 피해 포르투갈에서 네덜란드로 이주한 집안이었다. 스피노자는 어릴 때부터 추방과 유랑으로 점철된 유대인의 역사를 들으며 자라났다. 다행히도 네덜란드만은 비록 유대인들을 따뜻하게 환영한 건 아니어도 최소한의 관용을 베풀어 유대인들을 받아들여 주었다. 스피노자는 다비드의 비극을 두고 이렇게 생각했다.

'그토록 심하게 박해받아 온 우리 유대인들도 같은 종족에 속한 사람을 박해하는구나. 미워하면 닮게 된다고 했던가? 기독교인들의 혹독한 매질을 견디며 살아온 우리 유대인들이 동족을 혹독하게 몰아 죽음에 이르게 만들었다. 사람들이 맹목적인 증오를 마음에서 내몰아 버릴 수는 없을까?'

스피노자는 이렇듯 책에서 배운 지식뿐 아니라 삶이라는 보다 생생한 책에서만 배울 수 있는 지식을 깨우쳐 나갔다. 그 지식이란 때론 고통스러운 것이어서, 이를테면 유대인 철학자와 비(非)유대인 미인 사이에는 사랑이 무르익기 힘들다는 사실도 깨달아야 했다. 스피노자에게 라틴어를 가르쳐 주던 네덜란드인 학자 반 덴 엔데에게는 아름다운 딸이 하나 있었다. 꽤나 자신감이 넘치고 다소 경박스럽기까지 했던 청년 스피노자는 그녀에게 적극적으로 구애했다. 그러나 보기 좋게 거절당하고 말았다. 그녀는 스피노자의 학식과 인품을 존경했지만, 한눈에 보아도 유대인이라는 게 두드러지는 스피노자의 용모는 싫어했던 것이다.

스피노자가 이 슬픔을 다스리기도 전에 또 한 번의 시련이 찾아왔다. 아버지가 세상을 떠나자 스피노자의 여동생이 스피노자 몫의 상속 재산까지 빼앗기 위해 갖가지 거짓말을 했던 것이다. 스피노자는 이번에는 맞서 싸워야 한다고 생각했다. 결국 스피노자는 여동생과 법정에서 맞붙어 이겼다. 그러나 소송에서 이긴 뒤에 스피노자의 진면목이 드러났다. 그는 법원의 판결 통지서를 찢고 문제가 되었던 재산을 모두 여동생에게 줘 버렸던 것이다. 스피노자는 정의가 지켜지도록 단호히 행동하면서도, 친절과 우애가 정의 위에 있기를 바랐다. 그가 소송을 제기한 것은 자기 몫의 재산을 차지하기 위한 게 아니었다.

그러나 스피노자에게는 가장 큰 시련이 남아 있었다. 유대교 회당의 랍비들이 스피노자가 성서에 대해 지닌 견해를 포기하게 만들려 했던 것이다. 그들은 스피노자에게 돈을 줄 테니 제발 입 좀 다물고 있으라고 회유했지만 스피노자는 거절했다. 마침내 1656년 7월 27일 스피노자는 파문당하고 말았다. 제2차 세계대전이 끝난 직후 네덜란드 거주 유대교 랍비들이 모여서 스피노자에 대한 파문 조치를 철회할 것인지 그대로 둘 것인지 논의했다. 그러나 결론은 파문을 철회할 수 없다는 것이었다.

유대교 율법에 따르면 파문을 철회하기 위해서는 파문 결정을 내린 랍비들보다 그것을 철회하려는 랍비들이 더 지혜롭다는 걸 증명해야 한다. 파문 결정을 내린 랍비들이 이미 수백 년 전에 죽었으니, 누가 더 현명한지 판가름할 길이 없었던 것이다. 스피노자는 결국 지금도 그리고 앞으로도 영원히 동족들로부터 추방당한 채 남아 있을 수밖에 없게 되었다. 파문당했을 때 그의 나이는 겨우 24세였다. 유대인에게 파문은 남은 일생 동안 동족으로부터 철저히 버려진 채 완전한 고독 속에서 살아가야 한다는 것을 뜻했다.

유대인이라면 그 어느 누구도 파문당한 이에게 음식을 제공하거나 쉴곳을 마련해 주거나 심지어 말을 걸거나 미소를 지어서도 안 된다. 살아 있는 유령처럼 무의미한 존재가 되어 버리는 것이다. 파문 의식을 거행할 때 회당에서 위와 같은 엄격한 규칙을 크게 낭송한다. 그리고 양의 뿔로 만든 나팔을 분다. 이와 동시에 회당 안 촛불들을 하나하나 꺼트린다. 이 것은 파문당한 이가 유대인 사회의 일원으로 살던 때에 남겨 놓은 모든 자취를 지워 버리는 것을 뜻한다. 그리고 다음과 같은 저주가 선포된다.

"낮이나 밤이나 그에게 저주가 내리리라. 일어나 있을 때나 누워 있을 때나, 나갈 때나 들어올 때나 그에게 저주가 내리리라. 주여! 그에게 절대로 자비와 은총을 내리지 마소서. 당신의 분노의 불길로 그를 치소서. 토라(유대교 경전)에 적힌 모든 저주를 그에게 내리소서. 하늘 아래 모든 것에서 그의 이름과 그에 관한 모든 것들을 흔적도 남김없이 지워 버리소서."

마지막 저주의 말이 끝나면 마지막 남은 촛불도 꺼지게 된다. 파문 의식이 거행되는 회당은 완전한 어둠에 파묻힌다. 랍비들이 다시 한 번 파문당하는 이에 관한 규칙을 낭송하고 나면, 파문당한 이는 동족의 세계에서 완전히 사라져 버리게 된다.

"그 어느 누구도 그와 말을 해서는 안 된다. 글을 써서 의견을 나누어서도 안 된다. 누구도 그에게 친절을 베풀어서는 안 된다. 그와 한 지붕 아래에서 자거나 기거해서도 안 되며 가까이 가서도 안 된다. 그가 쓴 글과 문서를 읽어서는 안 된다."

스피노자는 어둠 속에 조용히 서 있었다. 귓가에는 사람들이 내뱉는 온갖 저주의 말과 랍비들의 비난이 들려왔다. 그의 마음은 오히려 평안했다. 다만 어릴 적 보았던 장면이 자꾸만 떠올랐다. 다비드가 처벌받는 바로 그 장면 말이다. 그때나 지금이나 사람들의 마음이 분노와 증오에 휩싸여 있다는 것이 슬플 뿐이었다. 그는 자신을 파문에 처한 동족들을 미워하거나 원한을 품지 않았다.

'증오는 증오의 보복에 의해 증대되고, 반대로 사랑에 의해 제거될 수 있다. 증오하는 자가 파멸하거나 다른 악에 의해 피해를 입는 것을 보면서 우리가 느끼는 기쁨은 어떤 슬픈 감정을 동반한다. 사랑에 의하여 증오를 완전히 정복하면, 증오는 사랑으로 변한다. 그리고 사랑은 예전에 증오가 없었던 경우보다 한층 더 크다.'

그는 또 이렇게 생각했다. '누군가를 비난하거나 꾸짖거나 극도로 미워하는 건 내가 해야 할 일도, 할 수 있는 일도 아니며 다만 이해하는 것만이 내가 해야 하며, 또 할 수 있는 일이다.' 실로 그날 이후부터 스피노자가 한 일은 이해하는 일 바로 그것이었다. '철학자로서 사물을 진정으로 이해하기 바라는 이들은, 곧 바보들처럼 다만 놀라움 속에 사물을 지켜보고 있기만을 바라지 않는 이들은, 무지한 대중들에 의해 불경한 자, 이단자로 낙인찍히곤 한다.'

스피노자는 기성 종교나 철학의 권위에 복종하지도, 대중에 아첨하지도, 권력자에 의탁하지도, 학계를 기웃거리지도 않고, 다만 자기 자신의 생각의 힘만으로 사물과 인간과 세계를 정확하게 이해하려 했다. 그러나 사람들은 스피노자가 그런 희망을 평안하게 추구하도록 놓아두지 않았다. 어느 날 밤 유대교 회당 사람 중의 하나가 단검을 들고 스피노자를 습격했다. 다행히 목 부분에 가벼운 상처를 입는 것으로 그쳤지만, 스피노자는 이 사건이 일어난 뒤 암스테르담 교외에 있는 조용한 집의 다락방으로 거처를 옮겼다. 이름도 유대인 이름인 바뤼흐에서 라틴어 이름인 베네딕투스로 고쳤다.

그 어떤 권위나 제도에도 의지하지 않은 스피노자가 생계 수단으로 택한 일은 렌즈를 가는 일이었다. 왜 그런 단순 노동을 생계 수단으로 삼았는지 의아하게 생각할 수도 있다. 스피노자의 시대에 렌즈 가는 일이란 오늘날 우리가 생각하는 것처럼 단순 노동에 불과한 일이 아니었다. 물론 그 일이 많은 돈을 벌 수 있는 사업은 아니었지만, 당시로써는 일종의 첨단 과학 기술 산업에 가까웠다. 렌즈가 개발된 지 그리 오래되지 않은 때였고, 더구나 렌즈 가는 일은 고도의 집중력과 주의력, 그리고 광학 지식을 필요로 하는 일이었다.

하숙집 주인 내외가 라이든으로 이사 가자 스피노자는 그들을 따라갔

다. 그들 내외는 무척 순박하고 평화를 사랑하는 기독교인들이었다. 스피노자는 바깥주인과 파이프 담배를 나누어 피며, 자신의 철학을 쉽고 친절하게 설명해 주기도 했다. 주인 내외는 스피노자에게 식사도 준비해 주고 아플 때는 간호도 해 주었다. 스피노자는 폐결핵에 시달렸다. 지금도 폐결핵은 무서운 병이지만 당시에는 심각한 불치병이었다. 좋지 못한 작업 환경 속에서 렌즈 가는 일을 계속했기 때문에 생긴 일종의 직업병이었을까? 렌즈를 갈 때 생기는 작은 가루와 먼지들이 그의 가슴속을 파고 들었을 테니 말이다.

스피노자는 자신의 삶이 그리 길지 못하리라는 걸 예감하고 서둘러 저술을 완성하고자 노력했지만, 이 점에서 그는 성공적이지 못했다. 그의 마지막 저술인 『정치론』은 미완성으로 남았고, 『신학 정치론』, 『인간 지성 개선론』, 『에티카』 등도 결국 '진리의 한 자락'만을 겨우 붙잡았을 뿐이었다. 아무리 탁월한 철학자라도 세계를 바라보고 이해하는 철학자의 눈은 한평생이라는 유한한 시간과 자신의 몸이라는 생물학적 조건, 몸담고 있는 사회와 시대라는 조건에 의해 한계 지워질 수밖에 없다.

스피노자는 전력을 다해 그런 조건과 한계를 뛰어넘어 보려 애썼다. 그 노력은 어떤 의미에서는 성공적이기도 하고 어떤 의미에서는 한계를 돌파하지 못한 것일 수도 있다. 그러나 그는 최선을 다했다. 스피노자는 잠시 뒤에 스러지고 말 유한한 것들에 우리의 정신을 집중시키지 말고, 무한하고 영원한 것들을 향하라고 조언한다. 유한하고 좁은 시야를 우주적인 범위로 확장시키는 것이다. 스피노자는 이것을 '영원의 상(相)' 아래에서 바라본다고 표현했다.

지구에서 벌어지는 모든 일에는 어두운 측면과 밝은 측면이 있다. 어두운 측면도 우주의 영원한 운행 과정을 구성하고 있는 필수적인 측면이다. 물론 필수적이라고 해서 어두운 측면이 바람직하다는 건 아니다. 어두운 측면과 밝은 측면은 우리 인간이 바람직하다고 혹은 바람직하지 않다고 나름대로 생각하는 유한한 시점을 넘어선 차원의 문제다. 스피노자의 말대로 무한하고 영원한 시점을 취하여 세상을 바라볼 때, 우리는 어두운 측면과 밝은 측면이 우주 전체의 얼굴 위로 잠시 스쳐 지나가는 표정에 불과하다는 걸 깨닫게 된다.

스피노자는 우리에게 보다 넓고 긴 안목을 가지고 삶과 세상을 바라보고 이해하라 충고한다. 혹시 버스가 너무 늦게 온다고 버스 운전기사에게 분노나 원망의 감정을 품은 적은 없는가? 늦게 왔다고 차를 타자마자 역정을 내고 운전기사에게 욕설을 퍼붓기까지 하는 사람을 본 적은 없는가? 그러나 운전기사가 과연 버스가 늦게 도착한 일에 책임을 져야 할까? 그래야 할지도 모른다. 게으름을 피웠다면 말이다. 그러나 길이 막히거나 차가 고장이 났거나 다른 운전기사가 결근했거나 하는 따위의 이유가 있을 수도 있다. 그러나 우리는 그런 이유에 대해 알려 하거나 헤아리려고 하지 않고 분노한다.

버스가 늦게 오는 일과 같이 대단치 않은 일상의 작은 일 속에도 우리가 영원의 상 아래에서 삶을 받아들이는가, 아니면 짧고 유한한 시점으로 삶을 바라보는가 하는 중대한 차이가 도사리고 있다. 나뭇잎 하나가 떨어지기까지 우주는 억만년의 세월을 지내 왔다. 나무가 진화하기까지 수많은 과정이 필요하다. 또한 하고많은 이유들 중 하필 그 거리의 그 자리에 그 나무가 그때 심어졌던 이유도 있었을 것이다. 때마침 한 줄기 바람이 불어 잎 하나가 떨어진 순간에, 우리는 그 일이 있기까지의 긴 세월과 무한한 과정을 통찰해 볼 수 있지 않을까?

우리는 비록 이렇게 무한한 과정의 아주 짧은 순간을 흘끗 쳐다볼 수 있을 뿐이지만, 스피노자는 그것만으로도 우리 인간이 신의 마음과 하나 될 수 있는 가능성을 갖고 있다고 보았다. 스피노자의 이런 생각 때문에 그의 철학을 범신론(汎神論)이라 부르기도 한다. 신은 우리 모두 안에 있고, 또 우리 모두는 신의 한 부분으로 신 안에 있다는 뜻이 된다. 그러나 스피노자가 말하는 신은 유대교나 기독교의 신처럼 성내고 기뻐하고 벌주고 은총을 내리는, 바쁘고 분주한 신이 아니다.

스피노자에 따르면 신은 결코 세계의 창조자가 될 수 없다. 아니, 되어서는 안 된다. 창조자라면 피조물과 구별되어야 한다. 신이 만일 피조물과 구별되는 창조자라면 신은 피창조자에 의해 제한되는 존재, 요컨대 무한하지 않은 존재가 된다. 그런데 무한하지 않은 신이란 절대적으로 무한한 존재인 신의 개념과 어긋난다.

한편 스피노자가 말하는 자연은 우리가 일반적으로 생각하는 자연, 그러니까 동식물, 산, 강, 바다, 땅, 하늘 등으로 이루어진 자연과 다르다. 스피노자가 말하는 자연은 물론 그런 모든 것들을 포함하고 있지만 그 이상이다. 스피노자는 만물을 끊임없이 생성시키는 능동적이고 창조적인 자연과, 영원히 변화하는 자연의 한 순간 순간의 모습으로서의 자연을 구분 지어 말한다. 만물을 낳고 또 낳는 생산적인 자연과, 그렇게 생산된 자연이 끊임없이 변화하는 순간적인 모습으로서의 자연을 구분 짓는 것이다. 우리가 주위에서 접하는 자연은 스피노자식으로 말하면 후자의 자연에 속한다.

신과 자연에 대하여 이상과 같이 생각한 스피노자는 신이란 곧 자연이라고 말한다. 그가 그렇게 본 까닭은 다름 아니라 실체 개념 때문이다. 실체는 자신이 존재하기 위해 그 어떤 다른 것도 필요로 하지 않는 존재, 그러니까 자기 자신만이 자기 자신의 존재 원인이 되는 존재를 뜻한다. 스피노자는 절대적으로 무한한 신과 자연이야말로 바로 그러한 실체라고 보았던 것이다.

모든 인간의 정신이 신의 정신의 한 부분이듯이, 우리의 몸도 신이라는 실체의 부분이다. 그러나 신의 무한하고 제한 없는 지성과 우리의 유한하고 허점 많은 지성을 동일시할 수는 없다. 지성에도 엄연히 등급이 있다. 나무의 정신과 개의 정신이 다르며, 개의 정신과 인간의 정신도 다를 것이다. 그리고 인간들 사이에서도 보통 사람과 위대한 시인의 정신은 크게 다를 것이다. 그러나 셰익스피어 같은 위대한 작가의 정신이라 해도, 신의 정신에 비하면 보잘 것없는 수준이다.

우리는 각자의 지성을 통해 이 세계를 배우고 있다. 우리들 중 누군가는 앞서 나갈 것이고, 우리는 그런 이들을 존경한다. 그리고 그들은 좀 뒤떨어지는 우리를 도와주기도 할 것이다. 우리는 모두 '신에 대한 지적인 사랑'에 빠져 우주라는 거대한 학교에 몸담게 되었다. 지적인 사랑은 마치 우리가 우리들 가운데 뛰어난 이에 대해 지니는 지적인 존경심이나 우정 어린 호의와 비슷하다. 그런 사랑이야말로 우주라는 영원한 학교에서 배워 나가기 위한 원동력이 된다. 이 사랑은 우리가 좀 더 많은 것을 배워 나갈수록 커진다.

　신을 사랑하는 것은 신의 마음을 이해하는 것이며, 신의 마음을 이해하는 것은 우주의 무한한 작용의 신비를 캐내어 알아 나가는 것이다. 이것은 우리 자신이 신과 하나가 되어 가는 과정이라고도 할 수 있다. 신을 사랑함으로써 신의 마음을 닮은 사람, 곧 우주의 작용을 이해함으로써 우주의 마음을 닮은 사람이야말로 스피노자가 생각한 이상적인 인간이었다. 그런 인간은 자기 자신을 사랑하는 인간이기도 하다. 자기 자신에 대한 사랑을 통해서만이 창조적인 노력을 할 수 있는 힘이 생기기 때문이다. 물론 자기 자신에 대한 사랑은 결코 좁은 의미의 이기주의를 뜻하지 않는다. 그보다는 인류를 사랑하는 사람, 분쟁을 조정하고 화해시키는 사람, 타인을 아끼는 인도주의자 등이 지닌 일종의 자각에 가깝다.

　사실 인류는 유기적으로 관계를 맺고 있는 존재들이다. 내가 누군가를 다치게 했다면 나 자신에게 상처를 입힌 것과 같다. 적대적인 행동은 또 다른 적대적인 행동의 씨앗을 뿌리는 일밖에 되지 않는다. 스피노자가 자기 몫의 유산을 가로채려는 여동생에게 유산을 줘 버린 것은 결코 허세가 아니었다. "자신이 입은 손해와 상처를 그에 응당하는 손해와 상처로 보복하려는 사람은 늘 불행할 것이기" 때문이다.

　스피노자는 증오, 시기, 억압, 강탈, 복수심, 악의는 모두 정신적 근시안에서 비롯된 질병과 같다고 보았다. 인류는 이 우주라는 거대한 학교에서 함께 노력하고 있는 동창생들이다. 우리가 지닌 힘과 능력은 다른 이들과 함께 나누어 즐기기 전에는 진정으로 우리를 행복하게 해 줄 수 없다. 이렇게 자신의 힘과 능력을 남과 나누려는 노력을 스피노자는 '진정으로 지혜로운 이의 힘'이라고 말한다.

진정으로 지혜로운 이는 사회적인 사람이라고 할 수 있다. 그런 사람은 우리 모두가 이 우주라는 배움터의 동창생들이라는 걸 알기에 자신의 능력과 힘을 다른 이들과 함께 누리려 한다. 그런 사람은 누릴 만한 가치가 있는 단 하나의 자유를 누리게 된다. 그것은 증오에서 벗어나 있는 마음의 자유다. 그런 사람은 맹목적인 열정, 질투, 원한, 무지, 오해, 편견, 의심, 두려움에서도 자유롭다.

'무지한 자는 외적 원인에 따라 여러 가지 방식으로 동요되어 결코 영혼의 참다운 만족을 누리지 못하며, 자신과 신과 사물을 거의 인식하지 않고 산다. 이에 비해 현자는 영혼이 흔들리지 않고 신과 사물을 영원한 필연성에 따라 인식하며, 영혼의 참다운 만족을 누린다.'

결국 완전히 지혜로운 이는 완전히 자유로운 이이기도 하다. 자유를 통한 지혜, 지혜를 통한 자유에서 우리는 영혼의 진정한 평화를 얻을 수 있다. 그런 영혼의 평화를 이루기가 쉬울 리 없다. 그래서 스피노자는 『에티카』의 마지막에서 이렇게 말했는지도 모른다. "모든 탁월한 것들은 이루어지기 힘들다." 실로 스피노자는 영혼의 완전한 고독과 평화, 고귀한 고독과 평화를 누린 몇 안 되는 이들 가운데 한 사람이었다.

폐병으로 인한 기침과 아픔에 시달리고 주머니가 빌 때도 잦았지만, 육신의 고통과 물질의 결핍은 그에게 별문제가 되지 않았다. 사실 그에게는 세속적으로 출세도 하고 경제적으로도 안정을 찾을 수 있는 기회가 있었다. 전 유럽에 위세를 떨치던 프랑스의 루이 14세 왕이 스피노자에게 특별한 요청을 했다. 새로운 저술을 '그 위엄이 찬란히 빛나는 폐하에게' 헌정해 달라는 요청이었다. 물론 거액의 연금을 매년 하사하겠다는 대가를 제시하였다. 스피노자는 이 제의를 정중하게 거절했다.

또 한번은 독일의 유력한 군주가 스피노자에게 하이델베르크 대학의 철학 교수직을 제의했다. 그 제의에 붙은 단 하나의 조건은 공인된 종교에 대한 비판을 삼간다는 것이었다. 스피노자가 그 제의를 거절했음은 물론이다. '이 영광스러운 기회를 받아들이기 송구스럽습니다. 공적으로 확립된 종교를 어지럽히는 모든 행동을 피해야 한다면, 제가 가르치거나 연구하는 자유가 결국 제한받지 않을까 합니다. 저를 움직이는 것은 좀 더 나은 지위에 대한 희망이 아니라, 다만 평안에 대한 사랑입니다.'

스피노자는 돈과 명예에 속박당해 자신의 신념을 굽히는 인간이 아니었다. 그는 다만 가난과 자유와 자신의 철학과 함께 남기를 택했다. 그는 계속해서 폐병과 싸우며 사색하고 글을 쓰고 렌즈를 갈며 살았다. 그런 그를 흠모하는 이들이 전 유럽에 널리 퍼져 있었다. 스피노자는 편지를 통해 그런 이들과 의견을 주고받으며 철학적 영향력을 행사했으니 스스로 고독을 택한 그는 결코 외롭지 않았다.

1677년 2월 21일 일요일의 조용한 오후에 스피노자는 영원히 눈을 감았다. 그의 나이 마흔네 살 때였다. 그가 세 들어 살던 집주인 내외는 마침 교회에 가고 없었고, 그의 마지막을 지켜본 이는 그의 친구이자 의사인 메이에르 박사 한 사람뿐이었다. 스피노자가 살던 하숙집 앞에는 석상이 세워져 있다. 그의 두 눈은 석상에서도 여전히 영원하고 무한한 것을 향한 사랑으로 빛나는 듯하고, 그의 손은 부지런히 자신의 생각을 적어 내려가고 있다. 프랑스의 유명한 역사가 르낭(Ernest Renan)이 말했듯이 '스피노자야말로 가장 참된 신의 모습을 보고 그것에 취했던 사람'일 것이다. 사람과 세상과 우주를 이해하고 배워 나가는 지구라는 거대한 학교에서 그는 탁월한 스승의 한 사람으로서 계속 빛을 발할 것이다.

민주주의를
위하여
존 로크

John Locke, 1632~1704
영국 브리스톨 출신의 철학자이자 정치사상가로서 옥스퍼드 대학
에서 철학, 자연 과학, 의학 등을 공부하였다. 한때 샤프츠베리 백
작의 후원을 받았으나 백작이 실각되자 네덜란드로 망명하여 명
예혁명이 일어날 때까지 머물렀다. 명예혁명 이후 영국으로 돌아
와 공직을 얻지만 몇 년 후 건강상의 이유로 사퇴하고 고향으로
내려가 여생을 고요히 보냈다. 『인간 오성론』을 통해 근대 경험주
의 철학을 제창하고 『관용에 관한 시론』과 『통치론』은 유럽 철학과
사회에 큰 영향을 미쳤다.

인간은 완전한 자유와 자연법상의 모든 권리 및 특권을 간섭받지 않고 누릴 수 있는 자격을 다른 사람들과 더불어 평등하게 가지고 태어났다. 인간은 본래 타인의 침해와 공격에서 그의 재산, 곧 생명, 자유, 자산을 보존할 권력뿐만 아니라 다른 사람들이 그 법을 위반한 것을 심판하고 그 위반 행위가 의당 치러야 한다고 그가 확신하는 바에 따라 다른 사람을 처벌할 수 있는 권력도 가지고 있다. 따라서 구성원 각각이 이 자연적 권력을 포기하고, 모든 사건에 관해 공동체가 정한 법에 따라 그 보호를 호소할 수 있는 공동체의 수중에 그 권력을 양도한 곳, 오직 그곳에서만 정치 사회가 존재하게 된다.

– 존 로크, 『통치론』 중에서

원고 청탁을 받았을 때 아직도 날 찾는 사람이 있어서 놀랐다. 내가 얘기한 민주 정치의 이상이 실현되지 않은 곳이 이 세상에 남아 있는 한 내 얘기를 다시 한 번 들어 보는 것도 그리 나쁜 일은 아닐 것이다. 더구나 원고 청탁서에 적힌 말에 나는 전적으로 동감했다. 독일 철학자들과 다른 '영국적 지성'의 풍모를 보여 주기 위해서 내 글이 필요하다지 않은가. 왜 아니겠는가. 독일인과 영국인을 험한 항해에 나선 두 배의 선장에 비유해 보자.

독일인 선장은 짙은 안개와 수많은 암초들 너머 그 어딘가에 있을 진리의 섬에 대한 깊은 동경과 열망을 가슴 한가득 품고 닻을 올린다. 그는 대양 깊은 곳에 산다는 무서운 괴물들과 아름다운 요정들 이야기가 적힌 책들을 길잡이로 삼는다. 항해 도중에도 진리의 섬이 어떤 곳일지 마음껏 상상한다. 그의 항해는 꿈과 전설과 상상력이 버무려진 모험이 될 것이다. 그러다가 암초에 걸려 배가 좌초하거나 짙은 안개에 휩싸여 같은 자리를 맴돌게 되면 그는 어쩔 수 없이 항해일지에 자신이 그동안 생각해 두었던 진리의 섬의 모습을 그럴듯하게 묘사해 놓는다.

영국인 선장은 이와 많이 다르다. 영국인 선장은 진리의 섬에 대한 부푼 기대보다는 항해 중에 닥칠 갖가지 위험에 대한 걱정으로 가득 차 있다. 그래서 그는 망원경과 나침반과 해도와 수심 측정기구와 그 밖의 온갖 장비들이 이상이 없는지 꼼꼼하게 점검한다. 수시로 수심 측정기를 내리고 암초들이 어디 있는지, 모래톱이 숨어 있지나 않은지 주변을 꼼꼼하게 살핀다. 안개가 짙은 날이면 그는 로렐라이의 요정이 부르는 노래에 취해 바위에 부딪히는 독일인들과 달리, 잠시 닻을 내리고 안개가 걷히기를 기다린다. 그런 식으로 항해하다 보면 하루에 나갈 수 있는 거리는 매우 짧아지고, 어쩌면 진리의 섬에 도착할 수 없을지도 모른다. 그러나 영국인 선장은 개의치 않는다. 어차피 그에게 항해란 낭만적인 모험이 아니라 위험천만한 난관들을 하나하나 극복해 나가는 과정 그 자체이니 말이다. 항해가 끝날 무렵이면 영국인 선장은 자신이 측정하고 기록한 자세한 해도 한 장을 손에 쥐게 된다. 이제 진리의 섬은 좀 더 가까워진 셈이다. 내가 영국인들을 일방적으로 두둔했다고 생각하지는 말기 바란다. 영국 철학자들과 독일 철학자들의 차이는 말 그대로 차이일 뿐 어느 쪽이 더 나은 것이라고 얘기할 수는 없으니 말이다.

나는 1632년에 태어났다. 영국인으로서 이 시기에 태어났다는 게 무엇을 뜻하는지 겪어 보지 않았으면 모를 것이다. 한마디로 말해서 나는 영국 역사상 가장 혼란스러운 시기에 태어나 일생을 보냈다. 군주의 독재와 시민 혁명, 크고 작은 전쟁, 무자비한 학살이 연이어 일어났다. 내가 열 살 때 영국 백성은 찰스 1세에 대항해 들고 일어났다. 시골의 변호사였던 아버지는 올리버 크롬웰이 이끄는 시민군에 가담해 싸웠다.

내가 열일곱 살이 되던 해에 찰스 1세가 패해서 목이 달아났다. 역사상 전례가 없는 일이었다. 양들이 합심해서 늑대를 죽여 버린 것이나 마찬가지였으니 말이다. 그러나 포악한 왕을 죽인 크롬웰의 독재가 시작되었다. 그는 자신이 지극히 자비롭게 나라를 다스린다고 생각했지만, 반대자들을 지극히 무자비하게 처형했다. 1658년 크롬웰이 죽고 나서 영국은 정신적 혼란과 일종의 집단적 광기마저 횡행하는 시대를 맞았다. '내일이면 국왕이 우리 목을 자를지 모른다. 오늘 먹고 마시며 쾌락을 즐기자!'

그렇게 기묘하게 '즐거운 영국'은 그 분위기에 맞는 새로운 왕, 술만 퍼마셔 대는 방탕한 찰스 2세를 맞아들였다. 그는 해마다 수십만 파운드를 받기로 하고 프랑스 왕 루이 14세에게 영국의 외교권을 팔아넘기기까지 했다. 좋은 말과 아름다운 여인과 영리한 사냥개만이 그의 관심사였다. 1667년 네덜란드인들이 배를 몰고 템즈 강에 나타나 영국 전함을 불태운 뒤 왕궁 성벽 바로 아래에 이를 때까지도 왕은 애첩을 희롱하고 있었다.

왕이 이 모양이었으니 나라 꼴이 어떠했을까. 음모와 살인, 사기와 도박이 판을 치기 시작했다. 심지어 기독교의 한 종파인 퀘이커들을 사냥하는 인간 사냥 스포츠까지 유행했다. 그들이 지나치게 평화를 사랑해서 사회를 불안하게 만든다는 이상한 이유 때문이었다.

내가 처한 시대만이 아니라 내가 받아야 했던 교육도 싫었다. 나를 가르친 선생들은 모두 시대에 뒤떨어진 인물들이었다. 그들은 영국 사회의 현실에 대해서는 무지하고 무관심한 대신 신(神)들이 노니는 그리스 신화와 연극, 시, 철학에만 몰두했다. 그들은 나를 자신들과 같은 사람으로 만들려 했다. 교회의 그리스어 강사로 말이다.

그러나 난 그들보단 영리했다. 나는 남는 시간을 모두 의학과 정치를 연구하는 데 쏟아부었다. 나는 추상적인 이론이 아니라 사람이 살아가기 위한 실천적인 지침과 방법으로서의 철학에도 큰 흥미를 느꼈다. 나는 인생이란 슬픔을 극복하고 고통을 피하기 위한 적응과 자기 절제의 과정이라고 생각한다. 나는 비록 부모님을 잃은 뒤 하나뿐인 형마저 잃고 집안 대대로 내려오는 폐 질환을 앓았지만, 자기 절제를 통해 내가 처한 상황에 제법 잘 적응해 나갔다. 그리고 내가 앓는 질병보다는 내 시대가 앓는 질병에 더 큰 관심을 기울이기 시작했다. 다행히 나의 관심에 공감하는 사람과 만날 수 있었다. 바로 대학 시절 친구였던 애슐리 경(샤프츠베리 백작)이었다. 나는 그의 조언자이자 자녀의 가정교사였고, 가족의 건강을 돌보는 의사이기도 했다. 나는 의학 분야 학위를 취득하지도 않았고 외과 수술 훈련을 받은 적도 없었지만, 그의 가슴에 난 종양을 제거해 주기도 했다.

나는 어느 특정 분야가 아니라 다양한 분야의 지식을 섭렵하려 노력했고, 의학과 같은 실용적인 분야도 예외가 아니었다. 어쩌면 이 또한 '영국적 지성'의 풍모가 아닐까 싶다. 사실 영국의 많은 철학자는 직업적인 철학자이기 전에 공무원, 성직자, 기술자, 사무원이었다. 그래서 그런지 '영국적 지성'은 우리가 살아가는 일상적인 세계의 상식에 바탕을 둘 때가 많다. 좀 답답하고 평범하며 지루한 면이 있기도 하지만 알고 보면 그렇게 상식을 존중하는 태도야말로 철학을 '하늘에서 떨어진 대단한 그 무엇'으로 여기지 않게 해 주는 좋은 약이다.

그런데 나는 또 다른 특별한 기술이 필요한 상황에 빠지고 말았다. 온 갖 위험과 고난 속에서도 가능한 한 밝고 즐겁게 사는 기술은 정말 어려 웠다. 애슐리 경은 비교적 자유로운 사고를 하는 사람임에도 찰스 왕의 총애를 받고 있었다. 간신들이 애슐리 경을 모함하곤 했지만 찰스 왕은 못 들은 척했다. 그렇다고 찰스 왕이 애슐리 경의 올바른 충고를 따른 건 아니었지만, 여하튼 찰스 왕은 애슐리 경을 대법관에 임명했다. 참 좋은 시절이었다. 내 후원자가 영국 최고위 관직에 올랐으니 말이다.

그러나 인생사라는 게 어디 좋을 때만 있던가. 왕은 이제 애슐리 경의 영향력과 사고방식을 두려워하기 시작했다. 자칫하면 애슐리 경이 군주 의 독재에 반발하는 자유주의자들을 결집시킬 수 있다고 본 것이다. 애 슐리 경은 관직을 박탈당하고 런던 탑에 갇혔다. 나는 영국을 탈출해 프 랑스로 갔다. 그러나 오래 지나지 않아 영국으로 돌아와도 좋다는 허락 을 받았고, 옥스퍼드에서 가르칠 수 있게 되었다. 프랑스에서 내가 맘대 로 떠들 수 있게 하는 것보다는 영국 안에서 감시하고 회유하는 것이 낫 다고 판단했던 모양이다. 첩자는 내 강의실에까지 들어와 나를 감시했다. 나는 첩자들 앞에서 하고 싶은 말을 다 할 만큼 어리석지는 않았다. 첩자 들의 보고서에는 불충이나 반역의 기미를 찾기 힘들다는 내용만 실렸을 것이다.

왕은 그런 보고서에 만족하지 않았던 것 같다. 나를 대학에서 쫓아내 고 런던 탑에 가두겠다는 위협을 해 왔으니 말이다. 이번에는 네덜란드 로 피신했다. 그곳에서는 안전과 평화를 누릴 수 있었다. 네덜란드는 유럽 자유사상가들의 피난처였다. 나는 친절한 네덜란드인 의사의 집에 머무르며 조용히 사색과 집필에 몰두했다.

내 사상을 두 단어만으로 표현한다면 '계약'에 기초한 '항의'라고 할 수 있다. 모든 정부와 인간관계, 삶은 사업과 같다. 통치자는 자신의 의지를 백성에게 강요하면서 모든 일을 억지로 밀어붙이려 해서는 안 된다. 통치자는 자신의 서비스를 백성에게 파는 사람이 되어야 한다. 통치자는 자기 자신과 백성까지 모두 만족하는 계약에 따라 서비스를 제공해야 한다. 건전한 판단력과 상식을 갖춘 중산 계층에서 이루어지는 상거래 행위와 비슷하다고나 할까. 좋은 물건을 정직하게 제값으로 사고파는 태도가 중요하다.

이러한 태도야말로 인간의 이성(理性)이 제 역할을 할 수 있는 새로운 무대를 열어 준다. 상거래의 철학이야말로 우리가 사는 일상은 물론 정부가 하는 일에도 적용해야 할 철학이다. 남에게 제공할 만한 가치가 충분한 재화와 용역을 갖고 공정하게 경쟁하고 거래하는 것이 중요한 미덕이다. 이성적이라거나 합리적이라거나 하는 것들이 뭐 별거겠는가? 시장에서 품질을 따지고 가격을 비교해서 가장 큰 만족을 취할 수 있는 물건을 골라 상인과 흥정하는 것. 바로 그런 과정이 우리 인간의 합리적, 이성적 사고와 행위가 아니고 무엇일까. 내 철학을 '상인의 철학'이라 불러도 무방하다.

그렇다면 '합리적'으로 살기 위해 우리는 어떻게 해야 할까? 감정에 따라 기분대로 사는 것은 결코 합리적인 삶이 아니다. 이성의 능력을 발휘하며 살아야 한다. 이성의 능력을 발휘한다는 건 무엇일까? 내가 보기에 이성이란 인간의 마음 안에 본래부터 들어 있는 것이 아니다. 모든 지식은 태어난 다음에 우리의 감각 기관을 통해 마음 안으로 들어온 경험의 결과다. 태어날 때 우리의 마음은 '텅 비어 있는 서판(書板)'과 같다. 이것을 라틴어로 '타불라 라사(*tabula rasa*)'라 한다. 보는 것, 듣는 것, 냄새 맡는 것, 피부로 느끼는 것 등이 우리가 태어나 죽을 때까지 마음 안에 적어 놓고 이용하는 지식의 교과서가 된다. 합리론자들이 얘기하는 것처럼 태어나면서부터 갖고 있는 본래적인 지식 같은 건 없다. 태어나면서부터 지닌 것이라면 감각 능력뿐이다.

사람들은 이 세상을 각기 다른 방식으로 바라본다. 겉으로는 우리의 감각 경험이 비슷해 보이지만 사실 우리들 각자의 감각 경험은 조금씩 다르기 마련이다. 예컨대 우리가 사용하는 단어의 뜻은 불확정적이다. 같은 단어라도 많은 사람에 의해 각기 다른 대상을 가리키는 데 쓰이는 경우가 많다. 언어야말로 이성을 바깥으로 표현해 내고 다른 사람들과 소통할 수 있는 유일한 수단인데도 언어는 불완전하다.

치통을 경험해 본 적이 있는가? 무척 고통스럽다. 그런데 우리는 '치통'이라는 단어를 어떻게 배웠을까? 다시 말해서 '치통'이라는 말의 뜻을 어떻게 알게 되었을까? 언젠가 충치 때문에 이가 아파 고생하는 동안 어른들은 어린 나에게 '치통'을 앓고 있다고 말했다. 나는 내가 느끼는 감각과 '치통'이라는 말을 대응시키게 되었고, 다음부터는 비슷한 아픔을 느낄 때 '치통'이 있다고 말할 수 있게 되었다.

그러나 문제가 하나 있다. 내가 느끼는 치통과 다른 사람이 느끼는 치통이 과연 같은 것인지 알 길이 없다. 우리는 다만 각자의 감각 경험을 토대로 '치통'이라는 말을 익히고 사용하기 때문이다. 결국 우리는 각기 다른 감각 경험을 통해 같은 말을 사용하고 있는지도 모른다. 각기 다른 사람들이 느끼는 감각 경험이 모두 똑같다면 그게 더 이상한 일일 것이다.

우리는 여기에서 큰 교훈을 얻을 수 있다. 바로 관용의 중요성이다. 우리는 절대적인 확실성을 보장받으며 세상을 알게 되는 게 아니라, 상대적인 확실성만으로 각자가 조금씩 다르게 세계를 바라볼 수밖에 없다. 그렇다면 나의 의견을 다른 사람들에게 강요할 수도 없고, 강요해서는 안 된다는 결론에 이르게 된다. 내 의견이 옳다고 판단하거든 동료들을 설득하기 위해 최선을 다하면 된다. 대신 동료들도 나를 설득할 수 있게 해야 한다. 내 주장을 외곬으로 고집하며 남에게 강요해 봐야 남들이 그걸 순순히 받아들일 리 만무하다. 그보다는 남들이 주장하는 것의 일부를 내가 먼저 받아들이는 게 훨씬 더 낫다. 대신에 그들도 내 주장의 일부를 받아들이게 하면 된다. 어차피 모두가 완전하게 만족할 수 있는 의견은 없다고 한다면, 우리가 할 일은 대화와 타협으로 '차선의 최선'을 찾는 것이다. 자신만이 진리의 유일한 척도라고 주장할 권리를 지닌 이는 아무도 없다.

스스로 자유롭게 생각하고 자유롭게 살기를 주저할 까닭은 없다. 그러나 나의 자유가 자칫 남들의 자유로운 생각과 자유로운 삶을 침해하지 않도록 조심하고 또 조심해야 한다. 이것은 이성을 올바르게 사용하는 태도이기도 하다. 사람들이 서로의 각기 다른 처지를 존중하고 이해하려는 노력을 통해서만이 우리는 진리에 조금씩 가까워질 수 있다. 남과 다투기 위해 이성을 사용하기보다는 함께 대화하면서 보다 나은 결론을 찾기 위해 이성을 사용해야 한다.

여기에서 나는 모두가 자유로운 상태, 그러면서 서로에 대해 협조하는 평화로운 상태를 그려본다. 그것을 나는 자연 상태라 부른다. 자연 상태에서 모든 인간은 평등하고 독립적이다. 어느 누구도 다른 이의 생명, 자유, 재산을 침해해서는 안 된다. 모든 인간은 생명과 자유와 재산에 대한 자연적인 권리를 지닌다. 그런 권리를 보존하기 위해 인간은 공동체를 이루고 정부를 조직했다. 이것은 개인의 이익과 공동체 전체의 이익이 충돌하는 것을 막아 보려는 노력이기도 하다. 결국 좋은 정부란 통치자와 인민 사이의 갈등 관계가 이어지는 정부가 아니라, 자유로운 인간들의 계약 관계에 따라 유지되는 정부다. 국가의 최고 권력은 왕이 아니라 인민의 손에 있어야 한다. 정부가 계약 조건을 어긴다면 인민은 계약을 취소할 권리를 지닌다. 계약서와 다른 물건을 보낸 상인에게 어떻게 대금을 치를 수 있단 말인가.

국가는 개인의 권리를 제한하기보다는 최대한 보호해야 한다. 왕은 신성한 권위를 지닌 존재가 결코 아니며 인민 위에 군림할 권리를 지닌 존재도 아니다. 모든 인간은 신 앞에서 평등하며, 법과 정부 앞에서도 평등하게 대우받아야 한다. 오직 공공의 선(善)과 이익을 위하는 권력만이 법을 제정하고 공무를 집행할 수 있는 정당한 권력이다. 대부분의 군주들은 자기 자신과 가문의 이익을 위해 법을 제정하고 집행하려고 한다. 결국 나 자신을 보호하고 나의 권리를 지키기 위해 군주에게 의지하는 것처럼 어리석은 일도 없다. 늑대에게 보호를 부탁하는 양 떼나 마찬가지인 것이다. 사람들이 진정으로 권리를 지키고 스스로를 보호하려면 '다

수의 합의'에 바탕을 둔 정부를 스스로 구성해야 한다. 그런 정부는 오직 인민을 위해 봉사하며 필요한 비용도 인민들이 스스로 조달한다. 물론 그런 비용, 곧 세금은 인민들의 합의에 따라 그 징수 방법과 규모를 정해야 한다.

다수의 합의에 따라 구성되고 운영되는 정부는 사상의 자유, 언론의 자유, 종교의 자유, 선거에서의 자유를 보장해야 한다. 민주적인 정부는 법을 제정하고 집행하며 법적 판단을 내리는 권한과 책임을 잘 나누어야 한다. 그렇지 않으면 자의적이고 독단적인 정부가 되어 버리기 쉽다. 만일 그런 정부의 각 부문들이 갈등하며 다툰다면? 예컨대 행정부가 의회의 고유 기능을 무시한다면? 실제로 영국의 찰스 1세는 의회를 완전히 무시하고 심지어 강제로 해산시키려 했다. 인민들은 그런 월권 행위를 막아 낼 권리를 지닐 뿐 아니라, 반드시 막아 내야 할 의무를 지닌다.

내가 이런 주장을 할 때만 해도 민주주의는 차라리 신기루에 가까운 것이었다. 물론 수백 년이 흐른 뒤에도 여전히 민주주의는 늘 멀기만 한 무지개 같은 것일지도 모른다. 그러나 아주 조금씩, 그리고 때로는 고통과 비극을 수반하면서 점차 나아지고 있지 않겠는가. 욕심인지 몰라도 나는 민주주의의 꿈을 한 국가에만 국한시키지 않고 국제 관계에까지 넓히려 했다. 국가들도 정치적인 상호 협력과 의존에 바탕을 두고 사회계약을 통해 연합하는 시대가 와야 한다고 본 것이다.

나는 한 국가의 정부든 국제적인 정부든 정부의 목적은 시민의 생명과 자유와 행복을 지키는 데 있다고 생각한다. 이 점에서 나는 정치학과 윤리학을 완전히 분리시키지 않았다. 정의(正義)를 통치자의 판단에 맡길 수는 없다. 시민의 기쁨과 행복이 선이며 시민의 고통과 불행이 악이다. 무엇이 개인과 사회의 기쁨과 행복이 되는지 결정하는 중요한 기준은 군주가 정한 법이 아니라 시민의 목소리에 있다. 시민의 목소리야말로 정의의 기준이자 신(神)의 뜻이다.

나는 정치학은 물론 윤리학도 우리가 감각적으로 경험하는 증거에 바탕을 둔 과학으로 만들 수 있다고 보았다. 덕이란 분별력 있는 행동이며 악덕이란 분별력 없는 행동이다. 어떻게 분별력 있게 행동할 수 있을까? 일상생활의 경험이 쌓이고 쌓이면서 분별력에 따르거나 따르지 못했던 경우들을 분석하는 것이야말로 미래의 분별력 있는 행동, 즉 덕을 위한 가장 좋은 준비다. 결국 성공과 실패, 좋은 것과 나쁜 것, 옳음과 그름과 같은 관념들은 모두 경험에 의해 얻는 지식이다. 합리론자들은 우리가 태어나면서부터 마음 안에 자명한 명제가 적혀 있다고 주장하지만, 사실은 경험에 의해 자명한 명제가 적혀 나가는 것이다. 그런 자명한 명제들의 예로 이런 것들이 있다.

'모든 인간은 자유롭고 평등하게 태어났다. 그 어느 누구도 다른 사람을 경멸하고 무시할 권리를 지니고 있지 않다.'

'글로 적힌 것이든 말로 한 것이든 계약은 신성한 것이다. 계약은 계약 당사자들 간의 합의에 따라 파기되는 경우나 어느 한쪽이 계약상의 의무와 조건을 이행하지 않은 경우를 제외하면, 결코 깨져서는 안 된다.'

'땅 위의 모든 산물들은 모든 인간에게 주어진 것이다. 다만 자신의 노동을 그 산물들에 투입하여 추가적인 가치를 창출해 낸 사람이라면, 그 산물을 사유재산으로 만들 수 있다. 그러나 꼭 지켜야 할 조건이 있다. 다

른 사람들을 위한 공동의 몫이 충분한 양으로, 또한 좋은 것들로 남겨져 있어야 한다.'

모든 개인은 사회에 대해 두 가지 의무를 지닌다. 첫째, 자신이 노동을 해서 획득하지 않는 한 아무것도 자기 자신의 것으로 소유해서는 안 된다. 둘째, 다른 사람들도 각자의 몫을 갖고 보전할 수 있도록 내가 가질 만한 정당한 권리가 있는 몫만 취해야 한다. 쉽게 말해서 남의 몫을 가로채서는 안 된다. 주위의 누군가가 굶주림에 시달려 생명이 위태로워졌는데 나만 홀로 큰 재산을 모았다면, 다른 사람의 자연권이 침해받고 있는데도 나 몰라라 하는 파렴치한 행태가 아니고 무엇일까. 그건 중대한 계약 위반이다.

말도 많고 탈도 많던 찰스 2세도 병들어 세상을 떠났다. 그는 별로 좋은 군주는 아니었지만 그래도 의회를 통해 백성의 목소리를 국정에 반영해야 한다는 것 하나만은 어느 정도 깨닫고 있었다. 그는 나를 추방하기도 했지만 어떤 의미에서는 내가 주장한 것들 중 많은 부분을 받아들인 셈이다. 그러나 그가 세상을 떠난 뒤 영국은 낡은 생각에 사로잡힌 새로운 왕을 맞아들였다. 제임스 2세는 사사건건 백성의 뜻을 거스르는 조치를 취했다. 백성은 그를 왕위에서 내몰기로 했다.

다행스러운 것은 폭력을 쓰지 않았다는 사실이다. 처음에 왕은 백성의 뜻에 반발하려 했지만 결국 1688년 순순히 왕위에서 물러났다. 이름 그대로 '명예혁명'이었다. 제임스 2세의 뒤를 이어 왕이 된 오렌지 공(公) 윌리엄은 네덜란드에서 온 인물이었다. 영어를 잘 몰랐기 때문이기도 하지만, 그는 독선적이거나 무리하게 일을 처리하지 않았다. 대신 그는 의회의 의견을 따르는 경우가 많았다. 나도 영국으로 돌아와 가장 유익하고 생산적인 시간을 보내기 시작했다. 인생은 60부터라 했던가?

나는 영국 상무성(商務省)의 고위 관리가 되어 주로 금융 분야의 국정에 관해 조언했다. 영국 아동 교육의 문제점을 지적하고 더욱 평등한 교육 기회를 만들기 위해 애쓰기도 했다. 노동자들의 권리를 옹호하는 글도 쓰고, 언론의 자유와 민주적인 생활 방식에 관한 글도 썼다. 그러나 예전에 옥스퍼드에서 젊은이들을 가르치던 때가 가장 그립다. 젊고 정직한 마음을 지닌 이들과 함께 일할 때보다 더 즐거운 때는 없는 법이다. 지나간 시절에 대한 철 지난 환상에 사로잡힌 고집스러운 늙은 영혼보다는 희망으로 가득한 젊은 정신이 좋지 아니한가. 으르렁대며 갑론을박하는 두 늙은이들 사이에서 나오는 것은 잠시라도 듣고 있기 고약한 불협화음밖에 없다.

1704년, 일흔두 살에 나는 새집으로 이사했다. 한 번 이사하면 영원히 다른 곳으로 갈 수 없는 곳. 그 이사를 죽음이라 하던가. 마지막으로 남기고 싶은 말은 이것이다. 진리를 깨달았노라 호언장담하는 사람의 말에 귀 기울이지 말고 부디 스스로의 힘으로 무지와 독선의 어둠을 물리쳐 나가기를 바란다. 설령 내가 진리라고 생각하는 그 어떤 것을 발견하더라도 남에게 강요하지 말지니 남들도 각자의 방식으로 진리에 접근할 권리가 있다. 그런 권리를 무시하고 남을 억압하려 드는 사람이나 무리가 있거든 맞서 싸워야 한다. 독선적인 극단주의에 맞서 중용의 길을 지키기 위해 싸우는 용기, '중용을 향한 용기'야말로 이 세상을 진정 살 만한 곳으로 만들기 위해 반드시 필요하다. 나 자신은 과연 그런 용기를 얼마나 발휘했던가? 돌이켜보면 부끄럽다. 이 글을 읽는 여러분 모두는 부디 후회하지 않기를!

혁명의 정신,
정신의 혁명
장 자크
루소

Jean Jacques Rousseau, 1712~1778
스위스 제네바에서 가난한 시계 제작자의 아들로 태어났다. 어릴 적에 수습생으로 전전하며 방랑 생활을 하다 한 귀족 부인과 친구가 되어 생계를 해결하고 공부할 기회를 얻었다. 1749년 디종의 아카데미 현상 논문 공모에 제출한 「학문과 예술에 관한 논고」가 당선되면서 갑작스럽게 명성을 얻게 된다. 1762년 소설 형식의 교육론 『에밀』과 인간의 자유와 평등을 논한 『사회 계약론』을 펴내면서 집권층에게 지탄을 받자 유럽 각지를 전전하다 프랑스에서 고독한 죽음을 맞이한다.

인간은 자유롭게 태어났지만 도처에서 사슬에 매여 있다. 남의 주인으로 자처하는 자가 그들보다 오히려 더 심한 노예 상태에 떨어져 있는 것이다. 어떻게 이런 변화가 발생했는가? 나는 모른다. 무엇이 이것을 정당화하는가? 나는 이 질문에 답할 수 있다고 믿는다. 개인과 개인은 연합하여 공동의 힘으로 각 개인의 생명과 재산을 방어하고 보존하는 일종의 연합 형태를 발견하고, 이에 따라 각 개인은 전체와 결합하지만 이전처럼 자신에게만 복종하고 자유롭게 남아 있게 된다. 이것이 사회 계약이 해결해야 할 근본적인 문제다.
 – 장 자크 루소, 『사회 계약론』 중에서

나름의 이유로 세상을 등지고 혼자 살아가는 사람도 아주 없지는 않겠지요. 사람은 역시 함께 모여 살 수밖에 없나 봅니다. 가족이라는 사회에서부터 크게는 국가, 더 나아가 세계라는 사회에 이르기까지 말이지요. 가족이라는 사회 단위는 생물학적 측면에서 본 인간, 즉 남녀가 만나 2세를 낳아 기르는 가장 기본적, 원초적인 삶의 자리에서 비롯되는 사회라 하겠습니다. 그러나 우리가 보통 말하는 사회는 사뭇 다릅니다.

혈연관계가 아닌 타인들과 더불어 형성한 공동체가 되는 셈인데 바로 여기에서 답하기 쉽지 않은 질문이 나옵니다. 도대체 인간은 사회를 왜, 어떻게 형성한 것일까요? 인간은 왜 하필 지배자가 있고 피지배자가 있는 사회를 이루었던 것일까요? 국가라는 사회는 왜 필요한 것일까요? 차라리 국가가 없는 상태가 인간이 보다 더 자유로울 수 있는 상태가 아닐까요? 저는 『사회 계약론』에서 이렇게 말했습니다. '사회적 질서는 신성한 권리로서 다른 모든 것의 기초를 이룬다. 그런데 이 권리는 자연에서 나

오지 않는다. 그것은 계약에 기초를 둔다.'

　사회적 질서 속에서 산다는 것은 속박이 아니라 인간만의 신성한 권리입니다. 그러한 권리, 즉 사회적 질서를 형성하여 그 속에서 살 수 있는 권리는 자연적인 것이 아니라 계약에 기초하고 있습니다. 저 이전에도 영국의 토머스 홉스 선생이 사회 질서의 기원을 계약에서 찾았다고 하지요. 홉스 선생은 자연 상태에서 인간은 이른바 '만인에 대한 만인의 투쟁' 속에 놓여 있으며, 인간은 개인적인 자연권을 포기하는 대신에 자유로운 계약에 따라 질서, 법률, 관습, 도덕 등을 만들었고 그것이 바로 사회 또는 국가라고 주장했습니다. 이로써 인간은 타인과의 끝없는 투쟁 상태에서 벗어나 평화와 자유를 확보할 수 있게 되었다는 것이지요.

　사람들이 자신의 신체와 재산을 지키기 위해, 말하자면 생존하기 위해 이전에 가지고 있었던 권리를 공동체 전체에 전면적으로 양도했다는 점에서는 저와 홉스 선생의 관점이 비슷합니다. 그러나 홉스 선생의 사회 계약이 투쟁 상태를 피하기 위한 소극적인 성격을 지니고 있는 데 비해 저는 보다 적극적인 태도, 즉 공공선을 실현하기 위한 시민들의 자유로운 계약의 결과가 국가라고 보았습니다.

　또한 홉스 선생의 주장에서 개인은 자신의 이익을 극대화하기 위한 합리적 개인입니다. 이 때문에 각 개인은 각자의 이익을 최대한 보호하기 위한 조치로서 부득이하게 서로 계약을 맺고 사회 질서를 형성한 것이라고 합니다. 쉽게 말하면 '이대로 가다가는 너도나도 모두 죽거나 다칠 것 같으니, 이쯤에서 다투는 것을 멈추고 계약을 맺기로 하자'는 데 모든 인간이 동의했다는 겁니다.

그러나 저는 자유로운 계약에 의해 사회 질서가 형성되었다는 점에 대해서는 입장을 같이하면서도, 일반 의지의 지상 명령에 따라 사회 질서가 유지되어야 한다는 점을 강조합니다. 쉽게 말하면 '너 또는 나의 개인적인 이익을 보호하는 차원을 넘어서 우리라는 보다 일반적이고 큰 범위의 공동체의 이익 또는 선을 위해서 계약을 맺지 않을 수 없다'는 정도가 되는 거지요.

요컨대 자신의 이익을 보호하려는 인간 각자의 의도를 뛰어넘어 공공선의 실현이라는 보다 일반적인 의도 또는 목적을 설정하는 겁니다. 때문에 홉스 선생이 개인주의 입장에 기울어져 있다면 저 루소는 공동체주의적 입장에 서 있습니다. 또한 홉스 선생이 도덕적인 차원을 돌보지 않는 데 비해 저는 공공선이라는 말에서 알 수 있듯이 인간이 형성한 공동체, 즉 사회 또는 국가를 도덕적인 차원에서 파악하고자 합니다.

또한 홉스 선생은 저항권을 인정하지 않는 절대군주제를 옹호했습니다. 영국의 로크 선생은 자연권의 일부만 양도한다는 입장을 취하면서 저항권을 인정하고 다수결 원칙을 지키는 대의제를 주장했지요. 이에 비해 저 루소는 인민 전체가 자연적 자유를 양도하여 이룩한 공동체의 일반 의지를 중시하면서, 다수결 원칙보다는 공동 이익 혹은 공공선을 강조했습니다.

제 사상이 급진적인 직접 민주주의의 요구를 촉발시켰으며, 결국 근대 유럽의 시민 혁명의 사상적 기초가 되었다고 평가하기도 한다지요. 공공선을 적극적으로 실현하기 위해 전체적이고 일반적인 차원에서 시민의 의지에 따라 국가 공동체 또는 사회 질서가 형성되어야 한다는 제 생각이 혁명으로 이어질 가능성을 지니고 있었다고도 합니다.

혁명, 그 얼마나 가슴 뛰는 말인가요. 하지만 제가 생각한 진정한 혁명은 한 사람의 내면에서, 삶에서부터 시작됩니다. 저는 교육이 그 무엇보다도 중요하다고 보았습니다. 그래서 저는 에밀이라는 고아가 요람에서부터 자라나 성인이 되어 결혼을 할 때까지 이상적인 가정교사의 지도 아래 성장하는 과정을 담은 『에밀』을 썼습니다.

'모든 것은 창조자의 수중에서 나올 때는 선한데 인간의 수중에서 모두 타락한다. 인간은 모든 것을 뒤죽박죽으로 만들고 보기 흉하게 만들며, 기형과 괴물을 좋아한다. 그들은 무엇 하나 자연이 만든 상태 그대로 남아 있는 것을 좋아하지 않는다. 심지어는 인간에 대해서까지도. 조련된 말처럼 자신들을 위해 인간을 훈련시켜야 하며, 그들 정원의 수목들처럼 그들의 기호에 따라 인간을 만들어야 한다.'

저는 어린이를 어린이로 대우해야 한다고 봅니다. 더 이상 어른을 기준으로 하여 어린이를 이해하지 말고 어른과 차이 나는 상태 그대로를 받아들여야 합니다. 어린이의 방식으로 느끼고 생각하기 위해서는 오랜 기간의 관찰이 필요합니다. 유아기는 미완성의 과도기가 아니라 그 나름대로 완성된 삶의 형태인 것입니다.

'사람들은 어린이에 대해 거의 문외한이다. 그러므로 그들이 가진 그릇된 생각에 기초하여 어린이를 고찰할수록 더 과오만 저지른다. 아주 현명한 사람들조차도 어른이 긴히 배워야 할 것이 무엇인가 하는 점에 대해서만 전념할 뿐 어린이가 무엇을 배워야 하는가 하는 점에 대해서는 고려하지도 않는다. 그들은 어떤 어린이가 어른이 되기 전의 문제에 대해서는

생각해 보지 않은 채 그 어린이가 어른이 된 후의 문제만을 항상 생각하려 한다.'

어린이에게는 도덕관념이나 진리를 가르치려 들지 말고 책이나 언어에 의한 교육도 시키지 말아야 합니다. 어린이의 자연스러운 발단 단계에 따라 적합한 교육을 해야 한다는 저의 생각은 매우 혁명적인 것이었지요.

'나는 아이에게서 모든 과제를 없앰으로써 아이의 가장 불행한 도구, 즉 책을 제거하려는 것이다. 독서는 아이에게 재앙인데도 어른들이 아이에게 빠지지 않고 시키는 거의 유일한 것이다. 열두 살이 되어야 에밀은 겨우 책이라는 것이 무엇인지 알게 될 것이다. 그러나 그가 적어도 읽을 줄은 알아야 한다고 사람들은 말할 것이다. 나 역시 그 말에 동의한다. 그러나 독서가 그에게 유익할 때 읽을 줄 알면 되는 것이다. 그때까지 독서는 아이를 지겹게 만드는 일일 뿐이다.'

많은 부모들이 자식을 제대로 교육하려면 도시로 가야 한다고 생각하는 모양입니다. 그러나 저는 아이들을 시골에서 키워야 한다고 생각합니다. 도시의 탁한 공기와 불건전한 환경은 아이에게 육체적으로나 정신적으로 피해를 줄 수 있습니다.

'도시는 인류 파멸의 구렁텅이다. 몇 세대 후에는 그곳에 사는 인간들은 사라지거나 쇠퇴할 것이다. 그들을 소생시키는 생기를 불어넣어 주는 곳이 바로 시골이다. 그러니 당신의 아이가 생기를 들이마시도록 시골로 보내라. 너무 많은 사람이 모여 사는 도시의 해로운 공기 속에서 잃은 원기를 되찾도록 아이를 전원으로 보내라.'

교육에서는 조급함이 최대의 적입니다. 시간을 아끼지 말고 시간을 낭비해야 합니다. 이것을 소극적인 교육이라고 할 수도 있겠습니다. 요컨대 지식과 미덕을 가르치려 들지 말고 악습이나 오류에서 보호하는 교육입니다. 아무것도 하지 않는 것보다 시간을 잘못 사용하는 것이 훨씬 더 시간을 낭비하는 일이며, 교육을 잘못 받은 아이가 전혀 교육받지 않은 아이보다 훨씬 더 슬기롭지 못할 것이기 때문입니다.

'하루 종일 즐겁게 뛰어노는 것이 아무 가치도 없단 말인가? 아무것도 하지 않는 것을 두려워하지 마라. 인생 전체를 유익하게 이용하기 위해 잠을 한숨도 자려 하지 않는 사람이 있다면, 당신은 그를 어떻게 생각할 것인가? 당신은 그 사람이 미쳤다고 말할 것이다. 그는 시간을 즐기지 않는다. 그것을 스스로 버린다. 그는 잠을 자지 않으려다 죽음으로 치닫는다. 아이에게도 마찬가지다. 어린 시절은 그처럼 이성이 잠자는 시기라고 생각하라.'

저는 주인공 에밀에게 목공 일을 배우도록 했습니다. 스스로 몸을 사용해 익혀야 하는 목공 일에서 노동과 고생스러운 일을 통해 힘찬 정신을 기를 수 있기 때문입니다. 같은 이유에서 저는 다니엘 디포의 소설 『로빈슨 크루소』를 읽힐 것을 권합니다. 고립된 사람의 처지에 놓여 자기 보존과 생계에 필요한 것을 스스로 마련하는 방법을 배울 수 있을 테니까요.

1762년 5월부터 『에밀』이 판매되기 시작했지만 6월 3일에 모두 압수되었습니다. 『에밀』을 출간한 출판업자는 저에게 편지를 보내 '경찰에 체포되어 책을 더 이상 팔 수 없게 되었음을 알려 드린다'고 말하더군요. 결국 저는 6월 9일에 고향 제네바를 향해 떠날 수밖에 없었습니다. 그러나 제네바에서도 『에밀』은 불온한 책으로 지목되어 있었습니다. 9월에는 파리 주교 크리스토프 드 보몽이 교서를 발표하여 『에밀』을 맹비난했습니다. 11월에는 소르본 대학 신학부도 『에밀』을 비난하는 문서를 내놓았습니다.

왜 이렇게 된 걸까요? 프랑스의 공공 교육 기관을 불신하는 내용과 프랑스 아카데미를 비판하는 내용도 문제가 되었지만, 가장 크게 문제가 된 것은 4부 '도덕과 종교 교육: 15~20세까지'에 포함돼 있는 '사부아 보좌신부의 신앙고백'이었답니다. 이 글에서 저는 사부아 보좌신부의 입을 빌려 신을 영원하고 보편적인 질서를 만든 창조자로 인정하면서도 만물의 주관자로는 인정하지 않았습니다. 더구나 신의 섭리나 은총이나 계시도 인정하지 않았습니다.

'종교 중에서 가장 훌륭한 종교는 필연코 가장 명쾌한 종교일 걸세. 내게 설교하는 자신의 신앙을 신비와 모순으로 채우는 사람은 그 사실 자체만으로도 나로 하여금 그 신앙을 의심하게 만들지. 내가 숭배하는 신은 전혀 그런 어둠의 신이 아니라네. 그는 내게 이해력을 주면서, 사용하지 말라고 하지는 않았네. 나에게 내 이성을 복종시키라고 말하는 것은 내게 이성을 준 자를 모욕하는 일일세. 진리의 집행자는 나의 이성을 전혀 압제하지 않지.'

저는 인간의 자연적 이성에 바탕을 둔 종교, 즉 자연 종교를 주장했습니다. 자연 종교의 특징은 권위주의적이고 제도적인 기성 종교에 대해 비판적이며, 계시가 아닌 자연 또는 이성에 의한 진리를 중시한다는 점입니다. 이를테면 자연 종교에서 기적은 부정됩니다. 신이 있다면 신은 철저하게 합리적인 신이며 그런 신이 자연 안에 기적과 같은 비합리적 사건을 일으킬 리 없겠지요.

저는 각각의 모든 종교가 다 나름대로 유익한 제도라고 생각합니다. 각 지역의 풍토와 통치 형태와 국민성, 또는 시간과 장소에 따라 어떤 한 종교가 다른 종교보다 더 바람직한 것이 될 수 있을 겁니다. 그런 모든 종교가 각기 훌륭하다는 것이지요. 기독교만이 유일무이의 참된 종교이며 인간이 구원받을 수 있는 유일한 길이라고 믿는 사람들에게는 큰 충격이겠지만 말입니다.

저는 스위스 베른 근처에 숨어 살면서 비난이 잦아들기를 기다렸습니다. 그리고 1763년 3월에 『크리스토프 드 보몽에게 보낸 편지』를 출간하여 저에게 가해진 비난을 반박했지요. 물론 모든 사람이 『에밀』을 비난한 것은 아니었습니다. 에밀을 읽고 감동을 받은 사람들이 편지를 보내오는 일이 많았고, 『에밀』로 인해 교육에 대한 관심이 늘어나 교육 관련 서적의 출판이 늘어나기도 했으니까요.

스위스와 영국 등지를 전전하며 살다가 파리로 돌아와 정착해 살던 저는 1778년 세상을 떠났습니다. 그로부터 11년 뒤에 일어난 프랑스 혁명으로 저와 『에밀』의 위상은 크게 높아졌습니다. 제가 설파한 자유 민권 사상이 프랑스 혁명 지도자들의 맘에 들었던 모양이지요. 제 유해는 프랑스의 위인들을 모시는 파리의 팡테옹으로 옮겨졌습니다.

『에밀』의 영향력은 유럽 전역으로 퍼져나갔습니다. 철학자 칸트 선생이 『에밀』을 읽다가 산책 시간마저 잊어버린 것은 유명한 일화지요. 괴테 선생도 "호주머니에는 늘 호메로스를, 머리에는 늘 『에밀』에 대한 기억을 담고 있다"고 말할 정도였지요. 자신의 아이에게 에밀이라는 이름을 붙이는 사람들도 늘어났습니다. 교육 사상사에서 유명한 페스탈로치 선생도 저와 『에밀』을 신봉한 나머지 제가 피신해 살던 이베르동에 학교를 세웠답니다.

자, 이제 또 그 질문을 받을 차례인가 봅니다. 제가 자녀 다섯을 모두 고아원에 맡긴 일 말이지요. 사실 제가 살던 당시만 해도 그런 일이 제법 흔했답니다. 제가 보기에 교활하기 짝이 없는 제 장모에게 아이들을 맡기기보다는 국가가 관리하는 고아원에 맡기는 게 아이의 장래를 위해 바람직하다고 판단했습니다. 솔직히 이렇게 변명해도 평생을 따라다닌 비난 때문에 저는 몹시 고통스러웠습니다. 더 이상 이 문제에 대해 말하기 싫군요.

영원한
평화를 위한 사색
칸트

Immanuel Kant, 1724~1804

합리론과 경험론을 종합하여 이성(理性)의 기본적 윤곽을 제시하였
다. 프로이센의 쾨니히스베르크에서 가난한 수공업자의 아들로 태
어나 개신교적인 경건주의 속에서 자랐다. 1740년 쾨니히스베
르크 대학에 입학하여 철학, 수학, 자연 과학, 신학을 공부하고
1770년 모교의 철학 교수가 되었다. 이후 1781년 『순수이성비
판』, 1788년 『실천이성비판』, 1790년 『판단력비판』 등을 발표하
면서 비판 철학으로 명성을 높였다. 고향을 떠나지 않고 늘 규칙적
인 생활을 영위하다 1804년 80세로 사망했다.

그에 대해 자주 그리고 계속해서 숙고하면 할수록, 점점 더 새롭고 점점 더 큰 경탄과 외경으로 마음을 채우는 것 두 가지가 있다. 그것은 내 위의 별이 빛나는 하늘과 내 안의 도덕 법칙이다. 나는 이 둘을 어둠 속에 감춰져 있거나 경험을 완전히 뛰어넘은 것 속에 있는 것으로 내 시야 밖에서 찾고 추측해서는 안 된다. 나는 그것들을 눈앞에서 보고, 그것들을 나의 실존 의식과 직접적으로 연결한다.

— 칸트, 『실천이성비판』 중에서

안녕하십니까? 저는 칸트입니다. 이름은 임마누엘이지요. 천사의 이름이기도 한데, 신앙심이 무척 깊었던 부모님께서 과분하게 제게 그 이름을 붙여 주었습니다. 사실 제 삶과 철학을 간략하게 소개해 달라는 부탁을 받고 망설이지 않을 수 없었습니다. 자칫하면 저의 지난날들을 그럴듯하게 꾸며 이야기하는 잘못을 저지르게 되지나 않을지 두려웠기 때문입니다. 하지만 곧 용기를 내어 보잘것없는 제 삶과 생각을 여러분에게 소개해 드리고자 마음먹었습니다.

저는 철학자들을 비롯하여 학식 있는 사람들과 이야기하는 것을 그다지 좋아하지 않는답니다. 대신에 제가 머물던 하숙집 주인아주머니나 동네 부인들, 또 그 밖의 여러 다양한 직업을 가지고 성실하게 살아가는 보통 사람들과 이야기하기를 즐겼답니다. 제가 보기엔 그들의 말이야말로 삶에서 우러나오는 가장 진실한 이야기들이기 때문입니다. 저는 점심 식사 때마다 그런 분들을 초대해서 격의 없이 어울리며 즐거운 시간을 많이 보냈습니다. 그런 시간을 통해서 저는 철학이나 다른 학문을 통해서는 결코 배울 수 없는 지식과 통찰을 얻을 수 있었습니다.

예컨대 저는 우리 동네 아주머니들과의 대화를 통해 요리에 대해 매우 높은 수준의 식견을 지닐 수 있었습니다. 누군가 저를 두고 이렇게 말했다고 하더군요. "칸트는 아마도 요리에 관한 철학 책도 쓸 수 있을 것이다." 옳은 말씀입니다. 요리라는 것이 우리 삶에서 매우 중요한 것이고 또 그것에 대해 근본적이고 비판적으로 생각해 보아야겠다는 결심이 서기만 했다면, 저는 기꺼이 '순수요리비판'이라는 책을 썼을 것입니다.

하지만 요리만큼이나, 또 어떤 의미에서는 요리보다는 좀 더 중요한 문제들이 세상에는 참 많습니다. 그래서 저는 아쉽지만 요리를 주제로 한 철학 책을 집필하지 않았습니다. 철학이 뭐 별거겠습니까? 일상적인 것, 당연시되는 것들에 대해서도 그냥 넘어가지 않고 그 근본에서부터 요모조모 차근차근 따져 생각해 보는 것에서부터 철학이 시작되는 것 아니겠습니까?

여하튼 여러분과 이렇게 만나 뵙게 되어 정말 반갑습니다. 제 책과 철학을 두고서 '정말 어렵다, 너무 난해하다', 이런 말들이 많은 모양인데 걱정하지 마십시오. 제 철학이 어렵다는 말은 사실 제 책과 철학을 연구해서 벌어먹어야 하는 사람들의 푸념에 불과한지도 모릅니다. 물론 저 때문에 먹고사는 사람들이 있다는 게 나쁜 일이라고 생각하지는 않지만 말입니다.

철학 교수들에게 철학 이야기를 한다는 것이 얼마나 어려운 일인 줄 아십니까? 철학을 위해 고안된 딱딱하고 어려운 개념을 써서 이야기한다는 것은 저로서도 무척 버겁고 부자연스러운 일이었습니다. 그런 부자연스러움에서 벗어나서 저는 여러분에게 가능한 한 일상 속에서 널리 쓰이는 말들을 가지고 제 삶과 생각을 소개하려 합니다. 부득이하게 다소 어려운 말이 나오더라도 양해해 주십시오. 오래된 버릇이라는 게 결코 갑자기 쉽게 고쳐지지 않는다는 것을 여러분도 잘 아시겠지요.

저는 정말 어지러운 시대를 살았습니다. 7년 전쟁, 프랑스 혁명, 그리고 나폴레옹의 광풍이 불어오던 때였으니까요. 하지만 저는 그런 폭풍우 한가운데에서도 잘 견디어 나갔습니다. 사실 저는 매우 작고 보잘것없는 사람이었기에 바람은 저를 땅바닥으로 밀어 버리지 않고 그냥 지나갔습니다. 저는 기껏해야 160센티미터가 될까 말까 한 키에 어린아이 같은 몸집을 한 사람이었습니다. 하지만 남들은 저를 가리켜서 19세기에 '가장 우뚝 솟은 지성'이라고 부르더군요. 하지만 제가 살던 곳의 제 이웃들에게 저는 '살아 있는 시계'였습니다.

매일 오후 정해진 시간에 저는 쾨니히스베르크의 참피나무 아래로 난 길을 따라 산책을 했습니다. 그러면 제 이웃들은 "저기 우리의 살아 있는 시계가 지나간다"고 말하면서 각자의 시계를 정확히 3시 30분에 맞추었습니다. 그 시간이 바로 매일 제가 참피나무 거리에 발을 들여놓는 시간이었던 것입니다. 제 이웃들은 이 조그마한 노총각이 시계처럼 정확하게 일과를 보낸다는 것을 알았을 것입니다. 하지만 그들 중 누구도 제가 이 우주라는 거대한 시계의 얼개를 알기 위해 애썼다는 것은 몰랐을 것입니다. 나중에 자세히 말씀드리겠지만 그 시계의 얼개를 알 수 있는 실마리는 모두 우리 마음 안에 갖추어져 있습니다.

그런데 어느 날 저는 그만 우리 이웃들에게 못할 짓을 해 버리고야 말 았습니다. 산책을 빼먹어 버린 것이죠. 이웃들은 무척 당혹스러웠다고 하 더군요. 무언가 엄청난 일이 저에게 일어난 줄 알았다고 합니다. 하지만 그 엄청난 일이란 한 권의 책을 읽는 일이었습니다. 그 책은 루소의 『에 밀』이었습니다. 저는 산책하는 것도 잊어버린 채 여러 날 동안 그 책을 읽 고 또 읽었습니다. 저는 루소가 불신과 무지의 어둠을 뚫고 용감하게 싸 우는 모습에 깊이 감동했습니다.

사실 그와 나는 같은 목표를 지니고 있었지만 그것을 이루기 위한 길 이 달랐을 뿐입니다. 루소가 자신의 감수성을 통하여 신을 발견하고자 했다면 저는 이성(理性)을 통해서 찾고자 했습니다. 그런데 『에밀』이라는 작품에서, 가슴으로 철학하는 루소의 외침이 머리로 철학하는 저의 가 슴속 깊이 파고들었던 것입니다. 그는 제가 독창적인 철학을 해 나아갈 수 있는 기초를 다질 수 있게 도와 주었습니다.

그가 삶을 이야기하는 사뭇 신비롭기까지 한 말들은 사고로써만이 아 니라 느낌으로써 완전히 이해할 수 있었기 때문입니다. 제가 『에밀』을 탐 독한 후 산책을 다시 시작했을 때, 아마도 제 이웃들은 저에게서 예전과 다른 그 어떤 점도 발견할 수 없었을 것입니다. 꾸부정하고 좁은 어깨, 보 일 듯 말 듯한 미소, 날카롭게 반짝이는 작은 두 눈, 시계의 똑딱거림과 비슷한 소리를 내며 도로를 두드리는 회색의 낡은 지팡이, 이 모든 것이 예전과 같았으니까요.

하지만 시인 하이네(Heinrich Heine) 선생만은 저의 그런 단조로운 일 상과 그 안에 숨긴 제 생각의 거대한 폭풍, 그 대비를 잘 꿰뚫어 보시더군

요. 하이네 선생은 저를 두고 이렇게 말했지요. "그러나 칸트라는 사람의 겉으로 보이는 일상적인 삶과, 세계를 뒤흔드는 사상 사이의 이 날카로운 대비를 보라! 만일 쾨니히스베르크 시민이 그의 생각의 본모습과 위대성을 조금이라도 짐작했더라면, 그들은 자기 도시의 사형 집행인보다도 칸트가 자기 도시에 살고 있다는 사실에서 훨씬 더 깊은 두려움을 느꼈을 것이다."

사실 사형 집행인은 사람의 목숨을 앗아갈 뿐이지요. 하지만 저의 철학은 전통적인 신의 이미지를 송두리째 뒤흔들 뿐더러 군주에 대한 무조건적인 복종마저도 파괴시켜 버리는 것이라고 할 수 있습니다. 이 때문에 하이네 선생의 저에 대한 언급은 대체로 옳은 것이라 인정하지 않을 수 없군요.

제 조상은 본래 스코틀랜드에서 독일로 이주해 온 사람이었습니다. 그리고 저의 부모님은 가난하셨지만 정말 깊은 신앙심을 지닌 분들이었습니다. 아버지는 가죽 수공 일을 하셨습니다. 가끔 그분은 당신의 가죽 수공제품들을 우리 열한 명의 자식에게 사용하시기도 했답니다. 왜 이런 말이 있지 않습니까? "매를 들어 어린 자식 놈을 징벌하기를 주저하지 마라! 주저하면 애들 다 버린다." 아버지는 비교적 충실히 이 말을 따르셨습니다. 어머니도 정말 엄격하고 신앙심이 깊은 분이셨습니다.

학교생활도 가정생활과 마찬가지로 엄격한 기독교의 교리와 의례들에 흠뻑 젖어 있었습니다. 심지어 저의 선생님 중에는 이렇게 말씀하시는 분도 계셨습니다. "나는 한 영혼을 구원하기 위해 기꺼이 수백 명의 학자를 희생시킬 수 있다." 저는 이러한 어린 시절의 가정 환경과 학교의 경건하고 엄격한 분위기에 숨이 막힐 지경이었습니다.

젊은 사람들은 어느 곳 어느 시대에서나 조금씩 그런 법이 아니던가요? 반항적이고, 어른들이 절대시하며 자신들에게 강요하는 가치관에 반발하고, 회의와 의문에 휩싸이기도 하고……. 저라고 다르겠습니까? 여하튼 저는 어른이 된 이후로는 교회에 나가지 않았습니다. 어머님께는 무척 죄송한 일이지만 말입니다. 하지만 그러면서도 저는 평생 인간적인 것 이상의 그 어떤 고귀하고 신성한 것을 향한 갈망을 지니고 있었습니다. 역시 자식에 대한 어머니의 감화력과 어릴 적의 교육은 일생을 좌우하나 봅니다.

이제 제 철학에 대해 슬슬 이야기해 볼까 합니다. 먼저 제 나름의 독창적인 생각을 말씀드리기 전에 제가 문제 삼았으며 또 제가 영향을 받은 것들에 대해 말씀드려 볼까 합니다. 제 생각의 뿌리라고나 할까요. 저는 젊었을 때 존 로크와 데이비드 흄(David Hume)이라는 철학자들의 책을 주의 깊게 읽었습니다. 그리고 그들 모두에게서 무언가 부족한 점을 발견할 수 있었습니다.

먼저 로크 선생은 사람의 마음은 태어날 때부터 하얀 종이와 같아서 우리가 아는 모든 것들은 경험을 통해서 알 수 있게 된다고 합니다. 그러나 저는 로크 선생에게 이런 질문을 던지고 싶더군요. 만일 그렇다면 옳은 것, 정의로운 것이 그른 것이나 맹목적인 힘보다도 더 우월하다는, 우리 인간이 지닌 거의 본성적인 관념과 의식을 어떻게 설명할 수 있을까요?

사실 우리가 살아가면서 겪는 많은 일에서 악의 힘이 정의나 선을 눌러 이기곤 합니다. 하지만 그럼에도 우리는 선한 쪽, 정의로운 길을 택해야 한다고 생각하며 또 그렇게 행동합니다. 적어도 '경험적으로는' 이런 생각과 행동을 제대로 설명해 내기 어려운 일이지요. 결국 저는 로크 선생이 인간의 삶의 실천적인 의미를 제대로 파악하고 설명하는 데 실패했다고 생각합니다.

흄 씨도 실패하기는 마찬가지입니다. 그는 로크 선생보다 더 나아가 인간의 마음은 하얀 종이와 같은 것조차 아니라고 말합니다. 마음은 매 순간 우리가 관찰하고 생각하는 것들을 일컫는 아주 모호한 이름일 뿐이라는 겁니다. 도무지 마음이라 부를 만한 그 무엇 자체가 없다는 것 아닙니까? 달리 말하면 마음은 순간적인 영상일 뿐이며 사물들도 마음의 신기루에 불과한 겁니다. 흄 씨의 의견대로라면 이 세상은 일종의 꿈에 불과한 게 아닐까요? 이성의 자리에 느낌을 가져다 놓으려 한 루소의 시도를 접하기 전까지는 저도 로크 선생이나 흄 씨의 의견에 솔깃한 적이 있습니다만, 루소의 시도를 접한 저는 이성과 느낌에 각각 합당한 자리를 마련해 주기 위해 노력할 힘을 얻었습니다.

제 외적인 삶에는 아무 변화가 없었습니다. 대학에서도 승진하기 위해 15년간 노력해 보았지만 성공하지 못했습니다. 사실 저는 보통의 교수들과는 다른 방식으로 강의했습니다. 저는 보통 수준의 평범한 능력을 갖춘 학생에게 최대한 주의를 기울여 가르쳤습니다. 뛰어난 학생들은 스스로 알아서 잘 해 낼 것이며, 아주 어리석은 학생은 어떤 도움도 소용이 없는 경우가 많기 때문입니다. 결국 저는 보통 수준의 학생을 위한 보통 수준의 선생일 뿐이었습니다. 그러다 보니 겨우 교수가 된 다음에도 저에게 기대를 거는 이가 아무도 없었습니다. 저는 그때 이미 쉰여섯 살이었거든요. 저는 별다른 친절을 보여 주지 않는 철학이라는 임을 수줍게 짝사랑하는 사람이었습니다.

더구나 보통 수준의 학생들에게 맞춰 강의한다고는 해도, 많은 학생들은 저에 대해 이렇게 말하곤 했습니다. '칸트 교수는 우리를 돛도 없는 배에 태워 해안선 없는 망망대해로 데려 간다.' 사실 저의 관심사와 연구 주제는 보통 학생들의, 아니 당시 모든 철학자의 관심사와 연구 주제를 뛰어넘어 있었던 겁니다. 저 자신도 제 작은 머리에서 새롭고 놀라운 생각의 불꽃이 터져 나올 줄 미처 몰랐습니다. 그 불꽃은 57세 때『순수이성비판』이라는 책으로 터져 나왔습니다.

『순수이성비판』이라는 제목이 어렵다고요? 풀어 설명하자면 '우리의 감각 경험에서 독립되어 기능하는 이성에 대한 비판적인 분석' 정도가 될까요? 제목부터 그렇지만 사실 이 책은 어렵습니다. 저는 이 책의 원고를 친구이자 학자인 헤르츠에게 보냈지만 그 친구는 원고를 다 읽지 않고 돌려보내며 이렇게 편지에 적어 놓았더군요. '내가 그걸 계속 읽어 나가다가는 미쳐 버리지나 않을지 두렵다네.'

그러나 너무 겁먹지는 마세요. 뉴턴밖에 모르던 저에 비하면 여러분은 아인슈타인까지 알고 있으니 말입니다. 제 철학은 이미 말한 대로 로크 선생과 흄 씨에 대한 도전으로 시작합니다. 우리의 지식이 전적으로 감각 경험을 통해서만 얻어지는 건 아닙니다. 우리의 마음이 순전히 인상들의 다발로 이루어진 것도 아닙니다. 듣고, 보고, 만지고, 냄새 맡고 하는 감각 경험에 의존하지 않는 지식과 마음이 분명 존재합니다. 나는 그런 것을 '선험적(apriori)'이라고 부릅니다. '우리의 경험에 앞서 있다' 혹은 '우리의 경험과는 상관없이 독립하여'라는 뜻입니다. 감각 경험과 상관없는 선험적인 지식의 예는 수학에서 찾을 수 있습니다. 우리가 듣고 보고 느끼는 게 어떻든 2에 2를 더하면 4가 됩니다.

감각 경험 바깥에 지식이 없다는 로크의 주장도, 이 세계 안에 그 어떤 확실성도 없다는 흄의 주장도 틀렸습니다. 마음은 단순히 감각 기관을 통해 자료를 긁어모으는 수집가가 아니며, 그런 수집 활동을 감독하고 통제하는 연출가에 가깝습니다. 마구 흩어져 혼란스러운 순간순간의 경험들을 보다 체계화된 지식으로, 그리고 개별적인 감각 경험을 보편적인 지식으로 바꾸어 줍니다. 사람의 지혜란 무언가를 체계화, 종합화, 보편화시켜 내는 게 아니겠습니까? 바보와 셰익스피어는 같은 세계를 바라보고 살지만, 셰익스피어는 보고 들은 것을 의미 있고 아름다운 이야기로 엮어 내지 않습니까?

감각 경험은 겉모양의 세계만 알려 줍니다. 겉모양의 세계는 어지럽게 흩어져 있는 벽돌 무더기에 견줄 수 있습니다. 또한 철, 유리, 나무, 돌 따위가 바닥에 어지럽게 널려 있는 것과 비슷합니다. 그러나 겉모양이 아닌 실재의 세계는 그런 자재들을 아름다운 구조물로 만들어 낸 것, 즉 완성된 건축물과 비슷합니다. 마음은 잡다한 자재들로 아름다운 건축물의 설계도나 조감도를 지어 내는 능력을 지니고 있습니다.

그러나 우리는 여전히 부분적으로는 장님으로 남을 수밖에 없습니다. 실재의 정확한 모습을 완전히 알아 낼 수는 없습니다. 감각 경험과 상관없는 실재 그 자체로서의 세계가 어떤 것인지는 도무지 알 수 없는 일입니다. 우리는 다만 세계를 인식하는 마음의 틀과 구실을 알 수 있을 뿐입니다. 그러면 세계는 어떻게 존재하게 되었을까요? 어떤 초월적인 실재, 이를테면 신이 창조한 걸까요? 저의 대답은 간단하면서도 단호합니다. 적어도 이성에 의해서는 그런 종류의 질문에 답할 수 없다는 겁니다.

대신 다른 방식의 대답이 가능하지 않을까요? 세계를 인식하는 이성과는 또 다른 방식의 대답 말입니다. 그 방식은 일종의 느낌과 비슷합니다. 이를테면 올바름, 정의에 대한 느낌 같은 것 말이지요. 이런 고민 끝에 제가 쓴 책이 바로 『실천이성비판』입니다. 도덕의 원리는 수학의 원리와 마찬가지로 거의 타고난 것이나 마찬가지입니다. 그것은 감각 경험과 독립적이며, 그에 앞서 있는 것입니다.

선한 행동이란 내부에서 우러나오는 절대적인 명령입니다. 밤하늘의 별들이 각자의 궤도를 어김없이 지키며 도는 걸 보십시오. 별이 총총 빛나는 밤하늘이 우리 머리 위에 있는 것처럼, 우리 마음속에는 도덕 법칙이 있습니다. 별이 움직이는 자연의 법칙은 이성으로, 의무를 행하기 위한 도덕 법칙은 느낌으로 알 수 있습니다. 자연법칙이든 도덕 법칙이든 보편적인 것입니다. 나의 행위 규칙은 다른 모든 인간들의 행위에서도 마찬가지여야 합니다. 물이 섭씨 0도에서 어는 것과 사람을 죽이지 말라는 명령은 보편적인 법칙입니다.

약속을 어기고 싶습니까? 하지만 보편적인 도덕 법칙을 당신에게 일깨워주는 양심이 가만히 있을까요? 양심이야말로 틀림이 없는 우리 행위의 안내자입니다. 양심은 정직한 것이 우리에게 이득을 가져다줄 때만 정직하라고 말하지 않습니다. 그보다는 정직이란 그 어떤 상황에서도 지켜야 하는 최선의 것이라고 말합니다.

만일 우리가 옳은 것과 그른 것 중에서 어느 하나를 택할 수 있는 자유를 느끼지 못한다면, 올바르게 행동해야 한다는 의무감은 무의미할 것입니다. 언제나 교통 신호를 지키게 만들어진 로봇에게 과연 우리가 도덕성이나 의무감이라는 말을 쓸 수 있을까요? 물론 우리의 의지가 자유롭다는 건 경험에서 주어지는 지식이 아닙니다. 우리는 올바른 것에 대한 본성적인 느낌을 갖고 있습니다. 그리고 그것을 찾으려는 본성적인 욕구도 갖고 있습니다. 또한 그것을 따를 수 있는 본성적인 능력도 지니고 있습니다. 다시 말해서 우리는 태어날 때부터 자유롭습니다.

우리의 의지가 자유로울 뿐더러 영혼도 불멸합니다. 현실에서는 진리와 정의가 허위와 불의에 무릎 꿇는 일이 많지요? 지상의 삶에서는 도덕과 양심을 지킨 것에 대한 보상이 좀처럼 이루어지지 않습니다. 그러나 영혼의 불멸은 우리가 세상을 떠난 다음에 선과 정의가 반드시 보상받는다는 해피엔딩을 보장해 줍니다. 신의 존재도 마찬가지 맥락에서 생각해 볼 수 있습니다. 도덕과 양심이 영혼의 불멸을 요청한다면, 신의 존재도 요청합니다. 해피엔딩을 연출하는 궁극적인 연출자가 바로 신입니다.

저는 신을 발견할 수 없었지만(사실 많은 철학자들이 머리로 신을 찾으려 노력했습니다), 가슴으로는 찾을 수 있었습니다. 여기에서 시인 하이네가 저에 관해 한 말을 한번 들어 볼까요? 시인이어서 그런지 하이네 씨는 제 머리보다는 가슴을 더 잘 꿰뚫어 보는 것 같습니다.

"칸트는 늙은 종 람페를 위해 신을 만들어 냈다. 칸트는 낡은 생각을 단칼에 베어 버리는 냉혹한 검객이었다. 일말의 동정심도, 따뜻한 친절도 없는 칸트의 칼날 아래 모든 낡은 것들이 무너져 내렸다. 현재의 고난에 대한 미래의 보상도, 영혼의 불멸성도 칸트가 물리쳐야 할 적들이었다. 이제 그 둘도 칸트의 칼 아래 쓰러져 신음하며 죽어갈 참이었다.

그런데 검객 칸트의 곁에는 늙은 종 람페가 슬픈 얼굴을 하며 서 있었다. 지상에서 겪은 고통에 얼굴이 일그러지고, 슬픈 눈물이 두 뺨을 타고 내리는 그런 모습으로 말이다. 칸트는 그 모습을 보고 동정심이 일기 시작했다. 철학자로서의 자신이 아니라 착한 인간으로서의 자신을 느끼기 시작한 것이다. 그는 생각했다. '늙은 종 람페에게는 신이 있어야 한다. 그렇지 않다면 그는 그 어떤 다른 것으로도 행복해질 수 없다. 죽은 뒤의 행복마저 보장받지 못한 이 늙은 종의 삶이란 그 얼마나 비참한가. 이 지상의 불쌍한 모든 이들에게는 결국 신이 있어야 한다. 영혼의 불멸에 대려 했던 칼날을 거두리라. 우리의 실천적인 상식이 그걸 요구하고 있지 않은가! 좋다. 그렇다면 실천이성이 영혼의 불멸과 신의 존재를 보증하도록 하자.'"

하이네 씨는 람페에 대한 동정심이 저로 하여금 신의 존재와 영혼의 불멸을 얘기하도록 만들었다고 본 겁니다. 하지만 그 동정심은 람페만을 향한 게 아니었습니다. 모든 인간을 향한 연민과 동정이었지요. 불의와 악이 판을 치는 이 세상에서, 정의와 선을 세우는 어떤 섭리가 없다면 그 얼마나 슬플까요? 가슴으로 느끼는 게 머리로 추론하는 것보다 더 나은 길잡이가 될 때도 많습니다. 프랑스 철학자 파스칼(Blaise Pascal)의 말을 빌리면, 가슴은 머리로는 결코 이해할 수 없는 것들을 나름의 방식으로 아는 힘을 가지고 있습니다.

저는 69세 때 머리와 가슴으로 철학하기를 그만두었습니다. 이제 편히 쉬면서 평화로운 노년을 보내고 싶었기 때문이지요. 하지만 저는 그런 소박한 소망도 이룰 수 없었습니다. 이성에 기초를 두고서 제 시대의 일반적인 종교 전통을 거부한 저에게 비난이 쏟아지기 시작한 겁니다. 더구나 기독교의 전통적인 교리보다도 도덕적인 의무를 강조하는 저의 입장은 그런 비난을 더욱 증폭시켰습니다.

심지어 전 유럽의 바리새인들, 그러니까 종교의 본질과 그 참 정신을 망각하고 맹목적으로 교리나 예식, 율법 따위를 지키는 데만 관심을 기울이는 사람들은 심지어 저를 개라고 불렀답니다. 덕분에 당시 유럽에서 교회를 좀 열심히 다닌다 싶은 집의 개 이름 중에는 단연 '칸트'라는 이름이 인기였지요. 저야 괜찮습니다만 혹시 제 이름이 붙여진 까닭에 두들겨 맞거나 밥도 제대로 못 얻어먹는 불쌍한 개는 없었는지 염려됩니다.

여하튼 저는 조국의 종교적인 전통과 관행의 오류나 부적절성을 지적하면서 제 입장을 계속 고수했습니다. 사실 예수는 하느님의 나라를 지상 가까이로 끌어다 놓으셨지만, 인간이 예수를 오해하고 왜곡한 것이 아닐까요? 그래서 결국 하느님의 나라 대신에 성직자의 나라가 세워진 것은 아닐까요? 종교(religion)라는 말은 본래 서로의 마음과 마음을 이어준다는 뜻을 지닙니다. 그러나 친절과 우애는커녕 교리가 다르다는 이유로, 종교적 신념이 다르다는 이유로 서로 갈라서고 다투게 되었으니 어찌 된 일일까요?

저는 제 시대의 신앙은 하늘을 다스리는 자의 호의를 구하고자 빌붙어 아첨하여 무언가 이득을 취해 보려는 일, 그러니까 일종의 하늘나라의 궁정 업무처럼 되어 버렸다고 보았습니다. 그런데 조국 프러시아의 왕인 프리드리히 빌헬름은 저의 입장을 반역적이라고 판단했던 모양입니다. 하늘의 통치자뿐만 아니라 지상의 통치자인 자신에 대한 비판까지 포함하고 있다고 생각한 거지요. 결국 그는 프러시아에서 그와 같은 모든 '불온한' 가르침을 강의하고 말하는 것을 금지했습니다. 그런데 마침 저는 종교에 관한 또 하나의 비판적인 글을 막 완성하던 참이었어요. 그 글은 프리드리히 왕의 명령으로 잡지에 실리지 못했습니다.

하지만 왕은 이미 70줄에 들어선 이 반역적인(?) 작은 노인을 너무 얕잡아보신 듯합니다. 저는 그 글을 예나에 있는 친구에게 보냈습니다. 당시 예나는 프러시아의 관할권에서 벗어나 있었거든요. 물론 그곳에서 그 글을 출판해 달라는 요청도 잊지 않았습니다. 결국 출판이 이루어졌고, 프리드리히 왕은 단단히 화가 나서 제게 이렇게 편지를 보냈습니다.

"짐은 나의 신민인 그대가 그대의 철학을 오용하여 성서와 기독교의 가장 중요하고 근본적인 교리와 신조들을 손상하는 것을 보고, 매우 불쾌한 마음 금할 길 없도다. 그대에게 명하노니 앞으로는 부디 그런 일로 내 심기를 건드리지 마라. 만일 그대가 나의 명을 계속 어긴다면, 그대는 불유쾌한 결과를 감수해야 할 것이다."

정말 왕으로서의 품위를 한껏 과시한 협박 편지지요? 하지만 저는 이미 종교에 대해서 할 말은 다 해 버렸는걸요. 왕은 뒷북을 친 겁니다. 하지만 왕의 편지에도 나와 있듯이 그의 신민인 제가 답장을 보내지 않을 수는 없었습니다. 그래서 저도 신민으로서의 예의를 지키면서 약간은 비꼬는 투의 답장을 보냈습니다.

"폐하, 저는 제가 지금까지 이미 말해 왔던 것 이상의 것은 앞으로 결코 추가시켜 말하지 않겠습니다."

　제 인생을 돌이켜보면 스스로 생각해도 의아한 점이 하나 있답니다. 많은 사람이 젊었을 때는 진보적인 성향을 보이다가도 나이가 들면서 보수적으로 변하지 않습니까? 그런데 저는 반대의 과정을 밟았거든요. 저는 젊어서는 순종적인 보수주의자였지만, 나이가 들어가면서 열정적인 진보주의자가 되었습니다. 이를테면 프랑스 혁명이 일어났을 때 전 유럽의 대학교수들은 기존의 군주제에 충성을 다한다는 일종의 서약을 했습니다. 그러나 저는 70세가 다 된 그때 마치 20세 청년처럼 눈물을 흘리며 혁명을 환영했지요.

　제가 71세에 쓴 『영구 평화를 위하여』이라는 책은 자유 국가들의 국제적인 연맹을 호소하는 내용을 담고 있습니다. 특히 그 연맹은 전쟁을 금지하는 조약에 의해 결정됩니다. 그 책에서 저는 이렇게 불평을 늘어놓았답니다.

　"오늘날 우리의 통치자들은 공공의 교육에 사용할 돈은 한 푼도 없는 듯하다. 그들이 사용할 수 있는 모든 재화와 자원은 모조리 다음번 전쟁을 치르기 위해 준비되어 있기 때문이다."

　여러분이 살고 있는 시대에도 이런 문제가 여전한가요? 그렇다면 유감이군요. 인간의 이성이 제가 살던 시대에서 그다지 진보한 것 같지 않으니 말입니다. 저는 군비 축소에서 한 걸음 더 나아가 모든 군사력의 해체를 호소했답니다. 군사력이 유지되는 한 결국 모든 나라는 다른 나라들보다 강한 군사력을 가지려 할 것이기 때문이지요. 그건 불필요한 낭비일뿐더러 국민을 곤궁에 빠뜨리는 지름길입니다.

정부의 구실은 종교의 구실과 비슷합니다. 정부도 모든 국민을 하나의 절대적 인격체로 존중해야 하기 때문입니다. 그리고 모든 사람을 세계 평화의 공동체로 묶어 주는 일을 해야 하기 때문입니다. 이야말로 신의 섭리 아래 모든 인류가 다 함께 지향해야 할 목표입니다. 그러면 왜 우리는 우리의 인도자로 신을 필요로 할까요? 그런 인도자만이 우리들 각자의 다양한 목표들을 조화시킬 수 있기 때문입니다. 자꾸만 어머님의 모습이 떠오릅니다. 궁한 살림에 열한 명이나 되는 자식들을 길러 내시면서도 늘 올바른 길로 걸어갈 것을 당부하신 나의 어머니가 말입니다. 어쩌면 저는 어머니의 영향 때문에 그토록 신을 필요로 하고 있는지도 모릅니다.

　어떻습니까? 제 얘기가 너무 어려웠나요? 혹 그럴지도 모르겠습니다. 짧은 편지 한 통에 제 삶과 생각을 모두 담으려다 보니 말입니다. 서점에서 저에 관한 책을 사서 읽어 보시는 것도 좋지만, 정말로 저를 알고 싶다면 '느껴보는 게' 지름길입니다. 여러분이 머리로 알기 힘든 것들은 대개 가슴으로 느낀다면 더 쉽게 알 수 있습니다. 열린 가슴으로 여러분 자신과 주위 사람들, 그리고 밤하늘의 별을 쳐다보세요. 그러면 저와도 가슴으로 만날 수 있을 겁니다. 이제 저는 좀 쉬어야 할 것 같습니다. 늘 평안하기를!

　쾨니히스베르크에서 임마누엘 칸트로부터.

3
자본·국가·
소유·과학,
이 잘못되기
쉬운

　과학혁명(17세기), 산업혁명(18세기 중반~19세기 초), 미국 독립 혁명(독립선언 1776), 프랑스혁명(1789), 그리고 러시아혁명(1917). 미국 독립 혁명부터 러시아혁명에 이르는 140여 년은 격변, 소용돌이, 질주 등의 말로 형용할 수밖에 없다. 한 세기 반에 걸친 이 시기의 변화에 오늘날, 이른바 현대라 불리는 시대의 인류와 세계의 문제 대부분이 뿌리내리고 있다.

　영국의 애덤 스미스(1723~1790), 독일의 카를 마르크스(1818~1883), 미국의 헨리 데이비드 소로(1817~1862), 러시아의 크로폿킨(1842~1921). 이들은 '문제의 뿌리'가 만들어지는 현장에서 살았다. 강철 같은 자본의 원리와 논리, 국가라는 '괴물'의 정체, 소유를 벗어난 삶의 가능성 등을 붙잡아 씨름했다. 야스퍼스, 포퍼, 프롬의 지적 노력은 그러한 씨름과 맞닿아 있다. 그들은 자본, 국가, 소유, 그리고 그 기반이라 할 과학에 갇힌 삶의 조건에 대해 비판적으로 되물었다. 인간의 행복을 위한 내면적이고 주체적인 조건과 사회적이고 구조적인 조건을 밝히고자 했다.

인간의
두 가지 진실
애덤 스미스

Adam Smith, 1723~1790

영국의 정치경제학자이자 철학자로 고전 경제학을 최초로 이론화하여
경제학의 아버지로 불린다. 14세에 글래스고 대학에 입학하여 도덕
철학을 공부하였고, 옥스퍼드 대학에서 장학생으로 수학하였다.
1751년 글래스고 대학의 교수가 된 후『도덕 감정론』을 펴내 전
유럽에서 명성을 떨쳤다. 헨리 스콧의 개인 교사직을 제의받고
교수직에서 사임한 뒤에는 그와 유럽을 여행하면서 볼테르, 벤
자민 프랭클린, 케네 등을 만나 교류하였다. 귀국 후 1776년 소극
적인 국가와 자유 경쟁을 주장하는『국부론』을 저술하여 오늘날까
지 영향력을 미치고 있다.

옳고 그름에 대한 최초의 지각이 이성에서 유래한다는 가정은 전적으로 부조리하고 이해할 수 없다. 그런 최초의 지각은 이성의 대상이 아니며 어디까지나 감각과 느낌의 대상이다. 다만 이성은 어떤 대상이 본래부터 유쾌하거나 불유쾌한 성질을 가진 다른 대상을 획득하는 수단임을 보여 줄 수는 있다. 그런 식으로 이성은 어떤 대상을 다른 대상과의 관련 하에서 유쾌하거나 불유쾌한 것으로 만들 수는 있겠지만, 직접적인 감각과 느낌이 아니고서는 그 어떤 것도 그 자체로 유쾌하거나 불유쾌할 수는 없다.

— 애덤 스미스, 『도덕 감정론』 중에서

나 애덤 스미스는 1723년 스코틀랜드 파이프 주의 커콜디에서 아버지 애덤 스미스(이름이 같다)와 어머니 마거릿 더글러스 사이에서 태어났다. 커콜디는 주민이 약 1천 5백 명 정도 되는 곳으로 교역, 어업, 염전, 탄광 등이 주민들의 생계 수단이었다. 나의 아버지는 법률가이자 관리였고 상처하신 뒤 1720년에 새로 얻은 아내가 바로 나의 어머니였다. 아버지는 내가 태어나기 6개월 전 세상을 떠나셨다.

나는 나의 어린 시절에 관해 다른 사람들에게 말하는 것을 무척 꺼린다. 네 살 무렵 떠돌이 집시들에게 납치당했다가 구출된 적이 있다는 것, 심한 복통에 계속 시달리는 등 건강이 좋지 않았다는 것, 어머니와의 관계가 매우 친밀했다는 것 정도만을 밝히고 싶다. 나는 1729년부터 1737년까지 당시 스코틀랜드에서 가장 좋은 초급 학교 가운데 하나인 커콜디 시립 학교를 다녔다. 내가 태어난 해에 시 의회가 설립한 학교였다.

커콜디 시립 학교를 마치고 열네 살 때 글래스고 대학에 입학한 나는 주로 도덕철학을 공부했다. 당시 글래스고 대학의 학제는 5년제로 1, 2학년 때는 라틴어와 희랍어를 주로 공부해야 했지만 나는 이미 커콜디 시립 학교에서 고전어를 충분히 익혔기 때문에 입학하면서 3학년부터 시작할 수 있었다. 글래스고 대학은 비록 교수 10여 명에 학생 4백여 명 규모였지만, 인간 이성(理性)의 가능성을 신뢰하며 낡은 관념과 무지를 타파하려는 계몽사상으로 충만한 곳이었다. 과학 정신, 비판 정신, 자유정신의 분위기 속에 나는 드넓은 지식의 바다로 항해를 시작했다.

글래스고 대학에서 나에게 가장 큰 영향을 미친 인물은 프랜시스 허치슨(Francis Hutcheson) 교수였다. 그는 라틴어가 아니라 영어로 강의하는 파격, 오랜 학문 관행을 무너뜨린 파격으로 대학 사회에 충격을 주었다. 그는 신을 알기 전에도, 심지어 신을 알지 못하더라도 인간은 선과 악을 판단할 수 있다고 주장함으로써 교회의 비판을 받았다. 이단으로 지목되면서도 허치슨 교수는 자신의 신념을 굽히지 않았고 학생들도 그런 허치슨 교수에 동조했다.

여러 가지로 유익했던 글래스고 대학을 졸업하고 나는 1740년 장학금을 받아 옥스퍼드 벨리올 칼리지에 입학했다. 그러나 나는 옥스퍼드에 실망했다. 교수들의 열의와 수준, 학문적 개방성에서 글래스고 대학에 못 미쳤던 것이다. 교수들은 강의 시간에 나타나지 않기 일쑤였고 결국 학생들은 자습할 수밖에 없었다. 옥스퍼드와 케임브리지의 교수들은 자신들의 능력과 상관없이 수입을 보장받고 있었다. 더구나 대학 당국은 매우 보수적이었다. 예컨대 나는 데이비드 흄의 『인성론』을 읽다가 기숙사 사감에게 들켜서 책을 압수당하고 처벌받은 적이 있었다. 신의 존재를 인정하지 않는 내용을 담고 있다는 이유로 금서(禁書)로 지정되어 있었던 것이다. 스코틀랜드 출신 학생에 대한 은근한 차별이 대학 당국은 물론 학생들 사이에서도 존재했다.

1746년 나는 학위를 마치지 않고 옥스퍼드를 떠났다. 옥스퍼드가 내게 준 유익한 것이 있다면 그것은 바로 옥스퍼드의 뛰어난 도서관일 것이다. 나는 그곳에서 로마와 그리스 고전은 물론 여러 나라의 다양한 문헌을 마음껏 읽을 수 있었다. 고향으로 돌아온 나는 2년간 홀로 연구하며 대학교수가 되어 학자로 성공할 길을 찾았지만 쉽지 않았다.

당시 대학교수가 되는 유력한 길은 일단 명문가의 개인 교사가 되는 것이었지만, 나는 사교성이 워낙 모자라는 데다가 단순한 건망증 수준을 한참 뛰어넘는 심각한 방심(放心) 증상 탓에 뜻을 이루기 어려웠다. 말하기 부끄럽지만 나는 새벽에 잠에서 깬 뒤 잠옷만 입고 밖으로 나와 멍한 상태에서 한참을 걸어가다가 교회 종소리를 듣고 겨우 정신을 차리기도 했다. 공장을 방문했을 때 동행한 사람에게 무역에 관해 열심히 설명하다가 오물통에 빠진 적도 있었다.

길은 의외의 곳에서 열렸다. 1748년부터 에든버러에서 에든버러 철학협회가 주관하는 공개 강연을 맡게 된 것이다. 스코틀랜드의 정치, 문화, 학술 중심지인 에든버러에서 나는 수사학, 도덕철학, 문학사, 부(富)의 발전 등 다양한 주제들로 강연하면서 제법 큰 인기를 끌었다. 에든버러에서 내가 거둔 가장 큰 수확, 의미심장한 일은 1750년 데이비드 흄과 만난 일이었다. 열 살 이상의 나이 차가 나는 사이였지만 우리는 역사, 정치, 철학, 경제, 종교 등 다방면에서 지적으로 교유하면서 깊고 오랜 우정을 쌓아 나갔다.

학문적 사회생활의 길을 열어 준 에든버러 시절을 뒤로하고 나는 1751년 모교인 글래스고 대학의 논리학 담당 교수가 되었고, 이듬해에는 도덕철학 담당 교수가 되었다. 은사인 허치슨 교수는 여러 해 전에 세상을 떠난 상태였다. 글래스고 대학의 지적 풍토가 상대적으로 자유롭다고는 해도 내가 데이비드 흄과 절친한 사이라는 점, 의무나 다름없었던 예배 참석을 하지 않는다는 점, 강의 시작 전에 기도해야 하는 학칙을 바꾸자고 주장한다는 점 등 때문에 많은 교수가 나를 불편하게 여겼다.

그러나 나는 결코 강한 비판을 받은 적이 없었고 1758년에는 학장이 되었다. 돌이켜보건대 10여 년간 계속된 글래스고 대학교수 시절이야말로 내 인생에서 가장 유익했고 행복했으며 생산적이고 명예로운 시기였다. 학장이 된 이듬해 나는 『도덕 감정론』을 출간했다. 나는 이 책을 평생에 걸쳐 개정했고 1790년 세상을 떠나기 직전에 최종판(6판)을 냈다.

많은 사람들이 『국부론』을 나의 대표작으로 평가하지만 나 자신은 『도덕 감정론』이 『국부론』보다 훨씬 더 중요하다고 보았다. 내가 '보이지 않는 손'이라는 개념을 사실상 처음 거론한 것도, 사람들이 각자의 이익에 따라 행동할 때 사회를 분명히 이롭게 한다는 주장을 펼친 것도 『도덕 감정론』에서였다. 자기 이익을 위하는 자연적 성향을 지닌 인간이 어떻게 도덕적으로 판단하고 행위할 수 있는가? 요컨대 도덕성을 평가하는 사람의 능력은 어디에서 비롯되는가?

나는 인간이 자연적인 이기심을 지니면서도 제3의 입장에서 타인을 평가할 수 있는 공감 능력에 주목하고자 했다. 공감 능력을 바탕으로 다른 사람들을 관찰할 때 사람들은 스스로 자신을 일깨우고, 자기 행동의 도덕성을 인식하게 된다. 처지를 바꿔서 느끼고 생각하는 능력, 저 사람과 같은 입장에 놓이면 어떻게 느끼고 행동할까 상상하고 판단하는 능력이 중요하다. 더구나 사람들은 자신에게 공감해 주는 관찰자를 원하는 욕구를 지니고 있다. 결국 공감 능력을 바탕으로 이루어진 사회관계가 도덕적 판단과 행동의 근원이라고 할 수 있다.

부와 영예와 높은 지위를 향한 경주에서 사람들은 다른 경쟁자들을 이기기 위해 온 힘을 다해 달리고, 자신의 정신적, 육체적 노력을 다 기울일 것이다. 그러나 만일 그가 경쟁자 중 누군가를 밀어 넘어뜨린다면 지켜보던 이들의 관용은 완전히 끝난다. 공정한 경쟁을 방해하는 것을 용납할 수 없는 것이다.

우리는 스스로가 우리 행동의 관찰자라고 가정하고, 이런 관점에서 우리의 행동이 스스로에게 어떤 영향을 끼칠지 상상하려고 노력한다. 바로 이것이 어느 정도는 타인의 시선으로 자신이 하는 행동의 적정성을 세심히 살펴볼 수 있는 유일한 거울이다. 우리들 각자는 우리 마음 안에 공정한 관찰자를 한 사람씩 두고 있는 셈이다. 어찌 보면 지극히 상식적인 생각이라고 할 수 있는데, 이는 스코틀랜드 계몽주의 철학의 전반적인 특징이기도 하다. 『도덕 감정론』이 큰 인기를 끌면서 나의 명성은 날로 높아져 갔으며, 나에게 배우기 위해 다른 나라에서 글래스고로 유학 오는 학생들이 많아질 정도였다.

피도 눈물도 없는 시장의 냉엄한 질서와 법칙을 옹호한 사람으로 나를 알고 있다면 참으로 안타깝고 억울한 일이 아닐 수 없다. 인간 사회의 모든 구성원은 서로의 도움을 필요로 하는 동시에 서로에게 해를 끼칠 가능성에 노출되어 있다. 서로에 대한 사랑과 감사, 우정, 존경의 마음에서 각자에게 필요한 도움을 제공하는 사회는 번성하고 행복을 누린다. 사회의 서로 다른 구성원들 사이에 사랑이 없다면, 덜 유쾌하고 덜 행복할 수는 있어도 사회가 반드시 무너지는 건 아니다.

사회는 서로 다른 상인들 사이에 그러하듯이, 구성원들 사이의 사랑과 애정이 없더라도 사회의 효용에 대한 감각만으로 존속할 수는 있다. 사회는 합의된 가치 평가에 따라 금전적 이득을 목적으로 서로를 배려함으로써 유지될 수 있다. 그러나 사회는 늘 서로를 해치고 상처 주려는 사람들 사이에서는 결코 존립할 수 없다. 반대로 정의(正義)는 전체 사회 구조를 지탱하는 핵심 기둥이다. 자기 자신에 대한 사랑, 즉 자기애가 가장 기본적이고 근본적이지만, 타인에 대한 애정과 배려 그리고 정의가 보태져야 진정으로 행복한 사회가 될 수 있다.

1762년 글래스고 대학은 나에게 법학 박사 칭호를 수여했다. 1763년 말 나는 흄이 소개해 준 찰스 타운젠드로부터 양아들 헨리 스콧을 가르치는 개인 교사 제의를 받았다. 나는 교수직을 사임하고 헨리 스콧과 함께 유럽을 여행하며 그를 가르쳤다. 내가 받은 연간 6백 파운드의 보수는 교수 시절 보수의 두 배였다. 나는 헨리 스콧 일행과 함께 프랑스의 툴루즈에서 1년간 머물고 남프랑스를 여행한 뒤 제네바로 갔다. 그곳에서 나는 철학자 볼테르와 만났다. 이후 파리로 간 나는 벤자민 프랭클린, 튀르고(Anne Robert Jacques Turgot), 엘베티우스(Claude Adrien

Helvétus), 프랑수아 케네(François Quesnay) 등 당대의 지적 리더들과 만났다.

특히 나는 중농주의의 거두 케네의 업적을 존경했다. 중농주의자들은 중상주의자들과 달리, 국가의 부(富)가 귀금속의 보유량이 아니라 생산, 특히 농업 생산에서 비롯된다고 보았다. 불완전한 요소들이 분명 있지만, 중농주의는 정치경제학의 주제에 관해 지금까지 발표된 것들 가운데 진리에 가장 근접해 있다는 것이 내 입장이었다. 다만 나는 공업이 발달한 영국의 상황을 중심으로 연구했기 때문에, 중농주의자들과 달리 공업 생산이 부의 원천이라고 보았다.

1766년 헨리 스콧의 동생이 파리에서 세상을 떠난 직후 나의 여행도 끝났다. 나는 고향 커콜디로 돌아가 10년간 『국부론』의 완성에 힘썼다. 1776년 출간된 『국부론』은 6개월만에 초판이 매진되었는데, 이는 당시로서는 대단한 성공이었다. 나는 『국부론』을 이렇게 시작했다.

'한 나라 국민의 연간 노동은 그들이 연간 소비하는 생활필수품과 편의품 전부를 공급하는 원천이며, 이 생활필수품과 편의품은 언제나 이 연간 노동의 직접 생산물로 구성되고 있거나, 이 생산물과의 교환으로 다른 나라로부터 구입해 온 생산물로 구성되고 있다.'

자기 이익을 추구하는 열정과 행위는 사회 전체의 이익과 조화를 이루는 방향으로 나아가며 그런 방향을 이끄는 것이 이른바 '보이지 않는 손'이다. '보이지 않는 손'은 가장 적절한 재화의 양과 종류를 생산할 수 있게 해 준다. 이것을 시장 과정의 측면에서 풀이하면 다수의 수요자와 다수의 생산자가 자기 이익을 극대화하려 노력한 결과로 가격이 형성되고,

그렇게 형성된 가격이 시장 참여자들을 고루 만족시키는 것은 물론 사회 전체의 이익도 극대화시킨다는 것이다. 나는 시장 경제야말로 사는 사람과 파는 사람 모두에게 만족스러운 결과를 낳으며 사회의 자원을 적절하게 배분할 수 있다고 보았다.

우리가 저녁 식사를 기대할 수 있는 건 푸줏간 주인, 술도가 주인, 빵집 주인의 자비심 덕분이 아니라 그들이 자기 이익을 챙기려는 생각 덕분이다. 우리는 그들의 박애심이 아니라 자기애에 호소하며, 우리의 필요가 아니라 그들의 이익만을 그들에게 이야기할 뿐이다. 푸줏간 주인은 공공의 이익을 증진할 의도가 사실상 없으며, 자신이 공공의 이익을 얼마나 증진시키는지도 알지 못한다.

오직 자신의 이익을 위하는 것, 그것이야말로 어떤 산업의 생산품이 최대의 가치를 갖도록 이끈다. 이 경우 자신의 이익을 위하는 사람은 보이지 않는 손에 이끌려 전혀 의도하지 않았던 목적을 이루게 된다. 그가 의도하지 않았다고 해서 반드시 사회에 해로운 것은 아니다. 자기 자신의 이익을 추구함으로써 그는 실제로 사회의 이익을 증진하려고 의도했을 때보다도 더 효과적으로 사회의 이익을 증진한다. 나는 공공의 이익을 위해 장사한다고 떠드는 사람들이 실제로 좋은 일을 많이 하는 걸 본 적이 없다. 상인들 사이에서 그런 허풍은 그리 흔하지도 않거니와 그런 허풍을 막으려면 한두 마디 말만으로도 충분할 것이다.

그런데 공업 생산량을 늘리는 게 국부의 원천이라면, 어떻게 하면 생산량을 늘릴 수 있을까? 나는 같은 노동력을 투입하고서도 더 많이 생산하는 것, 즉 생산성에 주목했다. 옷핀 만드는 것을 떠올려 보자. 한 사람의 노동자가 제조 공정 전체를 맡으면 하루에 핀 스무 개 정도를 겨우 만들 수 있지만, 열 명의 노동자들이 제조 공정을 열여덟 단계로 나누어 작업하면 하루 4만 8천 개를 만들 수 있다. 그러나 나는 분업이 가져올 수 있는 부정적 결과에 대해서도 크게 걱정했다.

분업이 진전되면서 노동으로 생활하는 대부분의 사람들, 즉 민중 대다수의 고용은 한두 가지의 단순 작업으로 한정된다. 작업의 결과라고 해봐야 거의 똑같은 것이나 다름없는 한두 가지 단순 작업을 하는 데 생애를 보내야 하는 사람들이 다수가 되는 것이다. 그런 사람들은 자신의 이해력을 마음껏 발휘하지도, 독창성을 시험해 볼 수도 없다. 결국 이해력과 독창성을 상실하고 인간이 도달할 수 있는 가장 우둔하고 무지한 상태에 이르고 만다.

나는 모든 형태의 사적인 이익 추구를 바람직하다고 보지는 않았다. 나는 특히 독점적인 이익과 경제적 집중에 반대했다. 경제적 집중은 자유 시장의 본질적인 능력을 왜곡시킨다. 그 능력이란 토지, 노동, 자본 등에 공정하고 합당한 대가를 제공하는 가격을 형성시키는 능력이다. 승자독식의 독점적인 이익도 마찬가지 결과로 이어지면서 시장을 왜곡시키고 사회와 국가 전체의 이익을 해친다.

이쯤에서 고개를 갸웃거릴 사람이 제법 있을 듯하다. 내가 『도덕 감정론』에서 강조하는 공감과 『국부론』에서 강조하는 이기심과 자기 이익은 서로 모순되는 것이 아닌가? 이기적 개인과 사회적 복리의 조화와 모순 문제를 '애덤 스미스 문제'라고 해도 좋겠다. 어쩌면 앞으로 영영 해결하기 어려운 난문(難問)일지도 모르겠다. 난문을 던져놓고 확실하게 답하지 않는 내가 야속해 보이는가? 너무 힐난하지는 말길 바란다.

인간의 이기적인 동기를 강조하다 보면 애정, 자비, 배려 등과 같은 아름다운 행위가 무색해질 것이다. 그렇다 해도 나는 이기적인 동기를 강조하지 않을 수 없다. 애정, 자비, 배려가 유일한 행동 원리가 되는 존재는 신(神)밖에 없다. 그러나 생존을 위해 자기 바깥의 무수히 많은 것들을 필요로 하는 인간이라는 존재, 이 불완전한 존재는 수많은 다양한 동기들에 따라 행동할 수밖에 없다. 본성의 공감적이고 동조적인 측면은 『도덕 감정론』에서, 인간 본성의 이기적이고 타산적인 측면은 『국부론』에서 탐구했다고 말하면 구차한 변명일까? 이 중 어느 한쪽을 제대로 이해하려면 둘 모두를 면밀하게 읽어야 한다.

마지막으로 만년의 삶에 대해 이야기하자면, 1778년 나는 스코틀랜드 관세청장으로 임명되었고 5년 뒤에는 에든버러 왕립협회 창립회원이 되었다. 1787년부터 1789년에는 글래스고 대학 학자가 누릴 수 있는 최고 명예직에 재임했다. 그리고 67세인 1790년 7월 17일, 에든버러의 자택 팬뮤어하우스에서 아주 길고 먼 여행을 떠났다. 나는 병상에서 일생을 통하여 더 많은 것을 성취하지 못한 것을 아쉬워했다. 돌이켜보건대 내 평생을 한 줄로 요약한다면 '지적으로는 모험을 즐기고 사회적으로는 조심스럽게 처신했다'는 말이 적당한 것 같다. 좀 더 길게 정리해야 한다면 다음과 같이 하는 것이 좋겠다.

'애덤 스미스, 그의 『국가의 부(富)의 본질과 원천에 대한 탐구』, 일명 『국가의 부』 또는 『국부론』은 사실상 최초의 근대적인 경제학 저술이다. 그는 경제학의 방법과 용어를 만들었고, 경제 활동의 자유를 허용하는 것 자체가 도덕의 한 형태라고 확신했다. 그는 독점 기업가에 반대하고 소비자의 이익을 옹호했으며 소비자의 욕구, 생산, 시장 경쟁, 그리고 노동 분업이 국가의 부를 창출하는 동력이라고 보았다. 그는 궁극적으로 도덕과 경제가 공존할 수 있다는 것을 주장하고자 했다. 근본적으로 낙관주의자였던 그는 인간의 윤리와 도덕이 인간의 욕망과 균형을 이룰 수 있다고 생각했다.'

월든 호숫가의 사람

헨리
데이비드
소로

Henry David Thoreau, 1817~1862
미국의 문학가이자 사상가로 매사추세츠 주 콩코드에서 출생했다. 하버드 대학교에서 공부한 뒤 토지 측량이나 가업인 연필 제조 일을 하다가 에머슨과 교유하면서 초월주의자 그룹인 콩코드 집단에 가입하였다. 1845년부터 1847년까지 월든 호수 근처에서 생활하고 그 기록을 바탕으로 『월든』을 집필하였다. 1846년 멕시코 전쟁에 반대하고 1850년대에는 노예 해방 운동에 헌신하는 등 사회 문제에도 적극적으로 참여하였고 멕시코 전쟁 반대 운동의 경험을 토대로 쓴 『시민의 반항』은 간디의 비폭력 운동, 1960년대의 흑인 민권 운동 등에 큰 영향을 끼쳤다.

사치품과 흔히 말하는 생활 편의품들 대다수는 필요불가결한 것이 아닐 뿐만 아니라, 오히려 인류의 향상을 적극적으로 방해하는 장애물이다. (……) 간소하게, 간소하게 살라! 그렇다. 두 가지나 세 가지로 줄일 것이며, 백 가지나 천 가지가 되게 하지 마라. 간소화하라, 간소화하라. 하루 세 끼가 아니라 필요하다면 한 끼만 먹으라. 백 가지 요리는 다섯 가지로 줄이라. 이런 비율로 다른 일도 줄이라.

— 헨리 데이비드 소로, 『월든』 중에서

나는 1817년 미국 매사추세츠 주의 콩코드 교외에서 태어났다. 태어난 이후에는 계속해서 변두리에서 살았다. 사람들의 욕망이 충돌하는 마당의 변두리에서 말이다. 어릴 적 나는 아버지를 도와 연필 만드는 일을 했다. 우리 집은 연필 만드는 가내 수공업으로 생계를 꾸려 나갔다. 우리 가족은 한적한 마을에서만 누릴 수 있는 평화를 만끽하면서 청빈함 가운데 기쁨을 느끼는 사람들이었다. 사실 콩코드 지방은 불굴의 고귀한 영혼의 위대함을 강조했던 사상가, 에머슨의 고향이기도 했다. 콩코드는 평범한 시골이었지만 위대한 사상의 고향이었다.

평온하고 소박한 시골 마을에서 자라난 나는 게걸스럽게 책을 읽어 대는 소년이었다. 그러나 시인이나 철학자들의 작품에만 빠져 지내지 않았다. 내게 더 큰 기쁨을 준 건 흐르는 냇물과 돌에 낀 이끼처럼 자연이 들려주는 말 없는 이야기들이었다. 자연의 모든 것들이 내 순간순간의 삶의 의미에 주석을 달아 주는 책이었다고 할까. 지저귀는 새들의 앙증맞은 움직임과 소리에는 셰익스피어의 작품에서도 얻기 어려운 어떤 시적 영감이 깃들어 있다.

만 16세에 나는 하버드 대학에 입학했다. 그러나 대학이 삶에 어떤 진정한 도움을 주지는 못했다. 그저 뿌리가 튼튼하지 못한 채 잔가지만 무성하게 뻗어 있는 듯한 여러 학문 분야들을 조금씩 맛볼 수 있었을 뿐이었다. 졸업식에서 졸업생 대표로 연설하게 된 나는 당시 사람들을 사로잡고 있던 맹목적인 부의 추구를 사뭇 격렬하게 비난했다. 대학 졸업 후 잠시 공립학교 교사 생활을 했지만, 체벌을 거부했기 때문에 직장을 잃었다. 그리고 형 존과 함께 사립학교를 열기도 했지만, 성공적이지는 못했다. 무엇보다도 형이 파상풍으로 갑작스레 세상을 떠났기 때문이다. 깊은 실의와 충격에 빠진 나는 학교 문을 닫지 않을 수 없었다.

어린 시절처럼 나는 가족들 곁으로 돌아와 연필 제조 사업을 도왔지만, 정처 없이 여러 곳을 방랑하기도 하고, 고향 선배 에머슨의 집에서 잡역부로 일하기도 했다. 거칠어 보이고 우직하고 말수가 적은 농부. 당시 나의 모습은 그러했다. 그러나 자연을 관찰하는 내 눈길과 정신만은 더없이 섬세했다. 자연은 여간해서는 자신의 신비와 비밀을 드러내 보여 주지 않는다.

나는 에머슨의 집을 떠나 잠시 에머슨의 동생 윌리엄과 스태튼 섬에서 함께 살면서, 윌리엄의 어린 아들을 가르치고 남는 시간에는 글을 쓰거나 자연을 관찰하며 소일했다. 가끔 뉴욕을 방문할 때도 있었지만, 그곳에서 나는 엄청난 군중을 보았을 뿐 한 사람의 인간도 볼 수 없었다. 나는 결국 콩코드로 돌아가 잠시 세상과 작별하기로 했다.

분명히 말하건대 나는 인간 사회 자체를 싫어하는 은둔주의자나 도피

주의자가 아니다. 오히려 친구들과 어울리기를 무척 좋아하는 사교적인 사람이었다. 함께 노래하고 춤추며 얘기꽃을 피우는 시간이 그 얼마나 즐거웠던지. 나는 가벼운 농담에도 허리가 끊어져라 크게 웃으며 즐거워하는 사람이었다. 그러나 사람이 아닌 숲 속 친구들과도 역시 즐겁게 어울릴 줄 알았다. 그래서 잠시 마을 친구들을 떠나 자연의 친구들을 만나기로 작정한 것이다. 나는 월든 연못가에 직접 집을 지었다. 나는 집이라고 불렀지만 남들은 오두막이라고 불렀다.

사실 집이라고 하기엔 어설픈 구석이 많았다. 그렇게 만든 데에는 까닭이 있었다. 완전한 행복을 누리기 위한 최소의 비용이 얼마인지 알고 싶던 것이다. 나는 총 28달러를 들여 방이 하나 있는 오두막을 지었다. 비바람과 추위를 겨우 피하며 쉴 수 있는 임시 대피소 같은 집이었다. 심하게 말해 나무로 만든 외투와 모자라고 한 사람도 있었지만 그게 무슨 상관이란 말인가. 가로와 세로가 각각 3미터, 5미터 정도 되는 그 집에는 화장실과 불 피우는 곳과 창문 두 개, 그리고 출입문이 달려 있었으니 훌륭하지 않은가 말이다. 집 바로 곁 작은 정원에 채소까지 가꾸었으니 더 바랄 게 없었다.

나는 그 집에서 2년을 살았다. 월든 호숫가에서의 생활은 자신의 힘으로 모든 걸 해결하며 자주적으로 살아갈 때 가장 행복하다는 사실을 일깨워 주었다. 자신이 살 집을 직접 짓고, 먹을 빵을 손수 굽고, 입을 옷을 스스로 손질하고 세탁하는 데 바로 천국이 있었다. 물론 월든 호숫가에서도 나는 은둔자가 아니었다. 나를 만나러 오는 누구와도 즐겁게 어울렸다. 그들 대부분은 내가 생활하는 모습을 보고 크게 놀라곤 했다. 내가 매우 만족하여 지내는 것에 말이다. 살아가는 데 필요한 기본적인 필수품을 조달하기 위해 내가 일하는 시간은 1년에 기껏 6주 정도였다. 나머지 시간에 나는 돈을 벌기 위한 노동에서 벗어나 삶을 정말로 즐겼다.

월든 호숫가에서의 삶은 예기치 않은 기쁨과 놀라움으로 가득했다. 숲속 작은 동물들이 오두막 주위로 나올 때면 나는 그들과 함께 식사하곤 했다. 밝은 햇살이 월든 호수 위에 그려 내는 빛의 축제, 노을이 드리워질 때의 장엄한 광경, 수면 바로 위에서 유유히 헤엄치는 물고기가 만들어 내는 무늬, 한밤중 호숫가에서 들려오는 기러기들의 합창. 이만하면 천국이 따로 없지 않은가!

가장 볼만한 구경거리는 개미들의 전투 장면이었다. 워털루 전투에 견줄 수 있을 만큼 치열한 개미들의 전쟁은 많은 걸 생각하게 했다. 수많은 인간이 도대체 무엇을 위해 서로 다투고 상처를 입히는가 하는 깊은 생각에 잠기게 했던 것이다. 개미들의 전투가 승부가 날 무렵이 되면 나는 울적한 마음을 안고서 월든 호수에 배를 띄웠다. 늦은 오후의 햇살이 손등을 간질이는 걸 느끼며 배를 저어 가다가 두 팔이 피곤해지면 노를 걸쳐두고 배 안에 누워 피리를 연주했다.

그럴 때면 나는 자연이란 영원히 계속되는 아름다운 노래라는 느낌에 휩싸였다. 끊임없이 계속되는 탄생과 창조의 음악이 바로 자연이 아니고 또 무엇이겠는가. 나 또한 그런 자연의 노래 속에서 한 소절을 맡고 있는 작은 노래일지니 두 눈과 두 귀, 무엇보다도 마음을 활짝 열어 두면 누구나 그런 느낌에 젖어들 수 있다. 이렇게 월든 호숫가에서 보낸 2년의 삶을 기록한 책이 바로 『월든』이다. 지금 생각해 보면 '낙원으로의 귀환'이라는 제목을 붙일 걸 하는 아쉬움도 든다.

『월든』외에도 나는 많은 책을 썼다. 대부분은 인간의 삶에 관한 성찰, 자연을 관찰한 것 등이다. 자연을 관찰했다고는 해도 생물학자들이 쓰는 보고서와는 아주 달랐다. 오히려 시(詩)에 가깝다고 할까. 내 저술들을 관통하는 나의 신념은 아주 간단하다. '단순함을 통한 만족과 행복', 즉 삶을 보다 단순하게 살수록 행복해질 수 있다는 것이다. 사람은 자연의 목적일 수도 없고, 자연에서 가장 우월한 존재일 수도 없다. 영원하고 광대한 우주와 자연 앞에서는 황제라 할지라도 고양이나 개와 하등 다를 것 없는 존재일 뿐이다. 고양이나 개나 나 자신이나 모두 흥미진진한 대자연의 드라마 속에서 즐겁게 뛰노는 동료라고 생각하는 편이 행복의 지름길이다.

나는 월든 호숫가에 살면서 여우와 달리기 경주를 하기도 했다. 여우 사냥을 즐기는 사람들도 있지만 여우와 속도 경주를 벌이며 노는 게 얼마나 즐거운지 그들을 잘 모를 것이다. 어느 날 새벽 개울가에 나가 보니 30미터 정도 떨어진 곳에서 여우 한 마리가 가벼운 발걸음으로 산책하고 있었다. 나는 순간적으로 고개를 쳐들고 냅다 그놈의 뒤를 쫓기 시작했다. 희미하게 떠 있는 달이 나를 응원해 주었다. 녀석은 한번 겨루어 보자는 내 맘을 알아채기라도 한 듯 숲 쪽으로 난 경사지로 뜀박질했다.

나는 신 나게 숲 속을 뛰었다. 나무 사이를 요리조리 빠져 나가며 급제동을 걸기도 하고, 방향을 갑자기 바꾸기도 하면서 녀석과 나는 아슬아슬한 승부를 펼쳤다. 얼마 후 나는 가쁜 숨을 몰아쉬며 녀석에서 손을 흔들어 작별을 고했다. 더 이상 쫓지 않는 나를 흘끗 쳐다보고 녀석은 유유히 사라져갔다. 생명을 탄생시키고 유지하기 위해 숲 속 생명들이 벌이는 절묘한 균형과 조화의 향연에 나는 늘 감탄했다. 오두막 주위로 몰려드는 새들과 잠시 노는 시간은 클레오파트라 같은 미인과 밤새도록 지내는 시간보다 훨씬 더 기쁠 수 있다. 난 평생 혼인하지 않았다. 한 여인과 주고받는 사랑보다는 자연 안의 살아 있는 모든 것들과 나누는 이해와 우정이 더 좋았기 때문이다.

그렇게 이해와 우정을 나눌 수 있는 까닭은 모든 살아 있는 것들이 동등한 존엄과 가치를 지녔기 때문이다. 나는 절대 사람을 개에 비유하지 않았다. 사람을 욕되게 한다고 생각했기 때문이 아니라 개에 대한 모독이라고 생각했기 때문이다. 사람은 동등한 존엄과 가치를 지닌 생명 가운데 하나에 불과한데 다른 생명에 대해 악담을 퍼붓고 죽이기까지 한다. 비속한 사람을 자연의 법칙에 따라 단순한 삶을 사는 개에 비유할 수는 없는 일이다.

아무리 지위가 높은 사람이라도 그저 우연적이고 미미한 존재에 불과하다. 그러나 그 사람을 이 장엄한 생명의 파노라마 속에서 살아가는 한 생명체로 본다면, 그의 존엄과 가치는 우주적인 차원으로까지 높아질 수 있다. 황제나 대통령으로서의 한 인간이 위대하고 존엄한 게 아니라, 생명 세계의 일부로 참여하고 있다는 사실 때문에 인간이 존엄한 것이다. 생명 세계에서는 아무것도 저 홀로 떨어져 있는 건 없다.

겨울날 외투 소맷자락 위에 떨어져 이내 녹아버리는 몇 송이의 눈조차도 그렇다. 우리는 흔히 하늘에서 일어나는 기계적인 현상으로 눈의 응결과 강설을 말하지만, 사실은 눈송이 하나하나가 어떤 솜씨 좋은 예술가의 열정이 담긴 걸작이라고 할 수 있다. 쉼 없이 움직이는 우주적인 생명력이 만들어 낸 걸작 말이다. 월든 호숫가에서 내가 깨달은 건 결국 이것이다. "가장 작은 하나의 생명이 누리는 기쁨을 위해 이토록 위대한 자연이 쉼 없이 작용한다."

나는 월든 호숫가 생활에서 느끼고 깨달은 것을 일상생활에도 적용해 볼 수 없을까 궁리했다. 부자가 되기 위한 무시무시한 전쟁터라고 할 수 있는 일상생활에서 우리는 마음과 몸의 건강을 모두 잃어가고 있지는 않은가? 어느 틈에 우리는 '수단을 위한 수단'이 되어가고 있는 셈이다. 사람은 보다 빨리 여행하기 위해 갖가지 새로운 교통수단을 고안해 냈지만, 내가 보기엔 우리가 탈것을 이용하는 게 아니라 탈것들이 우리를 타고 다니는 꼴이다. 사람은 높고 거대한 기념비를 세우곤 하지만 올바르고 착한 생각 하나가 높은 기념비보다도 훨씬 더 기념할 만한 가치가 크다. 우리는 천국을 잃어버린 지도 오래됐지만 잊어버린 지도 오래됐다. 잊어버리지만 않더라도 지상에 천국을 세우기란 불가능한 일이 아니련만.

우리가 겪고 있는 가장 큰 불행은 성공에 대한 갈망이다. 사람들은 자기가 한번에 씹어 삼킬 수 있는 것보다 더 큰 사과 조각을, 입을 될 수 있는 한 크게 벌리고 억지로 물어뜯으려 한다. 필요하다고 생각하는 것들을 손에 넣기 위한 끝없는 몸부림이 지겹지 않은가? 진정한 행복은 우리가 상관하지 않고 그냥 내버려 두어도 되는 일들의 숫자가 늘수록 커진다.

나 아니면 안 된다고 생각하는 일들, 반드시 이루겠다는 일들, 쟁취하고야 말겠다는 것들의 숫자를 제발 줄여라. 신경 써야 할 일들의 숫자를 늘 둘이나 셋 정도로 유지하라. 설령 매우 중요한 위치에서 중요한 일을 하는(중요하다고 해 보았자 월든 호수의 물고기가 알 낳는 일보다 더 중요한 일이겠는가?) 사람이라 해도 행복해지고 싶거든 한 손의 손가락으로 셀 수 있는 숫자 이상의 일에 마음 쓰지 마라. 제발 단순하게 살아라!

잠시만이라도 분주한 일상에서 우리의 몸과 마음을 떨어뜨려 놓고 차분히 숨 쉬어 보라. 그렇다고 사람 사는 사회에서 아주 멀리 떠나 지낼 필요는 없다. 내가 월든 호숫가에서 보낸 기간도 평생이 아니었고, 10년도 아니었고, 2년 남짓이었다는 걸 떠올려 보라. 각자 처해 있는 시간과 장소의 제약을 그대로 받아들이고, 바로 그 자리에서 시작해 보라.

나는 사람들이 모두 도시에서 뛰쳐나와 숲 속 오두막이나 동굴로 들어가 살아야 한다고 외치는 이상한 사람이 결코 아니다. 오두막이나 동굴에서는 생활이 매우 불편하다는 걸 나도 잘 안다. 도시에서 누릴 수 있는 생활의 편리함을 억지로 거부할 필요는 없다. 분명히 말하지만 그런 편리함을 누리는 건 좋은 일이다. 다만 내가 강조하고 싶은 건 그런 편리함의 노예가 되지는 말란 것이다.

무엇보다도 부유함에 대한 욕망의 노예가 되지 마라. 필요 이상의 부유함이 할 수 있는 일이란 필요 없는 것들을 잔뜩 사들이는 일밖에 없으니 말이다. 더구나 돈으로는 우리의 영혼이 진정으로 필요로 하는 것들은 하나도 살 수 없다. 나는 돈을 향한 사람들의 끝없는 욕망에 진절머리가 난 사람이다. 행복을 위해 마련한 인생 장부가 있다면 수입을 늘리려 애쓰기보다 지출을 줄이기 위해 애써라. 삶에서 진정 가치 있는 것들을 마련하는 데에는 그다지 큰돈이 필요하지 않다. 인류의 역사에서 현명하게 산 사람들은 단순하게 산 사람들이다.

나는 월든 호숫가에서 사는 동안 덧문이나 창문을 고정하기 위한 못이나 자물쇠, 빗장 따위를 사용해 본 일이 없다. 잃을 것이 아무것도 없었기에 두려울 것도 없었다. 여러 날 집을 비울 때도 문을 걸어 잠그지 않았다.

숲과 호숫가를 거닐다가 지친 사람들이 내 오두막에 들어와 몸을 녹이거나 쉬어갈 수 있기를 바랐기 때문이다. 그래서 겨울에는 그들을 위해 장작도 넉넉히 준비해 두었다.

난 이렇게 누구든 대환영이었지만 미국 정부만은 예외였다. 내가 세금을 납부하지 않았다는 이유로 정부는 나를 가만두지 않았다. 노예 매매를 인정하여 사람을 가축처럼 사고파는 일이 벌어지게 만드는 정부에 어떻게 세금을 낼 수 있단 말인가! 결국 나는 체포되어 구금되었으나 하룻밤 만에 풀려났다. 다음 날 아침에 여동생이 와서 세금을 대신 납부했던 것이다.

나는 월든 호숫가를 떠난 다음에도 어딜 가든 인간의 자유를 억압하는 일에 대해서는 복종하지 않았다. 사람이 모여서 만든 어떤 조직이라도 결국에는 개인을 억압하게 되는 경우가 많다는 걸 나는 알고 있었다. 교회라는 조직도 예외가 될 수 없다고 생각했지만, 나는 평생 다음의 성서 가르침을 충실히 따르며 살았다. "사람이 온 세상을 얻는다 해도 영혼을 잃어버리면 무슨 소용이 있겠는가?"

나는 고향 마을로 돌아와 연필을 만들고 마을 공유지 감독관 일도 맡아 보았지만 마음속에는 늘 월든 호숫가가 자리 잡고 있었다. 그래서 틈나는 대로 호숫가 숲 속 친구들을 방문하기도 하고, 인적 드문 숲과 산을 오랜 시간 거닐기도 하며 지냈다. 그대가 가난하다면 가난한 그대로의 삶을 소중하게 여길 수는 없을까? 그렇다고 내가 열심히 살기를 포기하라고 꼬드기는 건 아니다. 하루하루 애쓰며 먹을 것을 구하고, 보다 나은 생활 조건을 마련해 보려는 그대의 노력은 새끼 새들에게 줄 먹이를 찾아 지친 날개를 쉴 틈도 없이 하늘 높이 계속 날아오르는 어미 새의 그것만큼이나 숭고하다. 내가 얘기하고 싶은 건 그대가 처한 상황이 어떻든 그대는 온 우주를 약동하게 하는 위대한 생명의 힘과 함께하고 있다는 사실이다. 신이라 불러도 좋을 그 충만한 힘은 늘 그대의 편이다.

나는 그 신과 함께 끝까지 걸어가고자 했다. 45세가 되던 해 나는 결핵에 걸렸지만 삶에 대한 열정을 포기하지 않았다. 고통에 시달리며 뜬눈으로 지새운 다음 날 아침이 되면 늘 밝은 아침 인사를 먼저 건네기에 바빴다. 모든 일과도 병에 걸리기 전과 다름없이 하려 노력했다. 친한 친구 한 사람은 그런 나를 보고 이렇게 말했다. "축하하네, 소로! 이제 몸이 다시 건강해졌나보군. 앞으로 어떻게 살아갈 건가?" 나는 조용히 웃으며 답했다. "글쎄…… 또 하나의 새로운 멋진 세계가 내 앞에 펼쳐지지 않겠나?" 난 내가 이 세상에서의 마지막 날들을 보내고 있다는 걸 알고 있었다.

한번은 무척 독실한 기독교 신자 한 사람이 내게 물었다. "소로 씨, 당신은 신과 화해하여 평안을 이루었나요?" 내 대답은 이러했다. "외람된 말씀인지도 모르겠지만, 제 기억으로는 제 마음 안에서 제가 신과 다투거나 했던 일은 지금까지 없었습니다."

드디어 내게도 이 세상에서의 마지막 날이 찾아왔고, 나는 기꺼이 또 한 번의 여행을 설렘 속에 맞이했다. 점차 어두워져 가는 주위를 돌아보며 겨우 정신을 가다듬은 나는 조용히 이렇게 말한 뒤 영원한 평안 속에 잠들었다. "자고 나면 새벽이 밝아 오겠지. 새벽 별이 빛나다가 새로운 태양이 떠오르겠지."

하늘의 월든 호숫가에서 안식을 취하고 있는 소로로부터.

사회 과학의
그리스도

카를
마르크스

Karl Heinrich Marx, 1818~1883

독일의 경제학자, 정치학자, 철학자로 과학적 사회주의의 창시자이다. 본 대학에 입학하여 법학을 공부했지만 역사와 철학에 관심이 많아 베를린 대학교로 옮겨 공부하였다. 「라인 신문」에서 일하다가 정부가 신문을 폐간시키자 1843년 파리로 망명하였다. 이때 만난 엥겔스와 사상적 동지가 되어 1847년 함께 런던의 공산주의자 동맹에 가입하였고, 1848년 공동으로 『공산당 선언』을 집필하였다. 1848년 독일에서 3월 혁명이 일어나자 독일로 돌아가 투쟁하지만 혁명이 실패하자 추방되었다. 런던으로 망명해 1867년 『자본론』 제1권을 완성하였다. 그의 사후 엥겔스가 미완성 원고를 편집하여, 제2, 3권을 발행하였다.

유럽과 아메리카의 전투적 프롤레타리아트가 이 위인의 죽음 탓에 잃어버린 것, 그리고 역사과학이 잃어버린 것, 그것을 사람들은 도저히 헤아리지 못할 것입니다. 다윈이 유기적 자연의 발전 법칙을 발견했다면 마르크스는 인간 역사의 발전 법칙을 발견했습니다. (……) 마르크스에게 과학은 혁명의 힘이었습니다. 투쟁이 그의 본질적 사명이었습니다. 열정적으로 끈기 있게 투쟁한 범상치 아니한 한 인간. 그의 이름은 그의 저서들과 더불어 후대에 길이 전해질 것입니다.

　　　　　　　　　　– 카를 마르크스에 대한 프리드리히 엥겔스의 추도사 중에서

　'코뮌은 본질적으로 노동자 계급의 정부이고, 착취 계급에 대한 생산계급의 투쟁이 낳은 소산이며, 노동의 경제적 해방을 완수하기 위해 마침내 발견된 정치 형태였다. (……) 노동하고 생각하고 투쟁하고 피 흘리는 파리는 새로운 사회를 가슴에 품은 채, 적들이 바로 문 앞에 와 있다는 사실조차 잊은 채, 역사를 창조하려는 열망으로 빛나고 있었다. (……) 노동자의 파리는 코뮌과 더불어 새로운 사회의 영광스러운 선구자로 영원히 칭송받을 것이다. 그 순교자들은 노동자 계급의 위대한 가슴 속에 간직되어 있다.'

　카를 마르크스와 가장 깊은 우정을 나눈 사람으로서(마르크스 또한 나를 그렇게 여겨 주었으리라 믿어 의심치 않으면서) 나 프리드리히 엥겔스는 나의 친구 마르크스에 관해 이야기해야 할 의무를 떠안고 있다. 어떤 것에서부터 이야기를 시작할까? 1871년 5월 28일 파리 코뮌의 마지막 바리

케이드가 함락됐다. 이날을 전후로 일주일 동안 약 3만에 달하는 코뮌파가 전사하거나 학살당했다. 두 달 전 3월 28일 코뮌 성립 행사가 열렸을 때 코뮌 위원 92명 가운데 17명이 국제노동자협회(제1 인터내셔널) 회원이었다.

같은 날 런던에서 열린 국제노동자협회 총평의회는 마르크스가 '프랑스 내전에 대한 국제노동자협회 총평의회 담화문'을 새로 작성하는 데 합의했다. 그러나 마르크스가 5월 30일 담화문을 낭독하고 총평의회가 이를 승인했을 때, 그것은 코뮌을 위한 조사(弔辭)이자 묘비명이나 마찬가지가 되었다.

6월 13일 런던에서 35쪽 분량의 영문 팸플릿으로 발행된 이 담화문은 2쇄 3천 부가 2주일이 채 안 되어 매진되었고, 같은 해와 이듬해에 걸쳐 프랑스어, 독일어, 러시아어, 이탈리아어, 스페인어, 네덜란드어 등으로 번역됐다. 마르크스는 부르주아 국가를 노동자의 사회적 노예화를 위해 조직된 공적 폭력이자 계급 독재의 도구로 보았다. 바로 위에 인용한 글이 그 일부다.

시간을 거슬러 올라가 보자. 마르크스는 나에게 자신의 개인사에 관해 많은 말을 하지는 않았지만, 굳이 무슨 많은 말이 필요할까. 그와 나는 진정한 친구이자 동지였던 것을. 마르크스의 부계와 모계는 여러 세대에 걸쳐 랍비를 배출했지만 아버지 히르셀 마르크스는 유대교와 유대인 사회를 떠난 계몽주의 성향의 변호사로 유대인의 공직 진출이 금지되자 하인리히로 이름을 바꾸고 온 가족이 기독교 세례를 받게 했으며 트리어 변호사협회 회장이 되었다. 어머니는 네덜란드계 유대인인 헨리에타 프레스부르크이다(세계적인 기업 필립스의 창업자 헤라르트 필립스와 안톤 필립스 형제의 대고모였다). 마르크스는 1835년 열일곱 살 때 프리드리히 빌헬름 김나지움의 졸업 논문 「직업 선택에 관한 한 젊은이의 성찰」에서 이렇게 말했다.

'노예 같은 도구로 일하기보다 자기 영역에서 독립하고 인류에 봉사할 수 있는 분야를 가져야 한다. (……) 그러나 우리는 소명이라 믿는 직업을 마음먹은 대로 차지할 수 없다. 미처 그것을 알아차리기도 전에 사회적 관계가 어느 정도 결정되어 있기 때문이다.'

같은 해 마르크스는 본 대학에 입학한 뒤 선술집 클럽에 가입해 주당(酒黨)이 되었고 불온사상 혐의를 받는 시인 클럽에서 활동했으며, 패싸움과 결투를 벌이기도 했다. 술, 술, 술. 19세기 독일 대학생들에게 술이 지니는 이 깊고도 방탕한 의미(?)라니. 마르크스는 베를린 대학으로 옮겨 1841년 3월까지 재학하는 동안 아버지의 뜻과 달리 법학보다 철학에 몰두했고, 1841년 4월 15일 논문 「데모크리토스와 에피쿠로스 자연 철학의 차이」로 예나 대학에서 박사 학위를 받았다.

'적어도 현재로서는 최고의, 또한 유일하게 진정한 철학자라고 할 수 있는 이가 있다. 머지않아 당신도 알게 될 터이지만 여하튼 그가 일단 대중에게 알려지면 온 독일이 그에게 주목하게 될 것이네. 불과 스물네 살인 마르크스 박사는 오래된 철학과 종교 전통에 최후의 일격을 가할 인물이라네. 날카로운 기지와 깊디깊은 철학적 무게가 하나로 결합된 사람을 생각해 보게나. 바로 카를 마르크스라네.' (1841년 9월, 모제스 헤스가 베르톨트 아우어바흐에게 보낸 편지 중에서)

이 시절 마르크스는 두문불출하며 읽고 쓰고 생각하는 데 전념했다. 아버지는 아들이 철학 중독자가 되어 사회생활과 단절되는 것을 무던히도 걱정하다가 1838년 5월 세상을 떠났다. 1843년 6월, 마르크스는 누나의 친구로 네 살 연상인 예니 폰 베스트팔렌과 결혼했다. 고향 트리어의 한동네 이웃이던 귀족 관료 베스트팔렌 남작의 딸이었다.

예니는 평생 마르크스에 헌신적이었다. 갖은 고생을 하던 시기 남편의 동지의 부인에게 보낸 편지에는 이렇게 적혀 있었다. '이런 하찮은 고생 때문에 기가 꺾였다고 생각하지는 마세요. 내가 참으로 행복한 사람이라는 걸 잘 알아요. 내 삶의 버팀목인 사랑하는 남편이 여전히 내 곁에 있으니까요.' 연애 시절 마르크스는 예니에게 절절한 구애의 시(詩)를 보내기도 했다.

내 족히 천 권의 책을 메울 수 있으니
그곳에 그대의 이름 '예니'만을 적으리라!
하여 수많은 생각들이 갈피마다 깃들리라.
어떤 것으로도 흔들리지 아니할 의지
혀끝을 감도는 달콤한 시(詩)
그대 향한 향수를 달래는 부드러운 속삭임
모든 불과 모든 빛
지상과 천상의 모든 쾌락과 모든 슬픔
내가 아는 모든 것들, 내 존재의 모든 것들
창공의 뭇별들 사이에서도 오직 읽히는 이름 하나

바람이 내게 전하는 중얼거림 하나
파도가 내게 거듭하여 전해 주는 말 하나
나 그것을 언젠가 적으리니
긴 세월 지나도록 결코 잊을 수 없도록
나의 사랑의 이름이여, 그 이름 '예니'여

보수 반동의 분위기가 지배적이던 프로이센에서 학계에 자리 잡을 가능성이 희박해진 마르크스는 1842년 쾰른의 「라인 신문」 주필로 일했지만 이듬해 정간 조치를 당했다. 파리로 이주하여 「독일-프랑스 연보」를 발간했지만 창간호를 끝으로 막을 내렸다. 파리에서 나는 비로소 마르크스와 처음 만났다. 1845년 프로이센 당국의 책동으로 파리에서 추방당한 마르크스는 브뤼셀로 이주하여 나와 함께 『독일 이데올로기』를 출간하고 『철학의 빈곤』을 간행했으며, 공산주의자동맹의 의뢰로 『공산당 선언』을 집필했다.

'하나의 유령이 지금 유럽을 배회하고 있다. 공산주의라는 유령이. 교황과 차르, 메테르니히와 기조, 프랑스 급진파와 독일의 첩보 경찰 등 구유럽의 모든 열강은 이 유령을 몰아내기 위해 신성 동맹을 맺었다. 집권당으로부터 공산당이라는 비난을 받아 보지 않은 반대당이 있는가? (……) 지금까지 존재한 모든 사회의 역사는 계급 투쟁의 역사다. 자유민과 노예, 귀족과 평민, 영주와 농노, 길드 장인과 직인, 한마디로 억압자와 피억압자는 항상 서로 대립하면서 때로는 숨겨진, 때로는 공공연한 싸움을 벌였다. (……) 모든 지배 계급을 공산주의 혁명 앞에 떨게 하라. 프롤

레타리아트가 잃을 것은 쇠사슬밖에 없으며 얻을 것은 온 세상이다. 전 세계 노동자여, 단결하라!'

1848년 독일에서 이른바 3월 혁명이 일어나자 마르크스와 나는 쾰른으로 옮겨 1년간 「신(新)라인 신문」을 발간했지만 다시 추방당해 파리로 옮겼고(이후 마르크스는 프로이센 시민권을 회복하지 못했다), 여기에서도 다시 추방당해 런던으로 이주했다. 마르크스가 런던 딘스트리트 소호 28번지에 살던(1850~1856년) 1853년 경찰 첩자가 기록한 집안 형편은 이러했다.

'전부 다 깨지고 해지고 찢어진 것뿐이요, 모든 게 먼지투성이인 데다가 한없이 어질러져 있다. (……) 그래도 마르크스나 부인은 아무렇지도 않은 듯하다. 손님을 정중하게 맞아들여 담배든 뭐든 있는 대로 정성껏 대접한다. 결국에는 재치가 넘치는 흥미로운 이야기판이 벌어져서 집안의 궁색한 꼴에도 눈감고 불편도 참을 만하게 된다. 실제로 사귀어 보면 참 재미있고 신기한 집안이라는 것을 알게 된다. 마르크스는 거칠고 참을성이 없는 성격이지만, 그래도 남편이자 아버지로서 더없이 온화하고 자상하다. (……) 첫눈에 사람들은 그가 에너지 넘치는 천재적인 인물임을 알아본다. 그의 지적 탁월성은 주변 사람들에게 거역하기 어려운 영향력을 미친다. 그는 진짜 보헤미안 지식인 생활을 한다. 씻고, 단장하고, 내의를 갈아입는 일은 좀처럼 하지 않는다. 그는 일정 시간에 자고 깨는 법이 없이 밤새 한숨도 안 자는 경우가 다반사이며, 그랬다가 대낮에 옷을 다 입은 채 소파에 누워 저녁까지 잔다. 종종 술에 취해 온종일 어슬렁거리곤 하지만, 뭔가 분명히 해야 할 일이 있으면 밤낮으로 일, 일, 일뿐이다. 교양미 넘치는 그의 아내는 남편의 그런 삶에 익숙해져 있다. 아버

지이자 남편 마르크스는 다정하고 온순하기 짝이 없는 사람이었다.'

이 시기 마르크스의 유일한 수입원은 「뉴욕 데일리 트리뷴」의 유럽 통신원 원고료였다. 형편이 다소 나아진 것은 1864년 이후 처가 쪽 유산과 친구가 남긴 유산을 물려받은 다음부터였다. 물론 나도 친구를 물심양면으로 돕기 위해 애썼다. 마르크스는 대영박물관에서 경제학, 사학, 정치학, 민족학, 인류학 등 광범위한 분야의 책과 자료를 섭렵했다. 읽은 것 가운데 중요한 부분을 노트에 빽빽이 초록(抄錄)해 나갔다. 그 성과가 『정치경제학 비판』과 『자본론』(1867년 1권 간행. 사후 유고를 정리하여 1885년 제2권, 1894년 제3권 출간)이다.

사회에는 생산 수단을 소유한 자본가와 노동력만 소유하고 착취당하는 프롤레타리아트, 이렇게 두 계급이 있다. 노동자는 임금을 초과하는 가치를 산출하지만, 노동자가 받는 것은 노동력 유지에 필요한 최소한의 것뿐이며, 노동자가 생산한 잉여 가치는 자본가가 차지한다. 그런데 한 시대의 생산력 발달은 생산관계(소유관계를 포함하여 생산 과정에서 사람들이 맺는 사회적 관계의 총체를 말한다)와 모순된다.

이 모순이 역사 단계 이행의 동력이다. 자본주의 체제에서 이러한 모순은 경제 공황을 발생시키기도 한다. 생산력과 생산관계의 일치는 자본가들이 사적으로 소유했던 생산 수단을 사회에 귀속시켜 공유함으로써 실현된다. 이를 통해 궁극적으로 착취와 계급이 없는 사회를 만들 수 있다. 『정치경제학 비판』'서설'에서 마르크스는 이렇게 말한다.

'사람들은 일생 동안 자신들의 의지와 무관하게, 사회적 생산을 통하여 철저하게 결정되어 있는 여러 관계 속으로 들어간다. 그러한 생산관계들은 물질적 생산력에 따라 결정되는 일정 수준의 발전 정도와 비례한다. 전체 생산관계는 사회의 경제 구조를 결정하고, 그러한 토대를 바탕으로 법률과 정치적 상부 구조가 이룩되며, 그 상부 구조에는 여러 사회적 의식 형태들이 자리 잡는다. 물질적 생활의 생산 양식이 사회적, 정치적, 지적 생활 전반을 결정짓는 것이다. 사람들의 의식이 존재를 결정하는 것이 아니라, 사람들의 사회적 존재가 그들의 의식을 결정짓는다.'

생애 마지막 10년 동안 마르크스는 건강이 악화되어 집필 활동을 지속할 수 없었다. 만년의 마르크스는 러시아에서의 혁명 가능성에 관심을 기울였다. 그 가능성에 대한 태도는 애매한 편이었지만, 『공산당 선언』 러시아어 제2판 서문에서 이렇게 말하기도 했다.

'러시아에서의 혁명이 서방의 프롤레타리아트 혁명을 위한 신호가 된다면, 그리고 양자가 상호 보완한다면, 현재 러시아의 토지 공동소유제는 공산주의 발전을 위한 출발점 구실을 할 수 있을 것이다.'

1881년 말 마르크스는 늑막염에 시달리며 병석에 누웠고 아내 예니는 사경을 헤매기 시작했다. 12월 2일 아내가 세상을 떠났을 때 마르크스는 병세가 심해 장례식에 참석하지 못했다. 이듬해 마르크스는 요양을 다녔지만 병세는 악화되기만 했다. 1883년 2월 마르크스는 폐에 고름집이 생겼다는 진단을 받았다. 3월 14일 오후 2시 30분, 내가 마르크스의 집을 방문했을 때 가정부는 마르크스가 2층 난롯가 의자에서 "반쯤 잠들어 있다"고 말했다. 1~2분 뒤 나와 동료들이 올라갔을 때 마르크스는 세상을 떠난 상태였다. 3월 17일 열한 명이 참석한 장례식에서 그는 런던 하이게이트 공동묘지 외딴 구석에 묻혔다.

사회주의 경향을 띤 언론들의 다분히 의례적인 찬사 외에는 언론의 별다른 주목을 받지 못한 죽음이었다. 마르크스를 비방했던 「펠멜가제트」만 "『자본론』은 비록 미완성이지만 수많은 책들을 낳을 것이며, 사회적 문제에 대해 진지하게 생각하는 모든 계급의 사람들에게 점점 더 큰 영향을 미치게 될지도 모른다"고 보도했다.

　　마르크스는 가족들과 '진실 게임'을 하면서 몇 가지 질문에 대해 이렇게 답했다. '당신이 가장 혐오하는 것은? 굴종! 인간에게 불행이란 무엇? 굴복! 당신의 가장 큰 특징은? 오로지 하나의 목표를 추구해 나가는 것. 좌우명을 꼽는다면? 모든 것을 의문시하라. 격언을 하나 남긴다면? 사람 사는 세상의 그 어떤 것도 결코 나 자신과 무관하지 않다!' 여기에 나타난 그의 진실보다 더 진실하고 정확한 대답이 또 어디에 있을까? 나의 친구 마르크스여! 친구와 함께 늘 '마르크스-엥겔스'로 거론되는 것을 크나큰 영광으로 여기는 바이다.

러시아 공작의
고백

크로폿킨

Pyotr Alekseevich Kropotkin, 1842~1921
제정 러시아의 무정부주의자이자 탐험가로 모스크바의 명문 귀족
가문에서 태어났다. 상트페테르부르크의 근위사관학교를 졸업하
고 장교로 복무하였다. 지리학에 흥미를 갖게 되어 퇴역한 뒤 유
럽 여러 곳을 돌며 연구와 탐험을 계속하였다. 여행 중에 무정부
주의자들과 교류하면서 영향을 받아 귀국 후 혁명 활동을 하다
체포되었다. 투옥된 지 2년 후에 탈옥하여 유럽을 전전하다 영국
에 정착하여 저술 활동에 전념했다. 주요 저서로는 『빵의 정복』, 『상
호 부조』, 『현대 과학과 무정부주의』 등이 있다.

경쟁하지 마라! 경쟁은 늘 그 종(種)에 치명적이다. 경쟁을 피할 수 있는 방법은 매우 많다. 상호 부조를 실천하라! 이것이야말로 우리들 각자와 모두가 최대한 안전을 확보하고 육체적, 지적, 도덕적으로 제대로 살아가고 진보하기 위한 가장 확실한 수단이다. 저마다 각자의 부류에서 가장 높은 위치를 차지한 동물들은 모두 이런 식으로 실천하고 있다.
– 크로폿킨, 『상호 부조』 중에서

만나 뵙게 되어 반갑습니다. 송구스럽기 그지없고요. 제가 쟁쟁한 철학자 분들과 한자리에 앉아도 되는 건지 모르겠습니다. 저는 머리가 남달리 뛰어난 사람도 아니고 깜짝 놀랄 만한 발견을 한 사람도 아닙니다. 그런 제가 저의 삶과 생각을 이야기해 달라는 요청을 받다니 좀 얼떨떨합니다. 더구나 저는 러시아 사람입니다. 19세기 유럽에서 러시아는 덩치는 컸지만 문화적으로나 정치, 사회적으로 뒤떨어진 나라였습니다. 그 때문에 사상적으로도 유럽의 지성계를 이끌어나갈 만한 역량이 없었지요. 저도 어디까지나 러시아인으로서 러시아의 문제를 깊이 고민했을 뿐인데, 그런 저를 칸트니 소크라테스니 하는 사람들이 있는 자리에 초대해 주셔서 감사합니다.

여하튼 요청을 수락한 이상 정직하게 제 삶과 생각을 말씀드리겠습니다. 먼저 19세기에 살았던 두 소년에 관한 이야기로 시작해 볼까요? 첫 번째 이야기입니다. 때는 1849년, 곱슬머리에 코가 높고 깔끔한 러시아 귀족 어린이 하나가 니콜라이 1세 황제를 알현하고 있었습니다. 황제는 거대한 무도회장의 단상에 올라 귀족들에게 인사를 받고 있었지요. 황금빛 장식이 찬란한 제복을 입은 시종 한 사람이 어린 귀족을 번쩍 들어 단상에 올려 주었습니다. 어린 귀족의 정중한 인사를 받은 황제가 물었습니다.

"네가 표트르 크로폿킨이냐?"

"예, 폐하."

"그래, 궁전에 와 보니 어떠냐? 이곳이 마음에 드느냐?"

"예, 너무 좋습니다, 폐하."

"하하하! 그래, 그래. 널 내 가까이 두어 시동(侍童)으로 삼았으면 좋겠구나."

황제는 어린 귀족에게 손짓하여 가까이 오게 한 뒤에 말했습니다.

"네가 말 잘 듣는 착한 소년일 때는 난 널 이렇게 대해 주지."

황제는 오른손으로 천천히 어린 귀족의 얼굴을 쓰다듬어 주었습니다.

"그러나 네가 말 안 듣는 개구쟁이일 때는 난 널 이렇게 만들어 줄 것이다."

황제는 어린 귀족의 코를 베어 버리는 시늉을 했습니다. 손가락을 모두 곧게 펴서 마치 칼로 무언가를 베어 내는 것 같은 동작 말입니다. 그때 소년 크로폿킨, 그러니까 어린 저는 눈물을 찔끔거렸습니다. 비록 어린 나이였지만 황제를 거역한다는 것은 죽음을 뜻한다는 걸 느꼈기 때문이지요.

이제 두 번째 이야기입니다. 때는 1871년, 남루한 옷을 걸친 깡마른 프랑스 소년 하나가 막 사형 집행을 당하려는 참입니다. 소년은 폭동 사건에 가담한 죄로 체포당했지요. 군인들이 총을 조준하여 소년의 심장을 겨누는 순간 소년은 사형 집행을 지휘하는 장교에게 부탁을 했습니다. 사형 집행장에서 가까운 곳에 살고 계신 홀어머니에게 자신이 갖고 있는 시계를 직접 전해 드리고 올 수 있게 해달라는 것이었습니다.

그 장교는 소년을 동정하여 청을 들어주었습니다. 그리고 마음속으로 '소년이 돌아오지 않겠지' 하고 생각했습니다. 소년을 그냥 놓아준 것이지요. 그러나 약 15분 후에 소년은 돌아왔습니다. 그리고 이미 사형 당해 쓰러져 있는 시체더미들을 헤치고 아까 서 있던 자리에 섰습니다. 그리고 장교에게 말했지요.

"나는 준비되어 있습니다."

열두 발의 총탄이 발사되고 소년의 짧은 삶은 끝났습니다. 가난과 굶주림에 못 이겨 어른들을 따라 총을 들었던 소년은 어머니를 홀로 남겨두고 그렇게 죽어 갔던 것입니다. 바로 이런 것들이 19세기 유럽의 풍경이었습니다. 저는 이런 풍경 속에서 귀족으로 삶을 시작해 투옥과 망명 생활을 한 뒤 가난 속에 생을 마쳤지요. 제가 어릴 적 겪은 일에 관한 기억 가운데 가장 인상적인 것은 아버지에 관한 것입니다. 아버지는 불타는 집에서 어린이를 구해 낸 공을 인정받아 나라에서 표창장과 메달을 받았습니다. 저는 아버지에게 물었습니다.

"불 속에 뛰어 드시기 겁나지 않으셨나요?"

"허허! 어린이를 구해 낸 건 내가 아니란다. 내 마차를 모는 하인 녀석 이반이 구했지."

"그러면 왜 메달과 표창장을 아버지가 받지요?"

"그야 물론 그런 용기를 보여 준 이반 녀석이 나의 종이기 때문이지. 뭐가 이상하지?"

어린 나는 참 재미있는 세상이라고 생각했습니다. 종이 훌륭한 행동을 하면 그 주인이 상을 받는 세상이었으니까요. 게다가 주인이 어리석은 일을 하면 종이 그 대가를 혹독하게 치르기도 했지요. 제 아버지는 1백 명이 넘는 종을 거느리고 계셨는데, 다른 귀족들에 비해 그다지 혹독하거나 잔인한 주인은 아니었습니다. 그렇지만 종이 조금이라고 잘못하면 인정사정없이 다루었습니다.

어느 날 아버지는 다른 종들을 시켜 이반을 기둥에 매어 달아 몽둥이로 사정없이 두들겨 패게 했습니다. 이반이 말에게 주는 건초의 양을 줄이고 다른 곳으로 빼돌렸다는 겁니다. 이반은 비명을 질러 대며 소리쳤습니다.

"주인님 제발, 제발! 저는 그런 짓을 한 일이 없습니다요. 주인님이 무언가 잘못 알고 계신 겁니다요. 제발 그만 때리세요!"

아니나 다를까, 아버지가 건초더미 숫자를 다시 세어 보니 아까와 달리 오히려 있어야 할 양보다 조금 더 많았습니다. 이반은 건초더미를 빼돌리지 않았던 겁니다. 그러나 아버지는 소리쳤습니다.

"네 이놈! 말에게 주는 먹이를 제때 충분히 주지 않았으니 건초더미가 남아도는 게 아니냐?"

아버지는 다음과 같은 글귀를 써넣은 팻말을 이반의 목에 걸어 경찰서로 넘겼습니다. '이놈은 주인에게 복종하지 않는 죄를 저질렀다. 자작나

무 회초리로 1백 대를 쳐서 벌하라.' 당시 러시아의 경찰서는 주인을 대신해 종을 벌주는 일을 주요 업무로 삼고 있었습니다. 이반은 그해 겨울 혹독한 매질의 후유증을 이기지 못해 세상을 떠나고 말았습니다.

저는 공작(公爵)의 지위에 계시던 아버지를 처음으로 미워하기 시작했습니다. 물론 제 아버지가 특별히 나쁜 사람이어서 그랬던 건 아닙니다. 종을 혹독하게 다루는 건 당시 귀족들의 일상사였으니까요. 심지어 종을 나무에 단단히 묶어 놓고 이마 한가운데 뾰족한 말뚝을 박아 죽이는 귀족들도 있었습니다. 도망치다 잡힌 종에게 잔인한 방법으로 벌을 내려 다른 종들에게 본보기를 보이려는 심산이었지요.

1861년에 황제는 종을 해방시키는 칙령을 발표했지만 그렇다고 그들의 처지가 나아진 것은 아니었습니다. 이른바 농노(農奴) 해방령이었습니다. 그러나 귀족들이 가만 있을 리 없습니다. 귀족들은 종에서 풀려나는 대가로 도저히 값을 길이 없는 큰 액수의 돈을 받아 내려 했습니다. 농노는 결국 국가의 법으로는 자유민이 되었지만, 실제로는 귀족들에게 자기들의 몸값만큼의 빚을 진 신세가 되어 버렸지요.

더구나 자유민이 되었다는 이유로 이전에는 내지 않던 세금도 내야 했습니다. 물론 그 세금은 농사지은 것들을 거의 다 바쳐야 겨우 부담할 수 있는 벅찬 액수였지요. 결국 그들 중 많은 이들이 굶어 죽어야 했습니다. 옛 주인의 땅에 얽매여 자신의 몸값과 세금 부담에 시달리는 그들이야말로 러시아 국민의 대다수를 차지했습니다. 겨우 살아남은 사람들 가운데는 견디다 못해 시베리아로 도망치는 이들이 많았습니다. 몸값과 세금을 내지 못하는 농민들을 강제로 시베리아로 이주시키기도 했지요. 추방당한 이들은 추위에 시달리다 죽어 갔고, 도망간 이들은 황제가 보낸 정찰부대에 잡혀 죽을지도 모르는 위험에 시달려야 했습니다.

이런 것들이 제가 자라날 때 러시아의 풍경이었습니다. 저는 군사 학교를 마친 뒤 선택의 기로에 섰습니다. 포병 장교, 기병 장교, 친위 장교 등 그 어떤 것이든 제가 택하는 대로 살 수 있었습니다. 그러나 저는 동료들과 상급자들이 크게 놀랄 만한 선택을 해 버렸습니다. 어느 누구도 가려 하지 않는 시베리아 주둔군 수비대에 자원한 것입니다. 그곳은 전도유망한 귀족 출신 청년 장교들이 무덤과 같은 곳으로 여기는 곳이었습니다. 저는 동료들의 비웃음 속에서 시베리아 사람의 복장을 갖춰 입었습니다. 광택 나는 검정 장화에 번쩍거리는 금빛 술이 치렁대는 말끔한 장교복은 여행 가방에 깊숙이 집어넣었습니다. 대신 회색빛의 헐렁헐렁한 바지와 두꺼운 검정 상의를 걸치고 사슴 가죽으로 만든 모자를 썼지요.

저는 시베리아에서 5년을 살았습니다. 그곳에서 저는 민주주의와 전제 정치가 이웃하여 행해지고 있는 모습을 보았습니다. 농민들이 모여 사는 자연 촌락의 자치 정부는 자유로운 선거에 따라 선출된 대표들로 이루어져 있었습니다. 물론 그 선거는 마을을 구성하는 모든 성인들이 직접 행합니다. 직접 민주 정치에 기반을 둔 자치 정부라고 할까요. 그러나 그런 자치 정부 위에는 황제가 임명하고 황제에 대해서만 책임을 지는 군인들로 이루어진 정부가 있었습니다.

이 군인 정부의 우두머리들은 권력을 무자비하게 휘둘렀습니다. 농민이나 부하 군인들이 말을 안 듣는 기미가 조금이라도 보이면 가차 없이 죽여 버리거나 매질을 해댔습니다. 한번은 제가 근무하던 지역의 군인 정부 우두머리가 현지의 한 여자를 심하게 매질했습니다. 당시 러시아의 법률은 여자를 때리는 것을 금하고 있었지만, 여자의 인권을 존중해서라기보다 여자를 때리는 일을 수치로 여겼기 때문입니다.

저는 이 사건을 조사하여 황제에게 보고하려 했지만 증인을 확보하는 일이 무척 어려웠습니다. 농민들은 러시아의 오랜 속담을 잘 알고 있었으니까요. '신(神)과 황제의 자비는 아주 먼 곳에 있지만, 너의 주인님은 바로 네 곁에 있다.' 먼 곳에 있는 황제의 권위보다는 가까운 곳에서 권세를 휘두르는 귀족이 더 무서웠던 것입니다. 더구나 사건의 피해자인 그 여자도 진술서에 서명하려 하지 않았습니다. 보복이 두려웠던 거지요. 저는 천신만고 끝에 피고자의 잘못을 입증해 내는 데 성공했습니다.

그러나 이게 끝이 아니었습니다. 몇 달이 지나 그 우두머리는 더 높은 급료를 받는 고위직으로 승진했으니까요. 제가 작성한 보고서가 올라가기도 전에 그는 영향력 있는 친구들을 동원해 손을 써놓았던 겁니다. 나중에 들은 이야기지만 그 사람은 큰돈을 벌어서 황제에게 충성을 다하자는 논조를 취하는 신문을 후원했다고 합니다. 농민의 고혈을 빨아 제 배를 채우는 이들이 도대체 어떻게 불쌍한 농민들에게 충성을 강요할 수 있단 말입니까?

저는 이런 위선적인 애국심이나 전제주의를 미워한 나머지, 니힐리스트(nihilist) 모임에 참여하기도 했습니다. 니힐리스트라는 말처럼 오해를 많이 받아 온 말도 드뭅니다. 문자 그대로 하면 허무주의자나 파괴주의자 정도가 되겠지만, 실상은 그렇지 않기 때문입니다. 물론 어떤 의미에서는 그런 말뜻이 맞기는 합니다. 낡은 우상과 권위에 대해서는 무관심하거나 오히려 그것들을 파괴하기를 바랐으니까요.

그러나 니힐리스트들은 세상을 비관만 하고 그냥 앉아 있는 염세적인 허무주의자가 아니었으며, 그렇다고 테러리스트는 더더욱 아니었습니다. 제 스스로 이런 말을 하기가 뭣합니다만, 저만 해도 대단히 친절하고 예의바른 신사였답니다. 저와 함께 했던 니힐리스트들도 아무런 적개심이나 악의가 없는 사람들이었지요. 무기를 들지 않은 전사(戰士)였다 할까요. 니힐리스트 모임의 친구들 가운데 유명한 이로는 작가 투르게네프가 있었습니다. 그와 나는 미신과 편견에 대해서는 절하기를 거부했고, 이성(理性)으로 정당화할 수 없는 오랜 관습들도 거부했습니다.

저는 제가 귀족으로 태어날 때부터 누려왔던 특혜와 안락한 삶의 기쁨에 현혹되지 않는, 한 사람의 철학자로 다시 태어나고 싶었습니다. 시베리아에서 제가 맡은 임무들 가운데 중요한 하나는 바로 탐험이었습니다. 탐험은 인간의 발길이 닿지 않은 땅에서 이루어졌지요. 탐험의 공식적인 목적은 바다로 흘러가는 새로운 강줄기를 찾는 것과 만주(滿洲)를 거쳐 동아시아 세계와 시베리아를 잇는 새로운 교역로를 개척하는 것이었습니다. 군사적이고 경제적인 목적이었지요. 이를 위해 저는 현지 안내인들과 함께 시베리아의 무수한 강을 건너고 산악 지대와 늪지대를 누볐습니다.

사실 말이 시베리아 주둔군 수비대이지 제 직업은 탐험가나 지리학자에 가까웠습니다. 제가 새로 발견한 강줄기나 처음 오른 산들이 최초로 지도에 표시되는 일이 많았으니까요. 저는 시베리아 시절의 경험을 바탕으로 지리학자이자 지질학자로 꽤 높은 명성을 누리면서 1871년에는 러시아 지리학회 간사직을 제의받기까지 했습니다. 그러나 시베리아의 광대한 자연은 저로 하여금 새로운 생각을 품게 만들었습니다. 자연이 빚어내는 장엄한 시(詩)는 인간의 영혼이 꾸는 진실한 꿈과 닿아서 깊은 조화를 이루고 있다는 생각이었습니다.

무어라 달리 표현해서 여러분들이 보다 쉽게 느낄 수 있도록 하면 좋겠지만, 제 부족한 표현력을 용서하십시오. 시베리아의 자연과 온몸으로 마주하며 느낀 것을 한두 마디 말로 표현하기는 역시 힘들군요. 어쩌면 인간의 표현력을 뛰어넘는 자연의 신비 때문일 겁니다. 시베리아에서 5년을 지낸 뒤 저는 앞서 말씀드렸듯이 지리학자의 삶을 택할 기회가 있었지만, 지리학상의 새로운 발견이나 연구를 통해 지적 기쁨을 만끽하고 앉아 있을 수만은 없다고 판단했습니다.

생존을 위해 한 조각의 빵을 필요로 하는 수많은 러시아 사람들에게 제가 쓴 지리학 논문이 무슨 소용일까요? 저의 지리학 연구에 드는 비용은 남을 위해 곡식을 기르면서도 자신의 아이들에게 줄 양식은 없는 불쌍한 이들에게 거두어들인 것이 아니겠습니까? 저는 억압받는 이들 곁에 머물며 그들의 삶이 보다 자유로워질 수 있도록 도와야 한다고 생각했습니다. 그래서 저는 세습 귀족권을 비롯한 저의 모든 기득권을 포기했습니다.

당시 많은 러시아의 젊은 지식인들이 그러했으니, 황제는 이를 그냥 두고 볼 수 없었습니다. 갖가지 죄목을 뒤집어 씌워 젊은 지식인들을 투옥시키고 시베리아로 강제 추방시켰습니다. 저는 자유로운 공기를 찾아 1872년 스위스를 방문했고, 그곳에서 노동자 연대 운동에 관심을 갖게 되었습니다. 그 운동의 궁극적 목표는 인류 전체가 연방 국가 비슷한 체제 아래 연합하여 평화를 이루는 것이었습니다. 그러나 너무 막연한 꿈이 아닌가 싶어 그 운동에 적극적으로 참여하지는 않았습니다.

대신 저는 보다 구체적일 일을 하려 했습니다. 강연을 통해 사람들을 일깨우고 잡지나 신문 같은 매체를 통해 계몽 운동을 하는 것이지요. 황제와 귀족의 횡포 아래 신음하는 러시아 민중들을 일깨우는 일 말입니다. 물론 이런 '불온한' 활동을 후원해 주는 이는 없었습니다. 그래서 저는 굶기를 밥 먹듯이 해야 했지요. 그러나 강연 시간이나 원고 마감 시간을 어긴 적은 한 번도 없었습니다. 어떤 일이 있어도 민중을 일깨우는 일은 중단 없이 이루어져야 한다고 생각했기 때문입니다.

물론 저 자신에 대한 교육도 중단할 수 없었습니다. 저는 철학을 열심히 공부했지만, 철학 교수가 되기 위해 공부하지는 않았습니다. 구체적 인간이 처한 구체적 상황과 현실을 고민하고 개선하려는 철학이 아니면 저에게는 무의미했습니다. 저는 그런 철학의 실마리를 인간의 행복과 자연의 신비가 깊이 결속되어 있다는 점에서 찾았습니다. 이 결속의 비밀은 무엇일까요? 그 결속은 어떻게 이루어져 있을까요? 아직 이런 질문에 대해 자신 있게 답할 단계는 아니었습니다. 제 생각은 이제 막 니힐리즘에서 아나키즘으로 발전해 나가고 있었습니다.

아나키즘(anarchism)이라는 말을 살펴볼까요? 그리스어에서 아르케(arche)란 어떤 근원적인 것, 현상의 배후에 있는 보다 본질적인 것, 현상을 규정하는 배후의 근본 질서 같은 것을 뜻합니다. 이 말에 부정(否定)을 뜻하는 접두어 'an'을 붙인 말이 아나키즘으로 근본적인 질서와 체제를 부정한다는 뜻이 되지요. 그러나 니힐리즘과 마찬가지로 아나키즘도 자주 오해되었습니다. 모든 걸 무너뜨린다는 파괴적인 사상으로 오해되기도 하고, 무질서하고 방임적인 반(反)사회적 사상으로 오인되기도 했습니다.

그러나 제가 이해하는 아나키즘이란 모든 인간이 본래부터 선하다는 전제에서 출발합니다. 다만 정부의 간섭이나 사회 조직들이 인간을 규제하고 억압함으로써 인간을 악하게 만들었다고 보는 겁니다. 우리가 해야 할 일은 폭력적인 혁명을 통해서가 아니라 점진적이고 평화적인 방식, 어떤 의미에서는 진화론적인 방식으로 정부를 사라지게 만드는 것입니다. 다스리는 사람이나 다스려지는 사람이 모두 무지에서 벗어날 때 그런 일이 가능할 것입니다. 저는 그런 아나키즘의 이상에 따라 행동하고자 했습니다.

스위스와 프랑스에서 여러 해 동안 망명 생활을 하고 러시아로 돌아온 저는 러시아 지리학회로부터 회장직을 맡아 달라는 제안을 받았습니다. 그때까지만 해도 지리학에 대한 관심이 있었던 저는 잠시 망설였지만, 러시아 정부가 저의 망설임을 깨끗하게 사라지게 해 주었습니다. 지리학회 학자들의 제의를 듣고 집으로 돌아오는 길에 경찰이 저를 불러 세웠습니다. "크로폿킨! 너를 반역죄로 체포한다." 황제를 몰아내려는 외국의 불온한 무리들과 결탁하여 러시아에 잠입한 간첩이라는 게 저의 죄목이었습니다. 때는 1874년이었습니다.

형식적인 심문과 조사가 끝나고 저는 '성 베드로와 성 바울 감옥'이라는 기묘한 이름의 감옥에 투옥되었습니다. 생지옥에다가 성인(聖人)의 이름을 붙여 놓은 꼴이지요. 감옥으로 이송되면서 바라보았던 네바 강의 아름다움을 저는 지금도 잊지 못합니다. 해질 무렵 서쪽에는 짙은 회색 구름이 걸려 있었고, 제 머리 위로는 흰 구름이 점점이 흘러갔습니다. 이 하늘의 풍광이 맑은 네바 강에 그대로 어려 있었습니다.

아름다운 풍경도 잠시, 저는 빛이 거의 들어오지 않는 습기 찬 감방에 홀로 갇혀 2년을 보냈습니다. 가끔씩 들리는 소리라고는 다른 감방에 갇힌 죄수들이 미쳐서 내지르는 소리뿐이었습니다. 그렇습니다. 저를 잡아 가둔 이들은 제가 미쳐 버리기를 바랐던 겁니다. 정말 미칠 것만 같았습니다. 2년이 지나자 저에 대한 감시는 다소 소홀해졌고, 저는 감옥으로 장작을 실어 나르는 마차 속에 몸을 숨겨 탈출할 수 있었습니다.

제가 탈출해서 사라졌다는 보고를 받은 황제의 분노가 어땠을지 짐작이 갑니다. 황제는 어떤 일이 있어도 저를 잡아들여야 한다는 엄명과 함께 유럽의 거의 모든 대도시마다 첩자와 자객을 보냈습니다. 사로잡는 게 여의치 않거든 죽여도 좋다는 명령 또한 내려졌지요. 그러나 저는 가명으로 활동하면서 스위스로, 프랑스로, 영국으로 옮겨 지냈습니다. 이제 삶의 이야기를 많이 해 드렸으니 생각을 좀 더 자세하게 말씀 드리겠습니다.

제 철학의 핵심 개념은 상호 부조입니다. 이 개념은 찰스 다윈의 진화론, 특히 생존 경쟁의 이론에 착안한 것입니다. 좀 이상하지요? 생존을 위한 경쟁과 상호 부조는 정반대 개념 같으니 말입니다. 그러나 상호 부조는 생존 경쟁만큼이나 중요한 자연의 법칙입니다. 다만 과학자들이 상호 부조의 측면을 간과하고 있었을 뿐이지요. 같은 종(種)들 사이에서는 생존을 위한 상호 부조가 이루어지고 있습니다. 저는 다윈이 말하는 적자

생존(適者生存)도 이런 뜻으로 이해합니다. '공존을 위해 가장 잘 협력하는 생물들이 가장 성공적으로 살아남는다.'

이것이 제 철학의 근본 전제입니다. 인간이라는 종의 발전적인 진화는 공격성이나 상호 적대를 바탕으로 이루어지는 게 아니라, 사회적이고 공동체적인 상호 의존성에 바탕을 두고 있습니다. 저는 이런 생각을 『상호부조: 진화의 한 요인』이라는 책에서 처음 공표했습니다. 나아가 그런 생각을 윤리 영역에까지 확장시켜 본 책이 미완성으로 남겨진 『윤리학』이라는 책입니다.

인간의 윤리적 덕목과 의무는 근본적으로 상호 부조와 보호의 원리에 바탕을 두고 있습니다. 그 원리는 본능이라고 할 수 있습니다. 인간의 진화 과정에는 도덕성에 관한 자연 법칙 같은 것이 개입되어 있는 것입니다. 저는 이런 생각을 근거로 윤리학을 일종의 과학으로 환원시켜 보려 했습니다. 남에게 받고 싶어 하는 대접 그대로를 남에게 베풀라는 황금률은 신(神)의 명령이기 전에 인간 종(種)이 생존하기 위한 자연의 법칙입니다.

이런 법칙은 동물에서도 마찬가지입니다. 종의 생존을 위해 반드시 필요한 보편적인 본능이 바로 상호 부조와 협력입니다. 그 본능을 잘 발휘하는 종은 살아남을 것이고, 그렇지 못한 종은 도태될 것입니다. 이를 입증하기 위해 저는 동물들의 사례도 많이 모았습니다. 제 친구인 장교 하나가 미국을 여행하다가 목격한 바에 따르면, 앞 못 보는 펠리컨 한 마리가 다른 펠리컨들로부터 먹이를 공급받고 있었다는군요. 그 먹이는 40킬로미터 이상 떨어진 곳에서 잡아 운반해 오는 물고기였습니다.

원숭이들은 서로의 털에서 벌레를 잡아 주고 박힌 가시를 빼 주기도 합니다. 자기 무리 중에 어리고 약한 것들을 공동으로 보호하고 적에 함께 대항합니다. 먹이를 조달하기 위해 조직한 일종의 특공대가 구해 온 먹이를 함께 나누어 먹기도 합니다. 맹수들도 서로를 죽이는 일이 거의 없습니다. 그저 상처를 입히거나 위협을 해서 자기 세력을 과시할 뿐이지요.

사슴이나 염소 무리는 숲과 들에서 풀을 뜯을 때 늘 맹수가 접근하는 걸 감시하는 보초를 세웁니다. 맹수의 공격이 시작되면 어린 것들을 에워싸 함께 보호합니다. 필요하다면 목숨까지 바치며 말이지요. 또한 제가 동물학자에게 들은 바에 따르면, 사냥꾼의 총에 어미를 잃은 어린 새가 둥지에서 떨어지자, 다른 새가 날아와 그 어린 새를 물어 다시 둥지에 놓아주었다고 합니다.

결국 상호 부조는 자연에서 가장 분명한 사실입니다. 상호 부조는 생존을 위한 가장 우수한 무기입니다. 자연은 물리적인 힘이 늘 승리하는 싸움판이 아닙니다. 개미, 비둘기, 오리, 사슴처럼 날카로운 치아나 부리도 없고 튼튼한 갑옷 같은 피부도 없는 종들도 성공적으로 생존 경쟁에서 살아남고 있습니다. 그 성공의 비밀은 바로 상호 부조의 본능에 있습니다. 아무리 약한 것들이라도 서로를 도울 때 강해집니다.

어떻습니까? 제 윤리학이 진화론의 기초 위에 서 있는 게 분명해 보입니까? 태고적 인간이 주변 동물들을 본보기로 삼아, 즉 동물들이 상호 부조하는 것을 보고 배웠을지도 모릅니다. 인간은 최고의 생존 법칙, 즉 상호 의존성과 상호 부조의 원리를 깨달아 실천하며 진화해 왔던 겁니다. 타인을 돕는 것이 결과적으로는 자신을 가장 잘 위하는 길이며, 자신을 보호하는 가장 강한 방패는 공격성이 아니라 다른 이를 위하는 마음과 행동입니다. 저는 이런 것을 인간이 지금보다 덜 진화되었을 때부터 지녀 온 '사회성의 감정'이라고 봅니다.

고도의 수준까지 발달한 도덕성은 우리가 정의니 공평이니 하고 부르는 것들입니다. 여기에서 공평이란 평등한 사람들 사이의 관계에서 실현되는 공정성을 뜻합니다. 우리는 모든 인간이 평등하다는 직관적인 느낌을 지닙니다. 대부분의 종교가 그런 사실을 우리에게 가르치고 있으며, 과학이 그 사실을 증명합니다. 타인을 희생시키고 짓밟으려는 공격성이 표출되어 있는 상태가 바로 부정의(不正義), 불평등, 불공평입니다. 그런 상태는 우리를 다툼과 불신, 그리고 심지어 죽음에 이르게 합니다. 이를테면 두 사람이 다투고 있을 때 그곳에서는 생존을 위한 자연의 법칙이 내려 준 처방, 즉 평등이 침해당하고 있습니다. 다투고 있는 사람들은 상대방을 억눌러 불평등하고 불공평한 이익을 취하려 애쓰고 있는 꼴입니다.

진화의 과정은 인간의 생존이 철저하게 상호 의존과 상호 부조에 달려 있다는 걸 말해 줍니다. 이 세상은 약자가 강자에, 게으르고 굼뜬 이가 부지런하고 민첩한 이에, 순진하고 단순한 이가 약삭빠르고 교활한 이에, 우유부단하고 소극적인 이가 무모하고 대담한 이에 늘 지고만 사는 전쟁터가 아닙니다. 문제는 어떻게 살 것인가가 아니라 어떻게 '함께' 살 것인가입니다.

인간이라는 종의 진화 과정은 상호 협력과 부조의 범위가 넓어지는 과정이기도 합니다. 가족에서 부족으로, 부족에서 국가로, 그리고 국가에서 국가들 간의 전 세계적인 연합체로 진행되어 왔고 진행되어 갈 것입니다. 지나치게 낙관적인가요? 그러나 갖은 고초와 위험 속에 살아온 제가 낙관론자라는 사실을 한번 곰곰이 생각해 보셨으면 합니다.

프랑스에서 폭동을 주도했다는 날조된 혐의로 체포되어 3년간 감금되었던 저는 1886년에 풀려나 오랜 세월 영국에서 망명 생활을 했습니다. 그런데 정말 예기치 않게 저에게 자유가 찾아왔고, 모든 러시아 사람들에게도 느닷없이 해방이 찾아왔습니다. 1917년에 공산 혁명이 일어난 거지요. 저는 40년 만에 귀국할 수 있었습니다. 그러나 저는 예전의 전제주의와 형태만 달리하는 또 하나의 전제주의를 볼 수 있었습니다. 황제와 귀족들 대신에 공산당이 들어선 것입니다. 러시아에 들어선 새 정부는 따뜻한 가슴이 없고 차가운 머리만 있는 정부였습니다. 모든 사람들이 평등하다고 선언했지만 사실은 모든 사람들을 똑같이 불행한 노예로 만들어 버렸습니다.

그럴듯해 보이는 새로운 구호들, 새로운 장밋빛 약속들, 그러나 여전한 관리들의 부정부패, 여전한 억압과 착취, 그리고 공공의 이익을 무시하고 개인의 권력욕을 채우기 급급한 사람들. 이 모든 것이 황제 치하의 러시아와 다를 게 없었습니다. 크게 실망한 저는 모스크바에서 멀지 않은 한적한 마을에 칩거했습니다. 혁명의 광풍에 휩싸인 러시아는 저를 거들떠볼 여유가 없었습니다. 오히려 저에게는 다행이었지요. 『윤리학』을 집필하는 데 전념할 수 있었으니까요.

당시 관습으로는 글씨를 빨리 쓰는 비서를 고용해서 구술(口述)하는 것이 보통이었지만 저는 그럴 여유가 없었습니다. 한 글자 한 글자 적어가다 보니 집필 속도는 형편없이 느렸습니다. 그래도 즐거웠습니다. 수월치 않은 제 삶의 궤적을 돌이켜보면서 그 삶을 통해 깨달은 진실을 적어 내려가는 일이었으니까요. 그러나 1921년 저는 『윤리학』을 완성하지 못하고 영원한 잠에 빠져들었습니다.

되돌아보면 제 삶은 실패와 좌절의 연속이었습니다. 남들이 보기엔 말도 안 되는 이상주의적인 꿈만 꾸기에 여념이 없었던 몽상가였다고 할까요. 이 세상은 결코 꿈꾸는 자의 몫을 순순히 허락하는 곳이 아니라는 걸 저는 잘 알고 있었습니다. 그럼에도 저는 제 꿈을 내버릴 수 없었습니다. 왜 그랬을까요? 진정한 평등과 상호 부조의 실현 없이는 이 땅에 정의를 실현할 수 없고, 정의가 실현되지 못한 이 땅에서 우리는 결코 평화롭게 살 수 없다고 확신했기 때문입니다. 부디 어지럽고 속된 세상 속에서도 꿈꾸기를 두려워하거나 주저하지 마십시오. 이것이 저의 마지막 부탁입니다.

표트르 알렉세예비치 크로폿킨으로부터.

좌절이라는
암호

카를
야스퍼스

Karl Theodor Jaspers, 1883~1969
베를린 대학, 괴팅겐 대학, 하이델베르크 대학에서 의학을 전공하고
1913년 「일반 정신병리학」이라는 논문으로 교수 자격을 취득했다.
후설, 하이데거 등 여러 철학자와 친교를 넓히면서 철학을 연구하
기 시작했다. 유대인인 아내와, 나치 정권에 비판적인 태도 때문
에 교수직을 박탈당하자 1948년에 스위스의 바젤 대학으로 옮
겨갔고, 정년퇴직을 한 후에도 그곳에 머물러 있다가 병사했다.
과학 기술 중심의 현대 서구 문명 속에서 개인의 실존과 존엄, 의미
를 구제하려는 철학을 펼쳤다.

일어난 일은 하나의 중대한 경고다. 일어난 일을 잊는 것은 중대한 죄악이다. 역사의 경고를 잊는다는 이 죄악. 우리는 모두 언제까지라도 분명하게 기억해야만 한다. 그러한 일이 일어나는 게 가능했다는 것은, 언제든 다시 일어날 수 있다는 뜻이기 때문이다. 정확하고 알고 분명하게 기억함으로써만이 그러한 일을 막을 수 있다.
− 나치 체제를 다룬 영국 BBC 다큐멘터리에 인용된 야스퍼스의 말

 혹시 실존(實存)이라는 말을 들어 본 적이 있습니까? 실존주의니 실존 철학이니 하는 말과 함께 들어 본 적이 있을지도 모르겠습니다. 아주 쉽게 말하면 실존이란 구체적이고 개별적으로 존재하는 하나하나의 사람을 뜻합니다. 돌이나 강아지는 실존할 수 없습니다. 이 돌과 저 돌은 모두 돌일 뿐, 이 돌이 저 돌과 반드시 그리고 완전히 다른 고유성을 지니지는 않습니다. 돌을 다른 돌로 대체될 수 있습니다. 강아지도 마찬가지입니다. 물론 내가 오랫동안 애지중지 길러 온 강아지는 다른 강아지들과는 다른 고유한 의미를 지닐 수 있지만, 그런 의미는 결국 사람인 내가 부여한 것이지 강아지 자체가 의미를 지닌다거나 강아지 스스로가 그런 의미를 자각하는 것이 아닙니다.

 사실 엄격히 말하면 사람도 실존할 수 없습니다. 사람은 보편적인 명사입니다. 철수, 기영이, 정훈이와 같은 개별적이고 구체적인 사람 하나하나가 실존하는 것이지 사람이라는 추상적인 개념이 실존하는 게 아닙니다.

더 극단적으로 말하면 나만이 실존할 수 있습니다. 주체적인 결단과 판단을 내리고 그에 관한 책임을 지면서 살아가는 나만이 실존하며, 타인들의 실존은 타인들 각자가 누리는 것입니다.

이런 까닭에 실존주의 철학자들은 타인들과 어울려 하루하루를 살아가고 있는 사람의 실상을 설명하는 데 다소 곤란을 겪기도 합니다. 실존의 주체성, 개별성, 고유성, 독자성을 강조하다 보니 그만 개인이 마치 바다로 가로막혀 있는 섬들처럼 고립된 존재가 되어 버린 것입니다. 사실 현대 사회를 보면 정말 그런 것 같기도 합니다. 대도시 거리를 오가는 수많은 사람의 무표정하고 지친 모습을 보십시오. 그들은 각자 고립된 실존으로 살아가고 있는 것처럼 보입니다. 어쩌면 우리는 모두 아무도 대신해 줄 수 없는 각자의 삶의 무게를 힘겹게 등에 지고 위태로이 하루하루를 살아가는 외로운 실존인지도 모르겠습니다. 철학자 야스퍼스가 그런 우리에게 말을 건넵니다.

어디서부터 얘기를 풀어 나가야 할지 좀 난감하군. 아무리 생각해도 과학부터 얘기해야겠네. 현대를 과학의 시대라고들 흔히 얘기하는 판이니 말일세. 오늘날의 과학은 정말 눈부실 정도지. 과학의 도움이 아니면 아마 우리는 한 발자국도 움직이지 못하고, 어떤 판단이나 예측도 못 할 걸세. 생각해 보게. 일기 예보 하나만 봐도 우리의 일상생활 속에 속속들이 영향을 미치는 과학의 힘을 알 수 있지. 우산을 들고 집을 나설 것인가, 두꺼운 코트를 입고 출근할 것인가?, 뭐 이런 문제에도 기상학(氣象學)이라는 과학이 개입하고 있거든.

이렇게 볼 때 우리는 과학적 지식을 바탕으로 우리의 행동 방향을 잡는다고 해도 지나친 말이 아닐 걸세. 시시각각 변하는 상황에서 행동 방향을 잡아 준다는 것만으로도 과학은 정말 놀라운 위력을 보여 주는 셈이지. 나는 과학의 이런 구실을 가리켜 '과학적 세계 정위(定位)'라고 말하네. 정위란 문자 그대로 위치와 방향을 정해 준다는 뜻이지. 과학은 실로 세계의 모든 사물과 현상들에 관한 지식을 통해 우리가 행동해야 할 방향을 잡아 주는 구실을 제법 잘 수행하고 있다네.

그러나 과학만이 유일하고 절대적인 방향타일까? 나도 젊었을 때 정신과 의사로 일하면서, 말하자면 정신 의학이라는 과학을 통해 정신 질환을 고치고 올바른 방향을 잡아 주는 구실을 하려 했었지. 하지만 그게 전부가 아니라는 걸 깨달았네. 모든 물질은 원자로 구성되어 있다니까 사람도 원자로 구성되어 있겠지. 그렇다면 원자의 구조와 기능을 완전히 파악한다고 해서 사람을 완전히 알았다고 할 수 있을까? 소화 기관, 호흡 기관, 두뇌 등의 구조를 완전히 파악하고 그 작용 원리를 다 알았다고 해서 사람을 완벽히 이해했다고 할 수 있을까?

심리학자나 정신 의학자들이 흔히 하는 이상한 실험이나 조사를 통해 우리가 '마음'이라 부르는 것의 정체를 완전히 파악할 수 있을까? 내 대답은 '아니올시다'라네. 가장 작고 기본적인 물질의 단위까지 쪼개어 들어가 보아도, 우리 사람은 자신에 관한 완전한 지식을 획득할 수는 없다네. 자기 자신에 대해서조차 이럴진대 저 광대무변한 우주에 대해서는 또 말해 무엇하겠는가? 가장 작은 것으로 환원시키고 쪼개어 들어가도, 가장 크고 무한한 것으로 확장시키고 멀리 나가보아도, 과학은 완전한 앎과 이해에 도달할 수 없다네.

그렇다고 실망할 필요는 없네. 과학을 무시할 필요도 없다네. 과학이 못나서 그런 게 아니라 과학은 본래 그런 것이니까. 물질, 생명, 마음의 영역을 물리학, 생물학, 심리학 등이 나름대로 열심히 연구하더라도 그 영역들을 하나의 통일된 세계상으로 묶어 줄 수는 없다네. 과학을 통해 우리가 취해야 할 방향을 안다는 건, 부분적이고 불완전할 수밖에 없어. 오히려 그런 각각의 영역을 깊이 연구할수록, 그 영역들 사이에 뛰어넘기 어려운 단절이나 비약이 있다는 걸 알게 되지.

사람을 단백질이 주성분인 일종의 유기 화합물 덩어리로 보는 화학자와 원자들의 결합체로 보는 물리학자, 포유류에 속하는 영장류 동물로 보는 생물학자, 이들 모두가 나름대로 올바른 자기 입장을 취하고 있는 것이지. 그들이 내놓는 대답은 다를 수밖에 없다네. 과학은 본래 그런 거야. 바로 여기에 철학이 끼어들 자리가 생긴다네. 과학에 의한 세계 정위가 완결을 볼 수 없고 한계를 지닌다는 걸 깨닫게 하는 게 바로 철학의 임무라네. 나는 철학의 이런 임무를 '철학적 세계 정위'라고 말하네. 과학이 그 자신만이 이 세계의 진리를 드러내 보여 주는 유일한 길이라고 뽐낼 때, 철학이 나서서 그렇지 않다는 걸 지적해 주어야 하는 거야.

물론 그런 지적은 과학을 부정하거나 비난하는 게 아니라네. 오히려 과학의 구실을 얼마든지 긍정적으로 평가할 수 있다네. 다만 그 한계를 지적해 준다는 거지. 그러니 과학자들은 자신들이 하는 일의 한계를 지적해 주는 철학에 고마움을 느껴야 한다네. 어떻게 보면 과학자들이야말로 철학을 할 수 있는 가장 유리한 위치에 있는 사람들이야. 과학의 한계를 과학자만큼 잘 알고 있는 사람들이 또 어디 있겠나? 나도 의학을 하다가 철학으로 방향을 바꾸었다고 말한 바 있지만, 만일 자네가 과학에 소질이 있다면 축복받은 거야. 철학을 한번 제대로 해 볼 수 있는 기회까지 부여받은 셈이니까. 여하튼 과학이 넘을 수 없는 한계, 달리 표현하면 '과학의 좌절'에서부터 우리는 비로소 실존이라는 문제로 들어서게 된다네.

실존이란 도무지 과학의 대상처럼 객관화될 수 없다네. 바로 우리 자신 각자이기 때문이지. 이력서나 자기 소개서를 자세하게 쓴다고 해서 그것이 자네의 실존의 명세서가 될 수는 없다네. 그런 기록물들은 백화점의 상품 진열대에 붙어 있는 상품 안내서와 하등의 차이가 없으니까 말이야. 자네의 실존은 그런 식으로 객관화하여 보여 줄 수 없다네. 백화점 상품 진열대의 물건들은 다른 백화점엘 가도 웬만하면 같은 것을 구할 수 있지. 품질에 차이가 있다지만 품질은 어디까지나 사람이 사용하기 위한 목적에서 의미가 있는 것이지. 그러나 자네나 나는 이 세상, 이 우주 어디엘 가도 다시 구할 수 없는 유일무이의 존재들이라네.

나의 기분, 나의 기억, 나의 경험, 나의 처지, 이 모든 것들은 그 어느 누구도 나를 대신해서 겪어 낼 수 없지 않은가? 이렇게 얘기하고 보니 실존이란 좀 고독한 것 같지 않은가? 사실 무척 고독하지. 심하게 앓으며 고통에 시달리는 경험을 한 적이 있나? 곁에서 누군가가 간호를 정성껏 해 준다고 해도, 고통과 마주하고 있는 나는 정말 외로운 존재라는 걸 깨달았겠지. 설령 몸의 병으로 인한 고통이 아니더라도, 누군가를 사랑하면서 앓게 되는 정신의 열병이나 고뇌 같은 것 또한 우리를 철저한 고독으로 몰아넣지.

더구나 그 누구도 대신할 수 없는 상황에서 나 홀로 어떤 중요한 결단을 내리고 그것에 따르는 책임을 져야 한다고 생각해 보게. 그런 상황이 도저히 피할 수 없는 방향으로 나에게 육박해 들어올 때 내가 느끼는 거의 절대에 가까운 고독감이라니! 사실 삶이란 그런 상황들의 연속이라고 해도 좋을 만큼 끊임없이 우리에게 고독한 결단을 요구한다네. 이 세상은 계속해서 나에게 크고 작은 주먹질을 해대며 내가 쓰러지기만을 바라고 있는 헤비급 챔피언과 같은 것인지도 몰라. 나는 작은 두 주먹을 불끈 쥐고 세상과의 계속되는 권투 시합에 나서야 하는 존재인 거야.

그런 권투 시합의 끝은 무엇일까? 그야 죽음이겠지. 죽음만이 우리를 세상과의 고통스러운 투쟁에서 해방시켜 준다는 사실이야말로 정말 아이러니하지 않은가? 고뇌, 투쟁, 책임, 그리고 죽음. 나라는 실존이 처한 이 피할 길 없는 상황이 뜻하는 건 뭘까? 그건 아마도 그런 상황을 피할 수 없다는 사실 바로 그 자체에서 찾을 수 있지 않을까? 생각해 보게. 우리가 그런 상황을 피할 수 없다는 건 결국 우리의 실존이 본래적으로 그렇다는 걸 뜻하지. 곧 그런 상황은 우리 실존이 처한 한계 상황이라고 할 수 있네. 우리 각자가 처한 한계 상황은 아무리 피하려 발버둥쳐도 피할 수 없다네. 오히려 피하려 발버둥치는 그 순간마저도 한계 상황의 하나일 테니까 말이야.

생각해 보면 자네나 나나 이 세상에 태어난 순간부터 이미 아주 근본적인 한계 상황에 던져진 거야. 자네는 자네가 원해서 이 세상에 태어났나? 아닐 테지. 그렇다고 원하지 않았는데도 이 세상에 태어난 것도 아닐 테지. 여하튼 자네는 자네의 뜻과 아무 상관 없이 태어나 이렇게 살아가

3. 자본·국가·소유·과학, 이 잘못되기 쉬운

고 있으니 이 얼마나 기막힌 우리 실존의 상황이란 말인가. 더구나 부모님, 고향, 나라, 인종 등을 자네가 선택한 것도 아니지 않은가? 요컨대 자네나 나는 철저하게 던져진 존재라네. 누가 그랬는지는 몰라도 우리는 자기 뜻과 상관없이 이 세상에 던져진 존재라네.

우리는 이런 한계 상황을 똑바로 쳐다보아야만 하네. 그리고 그 상황에서 우리가 벗어날 수 없다는 걸 분명하게 깨달아야 하네. 벗어나려고 발버둥치는 것은 도피일 뿐이며, 벗어날 수 없다는 걸 깨닫는 게 오히려 한계 상황에서 허우적거리지 않을 수 있는 길이라네. 한계 상황을 긍정하는 것이야말로 나의 실존을 해명해 볼 수 있는 유일한 길이 아닐까 하는 거야. 한계 상황을 피하려 하지 않고 오히려 똑바로 쳐다보는 것을 나는 '실존 해명(解明)'이라 부르네. 과학적인 세계 정위로는 도저히 드러낼 수 없었던 나라는 실존이 드러날 수 있는 유일한 방법이지.

과학이 추구하는 객관성을 가지고서 철저히 주관적인 자네나 나의 실존의 참모습이 어떻게 적나라하게 밝혀질 수 있겠나? 과학은 대상을 바라보기만 하지만, 실존 해명은 나라는 주관이 나 자신에 관해 자각하는 것이라네. 그 출발이 바로 각자가 처한 한계 상황을 분명히 깨닫는 것이지. 그런데 한계 상황을 인정하지 않는 사람들도 많다네. 특히 실존이 처한 한계 상황을 실존이 아닌 다른 그 무엇에서 비롯되었다고 보는 이들이 있다네. 나는 한계 상황을 실존이 겪는 본래적인 상황이라고 보았지만 사회, 국가, 제도 등이 지닌 문제와 모순 때문에 실존이 고통을 겪는다고 보는 사람들도 있어. 이른바 사회주의자들 가운데 그런 사람들이 많다네.

물론 나는 그들의 주장 가운데 훌륭한 점이 많이 있다는 걸 부인하지 않겠네. 잘못된 제도는 바뀌어야 하고, 사회는 보다 정의로워져야 하고, 국가가 국민을 괴롭혀서는 안 되겠지. 그러나 그 모든 것들은 기껏해야 '과학적 세계 정위'의 문제라네. 생각해 보게. 사회 체제와 제도를 완전히 변혁시켜서 개인이 겪고 있는 고통을 해결할 수 있을까? 사회주의자들은 흔히 자신들의 주장을 가리켜 '과학적 사회주의'라 부르면서 어떤 우월감을 느끼는 모양이더군. 그러나 내가 보기엔 '과학적'이라는 수식어야말로 사회주의가 인간의 실존의 문제를 근본적인 차원에서 다룰 수 없다는 걸 보여 주고 있어. 그들이 사회와 제도와 집단의 차원에서 '과학적'으로 출발하려 한다면, 나는 개인과 구체적인 상황의 차원에서 '실존적으로' 출발하려 한다네.

이 문제를 가지고서 나는 1946년에 루카치(György Lukács)라는 헝가리 출신의 사회주의 사상가와 격론을 벌이기도 했다네. 스위스에서 열린 제네바 평화회의에서였는데, 당시 토론의 주제는 '유럽 정신에 관하여'였다네. 루카치는 말했지. 유럽 정신의 위기는 자본주의 체제가 인간을 개인화하고 고립화하는 데서 비롯되었다고 말이야. 그리고 그는 전체에 눈을 돌리라고 역설했어. 내가 뭐라고 대꾸했겠나? 그렇다네. 나는 전체란 우리가 이해하는 모든 것보다 늘 큰 것이라고 주장했네. 전체를 이해한 다음에 우리의 나아갈 바를 정하여 산다는 건 불가능하다네. 전체보다는 구체적이고 개별적인 상황에 보다 더 깊이 주목해야 한다네.

루카치는 과학적 사회주의를 통해 전체의 문제를 진단하고 전체를 변혁시킬 수 있다고 보았지만, 나는 과학의 한계를 깊이 숙고한 사람으로서 실존의 상황에 대한 깊은 통찰을 통해 개인이 먼저 자각해야 한다고 본

거지. 나는 과학적 사회주의가 나쁘다거나 중요하지 않다고 무시하는 게 아니라네. 다만 그것이 보다 중요하고 본래적인 문제에 대한 근본적인 해결이 될 수 없다는 걸 지적하고 싶을 뿐이라네.

빵을 골고루 나누어 줄 수 있는 체제나 제도가 왜 중요하지 않겠나? 그러나 빵의 문제를 과학적으로 해결한다고 해서, 그것이 곧바로 인간이 처한 근본적인 한계 상황을 해결해 줄 수는 없다네. 요컨대 나는 빵의 문제가 모든 문제 해결의 관건이며 과학적인 문제 해결 방식만이 유일한 길이라는 편협한 인간 이해를 거부한 거야.

다시 한계 상황 얘기로 돌아가 볼까? 한계 상황도 그렇고 나라는 실존도 그렇고, 여하튼 내 뜻과 상관없이 주어졌거나 던져졌다는 걸 얘기했었네. 우리 자신의 힘에서 비롯된 게 결코 아니라는 거지. 나는 바로 이 사실에서 어떤 초월자(超越者)의 존재를 느꼈다네. 초월자라고 하니까 자네는 금방 교회에 나가면 만나 볼 수 있다는 신을 떠올리는 모양이네만, 그런 의미의 신은 아니라네. 내가 말하는 초월자는 절대로 대상화되어 인식할 수 없는 존재, 숨어 있는 존재라네. 나의 실존에 한계 상황을 부여한 숨은 존재라고 할까.

이 초월자는 교회에서 말하는 신, 그러니까 우리 앞에 아버지처럼 때로는 어머니처럼 놓여 있는 그런 대상이 아니라네. 그저 우리에게 한계 상황을 부여한 어떤 참된 존재라네. 한계 상황에 놓여 좌절하는 우리는 이제 초월자에게로 눈을 돌려야 하네. 그런 눈 돌림을 나는 바로 형이상학이라고 보았네. 초월자를 향해 진지하게 물어 나가는 것이지. 그렇다면 초월자의 숨은 수수께끼는 어떻게 풀어 나갈 수 있을까?

초월자는 사실 세상의 그 어떤 것에도 나타나 있다네. 세상의 모든 것, 모든 상황이 초월자의 암호가 될 수 있는 거야. 그 암호는 끊임없이 초월자를 암시해 주고 있지만, 그렇다고 속 시원하게 초월자를 알아낼 수 있을 만큼 분명한 건 아니라네. 요컨대 누구에게나 공통적으로 이해될 수 있는 방식으로 초월자는 이러이러하다고 설명하는 건 불가능하다네. 신이란 모름지기 이렇다 저렇다 정의를 내리고 설명하려 노력한 예전의 형이상학은 헛된 노력을 기울여 온 셈이지. 초월자에 대한 해석은 어디까지나 실존에 따라 다를 수 있음을 잊지 말게.

한계 상황으로 인한 실존의 좌절과 그 좌절에서 비롯된 실존의 자기 해명, 그리고 초월자에 대한 실존의 실존적인 해석. 이야말로 내 철학을 썩 잘 요약했다 하겠네. 좀 어렵지? 자네가 내가 말한 실존의 한계 상황을 체험하지 못했다면 이해하기 어려울 수도 있을 걸세. 급하게 생각하지 말고 앞으로 살아가며 닥치는 어려운 결단의 순간이나 책임의 순간, 또 쓰라린 좌절의 순간에 내 말을 다시 한 번 곱씹어 생각해 보게. 그러면 이해가 될 걸세.

초월자가 우리에게 보내는 결정적인 암호는 바로 좌절일세. 모든 지식과 의지와 능력이 좌절을 겪을 때 우리는 비로소 초월자와 만날 수 있다네. 실존은 좌절을 통해서만이 초월자와 만나는 거야. 물론 좌절은 초월자가 우리에게 보내는 말 없는 신호일 뿐, 초월자 그 자체는 결코 아니라네. 좌절이라는 암호는 어디까지나 초월자와 실존 사이를 매개할 뿐이지. 내가 앞서 말한 실존의 자각은 바로 초월자의 확인에서 완결된다네. 그다음에는 홀로 말없이 초월자를 향하는 일만 남게 되지.

자기 아닌 것들에게로 늘 두 눈과 귀를 활짝 열어 놓고 사는 현대인들을 생각해 보게. 쾌락과 안락을 위해 분주히 애쓰지만 결국 공허와 좌절에 몸부림치고, 또 그런 공허와 좌절을 피하고자 전보다 더 큰 쾌락을 추구하는 현대인들을 말이야. '소비자'라는 말이 있던데 이 말처럼 현대인들을 잘 나타내 주는 말도 없을 걸세. 나는 나가 아니며 다만 소비하는 그들 중의 한 사람일 뿐이니까 말이야. 그리고 기꺼이 나를 그들 중의 한 사람으로 편입시켜야 마음이 편해지는 이상한 습관을 한번 생각해 보게.

왜 나는 그대로의 나 자신이 되지 못하는 걸까? 왜 나는 나의 한계 상황을 철저히 자각함으로써 본래의 내 모습을 똑바로 보려 하지 않는 걸까? 왜 나는 내가 겪는 좌절을 내 실존에 초월자가 보내는 암호로 받아들이지 못하고, 쾌락을 통해 잊으려 하거나 절망할 뿐일까? 왜 나는 과학이라는 불완전한 방법에 그토록 기대어 빠져나오지 못하는 걸까? 도대체왜 나는 나 자신으로부터 도망치려 안달할까?

그럭저럭 살아가고 있는 자네에게 내가 너무 얼토당토않은 질문을 던졌다고 생각하나? 그렇게 생각한다 해도 나는 별달리 할 말이 없네. 나는 질문을 던질 수 있을 뿐이며 자네가 그 질문을 자네의 것으로 자각하고 해답을 찾으려 노력하는 건 완전히 자네의 결단에 달려 있으니 말일세. 다만 나는 진정한 자기 존재, 자기의 고유한 근원에 대해 자각해 나가는 성실한 사색만이 진리라고 할 수 있는 그 무엇에 조금이라도 더 다가가는 길이라고 말하고 싶네.

이 시대가 점차 잃어가고 있는 삶에 대한 엄숙함과 진지함을 나는 끝까지 포기할 수 없다네. 수학이나 과학은 엄밀함을 미덕으로 삼지만 철학은 엄숙함을 미덕으로 삼아야 한다네. 그래서 나는 내 철학을 일종의 '철학적 신앙'이라 부르기를 주저하지 않는다네. 좌절이라는, 불안이라는 초월자의 암호는 우리를 끊임없이 삶과 자기 자신에 대한 보다 엄숙하고 진지한 태도로 이끌지.

나는 인류 역사에 가끔 등장하는 위대한 사람들도 초월자의 암호라고 보았네. 물론 내가 말하는 위대한 사람들이란 군인이나 정치가가 아니라 고결한 정신을 지닌 사람을 뜻하네. 우리가 성인(聖人)으로, 깨달은 자로, 신의 아들로까지 추앙해 마지않는 이들을 한번 생각해 보게. 공자(孔子), 석가모니, 예수, 이런 사람들은 그 삶 자체가 어떤 초월자의 암호가 아닐까? 그들의 삶은 자기 시대 모든 사람들의 좌절과 불안과 고통을 마치 자기의 한 몸에 모두 지닌 듯한 좌절의 자국으로 점철되어 있다네. 그러면서도 본래적인 자기를 가장 완전하게 실현한 사람들이지. 그것을 인(仁)과 예(禮)의 완성이라 하든, 해탈이라 하든, 구원과 부활이라 하든 말이야.

우리가 그런 위대한 사람들의 가르침에 감화 받는다는 건 그런 위대한 사람의 정신과 오늘날 우리들 각자의 정신 사이에 어떤 교통(交通)이 성립한다는 걸 뜻하네. 그런 교통을 나는 '실존적인 교통'이라 부르네. 심지어 소설에 나오는 인물들과도 우리는 '실존적인 교통'을 할 수 있다네. 그런 교통을 통해서 우리는 실존의 고독감을 어느 정도 떨쳐 버릴 수 있다네. 좌절을 피하지도, 좌절에 빠져 허우적거리지도 않고, 좌절을 통해 본래의 자기를 실현하는 데 성공한 사람들의 얘기는 늘 우리를 고무시키지. 그들의 좌절은 그야말로 위대한 좌절이었어.

지금까지 내 얘기를 들어 보니 어떤가? 뭔가 무척 심각한 것 같고, 다소 우울하기까지 하나? 즐겁고 자신만만해서 다소 경박하기까지 한 자네의 기분을 망쳐 놓았나? 좀 야속하게 들릴지 모르겠지만, 자네의 기분을 망쳐 놓았다면 내 얘기가 목적을 달성한 것 같군. 희미한 기억의 실마리를 되살리려 할 때의 안타까움과 답답함을 느껴 본 적이 있나? 사소한 기억을 되살리는 데도 안타깝고 답답한데 자기 자신을 되살려 깨닫고자 할 때야 오죽하겠나?

하루하루 열심히 사는 건 중요하기도 하고 아름답기도 한 일이지. 그러나 더 중요한 건 열심히 사는 게 아니라 제대로 사는 거라네. '제대로'라는 말을 잘 생각해 보게. 나는 '제대로'란 '본래의 자기대로'를 뜻한다고 생각하네. 그러니 열심히 살아가는 틈틈이, 제대로 살기 위한 반성의 시간을 제발 마련하게나. 특히 왠지 모를 불안이 엄습하거나 큰 좌절과 고통을 겪게 될 때가 본래의 자기 모습을 되찾을 좋은 기회라네. 그런 순간에 자네는 소비자로서의 자네가 아니라, 자네로서의 자네와 적나라하게 마주할 수 있을 걸세.

지금까지 내가 한 얘기를 다 이해하지 못했더라도 좋네. 다만 좌절의 순간, 불안의 순간, 삶에 대한 공허감이 드는 순간을 TV나 잡지로, 음식이나 쇼핑으로 잊으려 하지 말게. 그렇다고 나는 자네가 수도승이 되거나 늘 고민에만 빠져 허우적대는 사람이 되기를 바라는 걸 결코 아니라네. 다만 우리는 가끔 자기 삶에 대한 근본적인 질문들과 깊게 마주해야 한다는 거지. 정말 따분한 내 얘기를 참을성 있게 들어 준 자네에게 감사하네. 모쪼록 내 얘기가 초월자의 암호로서 자네에게 전달되었기를 바라네. 지금 이 순간 자네가 좌절하고 있다면, 피하거나 휩쓸리지 말게. 실존을 회복하기 위한 기회로 삼아 좌절이라는 암호를 잘 해독해 보게나. 자네가 충분히 진지하고 솔직하기만 하다면, 틀림없이 훌륭하게 해낼 수 있을 거야.

그대가 철학적 신앙을 찾기를 바라는 카를 야스퍼스로부터.

열린사회를 향하여
카를 포퍼

Karl Raimund Popper, 1902~1994
1902년 오스트리아 빈에서 태어나 빈 대학에서 철학, 수학, 물리학, 심
리학 등을 공부하였으며, 1928년 철학 박사 학위를 받았다. 1934년
『탐구의 논리』를 출간하여 영국의 여러 대학교에서 강의하게 되었
다. 1937년 나치즘을 피해 뉴질랜드로 망명했고, 1945년 전체주
의를 비판하는 『열린사회와 그 적들』을 썼다. 제2차 세계대전이
끝난 뒤 미술사학자 에른스트 곰브리치와 경제학자 하이에크의
도움으로 영국에 정착해 런던 대학에서 논리와 과학 방법론 교수
로 활동하며, 1957년 마르크스주의의 역사관을 비판한 『역사주의
의 빈곤』을 출간하였다.

예상치 못한 건 아니지만, 어떤 사람들은 내가 마르크스를 너무 심하게 다뤘다고 비난했다. 그런가 하면 또 어떤 이들은 플라톤에 대한 격렬한 공격에 비하면 내가 마르크스에 대해 상대적으로 관용적이라고 말했다. 나는 지금도 플라톤에 대해서는 아주 비판적으로 볼 필요가 있다고 생각한다. '신(神)'과 같은 철학자에 대한 일반적인 숭배란 바로 플라톤의 압도적인 지적 업적에 바탕을 두고 있기 때문이다. 반면 마르크스에 대해서는 오히려 그의 이론이 지닌 놀랄 만한 지적, 도덕적 호소력에 대한 공감적 이해와 함께 그의 이론에 대한 냉엄한 합리적 비판이 필요하다.

– 카를 포퍼, 『열린사회와 그 적들』 중에서

나는 1902년 7월 28일 오스트리아의 빈에서 변호사의 아들로 태어났다네. 어릴 적 나의 놀이터는 아버지의 서재였는데, 당시 유럽의 교양 있는 유대인 가정이 대부분 그렇듯이 아버지의 서재는 작은 도서관이었지. 고대 철학 원전부터 당시로서는 최신 사상이었던 마르크스나 베른슈타인(Eduard Bernstein)의 책까지 거의 모든 서양 사상가들의 저술이 서가에 꽂혀 있었어. 그러나 나는 그런 철학 고전에 깊숙이 빠져들지는 않았네. 물론 주의 깊게 모두 읽어 보았지만 깊이 연구하고픈 마음은 들지 않더군. 나의 지적 호기심의 대상은 자연 과학이어서 빈 대학에서 나는 수학과 물리학을 공부했다네.

만일 철학을 공부하고 싶다면 나 같은 방식을 따르라 권하고 싶다네. 다른 철학자들의 책만 들여다본다면 거기에서 어떻게 새로운 생각이 싹틀 수 있겠는가? 그보다는 문학, 수학, 물리학, 천문학, 역사학, 지리학, 생물학 등 다른 분야를 열심히 파고드는 게 좋아. 어떤 분야든 깊이 공부하다 보면 철학적 문제와 마주하게 되지. 철학을 통해서만 철학을 공부하고 연구하려는 것은 좋지 않다네.

나의 대학 시절에서 빼놓을 수 없는 게 바로 빈 서클(Vienna Circle)이라네. 나는 이 서클에서 활동하지는 않았지만 적지 않은 지적 자극과 영향을 받았지. 서클이라고 하니 취미 활동이나 봉사 목적 서클을 떠올릴지도 모르지만 빈 서클은 일종의 학파(學派)였어. 그래서 빈 학파 혹은 빈 학단(學團)이라 일컫기도 하지. 당시 빈 대학에 재직하던 일단의 학자들이 어떤 공통된 입장을 공유하면서 유럽 지성계에 새로운 파문을 던졌던 것이야.

빈 학단 사람들은 그때까지 나온 모든 철학적 입장들에 마치 불량배라도 된 듯이 시비를 걸었다네. 적어도 그 당시 모든 철학자들의 입장에서 보면 빈 학단은 불량 서클이었던 셈이지. 어떤 이유로 시비를 걸었을까? 철학적 주장이란 결국 말로 이뤄지는데 빈 학단은 바로 그 말에 시비를 걸었지. 철학자들의 말이 완전히 무의미하다고 주장했어.

우주가 유한한지 무한한지, 세상 모든 일이 인과적으로 결정되어 있는지 아니면 우연히 일어나는 건지, 영혼이 있는지 없는지, 있다면 영혼은 나누어질 수 있는지 등의 문제를 놓고 그럴듯한 논리적 구색을 갖추고 문학적 재치까지 더해 떠벌이는 철학자들을 손보려 했다네. 그런 문제를 놓고 왈가왈부해 봐야 무의미한 헛소리가 될 뿐이라고 생각한 거야.

그렇다면 무의미한 진술과 유의미한 진술을 구분하는 기준이 뭘까? '물은 섭씨 0도에서 언다', '모든 백조는 희다', '모든 까마귀는 검다', 이런 진술들은 유의미하지만, '신은 존재한다', '영혼은 불멸한다' 따위의 진술은 무의미하다네. 이 두 부류의 진술들 사이의 차이는 감각 경험으로 검증할 수 있는 것과 없는 것의 차이일세. 백조가 흰지 아닌지, 물이 섭씨 0도에서 어는지 아닌지는 눈으로 검증하면 되지만, 신이 존재한다는 것은 눈으로 확인할 수 없거든.

빈 학단은 이런 기준을 가리켜 '의미의 검증 이론'이라 불렀지. 어떤 진술이 유의미하려면 그 진술의 내용을 경험적으로 검증할 수 있어야 한다고 본 거야. 그들은 이 검증 이론을 무기 삼아 철학자들의 말을 무의미한 헛소리라고 비판했네. 무의미한 헛소리는 학문의 영역에 머무를 자격이 없지. 빈 학단은 경험적으로 검증할 수 없는 진술을 과학의 영역, 학문의 영역에서 영원히 추방하려 했어.

어떤가? 자네도 그들의 야심 찬 도전에 박수를 보내고 싶은가? 하지만 좀 참게. 나도 처음에는 그들의 주장에 막힌 가슴이 시원하게 뚫리는 것 같았지. 그러나 섣불리 그들 편에 가담하지는 않았네. 그렇게 하기에는 그들의 주장이 너무 허점이 없어 보이더군. 허점이 없어 보인다는 것, 바로 이 점이 위험스럽게 보였던 거지. 나는 그들에게 되묻고 싶었네. 당신들의 주장은 검증할 수 있는 것이냐고 말이야. 빈 학단이 주장하는 의미의 검증 이론 자체는 결코 경험적으로 검증할 수 없다네. 그렇다면 이건 일종의 자가당착이 아니겠는가? 이게 무슨 뜻일까? 빈 학단의 입장도 어디까지나 빈 학단이 생각한 이상적인 과학의 모습을 당위적으로 주장하는 것에 불과하다는 뜻이지. 요컨대 빈 학단은 자신들이 그렇게 싫어했던, 경험적인 검증이 불가능한 형이상학적 주장을 스스로 하고 있는 꼴이야.

검증 이론이 지닌 허점이 또 있네. 자네는 '모든 백조는 희다'라는 진술을 경험적으로 검증할 수 있다고 생각하나? 그렇게 보일지도 모르지. 동물원에 가서 두 눈을 크게 뜨고 백조가 희다는 걸 확인하면 될 테니까. 그러나 문제가 그렇게 간단하지 않네. 바로 '모든'이라는 말 때문이지. 이 진술이 빈 학단의 검증 이론을 충족시키려면 어떻게 해야 할까? 과거와 현재와 미래에 걸쳐 지구에 존재했던, 존재하는, 존재하게 될 모든 백조를 두 눈으로 확인해야 하겠지. 결국 이 진술을 경험적으로 검증한다는 건 불가능하다네. 결국 빈 학단이 경험적 검증이라는 진술의 유의미성의 기준을 고집하는 한 이런 어려움에 빠질 수밖에 없어.

나는 바로 그런 어려움을 극복할 수 있는 새로운 기준을 제시했다네. 내가 제시한 기준에 따르면 '모든 백조가 희다'는 진술은 당당히 과학적 진술의 자격을 얻을 수 있다네. 자네가 들어 봤는지 모르겠지만 오스트레일리아에서 검은색 백조가 발견되었어. '모든 백조는 희다'는 진술은 더 이상 참이 아니게 된 거지. 그런데 바로 이 때문에 '모든 백조는 희다'는 진술은 과학적 진술이 된다네.

즉 이 진술은 언제라도 새로운 관찰 결과에 따라 뒤집어질 수 있는 가능성을 지니고 있지. 나는 그런 가능성을 반증(反證) 가능성이라고 일컬었네. 영어로는 'falsifiability', 그대로 옮기면 '거짓이 될 수 있는 가능성' 또는 '허위로 드러날 가능성' 정도가 될 거야. 어떤 진술이든 그것이 새로운 경험적 관찰 결과에 따라 허위로 드러날 가능성이 있다면, 즉 반증될 수 있는 가능성을 지닌다면 그 진술은 과학적 진술이 될 수 있다는 거지.

이런 나의 주장이 무엇을 뜻하겠는가? 우선 우리가 현재 참이라고 알고 있는 모든 진술은 잠정적으로만 참일 뿐이라는 걸세. 새로운 결과가 나타나 기존의 참인 진술을 뒤집어 놓을 때까지 잠정적인 진리로 대접받고 있는 거지. 그런 진리만이 과학적 진리라고 할 수 있네. 결국 진리는 불변하는 게 아니라 우리가 조금씩 영원히 접근해 나가야 할 무지개와 같은 것이라네.

이에 비해 반증할 수 없는 진술은 과학이 아니라 사이비(似而非) 과학이라고 할 수 있네. 칼 마르크스의 주장이 대표적인 예가 될 수 있지. 자본주의 사회 이후에 공산주의 사회가 도래한다는 그의 주장은 반증할 수 없는 예언에 불과하다네. 그런 예언에 희망을 거는 건 각자의 자유겠지만 적어도 그것은 과학적 진술이 아니야. 그런데도 마르크스를 따르는 이들은 마르크스 사상을 과학이라 부르지.

구(舊)소련과 동구 사회주의권의 몰락이라는 일종의 경험적 증거 때문에 마르크스의 주장이 반증되었다고는 생각 말게. 핑계거리가 워낙 많으니까 말일세. 이를테면 진정한 자본주의 사회가 아직 실현되지 않았기 때문에 공산주의 사회의 도래도 한참 뒤에나 가능하다는 식으로 핑계를 댈 수 있다네. 밑천이 바닥나니까 억지로 끌어다 붙이는 주장이라고 할 수 있지.

이런 식으로 갖다 붙이고 나면 애초의 진술은 어떤 반증 자료를 들이대어도 근근이 버텨 나갈 수 있게 되고, 어느 정도 불변성까지 지니게 된다네. 바로 이렇게 되어 그 진술은 스스로가 과학이기를 거부하게 되는 거야. 본래부터 경험적인 결과에 의해 반증되는 것이 불가능하도록 고안된 진술이라고 할까. 그쯤 되면 문제의 진술은 일종의 종교적 교리나 예언의 지위를 획득한다네. 세상이 불의 심판을 받아 선택된 자들만이 구원받는다는 종교적 예언과, 혁명의 피바람이 몰아친 뒤 노동자 계급의 천국이 도래한다는 주장 사이에 무슨 차이가 있을까? 고대 이스라엘의 유대인 예언자들과 산업 사회의 예언자 사이에는 뜻밖의 많은 공통점이 보여.

이에 비해 아인슈타인은 자신의 이론이 옳다면 예정된 시각과 위치에서 특정 천체를 관측할 수 있다는 걸 공표했네. 만일 그 천체가 아인슈타인이 말한 시각과 위치에서 관측되지 않으면 그의 주장은 틀린 것이 되지. 다시 말해서 그는 자신의 이론이 관찰 결과에 따라 반증될 수 있는 가능성을 활짝 열어 놓은 거야. 이 때문에 그의 이론은 훌륭한 과학적 진술이라고 할 수 있고, 다른 관찰 결과에 따라 반증될 때까지는 잠정적으로나마 진리의 자리를 차지할 수 있다네.

그러니 자네도 다른 사람의 말을 들을 때 그저 겉으로 느껴지는 그럴듯함에 취해 금방 믿어 버리지 말고, 그 말이 틀릴 수 있는 여지를 충분히 남겨 놓은 것인지 살피게. 오류의 가능성을 허락하지 않는 진술은 점쟁이의 예언이나 다름없다네. 과학이라고 내세우는 온갖 진술에 현혹되지 않고 이 과학의 시대를 살아가려면, 내가 말한 반증 가능성을 꼭 염두에 두게나.

이제 내 사회 철학에 대해 말해 보겠네. 한 가지 알아 둘 것은, 내 사회 철학이 앞서 말한 과학 철학과 밀접하게 연관되어 있다는 것이야. 늘 비판에 의해 반증될 수 있는 가능성이 열려 있고, 그런 반증을 통해 점진적으로 과학이 발전한다는 생각은 사회에 대해서도 마찬가지였어. 나는 그것을 열린사회(open society)와 닫힌 사회(closed society)라는 대립적인 개념으로 설명했다네. 어찌 보면 인간의 역사는 이런 두 가지 사회 형태들 사이의 갈등의 역사라고도 볼 수 있지.

닫힌 사회는 그 사회의 법률과 관습을 마치 계절의 순환과도 같은 자연법칙 같은 것으로 여기는 사회라네. 국가가 시민 생활의 모든 면을 규제하려 들고, 개인은 무엇이 옳고 그른지에 대한 자율적인 판단을 스스로 내릴 수 없으며, 오직 전체의 한 부분으로서 전체에 기여할 때만이 그 존재 이유를 지니는 그런 사회지.

이에 비해 열린사회는 사회를 이루는 개인 각자가 자율적인 판단에 따라 행위하고, 그에 대한 책임도 스스로 지는 사회라네. 어떤 불변의 규칙이나 법률의 권위보다는 합리적이고 자유로운 판단과 서로에 대한 건설적인 비판을 통해 유지되는 사회라네. 규칙이나 법률은 필요에 따라 얼마든지 바뀔 수 있는 약속에 불과하지.

플라톤은 『국가』에서 지배하는 자와 지배받는 자 사이에 분명한 선을 긋고, 지배 계급만을 위한 기묘한 교육 체계까지 고안해 냈지. 플라톤은 '누가 지배하는가'의 문제에 몰두한 셈이야. 그러나 나는 '나쁘거나 불완전한 지배자가 공동체에 피해를 끼칠 수 없게 만드는 정치적 제도를 어떻게 갖추어야 할까?'라는 문제에 몰두했다네. 이런 점에서 나는 고대 그리스의 정치가 페리클레스를 따른 셈이지. 그는 이렇게 말했어. '우리 정부는 소수보다 다수를 존중한다. 이것이 민주주의다. 우리는 정치 행위에서 토론을 장애물로 여기지 않으며, 현명하게 행위하기 위한 불가피한 전제로 여긴다.'

열린사회는 개인의 자유와 권리가 보장되는 사회이며, 개인이 이성에 따라 스스로 판단하고 행위하며 그에 대해 책임지는 사회라네. 여기에서 자유란 다수와 의견을 달리하고 자신의 길을 독자적으로 선택하여 걸어갈 수 있는 자유이며, 권리란 통치자를 비판할 수 있는 권리라네. 다수의 의견에 따라 사회가 운영되면서도 소수의 권리를 존중해 주는 관용과 배려가 자유로운 비판과 함께 숨 쉬는 사회. 이 정도면 살 만한 사회가 아니겠는가?

그런데 이런 열린사회를 방해하는 적들이 있다네. 특히 위험한 적은 바로 유토피아주의(utopianism)일세. 유토피아주의자들은 퍽 성미가 급하고 완벽주의 기질마저 지니고 있지. 그들은 이 사회를 결점이 하나도 없는 이상적인 사회로 한꺼번에 바꾸어야 한다고 생각하고, 또 충분히 그럴 수 있다고 믿는 사람들이거든. 그들은 자신들이 그려 놓은 이상적인 사회의 모습에 따라 지금의 사회를 뜯어 고치려고 하고, 그 과정에서 방해가 되는 것들은 무자비하게 제거하려 하지. 폭력 혁명으로 이 사회를 완전한 이상 사회로 바꿀 수 있다고 확신하는 사람들이 대표적인 예라네.

모든 악과 모순에서 완전히 해방된 사회를 한꺼번에 이루고자 하는 열광에 사로잡힌 그들에게 냉철한 이성과 책임감을 기대하는 건 무리라네. 길게 얘기할 필요도 없이 러시아 혁명 이후 스탈린의 독재와 공포 정치를 떠올려 보게. 유토피아주의는 늘 소수의 혹은 한 개인의 강력한 중앙 집권적 지배를 필요로 하기 때문에 독재 정치로 이어지기 마련이야. 더구나 최초의 유토피아 설계자가 궁리한 유토피아의 모습은 그 후계자에 와서 달라질 수 있어. 완전한 사회의 모습 자체가 달라져 버린다면, 오류가 없는 완전한 사회로 규정되었던 목표 자체가 무의미한 게 아니겠는가.

유토피아주의는 단 하나의 완벽한 사회가 절대적으로 변하지 않고 존재할 수 있다는 종교적 신념에 가깝다네. 좀 심하게 말하면 마법을 믿는 것과 비슷하다고 할까. 혼자서 그런 신념을 품는다면야 남에게 피해를 끼칠 것까지는 없지만 그런 생각을 다른 사람에게도 강요하는 일이 많아. 자네 얼굴이 점점 더 불만스러워 보이는군. 그러면 도대체 어떻게 이 사회를 보다 나은 방향으로 고쳐 나갈 수 있겠느냐, 나에게 따지고 싶은 게로군. 무리는 아니지. 자네는 아직 젊으니까 말일세. 내가 제시하는 방법을 한번 들어 보게나.

내가 제시하는 사회 변혁의 방법은 점진적인 사회 공학이라네. 우리는 사회 전체를 근본에서부터 뜯어 고치기 위해 애쓰기보다는 개별적인 사회 문제 하나하나를 고쳐 나가야 하네. 모호하기 짝이 없는 선과 정의를 실현하려 애쓰지 말고 눈에 보이는 구체적인 문제를 해결해 나가는 거지. 이렇게 차근차근 고쳐 나가다 보면 우리 사회는 점차 전보다 더 좋은 곳으로 바뀌어 나간다는 게 내 확신이라네.

물론 이런 점진적인 개혁의 방법을 제대로 시행하려면 몇 가지 조건이 충족되어야 한다네. 먼저 우리의 모든 행위가 이성(理性)에 바탕을 두어야 하네. 이 말은 우리의 행위가 비판과 논증의 기초 위에서 이루어져야 한다는 뜻이지. 다른 사람들의 비판에 늘 귀를 열어 두고, 경험에서 한 수 기꺼이 배워 자신의 행위를 고쳐 나가려는 열린 자세가 중요한 거야. 감정에 호소하지 말고 이성과 경험에 호소하게나. '내가 틀렸고 당신이 옳을 수도 있으며, 서로가 서로에게 배워서 함께 고쳐 나간다'는 자세를 지키게나.

이렇게 함께 노력해 나간다면 굳이 많은 사람이 피를 흘리는 혁명을 일으킬 필요가 없어질 걸세. 빈곤 문제를 해결하려면 빈곤 퇴치를 위한 제도와 법률을 제정하고 사회 복지 제도를 보완해서 점차 개선해 나가야 하겠지. 어떤가? 그래도 역시 자네의 구미에는 영 맞지 않는가? 그렇다면 어쩔 수 없지. 자네의 주관적인 성향이나 판단도 존중되어야 하니까. 그러나 이것 하나만은 자네도 명심해야 하네. 자네가 아닌 다른 사람들도 자신의 의견을 자유롭게 말할 권리를 지닌다는 걸 말이야. 직접 자네와 대화할 수 없으니 좀 안타깝군. 내 주장에 대한 자네의 생각을 듣고, 또 그에 대한 내 의견을 내놓는 식으로 대화해야 제대로 의견을 나눌 수 있는 건데 말이야.

고백하자면 나는 한때 사회주의 중등 학생 연맹이라는 좌파 단체의 열성 회원으로 활동한 적이 있다네. 그러나 나는 사회주의 사상이 근본적으로 전체주의의 싹을 품고 있다고 판단했어. 나의 이런 생각을 더 자세히 알고 싶다면 『열린사회와 그 적들』이나 『역사주의의 빈곤(*The Poverty of Historicism*)』이라는 나의 책을 읽어 보게나. 지금 내가 하고 있는 말을 자네가 이해하고 있다면, 그 책들도 충분히 이해할 수 있을 걸세.

지금까지 내가 한 말을 한마디로 요약하면 비판적 합리주의라고 할 수 있네. 나에게는 어느 누구의 주장이라도 비판할 수 있는 자유가 주어져 있고, 다른 모든 사람들도 각자 그런 자유를 갖고 있다는 의미에서 내 입장은 '비판적'인 것이지. 또한 감정과 흥분이 아니라 오로지 이성에 바탕을 둔 논증과 대화를 통해 결론을 이끌어 내야 한다는 점에서 내 주장은 '합리적'이지. 이성에 바탕을 둔 자유로운 토론과 비판이 보장되고, 그런 과정을 거쳐 문제를 해결하는 사회가 내가 바라는 열린사회의 참모습이야. 비판적 합리주의가 제도화된 사회라고 할까.

물론 나는 이런 사회가 최선의 사회이며 가장 이상적인 사회라고 주장하지 않겠네. 다만 그런 사회가 쓸데없는 희생과 낭비를 최소화시켜 줄 수 있고, 실수를 범할 가능성이 가장 적은 사회라는 것만은 단언하고 싶네. 이 지상에 신(神)의 정의를 실현하겠다고 설치는 이들의 호언장담에 귀 기울이지 말고, 우리 앞을 막고 서 있는 크고 작은 불의(不義)부터 하나하나 제거해 나가야지.

나는 20세기 초에 태어나 20세기의 온갖 불행과 고통을 지켜보며 살아왔네. 특히 젊은 시절에는 제1차 세계대전과 공산주의 혁명, 극우 파시

즘, 인종 차별주의의 광풍을 겪어야 했지. 제2차 세계대전의 참상과 동서 냉전의 비극은 또 어떤가. 나는 20세기 초반과 중반에 걸친 전체주의 사상과 체제의 위험성을 직접 목격한 사람이라네. 내가 이토록 전체주의를 비판하게 된 것도 그 때문일 거야.

내가 1937년에 뉴질랜드로 이민간 것도 히틀러가 오스트리아를 독일에 합병한 뒤 유대인들을 탄압했기 때문이었어. 전쟁이 끝나고 나는 영국으로 이주하여 런던 대학의 교수가 됐고, 그곳에서 1969년까지 재직하다가 은퇴했다네. 그 이후에도 과학 철학이나 논리학 분야의 책과 논문을 쓰면서 연구 활동을 계속했지. 어떻게 보면 나의 개인적인 삶 자체는 별 굴곡이 없는 평탄한 길의 연속이었어.

그러나 쉽지만은 않았다네. 제2차 세계대전이 끝난 후 서구 지성계의 주도권은 좌파 지식인들이 쥐고 있었거든. 이 때문에 내가 열린사회에 관한 소신을 펼치며 사회주의를 비판하는 데는 용기가 필요했어. 열린사회에 대해 내가 굳은 신념을 갖고 있지 않았다면 조용히 입 다물고 있었을지도 몰라. 그러나 침묵으로 나 자신의 신념을 속이는 짓은 할 수 없었다네.

나를 가리켜 반공(反共) 철학자라고 약간은 비웃음 섞인 별명을 붙이는 사람들도 있다더군. 그런 별명은 고맙게 받아들이겠네. 그러나 이 점만은 꼭 알아주게. 자신의 이익이나 기득권을 지키기 위해 반공을 부르짖는 사람들과 나는 근본적으로 다르다는 걸 말이야. 나는 어디까지나 철학적 입장에 바탕을 두어 공산주의를 분석한 결과에 따라 소신 있게 비판했다네.

열린사회가 열리기 바라는 칼 라이문트 포퍼로부터.

소유와 자유에 관해 묻다

묻다

에리히
프롬

Erich Fromm, 1900~1980
독일의 유대인 가정에서 태어나 프랑크푸르트 대학, 하이델베르크 대학에서 사회학과 심리학을 공부하였다. 1933년 나치를 피해 미국으로 망명한 뒤 여러 대학에서 학생들을 가르쳤다. 프로이트의 정신 분석학에 마르크스주의를 도입하여 '분석적 사회 심리학'을 창시했다. 1941년에 주저 『자유로부터의 도피』를 출판하여 명성을 얻고 1949년에 멕시코로 이주한 후 멕시코 국립자치대학 교수로 취임하여 정신 분석 연구소를 설립했다. 1965년에 은퇴한 뒤 스위스로 이주하여 살다가 1980년에 별세했다.

나는 무엇을 가지고 있다는 진술은 객체를 소유하고 있음을 빌려서 나의 자아를 정의하고 있다. 나 자신이 아니라 내가 가지고 있는 그것이 나를 존재하게 하는 주체이다. 나의 소유물이 나와 나의 실체의 근거가 된다.

— 에리히 프롬, 『소유냐 존재냐』 중에서

1. 심리학자, 사회학자, 철학자, 사상가…… 당신에게 어떤 타이틀이 적합하다고 생각하는가?

어떤 타이틀이든 상관없다. 인간의 마음을 탐구하는 심리학, 그러한 마음이 처한 사회 구조를 깊이 들여다보고자 하는 사회 과학, 마음과 구조를 총체적이면서 근본적으로 성찰하는 철학, 또 그러한 모든 탐구와 성찰을 아우르는 사상의 차원. 그것들은 모두 연결될 수밖에 없지 않은가. 나는 프로이트주의, 마르크스주의, 실존주의 등 다양한 철학적, 사상적 자양분을 흡수하면서 나름의 생각을 펼쳐나갔다. 인문, 사회 과학의 그 어떠한 세부 분야에서도 다른 분야의 성과와 통찰을 부지런히 수용하지 않으면 의미 있는 학문적 성과를 내지 못하는 게 당연한 일이 아닌가.

2. 당신은 1976년에 출간한 『소유냐 존재냐』에서 현대 사회의 근본적

인 문제가 소유에 집착하는 삶의 방식에 있다고 지적했다. 그러나 현실적으로 보면 많이 소유할수록 그만큼 자유로워질 수 있는 것 아닌가? 더 많이 가진 사람들이 더 나은 인간으로 대접받는 게 엄연한 현실이다.

물론 많이 가지면 행복한 기분을 느낄 수 있을지 모른다. 그러나 많이 가질수록 '반드시 더' 행복해지는 것은 아니다. 그도 그럴 것이, 지금 가진 것은 언제든지 잃을 가능성이 있다. 이 때문에 늘 불안할 수밖에 없다. 높은 지위에 올랐다고 해도 언제 그 지위를 잃을지 알 수 없기에 늘 불안하다. 힘들게 얻은 소유물과 지위를 지키려고 미친 듯이 일에만 몰두하는 일 중독자가 되는 사람도 드물지 않다. 가족과 함께하는 편안한 시간도, 친구와 이야기를 나누며 술잔을 기울일 시간도 없다. 보다 많이 갖기 위해, 가진 것을 지키기 위해 끊임없이 일할 뿐이다. 많이 가질수록 행복하다면 그 누구도 행복할 수 없다. 많이 갖는 것에는 끝이 없기 때문이다.

3. 그렇다면 소유하는 삶의 방식과 다른 삶의 방식, 일종의 대안은 무엇인가?

사실 오늘날 우리가 익숙해져 있는 소유 개념은 인류의 역사를 돌이켜볼 때 매우 낯선 개념이다. 요컨대 소유란 서구 산업 사회의 특수한 생존 방식일 뿐이다. 예수나 석가모니 등 인류의 위대한 스승들은 하나같이 소유하지 않는 삶을 강조했다. 소유에 집착하는 삶의 방식에 반대되는 것으로 나는 존재를 중시하는 삶의 방식을 제안하고자 했다. 그것은 소유하려고 갈망하기보다는, 즐거워하고 자신의 재능을 생산적으로 사용하며 세계와 하나가 되도록 살아가는 것이다.

학습 또는 공부의 예를 들어 볼까 한다. 소유적 삶의 양식에 젖어 있는 학생들은 강의를 들을 때 가능한 한 모조리 노트에 기록한다. 그래서 필기한 것을 나중에 암기하여 시험에 합격할 수 있을 것이다. 그러나 그 내용은 그들 고유의 사고 체계를 풍요롭고 폭넓게 하는 구성 요소가 되지는 못할 것이다. 그런 학생들은 오직 한 가지 목표를 겨눈다. 학습한 것을 기억 속에 새기거나 기록을 용의주도하게 함으로써 굳게 지키는 것이다.

반면 존재 양식으로 세계와 관계를 맺고 있는 학생들은 강의에서 다루는 주제를 미리 고찰하고 특정한 문제와 의문에 대해 골몰한다. 그들은 그저 수동적으로 듣는 데 그치지 않고 능동적이고 생산적으로 수용하고 대응한다. 그가 습득한 것은 단순히 집으로 들고 가서 암기할 수 있는 그런 지식에 그치지 않는다. 강의를 들은 후에는 그 이전과는 다른 사람이 된다.

지식을 소유함으로써 안정과 정체성을 얻으려 해서는 안 된다. 사람은 지식으로 자신을 채우려 해서는 안 되며, 이에 집착하거나 이를 갈망해서도 안 된다. 지식이 우리를 노예로 만드는 도그마의 성격을 띠어서는 안 된다. 이 모든 것은 소유 양식에 속한다. 존재 양식에서 지식은 근본까지 파고들어 가려는 사유의 과정 그 자체다. 이러한 사유는 결코 확신을 얻기 위해 정체되고자 하는 욕구를 느끼지 않는다.

어린 시절을 한번 돌이켜보자. 어린이들은 종잇조각, 나무, 돌, 의자를 비롯하여 손에 들어오는 어떤 것을 가지고서도 하나의 세계를 만들어

낼 수 있다. 그러나 대략 예닐곱 살이 되어 교육의 쳇바퀴에 들어서게 되면 고분고분해지고, 즉흥적으로 무엇인가를 만드는 능력이 없어지며 수동적이 된다. 또한 수동적으로 반응하기만 하면 되는 자극들을 요구한다. 점점 더 복잡한 장난감을 원하지만, 그 역시 조금만 지나면 지루해한다. 간단히 말해서 성인들이 자동차, 옷, 여행 등을 대상으로 하는 것과 똑같은 행동을 한다.

교육은 아이들이 자신의 가능성을 실현할 수 있도록 도와주는 것이다. 영어의 'education', 즉 교육은 'e-ducere'라는 라틴어에서 온 말인데, 직역하면 '꺼내다' 또는 '잠재적으로 이미 존재하는 것을 끄집어내다'라는 의미를 지닌다. 교육의 반대말은 조작이다. 오늘날에는 어른들이 아이의 발전 가능성을 확신하지 않는다. 그리하여 자신들이 바람직하다고 생각하는 것을 주입하고, 바람직하지 않다고 생각하는 모든 것을 억눌러야만 아이가 제대로 된 인간으로 성장한다고 생각한다. 우리는 로봇을 신뢰하지 않는다. 왜냐하면 로봇은 펼쳐야 할 인생이 없기 때문이다.

4. 공감이 가는 주장이기는 하지만, 현실적으로 존재 양식의 삶을 살아가기란 정말 어렵다. 끊임없이 생산하고 소비하는 체제 안에서, 무한하게 증대되고자 하는 자본의 논리 안에서, 효율성과 생산성만이 지고의 가치로 대접받는 사회에서 개인이 존재 양식의 삶을 살기로 결단하고 실천하기란 불가능에 가깝지 않을까?

결국 개인 차원의 문제가 아니라 사회 구조 차원의 문제다. 생산과 소비는 인간 발전의 욕구에 종속되어 있어야 하며, 그 반대가 되어서는 안 된다. 따라서 모든 생산은 사회를 위한 효용의 법칙에 따라야 하며 개인이나 기업이 이로부터 얻는 수익에 따라서는 안 된다. 자본이 인간을 지배하지 않고 인간이 자본을 지배하는 체제, 삶의 상황이 인간을 지배하지 않고 인간이 자신의 삶의 상황을 지배하는 체제가 요구된다. 사회 각 구성원이 스스로 생산을 계획하는 체제, 인간이 아닌 시장과 자본의 권력 법칙에 따라서 최대 수익의 욕구하에 생산이 이루어지지 않는 체제가 필요하다.

오늘날 산업 사회를 사는 우리 대부분은 단순하고 직접적이며 치명적인 유혹을 하는 자극들과 늘 상대하게 된다. 성욕, 물욕, 사디즘, 파괴욕, 나르시시즘 등과 같은 본능들이 그러한 자극에 의해 활성화되고 확대된다. 영화, TV, 라디오, 신문, 잡지, 소비 시장 등을 통해 그런 자극들이 우리에게 끊임없이 전달된다. 예컨대 모든 광고는 자본이 요구하는 자극을 발신한다.

우리 대부분 그런 자극을 수동적으로 받아들인다. 더구나 그러한 자극은 늘 모양새를 달리하며 우리에게 주어진다. 본질적인 성격은 같지만 모양새는 다양하게 변화하고, 우리는 늘 새로운 자극을 원한다. 정확하게 말하면 우리 스스로 원한다기보다 원하도록 조종된다고 볼 수 있다. 자극이 주어지지 않으면 우리는 곧 권태를 느낀다. 그러나 자본의 논리는 우리에게 좀처럼 권태를 허락하지 않는다. 갖가지 끔찍한 범죄와 사고, 전쟁 등을 앞다투어 내보내는 대중 매체를 보라. 선정적이라는 건 반드시 성적인 의미의 선정성만 뜻하지 않는다.

잔혹한 폭력 장면에서 우리는 수동적인 쾌감을 얻는다. 그런 수동적인 쾌감에 익숙해지면 가학적이거나 파괴적인 행위를 함으로써 능동적인 자극을 만들어 내는 지경에 이르기 쉽다. 대중 매체에서 얻는 수동적 쾌감, 타인을 괴롭히고 곤경에 빠뜨림으로써 느끼는 쾌감, 타인에게 폭력과 같은 직접적인 고통을 가하는 행위에서 얻는 쾌감. 이들 사이에는 양적 차이만 있을 뿐이다. 사람들 대부분이 폭력성과 파괴성을 사실상 조장하는 사회 구조와 환경에 상시적으로 노출되어 있는 게 현실이라고 보면 참으로 암담하다. 존재 양식의 삶을 살기란 그 얼마나 어려운 것인지…….

5. 개인이 존재 양식의 삶을 살아가기가 그렇게 어렵기 때문에 당신의 주장이 매력적으로 다가오는지도 모르겠다. 참으로 이상적으로, 유토피아적으로 들린다. '그렇게만 살 수 있다면 참 좋겠는데' 하는 생각이 들다가도 '어떻게 그렇게 살 수 있을까' 하는 의구심에 고개를 흔들게 된다.

현실과 이상 사이에는 늘 비약 또는 도약의 차원에 가까운 단절이 있기 마련이다. 그럼에도 우리는 이상을 포기할 수 없다. 내가 가장 이상적으로 생각하는 인간상은 생명을 존중하는 인간이다. 그런 인간은 삶의 모든 과정 자체에서 어떤 내적 성장을 추구한다. 이미 있는 것, 익숙한 것을 그대로 유지하고 그 안에 안주하려 하지 않는다. 새롭게 구축하는 것을 좋아한다. 새로운 것에 놀라워하는 능력이 있다. 낡은 것을 재확인하는 데에서 안도하기보다는 새로운 것을 찾고자 한다.

삶에는 늘 불안과 위험이 따르기 마련이다. 그러니 모험조차 즐길 수 있는 것 아닐까? 그러자면 부분에만 집착하지 말아야 한다. 전체를 보고자 해야 하며 구조를 통찰하려 노력해야 한다. 이미 정해져 있는 구조에 기계적으로 적응하는 것이 아니라, 이미 있는 구조라 하더라도 그것이 기능적이고 유동적으로 변화할 수 있는 가능성을 찾아야 한다. 조립식 블록 장난감에 견주자면, 이미 제시되어 있는 안내도에 따라 맞추기만 하는 것이 아니라 스스로 새로운 구조를 설계하여 맞추어 나갈 수 있어야 한다.

6. 다시 소유에 대해 묻고자 한다. 어리석은 질문이겠지만 아무것도 소유하지 않는 것이 자유와 행복의 지름길이라는 뜻인가?

그렇지 않다. 자신의 소유물과 행위로부터 자유로워져야 한다는 뜻이다. 이것은 아무것도 소유하지 말고, 아무것도 행하지 말라는 뜻이 결코 아니다. 다시 말하지만 우리가 소유하는 것과 행하는 것에 구속되고 얽매여 있지 말아야 한다는 뜻이다. 이것은 신(神)에 대해서조차 마찬가지다. 기독교인 중 많은 이들이 하느님을 소유하려 들지 않는가 말이다. 인간의 자유는 우리가 소유나 성취, 또한 우리 자신의 자아에 집착하는 만큼 제한된다. 자신의 자아에 속박됨으로써 우리 스스로가 일종의 장애물이 되어 자신을 완전히 실현시킬 수 없게 되는 것이다.

무소유는 일반적으로 이해하는 것처럼 물건을 적게 소유하거나 가난하게 사는 것을 뜻하지는 않는다. 무소유란 자신의 자아에 속박되지 않는 것이다. 인간으로서 우리의 목표는 자아 속박과 자기중심, 즉 소유 양식에서 해방되어 완전한 존재에 이르는 것이다. 결국 소유 양식에서는 소유의 대상이 문제가 아니라 소유에 대한 태도 자체가 중요하다. 재물이나 재산, 의식(儀式), 선행, 지식, 생각 등 일상생활의 모든 것이 갈망의 대상이 될 수 있다. 그런 것들은 그 자체로는 좋은 것도 나쁜 것도 아니다. 우리가 그것에 집착하고, 결국 그것이 우리의 자유를 구속하는 일종의 사슬이 될 때 나쁜 것이 되는 것이다. 독일의 신비 사상가 마이스터 에크하르트(Johannes Eckhart)는 이렇게 말했다.

'책임은 어떤 삶의 양식이나 사물이 그대를 방해한다는 데에 있지 않다. 그대 스스로가 그대를 방해하는 사물 안에 머물러 있는 것이다. 그대와 사물의 관계는 거꾸로 되어 있다. 그러니 우선 그대 자신에서부터 시작하라. 그대 자신을 놓아두어라!'

7. 인간의 자유, 아니 인류의 자유라는 측면에서 보면 인류의 힘이 증가하는 것, 예컨대 과학 기술 발전에 따라 자연을 통제하는 힘이 세지는 것과 인류의 자유가 확대되는 것이 비례하지 않는가? 요컨대 자유의 확대는 자연에 대한 통제력의 확대와 함께해 오지 않았는가?

그런 측면이 있다는 것을 부인하지 않겠다. 인간의 자유가 성장하는 과정은 개인의 성장 과정과 비슷한 성격을 보여 준다. 전체로서의 자유의 성장 과정은 인간이 자연을 정복하고, 인간의 이성이 지배하는 힘이 커지는 과정과 궤를 같이한다. 그러나 그것은 다른 한편으로는 인간이 개별화, 파편화, 고립화되고 불안과 불확실성이 증가하는 과정이기도 하다.

그런 과정을 통하여 우주 안에서 인간이 차지하는 위치, 역할, 삶의 의미에 대한 의심은 오히려 커져만 간다. 힘이 증가할수록 무력감과 무의미함이 증가한다는 것은 인류 역사의 역설이 아니겠는가. 자유로우면서도 혼자이지 않은 인간, 비판적이면서도 의심하는 것만이 전부가 아닌 인간, 독립적이고 주체적이면서도 엄연히 인류의 한 부분인 인간, 나는 이런 인간을 꿈꾼다.

8. 이른바 경제 성장, 경제 발전, 그러니까 성장과 발전에 대해서는 어떻게 생각하는가?

경제 발전과 성장의 무엇이 인간에게 진정한 득이 되는가? 이런 질문이야말로 근본적이면서 인간에게 가장 절실한 질문이겠지만 오늘날의 고삐 풀린 성장 지상주의, 발전 지상주의 체제에서는 그런 질문은 무가치하거나 불필요한 것으로 치부되곤 한다. '무엇이 경제 발전과 성장에 도움이 되는가?' 이런 질문이 득세하고 있다. 이 질문에는 결국 인간이 이기심과 소유욕을 본래부터 타고 났다는, 인간 본성에 대한 잘못된 전제가 깔려 있다. 그런 전제 위에서 현대인들은 종교적 구원에 대한 전망조차도 복권 당첨이나 비즈니스의 관점에서 접근하는 성향을 보여 준다. 온통 상업화되어 버린 세계 속에서 상업화된 정신이 하나의 정상적이고 표준적인 기준이 되어 버렸다.

무한한 성장보다는 진정한 필요에 따른 선택적인 성장을 추구해야 한다. 무한하게 소비하려 하지 말고 필요에 따라 선택적으로 소비해야 한다. 삶의 태도에서는 다른 사람들에게 인정받는 것보다 자기 자신의 내면적인 깨달음과 성장에 삶의 중심을 두어야 한다. 조직이나 제도에 휘둘리지 말고 주체적인 판단과 기준에 따라 살아가는 것이 중요하다. 무엇보다 기본적인 전제 조건은, 사람들이 기본적인 삶의 안정, 특히 물질적인 삶의 안정을 보장받아야 한다는 것이다.

좀 더 구체적으로 말하면 소비자들이 각성하여 소비자 운동을 적극적으로 펼쳐 나가야 한다. 근로자가 기업의 주체로서 경영에 참여하는 산업 민주주의가 실현되어야 한다. 모든 조직이나 제도에서 집중화된 권한을 분산시켜 시민들이 공적인 일에 활발하게 참여할 수 있어야 한다. 요컨대 나는 산업과 상업 등 경제 부문과 정치 부문에서 공히 급진적이고 근본적인 민주주의가 실현되어야 한다고 생각한다. 이런 내 생각을 두고 지나치게 이상적이라고 지적하는 이들도 많지만, 미래에 대한 희망을 포기할 수는 없지 않은가?

10. 마지막으로, 당신의 삶을 돌이켜볼 때 가장 다행스러운 것은 무엇인가?

'너의 땅에 함께 사는 외국인을 괴롭히지 마라. 너에게 몸붙여 사는 외국인을 네 나라 사람처럼 대접하고 네 몸처럼 아껴라. 너희도 이집트 나라에 몸붙이고 살지 않았느냐?' 구약 성서 레위기 19장 33~34절의 말씀이다. 나는 이 구절을 삶을 통하여 깊이 체험했다. 나는 1900년 독일 프랑크푸르트의 유대인 가정에서 태어났다. 나는 저서나 인터뷰 등에서 나의 유대인 정체성에 관해 거의 말하지 않았지만, 나치가 독일을 장악한 뒤 미국으로 이주했다. 그래서 나를 가리켜 '유대계 독일 출신 미국 사회 심리학자'라 부르는 경우마저 없지 않다.

독일을 떠난 다음부터 나는 미국, 멕시코, 스위스 등을 오가며 살았다. 독일이 나에게 지적(知的) 기반이 되었다면 미국은 마음껏 지적 생산 활동을 펼칠 수 있는 터전이 되어 주었고 스위스는 만년의 안식처가 되어 주었다. 그런 나에게 과연 고향은, 뿌리는 어디일까? 앞서 말한 구약 성서의 구절을 체험하며 살았다는 것, 나는 늘 '타국인'이자 '객'이었다는 것. 이야말로 내 인생에서 가장 다행스럽게 생각하는 것이다. 스스로 완전한 타인이었던 사람만이 타인을 진정으로 이해할 수 있다. 타인이 된다는 것은 전 세계가 내 집이 된다는 것이기도 하다.

4

철학 바깥으로 난 철학의 길

인종적 편견, 증오, 갈등이 낳은 비극은 왜 21세기에도 잦아들 줄 모르는가? 20세기를 통하여 비약적으로 신장했다고 하는 여성의 권리는 오늘날 일상의 곳곳에서 얼마나 구현되고 있는가? 미증유의 환경 오염과 파괴가 가져올 파국을 경고하는 목소리를 왜 우리는 그냥 흘려듣고 마는가? 누구에겐 축복이고 누구에겐 재앙인 세계화. 그 축복과 재앙을 주재하는 냉엄한 자본의 논리에 이의를 제기하고 나서기란 왜 어려운가? 전쟁과 파괴의 본성이 기술적 힘의 뒷받침으로 인류를 절멸시킬 수도 있게 된 지금, 우리는 무엇을 어떻게 해야 할까?

철학의 물음은 철학사 책에서 시작되지 않는다. 현실에서 던져진 물음을 더욱 치밀하게 체계적으로, 또한 근본적으로 묻기 위해 철학사를 조회할 뿐이다. 지금, 여기, 우리가 겪는 문제, 더 좋기로는 나 자신이 겪는 문제에서 출발하여 철학사를 조회할 뿐이다. 진정 철학적인 주제 또는 문제의식을 찾으려면 '철학' 바깥의 텍스트와 삶을 진지하게 살펴야 할 터이다.

그대 안의 예술가를
석방하길

버트런드
러셀

Bertrand Arthur William Russell, 1872~1970
영국의 수학자, 철학자, 논리학자, 역사가, 사회 비평가로 귀족 가문
에서 태어나 케임브리지 대학교를 졸업했다. 제1차 세계대전 중
반전 운동을 벌이다 트리니티 칼리지의 강사 자리에서 쫓겨나고
이후 유럽 각국과 미국 등지에서 교편을 잡으며 저술 활동에 주
력했다. 핵무기 반대 운동, 세계 평화 운동 등 여러 사회 운동에
참여했고, 『수학 원리』, 『철학의 문제』, 『행복의 정복』, 『정신의 분
석』, 『서양 철학사』 등 다양하고 중요한 저술 활동을 한 공로를 인정
받아 1950년 노벨 문학상을 받았다.

행복한 사람은 자신이 우주를 구성하고 있는 한 성원임을 자각하고, 우주가 베푸는 아름다운 광경과 기쁨을 누린다. 행복한 사람은 자신은 자신의 뒤를 이어 태어나는 사람들과 동떨어진 존재가 아니라고 생각하기 때문에 죽음을 생각할 때도 괴로워하지 않는다.
— 버트런드 러셀, 『행복의 정복』 중에서

철학자, 논리학자, 수학자, 문필가(1950년 노벨문학상 수상), 반전(反戰) 평화 운동가, 영국 귀족, 스캔들 메이커(결혼 또는 사실혼 관계였던 여성만도 네 명이다), 행동하는 지성, 20세기 최고 지성 가운데 한 사람. 버트런드 러셀을 한마디 말로 규정한다는 것은 사실상 불가능하다. 솔직하기 짝이 없는 자서전을 남겨 놓기도 한 러셀이다.

그는 자서전에서 청소년기에 과도한 자위행위 습관 때문에 공부하기 위해 책상머리에 앉아도 도저히 주의를 집중할 수 없었다고 고백하기도 하고, 어느 겨울날 땅에 굴을 파고 집안의 하녀(그의 집안은 수상을 배출하기도 한 영국의 명문 귀족 집안이다)를 유인하여 키스와 포옹을 하고 "나와 하룻밤을 같이 보내지 않겠느냐"고 한 적이 있다고 밝히기도 했다. 당시 하녀는 러셀에게 "당신이 훌륭한 사람인 줄 알고 있었는데 그렇지 못하다는 것을 알게 되어 실망스럽다"고 말했다고 한다.

네 명의 여성과 결혼 또는 사실혼 관계를 맺게 된 사연도 구구절절한

데, 양친이 아닌 할머니 밑에서 자란 탓에 모성에 대한 본능적인 추구 같은 것이 워낙 강하여 여러 여성에게서 그것을 구한 것이 아닐까 하는 추정이 유력하다. 자서전에서 '사랑에 대한 동경, 지식 탐구, 그리고 인류의 고난에 대한 참을 수 없는 연민'이 자기 삶을 지배했노라고 다음과 같이 말하는 러셀이 아니겠는가.

"단순하지만 누를 길 없이 강렬한 세 가지 열정이 내 인생을 지배해 왔으니, 사랑에 대한 갈망, 지식에 대한 탐구욕, 인류의 고통에 대한 참기 어려운 연민이 바로 그것이다. 이러한 열정들이 나를 이리저리 제멋대로 몰고 다니며 깊은 고뇌의 대양 위로, 절망의 벼랑 끝으로 떠돌게 했다."

러셀은 철저한 자유주의자 심지어 아나키스트로 평가받는 경우도 있는데, '타인의 권리를 침해하지 않는 그 어떤 행동에 대해서도 국가나 타인이 간섭할 수 없다'는 원칙에 매우 철저했다. 포르노에 가까운 시를 쓴 어느 젊은 시인을 경찰이 구속하자 러셀은 그를 석방하려고 애썼다. '시인을 그가 쓴 시 때문에 구속한다는 일은 있을 수 없다'고 생각했기 때문이다. 결국 시인은 러셀의 노력으로 석방되기는 했지만, 러셀은 그 시인이 쓴 시를 읽어 보고 매우 역겨웠다고 한다.

그래도 러셀은 말한다. "시가 아무리 역겹다고 하더라도 그것이 타인에게 어떤 피해를 끼친다고 할 수는 없다." 이것이 전형적으로 러셀다운 언행이다. 그는 개인의 자유, 소수의 자유를 억압하는 모든 권력을(이른바 정당한 권력이든 그렇지 않든 간에) 혐오했다. 그가 말한다.

"만약 우리가 착각하지 않고 제대로 살펴보았다면, 생산자를 대표하든 소비자를 대표하든 아니면 둘 다를 대표하든 간에 단일 집단이 개개인의 자유를 모자람 없이 지킬 방법은 존재하지 않는다. 자유를 충분히 보장하는 유일한 방법은(이 또한 극소수의 자유가 문제시될 때에는 흡족하지 않겠지만) 정부가 다수의 정당한 지지 등을 명분으로 조직적인 강제력을 휘두를 때 국민이 저항할 수 있는 조건을 만드는 것이다.

이 방법이 성공을 거두려면 적절한 조직을 갖추어야 하고, 자유를 존중하는 풍조를 널리 퍼뜨려야 하며, 이론에서도 실생활에서도 정부에 복종하는 습성을 버려야 한다. 이러한 사회에는 무질서를 초래할 위험이 어느 정도 존재하겠지만, 그것은 전능한 중앙 권력과 뗄 수 없는 관계인 부패의 위험에 비하면 아무것도 아니다." (「국가의 권력을 줄이는 방법」, 『자유로 가는 길』 중에서)

논리학자, 수학자, 철학자에서 불특정 다수 타인들의 권리를 위해 앞장서 싸우는 '투사 러셀'이 된 계기는 무엇일까? 그는 89세의 나이에도 반전 시위대의 가장 앞에 섰다. 20세기에 이룩된 수학적 성취 가운데 으뜸 반열에 드는 『수학 원리』를 같이 저술한 화이트헤드와의 만남, 정확히 말하면 화이트헤드 부인의 병상을 지킨 경험이 각별한 계기가 되었다. 화이트헤드의 부인이 병상에서 무척 고통스러워하는 모습을 보고 러셀은 일종의 신비 체험 비슷한 것을 겪는다. 자서전에서의 솔직한 고백을 들어 보자.

"그녀는 고통 때문에 모든 사람과 모든 것으로부터 차단된 듯 보였는데 바로 그때, 인간의 영혼은 모두 고독하다는 느낌이 느닷없이 나를 사로잡았다. (……) 갑자기 발밑에서 땅이 무너지는가 싶더니 완전히 다른 영역에 들어서 있는 나를 발견했다. 그 5분의 시간에 나를 스친 생각은 이러했다. 인간 영혼의 외로움은 견디기 어렵다.

종교적 스승들이 설파한 것과 같은 지고의 강렬한 사랑 외에는 어떤 것도 그 외로움을 간파할 수 없다. 이 동기에서 나오지 않는 것들은 모두 해로우며 잘해 본들 무용하다. 따라서 전쟁은 잘못된 것이고, 사립 학교 교육은 옳지 않으며, 폭력에는 반대해야 한다. 인간관계에서는 각 개인이 가진 외로움의 응어리 속으로 파고 들어가 호소해야 한다."

1955년 7월 9일 러셀은 런던에서 기자들 앞에 서서 '핵무기 없는 세계와 분쟁의 평화적 해결을 호소하는 선언'을 발표했다. 이 선언에서 그는 '향후 세계대전이 일어날 경우 틀림없이 핵무기가 사용될 것이며 이로 인해 인류의 지속적인 생존이 위협받을 것이라는 사실을 전제한 후, 세계의 모든 정부는 자국의 목적을 위해 세계대전을 일으켜서는 안 된다는 점을 자각하고, 모든 분쟁의 해결 방안으로서 평화적 방법을 강구해야 한다'고 촉구했다.

사실 이 선언문은 러셀이 아인슈타인과 주고받은 편지에서 비롯되었다. 러셀이 초안을 작성하고 아인슈타인이 병상에서 서명했으며 그 밖에도 저명한 과학자들이 서명했다. 아인슈타인이 세상을 떠나기 일주일 전이었다. 이에 따라 '러셀-아인슈타인 선언'으로 일컬어지기도 한다. 이 선언은 큰 반향을 불러일으켰다.

1957년 7월에 10개국 과학자 스물두 명이 캐나다의 작은 어촌 퍼그워시에 있는 사업가 사이러스 이턴의 저택에 모였다. 그들은 방사능 낙진의 위험과 핵 실험이 미치는 영향에 대해 경고하고 각국 정부에 핵 감축과 군비 제한을 요청하는 메시지를 보냈다. 이로써 반핵 평화단체 '퍼그워시 회의'가 출범했다. 퍼그워시 회의는 이후로도 반전 반핵 운동을 꾸준히 펼쳐 오면서 1995년 노벨평화상을 수상하기도 했다.

이제 러셀이 우리에게 전하는 각별한 메시지와 만나 보자. 그가 세상을 떠나기 몇 해 전인 1967년에 집필한 글이다. 별도의 제목이 붙어 있지는 않고, 다만 러셀 자신이 집필 연도를 '1967'로 표시해 놓았다. 사실상 그가 생전에 마지막으로 집필한 글이기도 하다. 이 글은 레이 몽크가 러셀의 수고(手稿)에서 발굴한 것으로 캐나다 온타리오 소재 맥마스터 대학 부설의 러셀 아카이브 창립 25주년을 기념하여 「인디펜던트」에 처음 소개됐다. 2000년 11월 16일 맥마스터 대학에 버트런드 러셀 연구소가 설립됐고 몽크는 연구소 개소식에서 '버트런드 러셀의 지속적인 중요성'을 주제로 강연했다. 그는 『비트겐슈타인 평전』, 그리고 러셀 전기(『Bertrand Russell, 1921~1970: The Ghost of Madness』)를 집필한 바 있다.

죽음이 가까워진 것을 깨달은 백조가 더없이 아름다운 마지막 노래를 부른다는 말도 있지만, 19세기와 20세기 인류사의 격동을 두루 목격하며 어떤 의미에서는 격동의 무대에 직접 뛰어들기까지 했던 러셀이기에 그의 마지막 말은 오늘날의 우리에게도 각별하지 않을 수 없다. 특히 세계정세를 진단하고 예견하는 러셀의 시각은 단순히 국제 정치에 대한 식견의 차원을 넘어서 어떤 예지 또는 지혜의 차원에 도달하고 있다.

대량 살상 무기의 확산과 강대국 사이의 갈등, 그로 인한 인류 평화에 대한 심각한 위협. 이런 문제에 대해 반전주의자, 반핵주의자로서 러셀이 지녔던 위기의식이 극명하게 드러나 있기도 하다. 그러한 위기를 해소하기 위한 노력에 뜻있는 전 세계의 개인들이 적극적으로 동참할 것을 호소하는 러셀의 간절한 마음이 깊은 여운을 남긴다.

이제, 내 지난 삶 전체를 되돌아보아야 할 때가 오고야 말았다. 나의 삶이 과연 모종의 유익한 목적에 봉사해 왔는지, 아니면 무익하고 하찮은 것들에 바쳐졌는지를 나 자신에게 되물어야 한다. 어떤 의미에서 안타까운 일이기도 하지만, 무릇 미래를 알지 못하는 사람이라면 자신의 과거에 대한 물음에 대해서 그 어떤 대답도 제대로 할 수 없다. 현대의 최신 무기들을 보건대 다음 세대에 일어날 전쟁은 인간이라는 종을 절멸시키게 될 것이 틀림없다.

이 문제와 관련하여 충분한 식견을 갖춘 사람들이라면 누구나 위의 말에 동의할 것이다. 그러니 새삼스럽게 위의 말을 입증하는 데 시간을 낭비하기는 싫다. 미래에 무슨 일이 일어날 것인지 걱정하는 사람이라면 누구라도 무(無), 절멸 등 절망에 속하는 것들과 화해, 협력 등 희망에 속하는 것들 사이에서 어떤 선택을 하지 않을 수 없다. 더구나 단 한 차례의 선택이 아니라 태양이 식어버릴 때까지 미래에도 계속 선택의 기로가 이어질 것이다.

불행한 일이지만 오늘날의 정치가들은 그런 선택에 익숙하지 않다. 그런 선택의 기로에 직면하는 것 자체를 꺼리는 그들로서는 결국, 어쩔 수 없이 법정이나 형사 사건의 테두리 안에서 모든 문제를 다루려고 한다. 그 누구라도 인류의 마지막 인간이 될 가능성을 지니고 있다고 볼 때, 우리 마지막 인간은 다른 마지막 인간의 최후를 어느 정도 예견할 수 있다. 법적인 강제와 구속을 강화하려는 움직임 속에서 모든 사법 및 치안 기구, 영국이라면 런던 경찰국과 판사들이 인류의 마지막 인간을 붙잡아 처벌할 태세를 갖추고 있는 것이다. 요컨대 무수한 마지막 인간들이 차례로 죽어가는 셈이다.

그러나 미래에 전개될 장면은 이와는 사뭇 다를 것이다. 먼저 뉴욕, 런던, 베이징, 또는 도쿄와 같은 거대 도시의 거의 모든 주민이 죽음을 맞이하게 될 것이다. 그리고 죽음은 그 발걸음을 온 나라 전역으로 옮기게 될 것이다. 교역의 중단으로 인한 기근이 창궐할 것이며, 결국 인류 최후의 생존자는 이름 모를 산 한구석에서 마지막 가쁜 숨을 헐떡이다가 이내 소름 끼치도록 외로운 죽음을 맞이할 것이다. 그리고 영원한 침묵이 이어질 것이다.

만일 강대국들이 현재의 정책을 고수한다면 위와 같은 결과는 피할 수 없다. 둘 혹은 그 이상의 강대국들이 심각한 견해 차이를 보이며 갈등 국면으로 치달을 경우, 과연 그런 강대국들은 어떻게 할 수 있을까? 강대국 A가 B에 양보할 수 있다. 또는 강대국 B가 A에 양보할 수 있다. 또는 강대국 A와 B가 모종의 합의에 도달할 수도 있다. 또는 강대국 A와 B가 싸울 수도 있다. 두 강대국 중 하나가 상대방에게 양보한다면 아마도 나약하다는 평판에 직면하게 될 것이다. 그리고 두 강대국 가운데 하나가 그 위신이 심각하게 손상된다면 결국은 싸우지 않을 수 없을 것이다. 그리고 유력한 동맹국을 확보해야만 할 것이다.

사실 강대국의 숫자는 한정되어 있기 때문에, 이러한 일련의 과정들은 비교적 빠른 시간 안에 진행되어 그 결과가 드러나지 않을 수 없다. 제 2차 세계대전 이후 우리는 이러한 일련의 수순 또는 단계를 목격해 왔다. 쿠바 위기 당시 일어난 일들을 생각해 보라. 양 진영은 기꺼이 서로 싸우고자 했다. 그러나 마지막 파국 직전에 흐루쇼프(Nikita Sergeevich Khrushchyov)의 용기가 부족했고, 결과적으로 그는 다음번 위기 때까지 잠정적으로나마 세계가 존속할 수 있게 했다. 그러나 러시아는 죽음의 길로 나서는 용기를 포기한 것이 결코 아니었다. 결국 흐루쇼프는 실각했다.

흐루쇼프의 개인적인 용기 부족 때문이건 그 무엇 때문이건 여하튼 또 한 번의 위기가 잦아들기는 했지만, 과연 앞으로도 계속해서 그런 행운을 바랄 수 있을까? 도대체 지금의 체제는 무엇인가? 심각한 갈등 국면이 발생하면 협상 테이블이 마련되고, 양측은 각자의 이익을 극대화하기 위해 밀고 당기는 논쟁을 벌인다. 그리고 보통 그 각각이 한쪽 진영의 이익을 반영하고 있는 두 개의 절충안에 도달하곤 한다.

그러한 절충안 각각에 군비 축소 관련 조항이 포함되어 있으면, 양측은 그런 조항들이 언제라도 아무렇지 않게 위반될 수 있다는 것을 지레짐작으로 알 수 있는 형편이다. 그리고 양측은 상대방이 군비 축소 조항을 사소하게라도 위반할 가능성을 인류의 종말보다도 더 큰 재난으로 여긴다. 결국 아무것도 실질적으로 이루지 못하기 마련이다. 그러나 강대국들은 깨달아야만 한다. 평화는 실로 모든 인류가 주목하고 바라는 최대의 관심사라는 것을 말이다. 각국 정부가 이런 점을 분명하게 깨닫게 하는 것이야말로 최우선적인 목표가 되어야 마땅하다.

이러한 최우선적인 목표를 향해 과연 어떤 일들이 성취되어 왔던가?

그리고 내가 개인적으로 그런 성취에 기여한 바가 있다면 과연 무엇일까? 공적인 측면에서 본다면, 요컨대 국가 간의 관계의 측면에서라면 지금까지 성취된 것들은 아주 없다고 하지는 못하겠지만 정말 하찮은 것에 불과하다. 러시아는 스스로 나토(NATO)에 참여함으로써 나토의 성격을 바꾸려는 의지를 표명해 왔다.

그러나 중국이 새로운 위협이 되고 있다. 베트남 전쟁은 아무래도 협상에 의해 종식될 것 같다. 일반적으로 미국을 제외한 열강들은 전쟁으로 치닫는 것을 무척 꺼리는 태도를 보여 주고 있다. 프랑스는 다소 불확실하기는 하지만 희망의 여지를 남겨 두고 있다. 여하튼 공산권과 비공산권 사이의 강고한 대결 구도는 허물어지고 있다. 향후 10년 동안 그럭저럭 평화가 유지된다면 희망의 가능성이 있다.

그렇다면 개인은 과연 무엇을 할 수 있는가? 개인은 더 나은 세상을 위해 선동가의 일을 자임할 수 있다. 요컨대 현대의 전쟁이 초래할 심각한 결과를 지적할 수도 있으며, 인류 절멸의 위협을 소리 높여 외칠 수도 있다. 비록 다른 사람들이 자신을 미워하게 되는 한이 있더라도 계급, 종족, 인종, 국가 등이 다르다는 이유에서 사람들을 증오하지는 말라고 가르칠 수도 있다. 인간이 이룩한 예술과 과학의 위대한 성취들을 제대로 평가할 수 있고, 다른 사람들로 하여금 제대로 평가할 수 있게 만들 수도 있다. 그리고 무엇보다도, 경쟁보다 협력이 나은 것임을 강조할 수도 있다. 마지막으로 질문을 던져 본다. 그러한 목표에 도달하기 위해 과연 나는 무언가 한 일이 있는가? 아마도 있기는 있겠지만, 슬프게도, 거대하기 짝이 없는 세상의 악(惡)에 비한다면 그야말로 보잘 것 없다. 영국과 미국의 극소수 사람들에게 나는 자유주의적인 견해를 주저 없이 표현하도록 용기를 북돋아 주었다. 그리고 현대의 최신 무기들이 어떤 끔찍한 결과를 낳을 수 있는지 알림으로써 몸서리치게 하는 데도 얼마간 기여를 했다. 물론 보잘것없는 수준의 기여라 하겠지만, 만일 모든 사람이 보잘것없는 수준의 행동이나마 적극적으로 취한다면 우리가 사는 지구는 머지않아 낙원이 될 수 있을 것이다.

잠시나마 우리가 사는 이 행성이 도대체 무엇인지, 어떤 형편인지 곰곰이 생각해 보자. 지금도 힘겨운 노동과, 배고픔과, 항시적인 위험이 도처에 기다리고 있으며, 사랑보다는 증오가 득세하고 있다. 그러나 더욱 행복한 세상도 얼마든지 가능한 법이다.

기계가 수행하는 단조롭고 반복적인 일의 연속보다는, 그리고 무시무시한 경쟁보다는, 사람과 사람의 화해와 상호 협력이 훨씬 더 두드러진 곳, 우리가 마음속 깊이 사랑할 수 있는 모든 것들이 오로지 죽이고 파괴하는 것만을 임무로 하는 가공할 만한 기계를 위해 희생당하지 않는 곳, 산을 이룰 정도로 무수한 시체가 쌓이는 곳이 아니라 웃음과 환희가 흘러넘치는 곳.

이런 것이 불가능하다고 하지는 말자. 결코 그렇지 않다. 간절히 소망을 품고 보잘 것 없으나마 행동에 나설 수 있는 사람, 남들을 고문하여 고통을 주는 따위의 일과는 애초부터 거리가 먼 사람, 그런 사람들에게만이 어떤 가능성이 있다.

우리들은 각자의 내면 안에 이 세상을 보다 아름답게 만들 수 있는 예술가를 한 명씩 가두어 놓고 있다. 부디, 우리가 가는 모든 곳에서 그 예술가가 환희와 행복을 마음껏 펼칠 수 있도록 자신 안의 그를 기꺼이 석방하기를!

여성은 태어나는 것이 아니라
만들어지는 것이다

시몬 드
보부아르

Simone de Beauvoir, 1908~1986

프랑스의 실존주의 소설가이자 사상가로 소르본 대학교에서 철학을 공부하고 1929년에 철학 교수 자격을 얻었다. 재학 중에 알게된 사르트르와 평생 연인 관계를 유지했다. 교육자로 지내다가 1943년에 소설 『초대받은 여자』로 등단하였다. 이어 여러 소설과 에세이, 평론을 발표하며 활약했으며, 그중 페미니즘의 고전인 『제2의 성(性)』을 통해 명성을 확립하였다. 사상과 행동을 합일시키려고 애썼으며 그 일환으로 여권 신장을 위한 여러 조직을 창설하고 낙태 자유를 주장하는 시위에 참가하는 등 급진적인 활동가로 살았다.

이 주어진 현실 세계를 자유가 지배하도록 하는 것이 인간에게 주어진 임무다. 이 숭고한 승리를 쟁취하기 위해서는 무엇보다도 먼저 남녀가 그 자연의 구별을 초월해서 분명히 우애를 확립하는 것이 필요하다.

— 시몬 드 보부아르, 『제2의 성』 중에서

'여성은 태어나는 것이 아니라 만들어지는 것이다. 인간의 수컷이 사회에서 취하고 있는 형태는 생리적, 심리적, 경제적 숙명에 의해서가 아니다. 문명 전체가 수컷과 거세체와의 중간 산물을 만들어 내어 그것에다 여성이라는 이름을 붙였을 뿐이다. 만약 여자아이가 성인이 되기 전부터, 또 때로는 아주 어린 유년기부터 이미 성적으로 우리들 눈에 별개의 것으로 비치는 일이 있더라도, 그것은 이해할 수 없는 본능이 여자아이를 태어날 때부터 수동성, 교태, 모성애에 어울리게 해 버렸기 때문이 아니라, 아이의 생활에 타인의 개입이 거의 애초부터 존재하며, 아이는 처음부터 강제적으로 그 인생의 직분을 떠맡지 않으면 안 되게 되어 버렸기 때문이다.'

시몬 드 보부아르가 1949년에 내놓은 책, 『제2의 성』의 제2부 '체험'의 첫 부분에 나오는 글입니다. 특히 '여성은 태어나는 것이 아니라 만들어지는 것'이라는 말은 사실상 『제2의 성』 전체를 요약하는 말이기도 하며, 지금까지도 많은 사람에 의해 회자되지요. 이 말은 남성과 여성의 차이는 문화적, 사회적 영향 때문에 생겨난 결과라는 걸 뜻합니다. 요컨대 여자는 여자로 태어나는 게 아니라 여자로 길러진다는 것입니다.

오늘날 우리 사회와 문화도 여성에게 여성스러움을 요구합니다. 보부아르가 말했듯이 그 여성스러움이란 수줍어하면서 좀처럼 적극적으로 나서지 않는 수동성을 의미할 수도 있고, 남성들에게 교태와 아양을 떠는 것을 의미할 수도 있으며, 지극한 모성애를 의미할 수도 있습니다. 흔히 부모들이 여자아이에게 인형을 쥐어 주고 남자아이에게는 트럭 장난감을 쥐어 주는 것도 보부아르식으로 말하면 여자아이에게 여성스러움을 강요하는 것, 다시 말해서 여성으로 만들어 버리려는 행동이며 '여성스러움'이라는 것 자체가 남성들이 여성에게 덧씌운 굴레, 만들어진 굴레에 불과하다는 것이지요. 보부아르는 또 이렇게 말합니다.

'여자는 어디까지나 여자라고 말하는 사람들이 있다. 그리고 어떤 사람은 여자에게서 여자다움을 빼앗는다면, 여자가 결국 남자로 변할 수가 없으므로 여자는 괴물이 된다고 말한다. 이 생각은 여자가 자연의 창조물이라는 것을 인정하는 것이다. 다시 반복해야 할 것은, 인간 사회에서는 아무것도 자연적인 것이 없고, 특히 여자는 운명에 의해 고안된 산물이라는 것이다. 여자는 호르몬이나 신비한 본능에 의해 규정되는 것이 아니라, 외부의 의식을 통하여 그녀가 자기의 육체나 세계와의 관계를 파악하는, 그 방법에 의해 규정될 것이다.'

여기에서 중요한 것은 '여성이 자기 육체나 세계와의 관계를 파악하는 방법에 의해' 규정된다는 대목입니다. 이것을 줄여 말하면 자기 스스로가 자기 자신을 바라보고 이해하는 방법, 즉 자기 인식 혹은 자기 이해의 방법이라고 할 수 있습니다. 태어나는 순간부터 우리는 성별에 '맞게' 행동해야 한다는 기대를 받습니다. 그 기대는 아주 작게는 부모, 크게는 사회, 국가, 더 넓히면 인류 전체가 기대하는 성 역할이라고도 할 수 있지요.

그런 역할 기대는 하나의 굴레로 작용하기 마련입니다. 그런 굴레의 사례는 일상생활에서 흔하게 찾을 수 있습니다. 여성 운전자를 향해 이렇게 말하는 남성 운전자들이 있습니다. '집에서 밥이나 하고 아이나 돌보지 왜 차를 끌고 나와서 도로를 혼잡하게 만들어!' 이런 말에서 우리는 여성의 구실에 대한 고정 관념, 이를테면 자동차라는 기계를 다루는 건 본래 남성의 일이라는 것, 여성의 본질적인 구실은 양육과 가사라는 것 등의 고정 관념을 엿볼 수 있습니다.

어떤 사람의 주장이 지닌 허점을 파악할 때도, 그 사람의 주장이 사회적인 것과 자연적인 것을 혼동하고 있는지를 자세히 생각해 보면 좋습니다. 예컨대 누군가가 흑인은 다른 인종에 비해 지능이 떨어진다는 식의 인종 차별적 주장을 하면서, 흑인과 백인의 지능 검사 결과를 비교한 것을 내놓는다 합시다. 흑인들의 지능 지수가 두드러지게 낮은 결과 말입니다.

그러나 지능 검사라는 것 자체가 애당초 백인 중산층에게 유리하게 만들어져 있는 것이 아닐까요? 흑인의 교육 기회가 상대적으로 적거나 소득 수준이 낮기 때문에 그런 결과가 나온 것이지, 흑인의 지능이 타고나면서부터 백인보다 낮다고 보기는 어렵습니다. 요컨대 사회적인 요인에 따른 결과를 놓고서 생물학적이고 자연적인 현상이라고 강변하는 꼴입니다.

그런 고정 관념이 오늘날에도 깨지지 않고 있는데 『제2의 성』이 처음 출간된 20세기 중반에는 얼마나 강했을까요? 『제2의 성』은 출간되고 나서 몇 주 만에 2만 2천 부가 팔리며 큰 화제와 사회적 파장을 불러일으켰고, 소설가 알베르 카뮈는 남성을 조롱했다며 이 책을 비난했으며, 로마 교황청은 위험한 책으로 지목하기까지 했다지요. 『제2의 성』으로 인해 생물학적인 성(sex)과 사회적 성인 젠더(gender)가 구분되기 시작했으며, 이는 20세기 후반 여성주의 사조, 즉 페미니즘의 기점이 되었습니다.

시몬 드 보부아르는 파리에서 가난한 집안의 장녀로 태어나 열아홉 살에 소르본 대학에서 문학사 학위를 받았고, 스물한 살 때 프랑스 최고 엘리트 교육 기관인 고등 사범학교 철학 교수 자격 시험에 차석으로 합격했으니 당시 프랑스의 교수 자격자 가운데 가장 나이가 어렸습니다. 보부아르는 이즈음 사귄 실존주의 철학자 사르트르의 영향을 많이 받았습니다. 보부아르는 몇 년 동안 교사 생활을 한 뒤 작가가 되었고, 1943년에 소설 『초대받은 여자』를 발표한 뒤 왕성한 작품 활동을 펼쳤습니다.

보부아르라고 하면 많은 사람은 사르트르와의 계약 결혼을 떠올립니다. 이들은 1929년부터 반세기 동안 자유로운 연인 관계를 유지하면서 각자가 많은 애인을 사귀었습니다. 서로를 속박하지 않고 자유롭게 놓아주면서도 연인이자 뜻을 같이하는 동지로 오랜 세월을 보낸 겁니다. 한번은 사르트르가 올가라는 이름의 제자를 사랑하자 세 사람이 기묘한 동거에 들어갔고, 보부아르는 실생활을 바탕으로 『초대받은 여자』라는 첫 소설을 집필하여 올가에게 헌정했습니다.

보부아르는 1947년 미국 여행 중 작가 넬슨 올그런과 열정적인 사랑에 빠지기도 했지만, 사르트르와의 작업 일정에 맞춰 귀국하기도 했습니다. 처음에는 2년 기간을 약정한 계약 결혼이었지만 2년 뒤 30세까지로 기간

을 연장했고, 이후로는 종신 계약이나 마찬가지가 되었습니다. 이들은 서로의 원고를 가장 먼저 읽고 검토하는 사이이기도 했습니다. 사르트르가 세상을 떠난 이듬해에 쓴 『작별의 의식』만이 보부아르가 쓴 책들 가운데 출간되기 전 사르트르가 읽어 보지 못한 유일한 책이었습니다. 사르트르는 평생에 걸친 무절제한 생활로 1970년경부터 급격히 건강이 나빠져 고통에 시달렸습니다. 『작별의 의식』은 그 시기 사르트르와 보부아르 자신에 관한 기록입니다. 삼각관계 심지어 사각 관계에까지 빠지며 복잡한 애정 행각을 벌이기도 했던 이 범상치 않은 커플은 서로에 대해, 자신들의 관계에 대해 이렇게 말했습니다.

'변하지 않았고 또 앞으로도 변하지 않을 한 가지 사실은, 무슨 일이 일어나든 또한 내가 어떤 사람이 되더라도 난 그대 보부아르와 늘 함께하리라는 사실이라오.'(사르트르) '우리 두 사람은 한 사람이나 다름없다고 말할 때 나는 거짓말을 한 것이 아니다. 두 개인 사이의 조화란 그냥 이루어지지 않는다. 그것은 끊임없는 노력이 필요하다.'(보부아르)

보부아르는 글과 책을 통해서만 여성의 권리와 사회적 위상에 관한 문제점을 제기한 것이 아니었습니다. 직접 거리에 나서 여성 해방 운동의 기수가 되기도 했으니까요. 1968년 5월에 일어난 학생들의 대규모 시위를 기점으로 보부아르는 사뭇 급진적인 태도로 여성의 권리 확보를 위해 투쟁했습니다. 보부아르의 요구 사항은 임신 중절 무료 시술, 미혼모의 사회적 권리 보장, 여성 폭력에 대한 엄단, 그리고 노동계에 관행으로 굳어져 있는 여성에 대한 여러 가지 부당 행위 금지 등이었습니다.

결국 보부아르는 1947년에 '여권 연맹'을 창설했습니다. 1970년 겨울에는 62세의 나이로 여성 해방 운동을 위한 파리 시위행진에 참여했으며, 1981년부터는 여성에 대한 법적 처우 개선을 위해 프랑스 정부와도 손을 잡았습니다. 어떤 남자들은 이렇게 생각할지도 모르겠습니다. '최근에는 여성들도 사회에서 성공할 수 있는 기회가 충분히 열려 있다. 그런데도 여성들은 자신이 여성이기 때문에 성공하기 어렵다고 핑계를 댄다.' 그런데 보부아르가 『제2의 성』을 출간할 당시에도 비슷한 생각을 하는 남자들이 많았나 봅니다. 보부아르는 그런 사람들에게 이렇게 말했습니다.

'근시안적 관찰자들은 오늘날 여성들에게 제공된 기회를 여자들이 능력이 없어서 이용하지 못하고 있다고 주장한다. 사실 여자의 상황은 균형이 잡혀 있지 않고, 또 그런 이유 때문에 자기의 상황에 적응하기가 대단히 어렵다. 여자들에게도 공장과 사무실과 대학이 개방되어 있다. 그러나 결혼이 여자에게는 가장 명예로운 직업이며, 이 직업은 여자를 다른 모든 사회생활의 참여에서 면제해 준다고 계속 그렇게 생각하고 있다.'

이 글에서도 알 수 있지만 보부아르가 반세기 전에 진단한 여성의 상황 가운데 많은 것들이 오늘날에도 놀라우리만치 그대로 유지되고 있습니다. 이를테면 보부아르는 '어떤 어머니들은 자기들의 마음의 공허를 보상받기 위해 스스로 자녀의 노예가 된다'고 지적했습니다. 또한 '자유로운 여성은 오늘날 직업적인 관심과 성적 사명의 우려 사이에서 갈피를 못 잡고 있으며, 그 균형을 발견하기가 힘들다'고 지적했습니다. 어떤가요? 바로 오늘날 우리 사회에서 많은 어머니와 여성이 처한 현실과 정확하게 일치하지 않습니까?

보부아르는 신화에 대해서도 비판적입니다. 남성이 자신들을 찬양하기 위하여 헤라클레스, 프로메테우스 같은 위대한 남성의 모습을 만들어 냈고, 그런 영웅의 운명 속에서 여성은 늘 부차적인 구실밖에 하지 못했다는 것이지요. 남성은 신화와 종교의 세계도 자기들의 관점에서 묘사하고, 그 관점을 절대적인 진리로 여기며 여성에게 강요해 왔다는 것입니다.

성 문제에 대해서도 남성과 여성의 태도가 크게 다른 것은 보부아르 때나 지금이나 어느 정도 마찬가지인 것 같습니다. 어떤 남성들은 여러 여성과 사귀고 성관계를 맺는 것을 마치 전쟁터에서 큰 공훈을 세우기라고 한 것처럼 자랑하기도 합니다. 여성은 순결을 지켜야 하지만 남성은 '본래' 순결을 지키기 어려운 존재이기 때문에 지키지 않아도 무방하다고 생각하는 남성들도 드물지 않습니다. 그러면서도 여성이 성폭행을 당하면 오히려 피해 여성에게 뭔가 문제가 있었기 때문에, 그러니까 피해 여성이 빌미를 제공했기 때문에 그런 일을 당한 게 아니냐고 생각하는 남성마저 있습니다. 보부아르의 말을 들어 보겠습니다.

'성행위를 중대한 위협으로 변형시키는 다른 하나의 요인이 있다. 그것은 어린애를 낳는다는 공포이다. 보통 어떤 문명사회에 있어서는 사생아는 결혼하지 않은 여자에게 사회적, 경제적인 커다란 핸디캡이 되기 때문에 젊은 처녀는 자기가 임신했다는 것을 알았을 때 자살하거나, 미혼의 어머니가 갓난아기를 목 졸라 죽이는 것을 볼 수 있다. 이러한 위험이 강력한 성적 제동기의 역할을 해서 젊은 처녀들은 대부분 풍습에 의해 요구되는 순결을 지키고 있다.'

어떻습니까? 오늘날 우리 사회와 크게 다를 것 없는, 아니 사실상 똑같지 않습니까? 미혼모가 신생아를 유기하는 사건이 뉴스에 보도되곤 합니다. 혼자서 아이 키우는 여성들을 알게 모르게 백안시하기도 합니다. 그러나 여성 혼자서 임신할 수 있는 게 아니지 않습니까? 상대 남성은 도대체 어디 갔단 말인가요? 임신이라는 막중한 책임이 따르는 일에 대해 남성은 책임지지 않으려 하고 여성이 모든 책임을 져야 하는 풍토가 아직도 우리 사회에 남아 있다고 한다면 과장일까요?

『제2의 성』의 마지막 문장은 이렇습니다. '이 주어진 현실 세계를 자유가 지배하도록 하는 것이 인간에게 주어진 임무다. 이 숭고한 승리를 쟁취하기 위해서는 무엇보다도 먼저 남녀가 그 자연의 구별을 초월해서 분명히 우애를 확립하는 것이 필요하다.' 이 문장에서 볼 수 있듯이, 보부아르는 여성이 남성에게 도전하여 일종의 성 대결이라도 펼쳐야 한다는 식으로 생각하지 않았습니다. 대신 여성이든 남성이든 자유라는 보편적인 가치와 목표를 위해 함께 노력하고 우애를 확립해야 한다고 주장했습니다.

법률, 제도, 풍습, 여론 그리고 모든 사회적 관계를 개선해 나가는 것으로 여성과 남성의 동등한 권리와 자유가 가능할까요? 보부아르는 아니라고 말합니다. 그런 개선이 제대로 이루어지려면 남성과 여성 각자가 지닌 생각이 전면적으로 바뀌어야 하기 때문입니다. 우리 사회를 봐도 법적으로는 남녀의 고용 차별이 금지되어 있지만, 실제로는 차별이 이루어지고 있습니다. 법률과 제도를 바꾼다고 해서 문제가 모두 해결되는 게 아니라는 걸 보여 주는 거지요.

2006년 7월 13일, 프랑스 파리의 센 강에 놓인 37번째 다리에 시몬 드 보부아르의 이름이 붙여졌습니다. 파리의 다리에 사상 최초로 여성의 이름이 붙여진 것입니다. 파리의 다리 이름에서도 '세상의 절반'이라는 여성들이 절반을 차지하고 있지 못합니다.

피부색 앞에서
철학이란?
맬컴 엑스

Malcolm X, 1925~1965
미국의 급진파 흑인 운동의 지도자로 네브래스카 주에서 태어났다. 어린
시절 백인 인종주의자 집단인 KKK의 방화로 집이 불타고, 아버지가
살해되고, 어머니마저 정신 병원에 입원하는 일을 겪는다. 1946년
강도죄로 복역하는 동안 무슬림이 되었다. 이때 흑인들의 성(姓)은
옛날 백인 노예주들이 멋대로 붙여준 것이라는 생각에 따라 원래
의 성(Little)을 '엑스(X)'로 바꾼다. 석방 후 흑인 해방 운동가로 활
동하였는데, 대담한 웅변과 화려한 연설로 흑인 사회에 지대한 영향
을 주었다. 1965년 2월 인종 차별 철폐를 주장하는 집회에서 정체를
알 수 없는 괴한들의 집중 총격을 받고 현장에서 사망했다.

"비틀거린다는 것. 그러나 결코 쓰러지지 않는다는 것."

– 맬컴 엑스

　　흑인의 자유와 권리를 쟁취하기 위해 투쟁했으나 여러 가지 면에서 맬컴 엑스는 마틴 루서 킹과 대조를 이루는 인물이다. 그는 뉴욕 할렘의 밑바닥 인생을 전전하다가 이슬람교도가 되어 급진적인 흑인 해방 운동을 이끌었다. 스파이크 리 감독, 덴젤 워싱턴 주연의 영화 「맬컴 X」로도 유명한 그의 치열했던 삶의 이야기는 다음과 같다.

　　뉴욕 맨해튼의 오두본 볼룸. 시각은 오후 3시 10분. 맬컴 엑스가 막 연설을 시작할 무렵이었다. 아프리카계 미국인 단결기구(OAAU)가 주최한 행사였다. 4백 명 정도의 청중들 사이에서 소란이 일었다. 한 남자가 갑자기 소리를 질렀다. "깜둥이 녀석! 더러운 손을 떼!" 경호원들이 상황을 진정시키려는 순간 샷건 총탄이 맬컴 엑스의 가슴을 향해 발사됐다. 맬컴 엑스의 한 손이 가슴 위로 떨어졌다.

　　곧바로 다른 두 남자가 연단 쪽을 향하며 권총을 발사했다. 맬컴 엑스의 다른 한 손이 위로 치켜 올라갔다. 흥건하게 흐르는 피. 열여섯 발의 총탄이 맬컴 엑스를 뒤로 쓰러뜨렸다. 청중들은 범인 한 사람을 붙잡았지만 다른 두 사람은 빠져나가고 있었다. 맬컴 엑스가 컬럼비아 장로 교회 병원으로 옮겨진 직후 공식 사망 선고가 내려졌다. 1965년 2월 21일이었다.

토머스 헤이건으로도 알려져 있는 탈마지 헤이어가 그 자리에서 체포됐다. 그는 이른바 '검은 무슬림' 즉 흑인 분리주의 종교 운동인 '이슬람 국가운동(Nation of Islam)' 소속이었다. 그리고 목격자들이 두 사람의 용의자 노먼 3X 버틀러와 토머스 15X 존슨을 지목하여 체포했다. 헤이어는 범행을 부인하다가 재판 진행 중에 범행을 인정했다. 헤이어는 버틀러와 존슨이 현장에 없었고 암살에 연루되지도 않았다고 증언하면서 나머지 범인들의 이름을 대지 않았지만, 결국 세 사람은 유죄 판결을 받았다.

버틀러, 즉 무함마드 압드 알 아지즈는 1985년에 가석방되어 1998년에는 뉴욕 할렘의 이슬람 국가운동 성원(聖院) 대표자가 되었다. 그는 자신이 무죄임을 주장해 왔다. 한편 존슨, 즉 칼릴 이슬람은 1987년에 석방됐다. 교도소에서 그는 이슬람 국가운동의 신조를 거부하고 수니파 무슬림이 되었다. 그 역시 자신의 무죄를 주장해 왔다. 한편 헤이어, 즉 무자히드 압둘 할림은 1993년에 석방됐다. 마치 사형 집행이라도 하듯 총탄을 열여섯 발이나 발사해 사람을 죽인 이들은 이렇게 장기 복역을 마치고 모두 석방되었다.

'어머니의 이야기에 따르면, 내가 어머니 뱃속에 있던 어느 날 밤, 두건 쓴 KKK(Ku Klux Klan) 단원 한패가 말을 타고 네브래스카 주 오마하 시에 있는 우리 집에 쳐들어왔다. 그들은 집을 포위하고 엽총과 소총을 휘두르며 아버지에게 나오라고 고함질렀다. 어머니가 문을 열었다. 어머니는 자신이 임신 중임을 그자들이 똑똑히 볼 수 있는 위치에 서서, 지금 꼬마 셋을 데리고 집에 있으며 아버지는 설교하러 밀워키에 출타 중이라고 말했다. 클랜 단원들은 아버지가 마커스 가비(자메이카 출신 흑인 지도자)의 '아프리카로 돌아가자'는 주장을 오마하의 선량한 흑인들 사이에 퍼뜨려 말썽을 일으키는 꼴을 선량한 백인 기독교도들이 더 이상 두고 볼 수가 없다고 말했다. 우리 가족이 마을에서 떠나는 게 좋을 거라고 어머니에게 큰소리로 협박 겸 경고를 했다.'

맬컴 엑스, 아니 본래 이름대로 하면 맬컴 리틀은 이렇게 뱃속에서부터 폭력적이고 잔인한 흑백 인종 차별의 현실을 겪어야 했다. 맬컴의 아버지 얼 리틀 목사는 침례교회 순회 목사이자 세계흑인개선협회(UNIA)의 조직 담당자였다. 이 협회는 마커스 가비가 주도하는 단체로 흑인들이 선조의 땅 아프리카로 돌아가야 한다는 주장을 펼치고 있었다.

아버지의 형제 여섯 중 셋이 백인에게 살해됐고, 한 사람은 린치를 당해 죽었다. 어머니 루이즈 리틀(루이즈 노턴)은 흑백 혼혈인이었다. 맬컴 엑스의 외할아버지가 스코틀랜드계 백인이었던 것이다. 맬컴 엑스는 이를 두고 "내 안에 있는 백인 강간자의 모든 피를 증오한다"고 말했다. 1931년 아버지가 사망하자 공식적인 사인은 전차 사고로 판명났지만, 백인우월주의자들의 소행이라는 설이 당시부터 분분했다.

중학교 2학년(미국의 8학년) 때까지 성적이 우수했던 맬컴은 자신의 장래에 관해 변호사가 되면 좋겠다는 희망을 밝혔다. 그러나 이 희망을 들은 백인 영어 교사가 맬컴에게 말했다.

"삶에서 제일 필요한 건 현실적인 자세다. 내 말을 오해하지는 마라. 사람들이 너를 좋아한다는 건 너도 알 거야. 하지만 넌 깜둥이라는 사실을 알아야 해. 네가 가질 수 있는 직업을 생각해 봐라. 넌 물건 만드는 재주가 좋지. 모두들 목수 솜씨를 높이 쳐준다. 왜 목수 일을 해 보겠다는 계획을 세우지 않니? 사람들이 인간적으로는 너를 좋아하니까 일거리는 얼마든지 얻을 수 있을 거야."

8학년을 마치는 날 맬컴은 학교를 자퇴하고 이복 누이가 사는 보스턴으로 향했다. 보스턴에서 맬컴의 삶은 밑바닥 그 자체였다. 나이트클럽 구두닦이, 접시닦이, 열차 물건 판매원 등을 전전했다. 그리고 1943년 스물일곱 살 때 뉴욕의 할렘으로 갔다. 범죄 소굴의 대명사로 일컬어지는 흑인 빈민가에서 맬컴은 밀매, 도박, 사기, 공갈, 강도, 뚜쟁이 등의 일을 하다가 1945년 말 보스턴으로 가서 백인 주택을 털다가 체포당했다.

절도범 맬컴은 징역 8년형을 선고받고 매사추세츠 교도소에 수감된다. 이 교도소 생활은 그의 삶의 방향을 송두리째 바꿔 놓았다. 소등 뒤에도 복도의 희미한 불빛을 조명 삼아 닥치는 대로 책을 읽었다. 영어 공부도 제대로 하고 라틴어 통신 강좌까지 수강했다. 독학한 동료 수감자 존 엘튼 벰브리의 권유로 시작한 공부였다.

맬컴은 나중에 알렉스 헤일리와 자서전 구술 작업을 할 때, 함께 차를 타고 가다가 뉴욕공공도서관의 숌버그 흑인문화연구센터 입구 근처에서 주사위 놀이를 하는 흑인 청년 세 사람을 보고 차에서 내려 그들에게 말했다.

"저 문 뒤에는 흑인에 관한 세상의 온갖 책들이 다 있어! 자네들이 주사위 놀이나 하고 있을 때 다른 사람들은 저 안에서 우리 흑인에 관해 공부하고 있단 말이야! 내가 얼마나 학창 시절로 돌아가고 싶은지 아나? 6학년 정도로만 돌아갈 수 있다면, 정말 그럴 수만 있다면 저 도서관에서 밤을 새우며 공부할 수 있을 텐데 말이지."

1948년 형 필버트가 이슬람 국가운동을 소개하는 편지를 보내왔다. 맬컴의 남매 중 여럿이 이미 이슬람교도가 되어 있었고, 맬컴은 형이 보낸 편지 내용에 흥미를 느껴 이슬람 국가운동의 지도자 일라이저 무함마드(Elijah Muhammad)와 서신을 교환했다. 1952년 가석방으로 수감 생활에서 벗어난 맬컴은 일라이저와 만났다. 그에게 일라이저는 구원의 빛 그 자체였다.

무함마드에 깊이 감화된 맬컴은 성을 리틀에서 엑스(X)로 바꿨다. '푸른 눈의 백인 악마가 리틀이라는 자신의 성을 나의 선조에게 붙였던 것'이고 '(흑인) 무슬림의 X는 결코 알 수 없는 진정한 아프리카 조상 집안을 상징하는 것'이었다. 무슬림으로 새롭게 태어난 맬컴 엑스는 1953년부터 이슬람 국가운동의 열렬한 조직원으로 활동하며 일라이저와 함께 가장 큰 영향력을 발휘했다.

1953년부터 미 연방수사국(FBI)이 맬컴 엑스에 관한 파일을 개설했다. 맬컴이 스스로를 공산주의자라고 자처했기 때문이었다. 맬컴과 공산당의 연계 가능성에 대한 FBI의 관심은 곧 이슬람 국가운동에 대한 요주의로 이어졌다. 맬컴은 특유의 조직력과 카리스마로 디트로이트, 보스턴, 필라델피아 등에 이슬람 국가운동 성원을 속속 개설했고, 1954년 5월에 뉴욕 할렘 성원의 지도자가 되어 신도 수를 늘려 나갔다. 이슬람 국가운동의 조직원은 1952년 맬컴이 처음 몸담을 때 5백 명 정도에 불과했으나 1963년에는 2만 5천 명으로 늘어났다.

1959년 뉴욕의 TV 방송에서 이슬람 국가운동에 관한 '증오가 낳은 증오'라는 제목의 프로그램을 방영했고, 이후 맬컴은 전국적 명성을 얻으면서 각종 사회적, 정치적 이슈에 관해 신문, 잡지, 방송 매체에서 견해를 밝히기 시작했고 국제적으로도 주목받기 시작했다. 맬컴은 특히 1963년 8월의 '일자리와 자유를 위한 워싱턴 행진'을 비판했다(이 행진은 마틴 루서 킹 목사의 '나에게는 꿈이 있습니다'라는 연설로 유명하다).

"살아 있을 때 우리를 좋아하지 않았던, 백 년 전에 죽은 (링컨) 대통령의 상(像) 앞에서 백인들이 주도하는 시위에 왜 흑인들이 열광해야 하는가?"

맬컴은 백인들을 '악마'라 칭했고, 이에 백인 우월주의자들의 공적(公敵) 1호가 되었다. 늘 살해 위협에 시달렸기에 소총을 들고 스스로를 방어해야 할 때도 있었다. 1963년 12월 1일, 맬컴은 케네디 대통령 암살(11월 22일)에 관한 의견을 요청받자 싸늘한 어조로 "자업자득이니 내가 슬퍼할 까닭이 없다"고 말했다. 케네디에 대한 추모 분위기 속에서 맬컴의 그런 반응은 큰 논란과 반발을 불러일으켰다.

이슬람 국가운동 측도 케네디 유족에 대한 애도 메시지를 발표하면서, 소속 간부들에게 암살에 대한 공식적인 의견 표명을 하지 말 것을 지시한 상태였다. 맬컴은 조직에서의 지위는 유지했지만, 공개적으로 의견을 표명하는 것을 석 달간 금지당했다. 그리고 1964년 3월 8일, 맬컴은 공식적으로 이슬람 국가운동과의 결별을 선언했다.

자신은 계속해서 무슬림으로 남겠지만 이슬람 국가운동이 지나치게 완고한 종교적 신조에 자승자박 당해 있으며, 이제 자신은 아프리카계 미국인들의 '정치의식을 고양시키기 위한' 흑인 민족주의 조직을 결성해 나가겠다는 것이었다. 이슬람 국가운동은 백인들은 선천적으로 악하고 사후 세계는 없다고 주장했다. 노예 시절에 대한 보상으로 미국 내 아프리카계 미국인의 국가 수립을 요구했고, 서방 세계에 대해 극단적으로 적대적이었다. 맬컴은 이슬람 국가운동에서는 시도하기 어려웠던 일, 즉 다른 민권 지도자들과 연대하고 싶다는 뜻도 밝혔다. 그러나 맬컴이 이슬람 국가운동을 떠난 보다 근본적인 이유는 지도자 일라이저 무함마드의 비도덕성에 대한 환멸, 그리고 조직 내 다른 간부들의 맬컴에 대한 질시 때문이었다.

'선지자의 고향에서, 예언자들의 땅에서 피부색과 종족이 제각기 다른 사람들이 보여 준 것만큼 진지한 환대와 참된 형제애의 정신을 나는 본 적이 없다. 지난 주 내내 나는 온갖 피부색의 사람들이 내 주위 사람들에게 보여 주는 친절을 목격하고 완전히 말문이 막히고 넋을 잃을 정도였다.'

1964년 4월 맬컴은 이슬람 성지인 사우디아라비아의 메카를 순례하던 때의 느낌을 위와 같이 회고했다. 인종과 종족을 초월하여 이슬람교도의 동포애로 하나가 되는 체험을 한 맬컴은 이슬람이 인종 문제를 뛰어넘을 수 있다는 확신에 도달했다. 메카 순례 이후 맬컴에게 백인은 더 이상 '악마'가 아니라 '인간', 때로는 협력할 수도 있고 결국 평화롭게 공존해야 할 '인간'이었다. 성지 순례를 계기로 맬컴은 수니파 무슬림이 되었고 엘 하지 말리크 엘 샤바즈라는 이름을 사용했으며, 아프리카계 미국인 단결기구를 이끌면서 미국 각지는 물론 해외 여러 나라를 방문하여 흑인의 동포애는 물론 인종 간 평화를 역설했다.

이슬람 국가운동 측은 이런 맬컴에 대해 공공연한 위협을 가했다. 일라이저 무함마드는 "맬컴 같은 위선자는 목이 잘려야 마땅하다"고 말했고, 이슬람 국가운동 매체에는 맬컴의 잘린 목이 튀어 다니는 카툰과 '맬컴 같은 인간은 죽어 마땅하다'는 내용의 글이 실렸다. 일라이저의 최측근 존 알리는 '위대한 일라이저 무함마드에 반대하는 이는 누구라도 목숨이 위태로워질 것'이라 말했다. 불시에 맬컴의 집을 방문해 살해 위협을 하거나 익명의 전화로 위협하는 일도 잦아졌다.

1964년 6월에는 이슬람 국가운동 측이 뉴욕 퀸즈에 있는 맬컴의 집이 자신들의 소유이기 때문에 맬컴 가족이 퇴거해야 한다는 소송을 제기해 승소했고, 맬컴은 퇴거 명령을 받았다. 그리고 이듬해 2월 14일, 맬컴의 퇴거 날짜 연기 요청에 대한 법원 심리 하루 전날 맬컴의 집은 불타서 무너졌다. 분명한 방화였다. 맬컴의 가족은 무사했지만 방화범은 잡히지 않았다. 그리고 2월 21일, 39세의 맬컴 엑스는 열여섯 발의 총탄을 맞고 쓰러졌다.

"꿈을 위해 목숨 바칠 각오가 되어 있는가? 그렇지 않다면 네 사전에서 자유라는 말을 지워라."

"평화롭고 친절하고 법을 지키고 인간을 존중하라. 그러나 너에게 폭력을 가하는 녀석이 있다면, 녀석을 골로 보내 버려라."

"누가 너에게 자유를 주겠는가? 누가 너에게 평등, 정의, 또 다른 그 무엇을 주겠는가? 인간이라면, 자유, 평등, 정의를 스스로의 힘으로 쟁취해야 한다."

"아무도 당신을 비판하지 않는가? 그렇다면 당신은 성공할 수 없다."

"비틀거린다는 것. 그러나 결코 쓰러지지 않는다는 것."

맬컴 엑스의 치열했던 삶은 늘 백척간두에 선 위태로운 삶, 어떤 의미에서는 비틀거리는 삶이었다. 그리고 그는 흉탄에 쓰러졌다. 그러나 그는 결코 쓰러지지 않았다. 억압받는 자들의 저항을 생각하고 이야기할 때 우리가 그의 이름을 반드시 기억한다면, 그는 그리고 어쩌면 우리는 영원히 쓰러지지 않을 것이다.

한 시대 전체와
맞선 항쟁
마틴
루서 킹

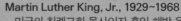

Martin Luther King, Jr., 1929~1968
미국의 침례교회 목사이자 흑인 해방 운동가. 침례교 목사의 아들
로 태어나 신학과 철학을 공부한 뒤 앨라배마 주 몽고메리의 침례
교회 목사로 취임하였다. 1955년 시내버스의 흑인 차별 대우에
반대하는 '몽고메리 버스 보이콧 운동'을 지휘하고 그 뒤로도 계
속하여 비폭력주의를 고수하며 인종 차별 및 노동 운동의 지휘자
로 활동하다가 1964년 노벨평화상을 받았다. 1968년 흑인 청소
부의 파업을 지원하다가 극우파 백인에게 암살되었다.

우리 공화국의 설립자들은 헌법과 독립 선언서에 위대한 약속을 기록했습니다. 후손인 모든 미국인에게 약속 어음을 발행해 주었습니다. 그 어음은 백인뿐만 아니라 흑인, 그렇습니다, 모든 사람에게 생존권, 자유, 행복 추구권이라는 양도할 수 없는 권리를 보장한다는 약속이었습니다. 오늘날 미국에서는 우리가 받은 어음에 대해, 적어도 유색 인종 시민들에 대해서는 채무 불이행 상태가 이어지고 있습니다. 이 신성한 약속 어음을 지급하는 대신에 미국은 흑인 시민들에게 '잔액 부족' 도장이 찍힌 부도 수표를 돌려주었습니다. (······) 우리는 이 수표를 현찰로 바꿀 것입니다.
— 마틴 루서 킹, 1963년 8월 28일 링컨기념관 광장 연설 중에서

"각양각색의 뿌리에서 나와 우리가 물려받은 다양한 유산은 결코 약점이 아니라 강점이라는 사실을 우리는 압니다. 우리나라는 기독교도, 이슬람교도, 유대인, 힌두교도, 그리고 무신론자들로 이루어진 국가입니다. 우리나라는 지구 상 곳곳에서 온 다양한 언어와 문화들로 이루어진 국가입니다. 우리는 남북 전쟁과 인종 차별의 쓰라림을 경험했고, 또한 더욱 강하게 단결하여 어두운 시대를 헤쳐 나온 경험이 있습니다. 그렇기에 우리는 오래된 증오가 언젠가는 사라지리라는 것을, 편협한 혈통의 끈이 머지않아 사라지리라는 것을, 세계가 점점 작아짐에 따라 보편적 인간성이 실현되리라는 것을, ······ 믿어 의심치 않습니다."

2009년 미국 역사상 첫 흑인 대통령, 버락 오바마가 제44대 대통령으로 취임했다. 오바마 대통령은 취임 연설에서 위와 같이 인종, 종교, 문화, 혈통의 차이에 따른 갈등과 차별을 극복하고 보편적 인간성이 실현되리라는 소망 섞인 비전을 말했다. 흑인은 물론 억압받는 소수자들을 위해

일생을 바친 마틴 루서 킹이 하늘에서 이를 봤다면 어떤 생각이 들었을까? '나에게는 꿈이 있습니다'라고 외쳤던 그의 꿈이 조금은 이루어진 셈일까? 39세의 짧지만 불꽃 같은 삶을 살았던 그는 명연설가이자 설교가로 이름 높았다. 여기 범상치 않은 그의 마지막 설교가 있다.

"내가 죽거든 나를 위해 긴 장례를 할 생각을 하지 마십시오. 긴 조사(弔辭)도 하지 말아 주십시오. 또 내가 노벨상 수상자(1964년. 35세. 역대 최연소 노벨평화상 수상자)라는 것과 그 밖에 많은 상을 탄 사람이라는 것도 언급하지 마십시오. 그것은 하나도 중요하지 않기 때문입니다. 나는 그날, 마틴 루서 킹은 다른 사람들을 위해 살려고 노력했고, 다른 사람들을 사랑하려 했으며, 전쟁에 대해 올바른 입장을 취했다는 평가를 받고 싶습니다. 또 배고픈 사람에게 먹을 것을 주고 헐벗은 사람들에게 입을 것을 주기 위해 애썼으며, 인간다움을 지키고 사랑하기 위해 몸 바쳤다는 것이 기억되었으면 좋겠습니다."

1968년 2월 4일, 마틴 루서 킹은 고향 조지아 주 애틀랜타의 에버니저 교회에서 위와 같이 설교했다. 자신의 죽음을 예견하기라도 한 것 같은 이 설교는 그의 마지막 설교가 되었다. 그로부터 두 달 뒤 그는 암살당했다. 1968년 4월 9일 에버니저 교회에서 열린 영결식에서는 마틴 루서 킹의 아내 코레타의 뜻에 따라 2월 4일의 설교를 녹음한 테이프를 틀었다. 당시 린든 B. 존슨 대통령은 이날을 국장일로 선포했다.

이 설교는 '드럼 메이저 설교' 또는 '나는 정의를 위한 드럼 메이저입니다(I Am a Drum Major for Justice)'라는 제목으로 일컬어지기도 한다. 드럼 메이저는 본래 행진 악대나 고적대를 맨 앞에 나서서 이끄는 사람을 뜻한다. 마틴 루서 킹은 '드럼 메이저 직분'이라는 표현을 사용하는데 이것은 지도자로서의 직분, 소명을 뜻한다. 2월 4일의 설교에서 그는 다음과 같이 말했다.

"만일 여러분이 제가 드럼 메이저였다고 말하고 싶다면, 정의에 헌신한 드럼 메이저였다고 말하십시오. 평화에 헌신한 드럼 메이저였다고 말하십시오. 그 밖의 다른 것들은 하나도 중요하지 않습니다. 저는 다만 헌신했던 삶을 남겨 두고 싶습니다."

조지아 주 애틀랜타에서 태어난 마틴 루서 킹 주니어의 아버지는 목사 마틴 루서 킹(Martin Luther King, Sr.), 어머니는 앨버타 윌리엄스 킹이었다. 아버지의 본래 이름은 마이클 킹 주니어였으나 1934년 유럽 여행에서 독일을 방문하고 난 뒤 독일 프로테스탄트 지도자이자 종교 개혁가인 마르틴 루터를 기리는 뜻에서 이름을 바꾸었다. 이에 따라 이들 부자(父子)는 마틴 루서 킹 '시니어'와 마틴 루서 킹 '주니어'가 되었다. 그의 '드럼 메이저 설교'를 좀 더 들어 보자.

"중요하고 대단한 사람이 되고자 한다면, 인정받고 훌륭한 사람이 되고자 한다면, 위대한 사람이 되고자 한다면, 무엇보다도 이걸 깨달아야 합니다. 가장 위대한 이는 다른 이들을 섬기는 사람이라는 걸 말입니다. 이야말로 위대함의 새로운 기준입니다. (……) 모든 사람은 위대해질 수 있습니다. 모든 사람은 섬길 수 있으니까요. 섬기는 데는 대학 학위가 필요 없습니다. 플라톤이나 아리스토텔레스에 관해 알 필요도 없습니다. 아인슈타인의 상대성 이론을 몰라도 섬길 수 있습니다. 열역학 제2법칙에 밝아야 섬길 수 있는 것도 아닙니다. 다만 필요한 것은 은혜로 충만한 마음, 사랑으로 움직이는 영혼입니다. 당신은, 우리는 모두 섬기는 사람이 될 수 있습니다."

드럼 메이저 설교가 있기 5년 전인 1963년 8월 28일, '일자리와 자유를 위한 워싱턴 행진'에서 워싱턴의 링컨 기념관 광장에 25만 여 명의 군중이 모였다. 군중의 눈과 귀는 모두 연단에 선 마틴 루서 킹을 향했다. 이날 그는 '나에게는 꿈이 있습니다(I have a dream)'라는 구절로 유명한 연설, 미국의 인권 운동사는 물론 미국 역사에 길이 남을 연설을 했다.

"나에게는 꿈이 있습니다. 언젠가 이 나라가 모든 인간은 평등하게 태어났다는 것을 자명한 진실로 받아들이고, 그 진정한 의미를 신조로 살아가게 되는 날이 오리라는 꿈입니다. 언젠가는 조지아의 붉은 언덕 위에 예전에 노예였던 부모의 자식과 그 노예의 주인이었던 부모의 자식들이 형제애의 식탁에 함께 둘러앉는 날이 오리라는 꿈입니다. 언젠가는 불의와 억압의 열기에 신음하던 저 황폐한 미시시피 주가 자유와 평등의 오아시스가 될 것이라는 꿈입니다. 나의 네 자녀들이 피부색이 아니라 인격에 따라 평가받는 그런 나라에 살게 되는 날이 오리라는 꿈입니다."

이 역사적 연설에서 마틴 루서 킹은 증오에 바탕을 둔 폭력적 저항이 아니라 더 높은 영적 차원 바탕을 둔 비폭력 저항을 강조했다.

"비탄과 증오로 가득 찬 술잔을 들이키는 것으로 자유를 향한 갈증을 달래려 하지 맙시다. 위엄과 원칙이 있는 높은 곳을 향한 투쟁을 영원히 계속해야 합니다. 우리는 우리의 창의적인 항거가 폭력으로 변질되게 해서는 안 됩니다. 다시, 또다시, 우리의 힘, 이 영혼의 힘과 맞닿을 수 있는 저 높은 곳까지 올라가야 합니다."

마틴 루서 킹의 이러한 비폭력 저항에 대한 신념에 영향을 미친 것은 인도의 마하트마 간디였다. 개인의 내면 깊숙한 곳의 '영혼의 힘'에 바탕을 두어, 고난을 끈기 있게 견뎌 내며 비폭력적으로 저항하는 대중적 저항 운동의 모델이 바로 간디였던 것이다. 마틴 루서 킹은 헨리 데이비드 소로의 생각에도 영향을 받았다. 소로는 개인적 신념이나 사회적 정의에 어긋나는 것이 분명한 국가의 조치나 법령에 대해 비폭력적으로 저항하는 것이 정당하다고 주장했다.

마틴 루서 킹은 "비폭력의 철학이 아니었다면 미국 남부의 여러 거리에 피의 물결이 출렁거렸을 것"이라고 말하기도 했다. 마틴 루서 킹은 1959년 인도를 방문하면서 간디의 비폭력 저항 노선에 더욱 깊이 공감하게 되었다. 인도에서의 마지막 날 밤 그는 라디오 연설에서 이렇게 말했다.

"인도에 머물면서 나는 비폭력 저항의 방법이야말로, 정의와 존엄을 위해 투쟁하는 억압받는 사람들이 지닐 수 있는 가장 강력한 무기라는 것을 굳게 확신하게 되었습니다. 마하트마 간디는 우주의 도덕적 질서 안에 깃든 보편적 원리를 일생을 통해 온 몸으로 실천했습니다. 그 원리는 중력의 법칙만큼이나 분명하고 불가피한 것입니다."

다양한 이질적인 요소들을 융합시켜 새로운 가치를 만들어 내고, 다양한 인종과 집단들이 모여 '미국과 미국인'이라는 하나의 정체성을 창조해 내는 용광로. 다양한 인종 및 사회 집단들이 서로를 질시하고 갈등하며 결국 유색 인종이나 소수 집단을 억압하는 도가니. 만인이 평등하게 창조되었다는 독립 선언서의 정신을 무색하게 만드는 미국의 두 얼굴이다. 만인 평등의 기독교적 가치는 흑인 출입을 금하는 교회 앞에서 무색해진다. 'for whites only(백인만 출입할 수 있음)'나 'no blacks and dogs(흑인과 개는 사절)'와 같은 문구가 1960년대까지만 해도 공공장소에 흔했던 미국이다.

1955년 12월 1일 오후 6시경 앨라배마 주 몽고메리 시. 백화점에서 일하는 재봉사 로자 파크스는 녹초가 되어 집으로 가기 위해 버스를 탔다. 1900년부터 몽고메리 시에서는 인종에 따라 버스 좌석을 분리시키는 조례가 시행되고 있었다. 몽고메리 시의 버스 기사들은 백인 전용 좌석이 꽉 차면 관행적으로 흑인 승객들에게 좌석에서 일어나도록 요구해 왔다.

당시 운전기사는 백인 좌석이 가득 차 두세 명의 백인 남성이 서 있는 것을 보고, 로자 파크스를 포함한 네 명의 흑인들에게 일어날 것을 요구했다. 하지만 그녀는 요지부동이었다. 기사는 경찰을 불렀고 로자 파크스는 인종 차별법인 짐 크로 법 위반 혐의로 체포되어 벌금형을 선고받았다.

흑인 지도자들은 마틴 루서 킹 목사를 중심으로 단합하여 이후 일 년 넘게 '버스 안 타기' 운동을 전개했다. 흑인끼리 차를 태워 주고 웬만한 거리는 걸어 다니고, 말을 타고 다니기까지 했다. 경찰은 불법 승차, 불법 호객, 불량배 단속 등을 핑계로 탄압했다. 마틴 루서 킹에 대한 살해 위협이 이어졌고 자택이 폭파당하기까지 했다. 그러나 결국 1956년 11월 13일, 연방 법원은 버스에서의 인종 차별이 불법이라는 선고를 내렸다. 흑인 민권 운동가 제시 잭슨의 말대로 로자 파크스는 "우리가 모두 일어서기 위해 그녀는 앉아야만 했던" 것이고, 마틴 루서 킹은 "우리 모두가 일어설" 수 있도록 앞장서 투쟁했던 것이다.

1968년 3월 29일 마틴 루서 킹은 흑인 환경 미화원들의 파업을 지원하기 위해 테네시 주 멤피스를 방문했다. 궂은 날씨 탓에 일하지 못하고 귀가한 흑인 근로자들은 2시간 치 임금을 받은 반면, 함께 귀가한 백인 근로자들은 하루치 임금을 받았던 것이다. 마틴 루서 킹이 멤피스로 타고 가는 항공편에 대한 폭파 위협 때문에 출발이 지연되기도 했다. 4월 3일 마틴 루서 킹은 메이슨 교회에서 생애 마지막 연설을 했다. 이 연설 말미에는 폭파 위협에 관한 언급이 나온다. 2월 4일의 설교와 마찬가지로 죽음을 예견하는 것 같은 분위기가 감돈다.

"내가 멤피스에 오려 했을 때 사람들이 그 위협에 관해, 아니 지나간 위협에 관해 말하더군요. 우리의 마음이 병든 백인 형제들이 나에게 어떤 일을 하려 할까요? 이제 무슨 일이 일어날지 모르겠습니다. 어려운 날들이 기다리고 있겠지요. 그러나 이제 나에게는 문제가 되지 않습니다. 나는 산정(山頂)에 올라 봤으니 말입니다. 난 개의치 않습니다. 여느 사람과 마찬가지로 나 역시 오래 살고 싶지만 인명은 재천이겠지요. 이젠 신경 쓰지 않습니다.

나는 하느님의 뜻을 실천하고자 할 뿐입니다. 그분은 제가 산정에 오르는 걸 허락하셨습니다. 그곳에서 굽어보았지요. 약속의 땅을 보았지요. 여러분과 함께 그곳에 가지 못할지도 모르겠습니다. 그러나 오늘밤 여러분께 알려 드려야 하겠습니다. 우리는 사람으로서, 바로 그 약속의 땅에 반드시 도착하게 되리라는 걸 말입니다. 오늘밤 나는 행복합니다. 그 무엇도 걱정하지 않습니다. 나는 어느 누구도 두렵지 않습니다. 나의 눈은 주님이 오시는 영광을 보았으니까요."

멤피스의 로레인 모텔에 투숙한 마틴 루서 킹은 4월 4일 오후 6시 1분, 2층 발코니에 서 있다가 저격당했다. 총탄은 그의 오른쪽 뺨을 뚫고 들어가 턱을 지나 척수를 망가뜨리고 어깨에 박혔다. 제임스 얼 레이가 범인으로 체포되었다. 그러나 그가 범행 자백을 번복하면서 마틴 루서 킹 암살에 관한 갖가지 음모론이 제기됐고 논란은 지금도 계속되고 있다.

이 위대한 영혼이 저격당하기 전 발코니에서 한 마지막 말은 이러했다. "이봐 벤! 오늘밤 '주여 이 손을 잡아주소서'를 꼭 연주해 주게나. 정말 멋지게 말이야."(현장에 있던 제시 잭슨의 증언) 그날 밤 행사에서 연주하게 되어 있던 벤 브랜치에게 건네는 말이었다. 마틴 루서 킹은 응급 처치를 받았으나 7시 5분 공식 사망 선고를 받았다. 당시 그의 나이는 39세였다. 검시(檢屍) 결과 마틴 루서 킹의 심장은 60대 나이의 상태였다고 한다. 불꽃같은 삶이 그의 심장을 너무도 빨리 태워 버렸기 때문이었을까?

매년 1월 셋째 주 월요일은 미국의 연방 기념일이자 공휴일, 바로 '마틴 루서 킹의 날'이다. 2009년의 '마틴 루서 킹의 날'은 1월 20일로 미국 역사상 최초의 흑인 대통령 버락 오바마의 취임 하루 전이었다. 그날 오바마는 자원봉사에 동참하면서 이렇게 말했다.

"몽상가가 아니라 실천가이자 행동가였던 인물, 낮은 곳에서 변화를 위해, 보다 나은 사회를 위해, 정의와 평등을 위해 일생을 바친 인물을 우리가 기억하는 날입니다. 이러한 오늘 수백, 수천, 아니 수백만의 우리 미국인들이 바로 그 인물, 킹 목사의 뜻을 받들고 있습니다."

마틴 루서 킹의 심장은 지금도 타오르고 있다. 마틴 루서 킹의 전기를 쓴 마셜 프래디는 이렇게 말했다. '자신이 속한 시대 전체를 상대로 한 항쟁에 스스로를 내몰았던 인물. 미국 전체의 권력 체계와 가치 질서 전체를 송두리째 재편한다는 자신의 최후 목표를 우러르면서 고결하고 늠름한 사회 운동의 공격수 노릇을 자처하고 그 역할에 헌신한 인물.'

자신이 속한 시대 전체를 상대로 한 '항쟁'이 아니라 '통찰'이었다면 그를 운동가가 아니라 사상가라고 부를 수 있을까? 자신이 속한 시대 전체를 상대로 한 '성찰'이었다면 그를 철학자라고 부를 수 있을까? 통찰과 성찰, 그리고 항쟁이 온전하게 하나가 되는 삶을 살았던 마틴 루서 킹은 운동가이자 사상가이며 철학자였다.

지구 철학을
향하여
제임스
러브록

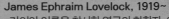

James Ephraim Lovelock, 1919~
가이아 이론을 창시한 영국의 화학자, 의학자, 생물 물리학자, 과학
자이다. 대학에서 화학과 의학, 생물 물리학을 전공한 뒤 런던 국
립의학연구소 연구원, 예일 대학교 의과 대학 연구원 등을 거쳐 잠
깐 교직 생활을 하다가 연구 활동에 전념하였다. 1979년『가이아』
를 통해 지구를 하나의 작은 생명체로 보는 가이아 이론을 주창하
였다. 그 밖의 저서로『가이아의 시대』,『가이아의 복수』등이 있다.

현재 선진국 생활 방식을 목표로 삼은 인간이 너무나 많은 나머지 우리는 이 행성에 있는 우리의 동반자들, 즉 다른 생명체들을 몰아내고 있다. 우리는 온실 기체 배출량 감축이 우리가 해야 할 일의 일부에 불과하다는 것을 깨달아야 한다. 또 우리만의 것인 양 지표면을 사용하는 짓도 중단해야 한다. 땅은 우리만의 것이 아니다. 지구의 기후와 화학 조성을 조절함으로써 모든 생명체에게 봉사하는 생태계의 공동체에 속한 것이다.
— 제임스 러브록, 『가이아의 복수』 중에서

가이아(Gaia)는 고대 그리스인들이 대지(大地)의 여신을 부른 이름이다. 다른 여신들 대부분과 마찬가지로 가이아는 부드럽고 여성적이며 모든 것을 길러 주는 성격을 지녔다. 인간을 포함한 땅 위에 존재하는 모든 생물을 길러 낸 것은 물론, 사람들이 아이를 낳도록 한 것도(결혼을 관장하는 신이기도 했다), 과일을 먹을 수 있도록 한 것도 모두 가이아였다. 모든 생명의 근원인 가이아는 혼동 속에서 스스로 생겨나 자신의 크기와 같은 하늘, 즉 우라노스까지 만들어 냈다고 한다.

이러한 대지의 여신 가이아는 영국의 대기 과학자 제임스 러브록이 1979년에 발표한 저서 『가이아』를 통하여 새로운 의미를 갖게 되었다. 러브록은 1919년생으로 런던 대학교와 맨체스터 대학교에서 화학, 의학을 공부하고, 하버드 대학과 예일 대학 객원 연구원, 제트 추진 연구소 우주 프로그램의 생명 과학 고문, 런던 왕립학회 특별 회원, 해양 생물학회 회장 등을 역임했다. 미 항공우주국에서 실시한 화성 생명체 탐사 계획에도 참여했다.

　그런 러브록에게 가능한 한 이해하기 쉽게 설명해 달라는 부탁과 함께 가이아 가설에 관해 질문을 던졌다. 그간 가이아 가설에 대해 제기된 비판에 관해서도 견해를 밝혀 달라 부탁했다. 오랫동안 답장이 없었다. 1919년생으로 고령인 그가 새삼 가이아 가설에 관한 비교적 쉬운 글을 쓴다는 게 무리인가도 싶었다. 혹시 비판에 대한 견해를 밝히는 것이 싫기 때문일까? 그가 답장을 보내온다면 이런 내용이지 않을까 예상하면서 러브록의 시점을 빌려 편지를 작성했다. 그리고 러브록에게 보냈다. 그러나 역시 답장은 없었다. 그 편지를 여기에 싣는다.

　　나의 주요 저서들이 한국어로 이미 번역되었다고 알고 있습니다. 그 책들을 읽어 보시면 좋겠습니다만, 간곡한 요청에 정신을 집중해서 구술하기 시작했습니다. 제가 가이아 가설에 관한 본격적인 저서를 낸 것이 1979년이고 보니 그 이후 제 생각에 다소의 변화가 있기는 했지만, 기본적인 생각에는 변함이 없다고 봐도 좋겠습니다.

　　가이아 가설의 핵심은 이렇게 정리할 수 있습니다. 지구는 생물, 대기, 바다, 육지 등으로 이루어져 있고, 이 구성 요소들이 상호 작용하여 생물이 살아가는 데 적합한 환경을 유지하는 자기 조절 기능을 갖는 하나의 거대한 체계입니다. 그리고 늘 일정 수준으로 스스로의 상태를 유지시킬 수 있다는 점에서 지구는 일종의 목적을 지니고 작용하는 하나의 거대한 살아 있는 생명체라고 할 수 있습니다. 요컨대 지구는 생물계와 무생물계가 상호 유기적으로 연결되어 그 자체가 활발하게 살아 있는 생명체, 즉 가이아입니다.

생명체로서의 가이아가 추구하는 목적은 무엇일까요? 태양에서 오는 외부 에너지와 지구 내부에서 이뤄지는 에너지 유입이 변화하는 것처럼, 모든 조건이 변화하는 와중에 생물들의 생존에 적합한 환경을 끊임없이 조성해 나가는 것이 목적입니다. 내가 왜 이런 생각을 하게 됐는지 말하려면 미 항공우주국에서 태양계 조사에 참여하던 때로 거슬러 올라가야 합니다.

나는 지구의 대기 조성이 주변 행성들과는 크게 다르다는 걸 새삼 알게 되었습니다. 금성과 화성은 대기 중 이산화탄소의 비율이 95%에 달합니다. 지구는 0.03% 정도지요. 나는 이 사실에 대해서 원시 지구의 이산화탄소 비율은 금성, 화성과 비슷했지만 지구가 생명체를 배태하면서 이 생명체가 지구의 대기 조성을 바꾼 것이라 보았습니다. 광합성 작용을 하는 세균, 조류(藻類) 등이 이산화탄소를 빨아들이고 산소를 내뿜어 지구 대기를 변화시킨 것이지요.

더구나 지구 대기권의 원소 조성과 해양 성분은 지난 30억 년 동안 거의 일정하게 유지됐습니다. 먼저 대기 중 산소 농도에 주목해야 합니다. 대기 중 산소 농도가 일정 수준을 유지한다는 사실이 가이아 가설의 하나의 근거가 되니까요.

산소가 존재하지 않던 원시 대기 상태에서 광합성 박테리아의 출현으로 산소 농도가 증가하다가 현재 상태인 21%가 유지되어 생물체가 살 수 있는 것은, 지구 자체가 하나의 생명처럼 작용하기 때문입니다. 대기 중 산소 농도는 과거 2억 년 동안 15~20% 범위에서 유지되어 왔는데, 이것은 지구가 생물권에서 일어나는 광합성과 호흡량을 조절하고, 그리고 물질 순환을 통해 대기의 산소와 이산화탄소의 농도를 조절하기 때문입니다.

둘째, 오존층의 존재입니다. 오존층은 지구의 온도를 적절하게 유지해 주고 생물체에 유해한 자외선을 차단시켜 주지요. 이것은 특히 바다 표면에 서식하는 말류의 화학 작용에 의해 조절됩니다. 오존층이 형성되면서 자외선의 강도가 약해졌고, 지구 곳곳에 많은 생물이 등장하여 활발한 광합성을 하면서 대기 중 산소 농도를 21%로 유지하는 기초가 되었던 겁니다.

셋째, 대기 중 이산화탄소의 용량입니다. 대기 중 이산화탄소는 지구 대기의 약 0.03% 정도를 차지하고 있는데 화석 연료의 사용, 산불, 화산 활동 등에 의해 이산화탄소의 농도가 증가하지만, 열대 우림의 광합성에 의해 많은 이산화탄소가 고정되기 때문에 일정량의 농도를 유지할 수 있습니다. 결국 지구 자체의 생물체가 유기적으로 이산화탄소의 농도를 조절하는 셈이지요. 그 밖에도 해양의 염분 농도가 일정하게 유지되는 현상 역시 가이아 가설의 근거가 될 수 있습니다.

요약하면 이렇게 말할 수 있겠지요. 지구 상의 다양한 생물 요소들이 지구의 대기와 해양의 조성을 조절함으로써 대기와 해양의 상태가 거의 일정하게 유지된다는 겁니다. 바꿔 말하면 지구는 스스로의 상태를 조절할 수 있는 살아 있는 생명체, 즉 가이아라고 할 수 있습니다. 그런 가이아의 특징을 말해 볼까요?

첫째, 가이아는 스스로 모든 생물들에게 적합한 환경 조건을 만들어 줍니다. 따라서 인간이 가이아의 기능에 지장을 줄 정도로 간섭하지 않는다면 가이아는 그 속성을 그대로 유지할 것입니다. 둘째, 가이아는 마치 생물처럼 중요한 기관들을 지니고 있으며, 또한 부속 기관을 가지고 있어 필요에 따라 신축, 생장, 소멸이 가능하고 장소에 따라 기능이 달라질 수 있습니다. 마지막으로 가이아는 매우 정교한 자기 제어 시스템처럼 스스로를 조절하는 능력을 발휘합니다.

1988년의 일로 기억합니다만 미국 옐로스톤 국립 공원 지역에서 대규모 산불이 일어난 적이 있습니다. 4,856평방킬로미터에 달하는 지역이 모두 불에 타 버린 큰 산불이었는데, 4월에 시작된 산불은 그 해 11월에 가서야 겨우 진화되었습니다. 그런데 미국의 관련 당국은 불타 버린 지역을 손을 대지 않고 그대로 놓아두었습니다.

그로부터 10년이 지난 뒤 공원에는 불탄 흔적이 여전히 남아 있었지만 본래 상태로 돌아오는 모습을 분명하게 발견할 수 있었습니다. 화재로 타 버린 나무가 토양의 영양분이 되어 새로운 싹이 돋아나 목초지가 형성되고 나아가 숲이 회복되고 있었던 것입니다. 오히려 화재 진압을 위해 땅을 파헤친 부분에서 숲의 복원 과정이 더디게 진행되었습니다.

불이 난 것도 자연적인 현상이고 불이 난 다음에 서서히 회복되는 것도 자연 현상입니다. 인간이 개입하여 복구 작업을 하는 일이 필요하지 않았던 겁니다. 가이아 가설에 빗대어 말한다면, 숲의 다양한 생물 요소들이 상호 작용하여 숲의 상태를 일정하게 유지하는 작용을 하는 겁니다. 유기적으로 상호 작용하고 있는 지구의 다양한 생물 요소들에 인간이 개입하지 말아야 한다는 메시지, 가이아는 이런 메시지를 우리에게 꾸준히 보내고 있습니다.

물론 저의 가이아 가설에 대한 비판이 만만치 않다는 것도 잘 알고 있습니다. 지구가 하나의 거대한 생명체라는 주장에는 일종의 논리적 비약이 있다는 비판이 대표적입니다. 지구의 생물권, 대기권, 토양, 해양 등이 밀접하게 영향을 주고받으면서 어느 정도 일정한 상태를 유지하는 작용을 할 수는 있다지만, 그렇다고 해서 지구 자체가 '살아 있다'고 보기는 힘들다는 비판입니다.

어떤 사람은 로봇의 예를 들더군요. 매우 정교하게 만든 로봇이라면 로봇을 구성하는 부속들이 고도로 치밀하게 작용하여 로봇의 상태를 일정하게 유지할 수도 있겠지만, 그렇다고 해서 로봇을 하나의 살아 있는 생명체로 볼 수는 없다는 겁니다. 그러나 이런 비판은 생명체를 기계(로봇)에 빗대는 오류를 범하고 있는 게 아닐까요?

이쯤 되면 논의가 매우 깊어집니다. 생명체 또는 생명이란 도대체 무엇인가? 생명의 기본 단위를 어디까지로 볼 것인가? 이런 근본적인 질문으로 들어갈 테니까요. 이렇게 가이아 가설은 생물학이나 철학의 난문(難問)들을 많이 품고 있다는 점에서, 하나의 생명 철학적 질문이라 해도 좋습니다.

다른 비판도 있습니다. 생물의 일반적 속성에 비추어 볼 때, 지구를 생명을 가진 존재로 보기에는 무리가 있다는 비판입니다. 생물은 주위 환경에 반응하고 생식 능력과 진화 능력을 발휘합니다. 그런데 전체로서의 지구 환경은 그 자체가 생식 능력과 진화 능력을 지니고 있다고 보기는 힘들다는 겁니다. 결국 지구 자체를 하나의 생명체로 볼 수 있느냐는 비판이지요. 가이아 가설에서 내가 말하는 생명 개념은 생물학에서 말하는 일반적인 생명 개념과 큰 차이를 지닌다는 지적이기도 합니다. 그런 지적에 일리가 있다고 인정합니다. 가이아는 일종의 대(大)생명 또는 전체 생명이라는 점에서 생물학 교과서에 나오는 것과는 결코 같을 수 없으니까요.

가이아 가설이 지나치게 목적론적인 성격을 지닌다는 비판도 많이 받았습니다. 지구 자체가 스스로의 상태를 유지하기 위해, 더 나아가 생물 서식에 유리한 방향으로 작용한다는 생각은 지구 자체가 어떤 목적을 염두에 두고 작용한다는 생각에 가깝습니다. 그러나 지구 또는 자연은 그 자체가 어떤 목적을 지니기보다는 그것의 다양한 요소들이 인과적으로 또는 기계적으로 상호 작용할 뿐이라는 겁니다.

사실 나는 '목적'이라는 말을 자주 썼습니다. 예컨대 메탄가스가 만들어지는 목적은 무엇이며 그 역할은 어떻게 산소와 관련되어 있을까? 이런 질문을 던지기도 했지요. 이에 대해 나는 '한 가지 분명한 메탄가스의 기능은 그것이 만들어지는 무생물적 환경의 좋은 조건을 그대로 유지시키는 것'이라고 말했습니다. 메탄가스가 악취 나는 진흙탕 속에서 끊임없이 솟아날 때, 진흙 속의 유독한 휘발성 물질들이 효과적으로 제거되니까 말이지요.

나를 비판하는 사람은 '메탄가스 생성의 목적'이라는 표현에 대해 이렇게 말하겠지요. '진흙 속의 유독한 휘발성 물질을 제거함으로써 결과적으로 진흙 속에 있는 미생물들이 살 수 있는 좋은 조건을 만들어 내는 것이 메탄가스 생성의 목적은 아니다. 그것은 어디까지나 메탄가스가 화학적으로 지닌 특성에 따라 귀결되는 현상에 불과하다.'

요컨대 결과적으로 유리하다고 해서 그것이 처음부터 유리한 방향이라는 목적을 지니고 있었다고 볼 수는 없다는 지적입니다. 내가 목적과 기능 또는 작용을 뒤섞고 있다는 지적이 제법 날카롭기는 하지만 나는 그것을 전적으로 수용하지는 않겠습니다. 이것은 과학 철학의 문제이기도 하지만 근본적인 관점과 세계관의 차이 문제에 해당하는 게 아닐까요?

위와 같은 여러 가지 문제점들을 볼 때, 가이아 가설이 과연 과학적 엄밀성을 지닌 것인가라고 많은 사람들이 비판적으로 묻습니다. 비록 과학적인 관측 및 연구 결과에 바탕을 둔 가설이기는 하지만, 지구가 곧 살아 있는 생명체라는 생각은 과학적 엄밀성과는 거리가 있는 일종의 은유에 가깝다고 지적합니다.

내 편을 드는 사람 중에는 그런 지적에 대해 이렇게 반박하는 이들도 있습니다. 해양학, 기상학, 생태학 등이 지금보다 훨씬 더 발전하여 지구 생명 요소의 다양한 상호 작용 과정을 훨씬 더 자세하게 밝힐 수 있다면, 가이아 가설을 보다 엄밀하게 입증할 수 있다고 말이지요. 내 편을 들어 주는 건 좋지만 이건 어디까지나 미래 소관이니 섣부르게 찬성하지는 않으렵니다.

사실 내가 그간 내놓은 주장 가운데 가장 크게 또 꾸준히 논란이 되어 온 것은 핵에너지의 사용 문제입니다. 나는 당장 바이오 연료 개발을 중단해야 하며 지형 파괴와 에너지 효율 한계, 건설 기간 장기화 등의 문제를 안고 있는 풍력, 조력, 수력, 태양 에너지 개발도 중단해야 한다고 주장했습니다.

결국 나는 가이아를 살릴 수 있는 일종의 치료제는 우라늄이나 수소 핵분열에서 얻는 핵에너지라고 보았습니다. 핵에너지의 위험성에 대한 경고도 많지만, 사실 화석 연료 굴뚝에서 나오는 탄소와 황 등으로 치명적인 질병에 걸리는 사례에 비하면 핵에너지로 인한 피해는 미미한 수준라고 봅니다. 이에 대해서는 앞으로도 논란이 이어지겠지만, 우리에겐 시간적 여유가 없습니다. 처방이 시급합니다.

우리가 행하는 하나하나의 행위에는 반드시 그 귀결이 따른다는 것을 결코 잊지 말아야 합니다. 인류가 지구에 대하여 더 많이 알게 될 때까지 우리는 인간의 손길이 미치는 범위를 스스로 한정하여 더는 이들 지역이 파괴되지 못하도록 해야 합니다. 가이아에게는 매우 중요한 부분이지만 우리들이 아직 알아차리지 못하고 있는 영역이 존재하고 있을지도 모르니까요.

감히 말하고자 합니다. 20세기의 많은 문명은 종말을 맞을 것입니다. 지금 한시 바삐 구급상자를 준비하는 일에 나서지 않으면 인류는 극소수의 서식 가능 지역에서 근근이 목숨을 유지하는 종(種)이 되어 버리고 말 겁니다. 가이아가 많은 것을 잃게 되는 날이 가까워 오고 있습니다. 야생 생물과 생태계 전체의 절멸, 인류 문명의 붕괴……. 인간이라는 종은 가이아를 무너뜨리는 하나의 질병에 불과한 것일까요?

그렇지 않습니다. 인간은 지능과 의사소통을 통하여 지구의 신경계 역할을 하고 있습니다. 가이아는 인류를 통해 우주에서 자신의 모습을 보았습니다. 우주 안에서 자신의 위치를 알게 되었습니다. 인류는 가이아의 질병이 아니라 심장이자 정신이어야 합니다. 가이아의 심장이자 정신으로서 깊은 책임감을 느껴야 합니다. 인류의 욕구, 인류의 권리만 실현하지 말고 우리 자신이 그 일부이기도 한 가이아와 화해해야 합니다.

환경론자들의 이야기가 지겹게 느껴집니까? '또 지구 온난화 타령인가!', '인류에게 잔뜩 겁만 주는 골치 아픈 사람들!' 이런 생각이 듭니까? 인간의 삶은 건강한 지구에 절대적으로 의존하고 있습니다. 지구의 건강이 악화되는 한 우리의 삶, 우리 후손들의 삶이 건강할 수는 없습니다. 땅과 바다는 우리만의 것이 아닙니다. 땅과 바다는 지구의 기후와 화학 조성을 조절함으로써 모든 생명체에게 봉사하는 존재입니다. 지구 생태계라는 하나의 공동체에 속한 존재입니다.

세계 각국 정부들 대부분은 환경 정책, 환경 계획을 내세웁니다. 그런데도 자꾸만 환경이 파괴되는 것은 왜일까요? 인간이 지구를 소유하고 있다는 믿음, 지구를 관리하는 권리를 갖고 있다는 확신, 이 잘못된 믿음과 확신 탓입니다. 어느 날짜의 것이든 신문의 경제면을 한번 펼쳐 보십시오. 성장과 발전이 여전히 지상의 목표가 되고 있다는 걸 실감할 수 있을 겁니다. 가이아 생명 공동체의 한 식구라는 깨달음이야말로 진정한 내적 성장이 아닐까요? 가이아 생명 공동체의 건강성을 되찾고 유지하도록 노력하는 것이 진정한 인간성의 발전이 아닐까요?

물론 적지 않은 사람들이 환경 문제의 심각성을 어느 정도 알고는 있습니다. 항공편으로 대양을 건너 다른 대륙으로 이동하다가 갑자기 이런 생각이 든 사람과 비슷하다고 하겠습니다. '내가 탄 항공기가 이산화탄소를 대기 중에 쏟아 내고 있겠구나. 이미 이산화탄소가 과도한 상태인 대기에 말이지.' 그런 승객이 해야 할 일은 뭘까요? 승무원을 불러 조종사에게 이렇게 전해 달라 말해야 할까요? "당장 엔진을 끄시오. 글라이더가 날듯이 바람을 타고 활공하시오!" 즉시 보안 요원에게 붙들려 운항 내내 감시당하는 처지가 되겠지요.

엄청난 에너지를 소비하면서 화석 연료로 움직이는 회색 문명을 당장 멈추게 할 수는 없습니다. 엔진을 끄는 순간 추락하기 시작하듯이 멈추는 순간 무너지고 말 테니까요. 결국 현실적인 대안은 엔진 동력을 서서히 낮추는 것밖에 없습니다. 연착륙이 필요합니다. 다시 논란이 되겠지만, 핵에너지 사용이 연착륙을 위한 수단이 될 수 있을 겁니다.

우주에서 지구를 본 우주비행사들은 표현하기 힘든 감동에 휩싸여 지구 전체를 고향으로 여기게 된다고 합니다. 꼭 우리 모두가 우주에서 지구를 봐야만 그런 감동에 휩싸일 수 있는 걸까요? 그래야만 지구를 고향으로 여기게 될 수 있을까요? 우리가 비록 우주에서 지구를 바라보지 못하더라도 지구를 진정 우리 모두의 고향으로 깊이 인식해야 하고, 또 그렇게 할 수 있다고 생각합니다.

우리는 모두 지구인입니다. 철학의 주제로 '지구'에 견줄 만큼 중요하고 도전적이며 또 어떤 의미에서는 멋진 주제가 또 있을까요? '지구 철학(Philosophy of Earth)'이라는 철학 분야는 아직 못 본 것 같은데, 한번 개척해 보시는 건 어떻겠습니까? 제가 도움을 드릴 수 있을 텐데 말입니다.

철학 교수에서
게릴라로
마르코스
부사령관

Subcomandante Marcos, 1957?~

멕시코 무장 혁명 단체인 사파티스타 민족해방군의 부사령관이자 실질적인 지도자이다. 본명은 라파엘 세바스티안 기엔 빈센테이고 1958년 멕시코 북부 타마울리파스 주에서 태어났다. 1983년경 원주민 문제에 관심을 두고 치아파스 주 원주민 마을로 들어가 살기 시작했고, 사파티스타 민족해방군에서 활동하면서 군 검문소에서 살해당한 친구의 이름을 따서 마르코스라는 이름을 사용하였다. 반란 초기에는 무장 투쟁을 전개했으나, 후에는 인터넷을 통해 각종 메시지와 성명 등을 발표했다. 항상 공식 석상에 검은색 스키마스크로 얼굴을 가린 채 나타나 이것이 트레이드마크가 되었고, 지적인 이미지와 투쟁 정신을 높이 평가받아 멕시코의 체 게바라라는 명성을 얻었다.

"권력은 자신의 침묵의 제국을 강요하려고 말을 사용합니다. 우리는 우리 자신을 새롭게 하려고 말을 사용합니다. 권력은 자신의 범죄를 감추려고 침묵을 사용합니다. 우리는 서로에게 귀 기울이려고, 서로에게 가닿으려고 침묵을 사용합니다. 형제자매 여러분, 이것이 무기입니다. 우리는 말을 외칩니다.

우리는 말을 들어 올려, 말로 우리 국민의 침묵을 깹니다. 우리는 말을 살게 함으로써 침묵을 죽입니다. 거짓말이 말하고 숨기는 것에는 권력 혼자 있게 내버려 둡시다. 그리고 우리는 해방하는 말과 침묵으로 서로 손을 잡읍시다."

– 멕시코 사파티스타 민족해방군 부사령관 마르코스

낡은 군용 모자, 검은 복면, 그리고 담배 파이프. 복면 사이로 보이는 두 눈에는 분노의 살기가 아니라 지적인 분위기가 감돈다. 소총과 폭탄이 아니라 언어와 인터넷으로 전 세계의 반(反)신자유주의 운동의 상징으로 떠오른 21세기형 게릴라이자 작가, 멕시코의 사파티스타 민족해방군(EZLN) 부사령관 마르코스의 모습이다.

멕시코의 수도 멕시코시티의 소칼로 광장. 2001년 3월 11일 일요일 오후 2시가 조금 넘은 시각, 25만 군중이 눈물을 흘리며 환호한다. 군중 앞에 20여 명의 사람이 나섰다. 군중의 눈과 귀는 그 가운데 한 사람을 향한다. 5백 살이 넘은 사파티스타 민족해방군 부사령관 마르코스, 1492년 콜럼버스의 아메리카 도착 이후 계속된 수탈과 저항의 역사를 자신의 나이로 삼은 마르코스다. 2월 24일 멕시코 남부 치아파스의 민족해방군 근거지에서 출발한 3천 킬로미터 평화 대장정이 이날 끝났다.

현장을 지켜본 작가 주제 사라마구의 말이다. "우리는 사파티스타의 투쟁이 새로운 역사의 장을 여는 순간을 보고 있다. 우리가 시작해야 할 새로운 투쟁의 서막이다."

이날 연설에서 마르코스는 "우리는 권력을 원하지 않으며, 이제 그들이 귀 기울여야 할 때"라고 말하면서 "신중을 가장한 채 흥정과 이익에만 열중하는 사람이 있다"고 지적하고, 원주민 권익 보장법이 통과되기 전까지 비센테 폭스 대통령과 만날 뜻이 없음을 밝혔다.

다음은 작가 가브리엘 가르시아 마르케스가 마르코스와 인터뷰한 내용이다. 마르코스가 먼저 입을 열었다.

"열광에 반대하는 사파티스타의 전통에 따라 말씀드립니다. (……) 우리가 대통령궁 점령이나 무장봉기를 선동하리라 기대한 세력은 당황했겠지요."

— 열광에 반대하고 무장봉기를 선동하지도 않는 민족해방군이 군대일까?

"최악의 사태는 사파티스타 민족해방군이 권력을 차지한 혁명군이 되는 것입니다. 우리가 무기를 든 것은 단지 우리에게 귀를 기울이게 하기 위해서입니다. 우리는 세상을 정복하려는 것이 아니라, 단지 새로운 세상을 제안하려는 것입니다."

— 왜 비무장 평화 대장정인가?

"이 세계는, 멕시코는 다양한 차이들로 이루어져 있습니다. 그 차이들 속에서 서로를 존중하는 관용을 바탕으로 관계를 맺어야 합니다. 이것은 지난날의 정치 군사조직들의 이야기에서는 찾아볼 수 없는 것입니다."

비록 공식적으로 인정하지는 않았지만, 마르코스는 1957년 6월 19일 타마울리파스 주의 탐피코에서 스페인 이민자의 후손으로 태어난 라파엘 세바스티안 기엔 빈센테다. 가구와 전자 제품을 파는 상인인 아버지 밑에서 8남매 중 넷째로 태어나 경제적 어려움을 겪지 않고 자라났다. 양친은 결혼 전 시골 학교 교사를 지낸 것으로 알려져 있다. 마르코스는 아버지의 권유로 마르케스, 카를로스 푸엔테스, 마리오 바르가스 요사, 세르반테스, 셰익스피어 등의 작품을 탐독했다고 말한 바 있다.

그는 예수회가 설립한 탐피코 문화 센터에서 공부하면서 빈민가에서 봉사 활동을 했고 해방 신학도 접했던 것으로 추정된다. 이후 멕시코시티의 수도자치 대학(UAM)을 졸업하고 멕시코 국립자치 대학(UNAM)에서 철학 석사 학위를 받은 뒤 수도자치 대학에서 가르쳤다. 마르코스는 멕시코 국립자치 대학에서 연설하면서 자신이 예전에 그곳에 있었음을 밝힌 바 있다.

기엔 빈센테의 가족은 마르코스가 자신들의 가족인지 아닌지에 관해 침묵한다. 누나 메르세데스 델 카르멘 빈센테는 타마울리파스 주의 검찰

총장이자 20세기 멕시코 정계를 사실상 지배했던 제도 혁명당의 유력 인사이기도 하다.

마르코스의 대학 시절은 제도 혁명당의 부패와 경제 위기로 젊은이들에게 앞날이 보이지 않는 암울하기 짝이 없는 시기였다. 그는 동시대의 많은 젊은이와 마찬가지로 1968년의 이른바 '68혁명'의 분위기에 영향을 받았다.

1983년경 기엔 빈센테는 치아파스 주 원주민 마을에서 살기 시작했다. 그리고 1910년대 멕시코 혁명 운동가 에밀리아노 사파타의 이름과 정신을 따라 1983년 11월 17일 결성된 사파티스타 민족해방군에서 활동하면서 마르코스로 다시 태어났다. '마르코스'는 군 검문소에서 사살당한 동료 게릴라의 이름으로 알려져 있다. 다큐멘터리 「치아파스라 불리는 땅」에서 마르코스는 치아파스에서의 초기 생활에 관한 질문에 이렇게 답했다.

"도시 문화의 세례를 깊이 받고 도시 생활에서 익숙해져 있는, 대학 교육을 받은 한 사람을 생각해 보라. 다른 행성에 착륙한 셈이다. 말이나 환경이 모두 생소하다. 외계인과 비슷한 처지다. 모두 이렇게 말한다. '떠나! 이건 실수야. 넌 이곳에 어울리지 않아.' 낯선 사람들, 그들이 행동하는 방식, 기후, 비가 내리는 것, 태양, 대지(大地), 그것이 진창으로 바뀌는 것, 질병, 곤충, 향수병, 그들이 이런 것들을 알게 해 준다. 그들이 다시 말한다. '넌 이곳에 어울리지 않아.' 이런 게 악몽이 아니라면 또 무엇이겠는가?"

사파티스타 민족해방군이 세계적으로 널리 알려지게 된 것은 1994년

1월 1일 북미자유무역협정(NAFTA)이 효력을 발휘하기 시작한 날, 치아파스의 주요 지역 다섯 곳을 점령하면서부터였다. 사파티스타는 원주민에 대한 수탈이 심한 치아파스 지역에서 지주들이 고용한 사병(私兵)의 폭력에서 농민을 보호하는 활동을 해 오다가 1988년 선거에서 대규모 부정이 저질러지면서부터 농민들의 신망을 폭넓게 확보하기 시작했다. 선거를 통해 권익을 확보하기 어렵다는 자각이 일어났던 것이다.

1993년 북미자유무역협정 체결은 농민들의 분노에 기름을 부었다. 멕시코 정부는 옥수수 수입 제한, 커피 가격 보조금 지원 등 농민의 기본적 생존권 보장을 위한 정책을 포기했다. 1917년 혁명 헌법이 보장했던 제27조 공동토지소유 조항도 폐지했다. 1992년과 1993년의 대규모 항의 시위도 소용이 없었다. 정부군과 전투를 벌인 사파티스타는 1월 12일부터 정부와 협상을 시작해 잠정 합의안에 도달했지만, 1994년 대통령에 당선된 에르네스토 세디요는 원주민 권익 보호 등을 규정한 합의안을 이행하지 않는 것은 물론, 1995년 사파티스타 근거지에 대한 공격을 단행했다.

다시 무기를 들고 봉기할 것인가? 그러나 사파티스타는 무기 대신 대중 매체와 캠페인을 택했다. 1995년 8월에는 정부와의 협상을 앞두고 민중 투표를 시행하여 사파티스타가 정치 세력으로 바뀌어야 한다는 결론을 이끌어냈다. 신자유주의 정책의 중단과 원주민 자치를 요구하는 사파티스타의 목소리가 인터넷을 타고 전 세계로 퍼져 나갔고, 마르코스와 사파티스타는 신자유주의 물결에 대한 저항의 전 세계적 상징으로 떠올랐다. 특히 1996년 7월 27일 전 세계 43개국 3천여 명의 운동가들이 치아파스의 사파티스타 공동체에 모여 8월 3일까지 '신자유주의에 맞서 인류를 지키기 위한 제1차 대륙간회의'를 열었다.

"우리가 건설하는 나라는 모든 공동체와 모든 언어가 어울리는 나라, 모든 발걸음이 걸을 수 있는 나라, 모든 사람이 웃음을 가질 수 있는 나라, 모든 사람이 새벽을 살 수 있는 나라입니다. 그들이 살 수 있게 우리는 싸웁니다. 그들이 살 수 있게 우리는 노래합니다. 태어나고 삶으로써 우리는 죽습니다. 우리는 언제나 살 것입니다. 자신의 역사를 포기하는 사람만이 망각으로 되돌아갈 것입니다. 여기 우리가 있습니다. 우리는 항복하지 않습니다. 사파타는 살아 있고 모든 것에도 불구하고 투쟁은 계속됩니다."

1996년에 정부와 맺은 '산 안드레스 협정'도 희망의 싹이었다. 협정에 따르면 정부는 새로운 법안을 만들어 원주민들에게 '멕시코 국가의 일부로서의 자치권'을 허용해야 한다. 그것은 원주민의 관습과 전통에 따른 독자적인 정치, 사회적 조직을 택하고 땅과 자원을 스스로 통제하는 권리다. 그러나 협정 이행은 지지부진했다.

2000년 12월 취임한 비센테 폭스 대통령은 원주민 권리 법안을 의회에 보내 승인을 요청했고, 2001년 사파티스타의 평화 대장정은 법안 통과를 호소하기 위한 것이었다. 2001년 7월 법안은 통과됐지만 많은 수정 조항들 때문에 유명무실해져 버렸다. 마르코스와 사파티스타는 정부의 배신을 격렬히 비난하며 다시 기약 없는 투쟁의 길에 나서야 했다.

마르코스는 2006년 1월 1일, 사파티스타 무장봉기 12주년에 맞춰 6개월 일정으로 멕시코 전국 31개 주를 검은색 오토바이를 타고 도는 대장정에 나섰다. 이것을 체 게바라가 1951년 의사 친구 알베르토와 오토바이를 타고 여행했던 일에 견주는 사람들이 많다. 7월 2일 대통령 선거를 앞두고 광범위한 대안 세력의 결집을 목표로 한 '제3의 캠페인'이었다.

"정당들은 3년마다, 6년마다 똑같은 거짓말로 우리를 팔아 치운다. 그들은 우리에게 아무것도 주지 않고, 우리에게 유용한 것도 없다. 변화는 밑에서부터 올 것이다." 그러한 밑으로부터의 변화는 침묵하지 않고 말하는 것에서부터 시작된다.

"우리는 모든 노동자와 가난한 소작농, 교사, 학생, 진보적이고 정직한 지식인, 주부, 전문가와 자주적인 정치 조직들에게 모두 여러분 각자의 방식으로 우리의 투쟁에 합류해 달라고 요청합니다. 그러면 우리는 모든 멕시코인이 바라는 정의와 자유를 얻을 수 있을 것입니다. 우리는 우리의 무기를 반환하지 않을 것입니다! 우리는 용서나 자선이 아니라 정의를 원합니다!"

탈현대적 해방 운동의 모델을 제시한 탁월한 전략가, 포스트모던 혁명가, 체 게바라의 환생, 폭발물보다 인터넷을 더 잘 다루는 21세기형 혁명운동가, 신자유주의에 맞서는 저항 운동의 상징적 아이콘이자 영웅, 무기가 아니라 담론(談論)으로 싸우는 투사, 민주주의로 위장한 마르크스-레닌주의자, 화약 냄새도 제대로 맡아보지 못한 얼치기 게릴라, 미디어의 속성을 절묘하게 활용하는 스타, 스타일을 연출하는 데 능숙한 배우, 특유의 이미지 연출을 통해 게릴라 판타지를 충족시켜 줄 뿐인 인물, 세계 좌파들의 혁명에 대한 철 지난 낭만적 환상을 충족시켜 주는 인물. 마르코스에 대한 다양한 시각과 평가들이다.

사파티스타 민족해방군의 활동과 공과에 대한 논란도 분분하다. 사파티스타는 결국 마르코스를 정점으로 한 소수 지도부가 통제하는 위계적 수직 구조의 정치 군사조직이며, 그런 조직이 치아파스 지역에 대한 통제를 강화한 것은 민주주의와 거리가 있다는 주장도 제기된다. 심지어 사파티스타가 공포 분위기를 조성하면서 원주민들을 암살했다는 주장과 사파티스타 게릴라들이 원주민의 돈, 가축, 살림살이를 훔치고 투옥, 강제 노동, 추방, 폭력 등을 저질렀다는 주장도 있다. 사파티스타가 반드시 원주민에게 구원의 손길만은 아니며 또 하나의 권위주의적 권력이라는 주장이다. '사파티스타와 마르코스 때문에 치아파스 주민의 삶에서 도대체 무엇이 어떻게 나아졌는가?' 라는 질문도 제기된다.

반면 사파티스타가 민주적 자치 공동체라는 반론도 만만치 않다. 사파티스타 최고 지도부는 스물세 명의 사령관으로 구성된 원주민 혁명 위원회인데, 사령관들은 각자가 소속된 자치 공동체에 의해 선출되고 공동체의 의사를 따른다. 자치 공동체의 협의와 토론을 거친 결론에 따라서만 활동하기 때문에 진정한 의미의 자치적 민주주의 체제에 가깝다는 주장이다. 이러한 논란과 질문에 대한 답은 마르코스와 사파티스타의 몫으로 남겨져 있다.

"모든 전위는 스스로를 다수의 대표로 가정하지만 그것은 잘못된 것입니다. 그것은 그들의 소망일 뿐입니다. 우리는 늘 자신에게 정직해지려 애씁니다. 예컨대 우리가 멕시코 남동부 지역 원주민 마을들만을 대표한다고 말할 때입니다. 그러나 우리의 말은 더 많은 사람들에게 전달

될 수 있었습니다. 우리가 이룬 것은 바로 거기까지입니다. 그 이상은 아
닙니다."

모든 존재에 대한 경의
아르네 네스

노르웨이의 철학자로 심층(근본) 생태학의 창시자다. 27세에 오슬로 대학교 사상 최연소 철학 교수가 되었지만 생태 위기의 심각성을 깨닫고 교수직을 사퇴하고 생태 운동에 뛰어들었다. 1937년 이래 2천 미터 고지 트베르가스타인이라는 곳에 오두막을 짓고 살았다. 제2차 세계대전 당시 레지스탕스 운동을 펼쳤고, 전후에는 고문자와 고문 피해자의 가족들을 면담하고, 노르웨이 북부의 댐 건설을 저지하기 위해 쇠사슬로 암벽에 몸을 묶어 반대 운동을 하는 등 실천하는 철학자였다.

진정한 필요와 상관없는 재화와 서비스의 수요공급 법칙이 우리 삶의 영역을 점점 더 강하게 지배하도록 놓아두어서는 안 된다. 사람들과 협력하고 함께 일하는 능력, 사람들을 행복하게 하는 능력은 개인주의가 팽배한 사회에서는 무가치한 것으로 여겨지기 십상이다. 그러한 미덕은 자기실현보다는 성공을 향한 경력 추구, 즉 협소한 자아 충족을 위한 기준에 묻혀버리기 쉽다. 진정한 자기실현과 협소한 자아를 같은 것으로 여겨버리면, 자기의 가능성을 과소평가하게 된다.
　　　　　　　　　　　　　　　　　　　　　　　– 아르네 네스, 「자기실현, 이 세상에 살기 위한 하나의
　　　　　　　　　　　　　　　　　　생태적 접근법」, 존 시드 외, 『산처럼 생각하라』 중에서

　나는 스물일곱 살에 노르웨이 오슬로 대학교 사상 최연소 철학 교수가 되었지만 생태 위기의 심각성을 자각한 이상, 공식적인 철학계에 안주하기 싫었다. 철학 교수가 곧 철학자인 것은 아니지 않은가. 철학을 '지혜에 대한 사랑'이라고도 하지만, 나에게는 '산에 대한 사랑'이 곧 '지혜에 대한 사랑'이기도 했다. 레이첼 카슨의 『침묵의 봄』도 나에게 큰 영향을 미쳤다. 언어분석 철학, 과학 철학, 심리 철학 등에서 이성의 탐침을 휘두르던 나는 그 책을 읽은 다음부터 우리 시대의 생태 위기와 그 해결 방안에 관해 본격적으로 깊이 고민하기 시작했으니 말이다.

　내가 말하는 근본 생태주의가 어렵게 느껴지는가? 그렇다면 한번 상상해 보라. 깊은 계곡과 높은 절벽이 줄지어 있는 곳의 높디높은 산봉우리들. 드넓고 황량한 대지가 두 눈 아래 탁 트여 펼쳐져 있다. 사람 사는 세상과 멀리 떨어진 그곳에 한 사람이 완전한 고독을 누리며 생활한다. 자연이 펼치는 천변만화하는 드라마를 감상하며 간디와 스피노자를 읽

고 산스크리트를 공부한다.

연중 대부분은 눈과 얼음이 지배하는 곳이다. 안락한 휴양지와는 거리가 멀다. 작지만 강한 고산 식물들이 듬성듬성 생명을 이어 나가는 곳이다. 내가 1937년부터 살았던 바로 그곳이다. 산을 오르고, 자연을 관찰하고, 깊이 생각하며 글을 쓰던 곳이다. 극지(極地)의 폭풍이 내가 사는 오두막 지붕을 언제라도 날려버릴 수 있는 그곳, 노르웨이의 해발 2천 미터가 넘는 고지 트베르가스타인에서 근본 생태주의가 싹텄다.

누구나 알겠지만 '생태학'이라는 말은 생물학에서 비롯되었다. '생태학'은 생명체는 다른 생명체들 그리고 주위 환경과 긴밀하고 불가피하게 상호 작용한다는 생물학의 기본적인 전제이자 원칙에 바탕을 두고 있다. 그러나 생물학으로서의 생태학 또는 생태 과학의 전제이자 한계는 과학적 사실과 논리에 있다. 생물학으로서의 생태학은 우리가 어떻게 살아야 하는가라는 윤리적 질문에 대해서는 답해 줄 수 없다. 생물학으로서의 생태학, 자연 과학으로서의 생태학, 그 이상이 필요하다.

나는 그것을 생태적 지혜라 부르고자 한다. 근본 생태주의는 근본적인 경험에 초점을 맞춘다. 근본적인 질문과 근본적인 실천에 주안점을 둔다. 근본 생태주의는 질문과 경험과 실천이 상호 연관되어 있는 체계에 바탕을 두고 있다. 필로소피(Philosophy), 즉 철학이 '지혜에 대한 사랑'이라면 나는 에코소피(Ecosophy), 즉 생태적 지혜를 추구하고자 했다. 이것은 생태적 지혜와 조화를 추구하며 사고하고 실천하는 가장 근원적인 철학, 가장 근본적인 존재의 철학이다.

근본적인 경험이란 무엇일까? 미국의 대표적인 자연주의자들 가운데 한 사람인 알도 레오폴드의 예를 보자. 1920년 그는 미국 정부로부터 미국 땅에서 늑대를 박멸하기 위한 합리적이고 과학적인 방안을 찾는 임무를 받았다. 늑대 박멸의 '정당한' 이유는 늑대가 사슴 사냥꾼들과 경쟁한다는 것이었다. 늑대 숫자가 줄수록 사냥꾼 몫의 사슴 숫자가 는다는 것이다. 그 시기 레오폴드는 인간은 자연의 다른 존재들보다 우월하다는 신념에서 벗어나지 못하고 있었다. 인간의 복리(福利)를 최대화하기 위해 자연에 개입하는 것이 도덕적으로 정당화될 수 있다고 믿었다.

어느 날 아침 레오폴드는 동료들과 함께 탐사 지역의 산을 오르고 있었다. 그들 일행은 늑대를 만나면 죽이기 위해 총을 휴대했다. 점심 무렵 그들은 거칠게 흐르는 강이 내려다보이는 절벽 위에 앉았다. 암사슴이 얕은 여울을 건너고 있는 것이 보였다. 그러나 자세히 살펴보니 늑대였다. 기슭에서 어린 늑대들이 어미를 맞이했다. 레오폴드 일행은 재빨리 총을 집어 들어 늑대 무리를 향해 발사했다. 늑대 한 마리가 여울 가에 쓰러졌다. 레오폴드는 기쁜 마음으로 들떠 여울 가로 달려갔다. 그가 만난 것은 죽어 가는 늑대의 두 눈에서 꺼져 가는 희미한 초록빛 불꽃이었다. 그는 나중에 『모래 군의 열두 달』에서 당시를 회고했다.

'나는 그때 그 늑대의 눈에서, 오직 늑대와 산만이 알고 있는 무언가가 있다는 것을 깨달았다. 나는 그 뒤로 지금까지 이 일을 잊은 적이 없다. 나는 늑대가 적어진다는 것은 곧 사슴이 많아진다는 것을 뜻하기 때문에 늑대가 없는 곳은 사냥꾼의 천국이 될 것이라 믿었다. 그러나 그 초록빛 불꽃이 꺼져 가는 것을 본 뒤로는, 늑대도 산도 그런 내 생각에 동의하지 않는다는 것을 깨달았다.'

늦대가 레오폴드 자신의 생각에 동의하지 않는다는 말은 어느 정도 이해할 수 있을 것이다. 그렇다면 무생물이라고 할 수 있는 산이 레오폴드의 생각에 동의하지 않는다는 것은 어떤 의미일까? 레오폴드는 '산'이라는 말을 일종의 은유로 쓰고 있다. 살아 있는 야생 생태계 전체를 뜻하는 은유 말이다. 레오폴드는 죽어 가는 늑대의 두 눈에서 초록빛 불꽃을 본 바로 그 순간, 자신의 삶에서 처음으로 그러나 사실상 완전하게 생태 현실을 깨달았던 것이다.

그는 생태계 전체를 자신의 삶으로, 자신의 역사로, 또한 자신이 앞으로 향해야 할 진로로 느꼈다. 그는 생태계를 하나의 거대한 존재, 그 자체로 존엄하고 가치 있는 존재로 경험했다. 그것은 의식의 확장과 해방이 급작스럽고도 광범위하며 매우 깊게 이루어지는 한순간이었으니, 영적이고 종교적인 경험이었다고 해도 지나친 말이 아닐 것이다. 그전까지 지니고 있던 협소한 태도, 자연을 조종하고 관리하는 사람의 마인드, 자연을 죽어 있는 기계로 여기면서 인간을 위한 쓸모 측면에서 바라보는 마인드에서 그는 완전히 벗어났다. 레오폴드는 그러한 경험을 의식적으로 추구하거나 기대하지 않았다. 그야말로 예기치 아니한 순간에 뜻하지 않게 경험한 것이다.

죽어 가는 늑대의 눈이 레오폴드가 그때까지 쌓아온 경험, 훈련, 지식을 뛰어넘는 새로운 지평으로 그를 이끌었다. 그 경험 이후 레오폴드가 세계를 바라보는 시선은 완전히 달라졌다. 그는 '땅의 윤리'를 발전시키면서 인간이 자연의 다른 종(種)들을 조종하고 관리할 수 있는 권리, 우월적인 지위를 갖고 있지 않다고 지적했다. 그는 인간이란 생태 공동체를 이루는 특별할 것 없는 하나의 종에 지나지 않는다고 보았다. 또한 어떤 존재가 생태 공동체의 안정, 아름다움, 고유한 상태 등을 보존하는 데 기여할 때 그 존재는 비로소 올바르다고 말했다.

레오폴드가 겪었던 것과 같은 경험은 매우 중요하다. 그러한 경험의 핵심은 관계의 네트워크, 또는 관계의 전체상(全體象)을 인식하는 것이다. 다른 것들과 전적으로 분리되어 있는 대상은 없고, 모든 대상들 각각은 상호 관계의 복잡하고 방대한 그물 안에서 각기 하나의 매듭이다. 이러한 세계의 진상(眞相)을 깨닫는 근본 경험이 일어날 때 우리의 삶은 진정으로 변화한다. 인간 아닌 다른 생명에 관한 관심이 확장되고 공감이 깊어지면서 우리 자신의 물리적이고 심리적인 '좋은 삶'이 자연의 '좋은 삶'에 얼마나 크게 의지하고 있는지 깨닫게 된다.

결국 인간 아닌 다른 생명을 보호하고자 하는 의지와 태도가 자연스럽게 생겨나고 또한 유지된다. 이것은 비자발적인 의무나 강제와는 아무런 상관이 없다. 미생물에서 다세포 생물, 나아가 지구 생태계 전체에 이르기까지 모든 존재는 고유하게 지닌 잠재력을 펼쳐나갈 수 있고, 또한 펼쳐나갈 수 있어야 한다. 나는 그것을 자기실현 과정이라 부른다.

자기실현은 협소한 개인적 자아에 갇혀 있는 자아상(自我象)을 가지고서는 제대로 이루기 어렵다. 협소한 개인적 자아를 한참 뛰어넘는 넓고 넓으며 깊고 깊은 전체를 늘 염두에 두어야 한다. 자아의 정체성은 드넓게 확장되어야 하며, 이야말로 진정한 자아 정체성의 발달이자 자기실현이다. 나는 그렇게 확장된 자아 감각을 생태적 자아라고 부른다. 모든 존재가 그 나름의 고유한 가치를 지닌다는 깨달음, 인간의 필요와 목적을 충족시키기 위한 그 어떤 경제나 공리주의적 가치도 존재 각각의 고유한 가치를 손상시킬 수 없고, 또 손상시켜서도 안 된다.

인간이 자기를 실현해 나간다는 것은 다른 모든 존재가 자기를 실현해 나가는 것과 완벽히 동등한 발걸음이어야 한다. 인간과 인간 아닌 모든 생명들은 근본적으로 평등하다. 인간은 자신들이 다른 생명체들과 질적으로 아주 다른 존재라는 오만과, 인간만이 고유한 가치를 지니며 자연은 인간 종(種)에게 유용할 때만이 가치를 지닌다는 착각에 빠져 있다. 이 고질적인 인간 중심주의적 오만과 착각이라니!

근본적인 경험을 통하여 우리 모두가 하나의 지적인 우주 안에 속해 있다는 전혀 새로운 감각과 느낌에 도달할 수 있다. 그런 감각과 느낌을 통하여 우리는 다시 근본적인 질문을 던지게 된다. 우리의 생활 양식과 행동, 매 순간의 판단과 결정에 영향을 미치는 기본적인 신념과 가치관에 대한 질문이다.

결국 구체적인 행동과 실천을 강조할 필요가 있다. 이른바 생태 철학, 환경 철학이라 일컬어지는 다른 철학적 작업들과 근본 생태주의를 구분할 수 있는 근거가 바로 실천이기도 하다. 요컨대 근본 생태주의는 철학이자 운동이다. 근본적인 질문을 통하여 우리들 각자는 우리의 생활 양식을 선택하는 데 기준이자 원칙이 되는 총체적인 생명관, 세계관을 세워 나갈 수 있을 것이다.

우리가 사는 사회에 관해 생태적 관점에서 총체적으로 그리고 비판적으로 되물음으로써 우리는 오늘날의 생태 위기의 집단 심리적 기원을 찾을 수 있을 것이다. 생태 위기와 밀접하게 상관있는 평화의 위기, 사회 정의의 위기 문제도 붙잡을 수 있을 것이다. 서양의 역사 속에서 치명적이고 끈질긴 인간 중심주의의 뿌리를 찾을 수 있을 것이다. 오늘날 서양 문화의 세계화, 자유 무역에 기반한 세계화 등이 문화와 자연에 대하여 파멸적인 영향을 미치고 있다는 인식에 도달할 수도 있을 것이다. 그러한 인간 중심주의는 오늘날 자연 과학뿐만 아니라 경제학, 철학 등 모든 학문에서 두드러진다.

우리가 살아가는 문화권 전체가 근본적으로 전제하고 있는 사항들에 대하여 근본적인 질문을 던져야 한다. 그러한 질문은 오늘날 사람들 대부분의 생활 방식과 주류 가치관을 변혁시키는 출발점이 될 것이다. 근본적인 질문을 위하여 나는 네 가지 단계를 설정했다. 이것들은 일종의 피라미드 형태를 이룬다. 구체적이고 일상적인 실천과 운동 영역이라고 할 수 있는 4단계(피라미드의 바탕), 자신이 처한 구체적인 상황에서 새로운 생활 방식과 행동 양식을 찾는 3단계, 1단계에 바탕을 두고 일반적인 원칙을 세우는 2단계, 그리고 종교적, 철학적 영역에 해당하는 1단계(피라미드의 꼭대기)까지 통합적인 구조를 이루고 있는 것이다.

1단계는 개인이 지닌 궁극적인 전제 또는 규범을 드러내는 것과 관련 있다. 한 개인의 모든 행위와 태도가 그런 전제 또는 규범에서 비롯된다. 1단계는 우리의 일상생활 영역에서 마치 어린아이처럼 모든 것에 대해 '왜?'라는 질문을 늘 던짐으로써 실현된다. 일상적으로 익숙해져 있는 협소한 경험의 차원에 머무르지 않고 깊이 들어감으로써 훨씬 더 넓어진 자아 정체성을 경험하는 것이 기본이다. 그러한 근본 경험에 바탕을 두어야 삶과 생명에 관한 가장 깊은 직관에 도달할 수 있다.

내가 추구하는 에코소피 즉 생태 지혜의 궁극적 규범은 '자기실현'이다. 생명이 잠재적인 가능성을 펼쳐 나가는 것에 생명의 고유한 가치가 있다는 느낌, 바로 그런 느낌이야말로 근본적인 경험이며 에코소피의 동력이다. 느낌표(!)로 끝나는 진술! 그것이야말로 우리가 '어떻게 생각하고 어떻게 행동해야 하는지'에 관한 진정한 규범이다.

궁극적 규범은 늘 철학적 또는 종교적 영역에 있다. 궁극적이라는 것은 다른 규범들에서 도출해 내거나 증명해 낼 수 있는 것이 아니라는 뜻이다. 궁극적 규범은 구체적인 결과로부터 체계적으로 추론하여 현명한 결정을 내리기 위한 가이드라인이라고 할 수 있다.

예컨대 유기농으로 농사 짓는 농부가 한 사람 있다. 그의 궁극적 규범은 '풍요롭게 살자!'는 것이다. 일상생활에서 그러한 규범을 어떻게 펼쳐 나갈 것인지 그에게 물었다. 그가 대답한다. "나에게 풍요롭게 산다는 건 말이지요, 분수에 맞춰 단순하게 사는 겁니다. 특히 자원을 소비하는 문제에서 말입니다. 결국 중요한 건 건강한 관계와 경험이라고 봅니다." 이 농부의 말에 규범은 없다. 대신에 농부 자신에게 궁극적인 규범이라고 할 수 있는 것에서 도출되는 일종의 추측이 있다.

그 임시적인 성격을 고려하여 나는 그러한 진술을 가설이라 부른다. 이 가설에서 도출된 규범은 농부의 이런 외침이다. "단순하게 살자!" 이 도출된 규범에서 다른 규범들이 다시 나온다. 예컨대 이런 것이다. "자원을 효율적으로 사용하는 것은 단순한 삶을 위해 요긴하다." 여기에서 다시 새로운 규범이 나올 수 있을 것이다. "효율적으로!" 이러한 규범에 따라 농부는 재생 종이를 비롯한 생태 친화적 생활용품을 사용하기로 결정하고 실천한다. 이야말로 근본적인 질문 과정의 구체적인 귀결이다.

뉴욕에 사는 젊은 펀드매니저가 있다. 그의 궁극적 규범은 유기농 농부와 같다. 그러나 그는 농부와 매우 다른 구체적 귀결에 이르렀다. 궁극적 규범에서 그가 도출한 가설은 '마음껏 소비하는 것이 풍요로움의 핵심'이라는 것이다. 탐욕스러운 소비라는 구체적 귀결은 행동으로 이어질 수밖에 없다. 농부와 펀드매니저 모두 '풍요롭게 살자!'고 똑같이 외쳐도 궁극적 규범은 완전히 다른 생태적 결과로 이어질 수 있다. 생태 친화적인 행위로 이끄는 궁극적 규범은 확장된 자기 정체성과 관련이 깊다. 이점이 중요하다.

궁극적 규범은 매우 다양할 수 있다. 예컨대 불교도와 기독교인은 신(神)의 존재에 대해 의견이 다를 수 있다. 그럼에도 불교도와 기독교인은 모두 자연을 보호할 수 있다. 우리들 각자가 지닌 궁극적 규범이 각기 다를지라도 근본 생태주의를 지향한다면 받아들여야 할 기본적인 관점 또는 신념이 있다. 그래서 나는 조지 세션스와 함께 근본 생태주의 강령을 만들었다.

근본 생태주의 강령

1. 인간과 인간 아닌 생명을 통틀어서 지구 상 모든 생명의 좋은 삶과 번영은 그 자체로 고유한 가치를 지니며, 그 가치는 인간의 목적 달성을 위하여 얼마나 쓸모 있는가 하는 것과는 아무 상관이 없다.

2. 모든 생명 형태의 풍부함과 다양성은 그러한 가치의 실현에 기여하

며, 풍부함과 다양성 역시 그 자체로 중요한 가치들이다.

3. 생명 유지를 위해 반드시 필요한 경우를 제외하면, 인간은 생명의 풍부함과 다양성을 감소시킬 권리를 갖고 있지 않다.

4. 인간의 삶과 문화의 번영은 인구가 실질적으로 감소할 때 가능하다. 인간이 아닌 다른 모든 생명의 번영에도 그러한 인구 감소가 필요하다.

5. 현재 자연계에 대한 인간의 간섭은 과도하며, 그러한 상황은 빠르게 악화되고 있다.

6. 따라서 정책을 바꿔야만 한다. 정책 변화는 기본적인 경제, 기술, 그리고 이념적 구조에 영향을 미친다. 그 결과 펼쳐지게 된 상황은 지금과는 근본적으로 달라질 것이다.

7. 이념적 변화의 핵심은 물질적 생활 수준을 더 높이는 것에 집착하기보다는, 본질적이고 고유한 가치로서 삶의 질을 높이 평가하는 것이다. 요컨대 양적으로 큰 것과 질적으로 위대한 것 사이의 차이를 깊이 깨닫게 되는 것이다.

8. 이상의 강령 조항들에 동의하는 사람들은 필요한 변화를 이루기 위해 직접 또는 간접적으로 참여하고 실천해야 할 의무를 지닌다.

어떤 사람이 이상과 같은 강령에 기본적으로 동의한다면 그 사람은 '근본 생태주의 운동'에 동의하는 것이다. 이 강령은 절대로 바뀌지 않는 교조적이고 맹목적인 지침 같은 것이 아니다. 오히려 그것은 활발한 논의의 주제들이며 개인에 따라 또는 어떤 모임이나 공동체에 따라서, 그리고 세월이 지나 상황이 바뀜에 따라서 이 강령을 새롭게 다듬어 수정할 수 있고, 실제로도 그런 경우들이 많다. 강령의 1~3항은 일종의 '고유 가치', 즉 피라미드 1단계에 해당하며 4~7항은 궁극적 규범과 개인의 생활 방식 사이의 다리 구실을 한다. 그리고 8항은 특히 구체적인 행동에 관한 것이다.

3단계에서 우리는 2단계의 일반적인 원칙에 대한 고려에서 자기 자신의 상황에 대한 탐색으로 들어가게 된다. 보다 높은 단계에 부응하는 생활 방식과 행동 양식을 찾게 되는 것이다. 앞서 말한 농부는 3단계에서 일상생활 속의 자원순환 재생을 선택했다. 잘 나가는 펀드매니저라면 휴가 기간에 아프리카에서 사파리 여행을 하는 것을 선택했을지 모른다. 만일 사파리 여행에서 그가 자아가 확장되는 근본적인 경험을 했다면, 그는 윤리적 투자를 실천하거나 자신의 고객을 찾아갈 때 대중교통을 이용하거나 자전거를 타기로 결심할 수도 있을 것이다.

결국 매우 다양한 생활 방식과 행위 양식들이 4단계에서 가능하다. 어떤 사람들, 예컨대 사회 생태론자들은 인간 사회의 부정(不正)과 불평등이 생태적 재앙을 초래한다고 확신하면서 그런 상황을 개선하기 위해 노력하고자 할 것이다. 에코 페미니스트라면 젠더 측면의 불평등과 불균형이 생태적 재앙을 초래하는 중요한 요인이라고 보면서 그러한 불평등과 불균형을 시정하려 할 것이다. 자연 보호론을 주장하는 생물학자라면 생물 종의 다양성을 보존하는 방법에 관심을 집중할 것이다. 한편 자유 무역의 확대와 세계화가 자연과 문화에 미치는 부정적 영향에 주목하여 그것에 반대하는 사람들도 있을 것이다.

이렇듯 각자의 관점과 입장이 무엇이든 간에 근본 생태주의 차원에서

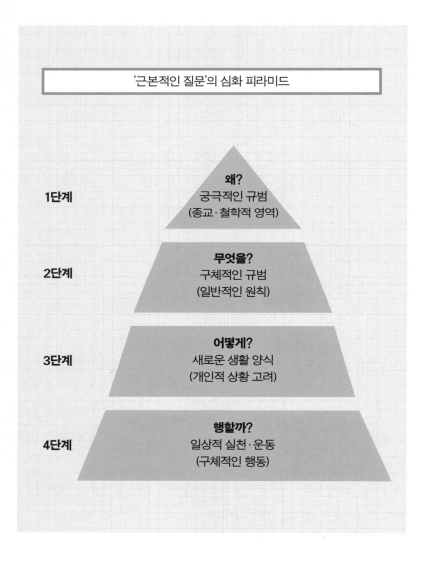

'근본적인 질문'의 심화 피라미드

1단계
왜?
궁극적인 규범
(종교 · 철학적 영역)

2단계
무엇을?
구체적인 규범
(일반적인 원칙)

3단계
어떻게?
새로운 생활 양식
(개인적 상황 고려)

4단계
행할까?
일상적 실천 · 운동
(구체적인 행동)

기본적인 규범과 가치관을 공유할 수 있다. 다양한 생태주의자와 환경보호론자들이 제 나름의 방식으로 자신들의 이상을 실천해 나가면서도 공통의 기반을 지닐 수 있다. 이 점이 근본 생태론의 중요한 전제라고 할 수 있다. 예컨대 나는 간디의 비폭력 운동 노선을 매우 강조했는데, 거기에서 서로 반대되는 뜻을 지닌 사람들끼리도 서로를 존중할 수 있는 기반을 찾을 수 있다고 보았기 때문이다.

근본적인 경험과 근본적인 질문을 바탕으로 근본적인 실천에 착수해야 한다. 생태적 세계관을 내면화할 때 우리는 우리 자신의 전(全)인격에 바탕을 두어 행동할 수 있다. 고갈되지 않는 내면의 에너지로 실천해 나갈 수 있다. 그러한 행동과 실천은 철저히 평화적이고 민주적이어야 한다. 생태적 자아가 누리는 삶과 실천은 즐겁다. 좁은 굴레에 갇힌 자아를 뒤로하고 드넓게 확장된 자아로서 살아가는 것. 인간에 대한 배려를 넓히고 인간 아닌 존재들을 깊이 배려하는 것. 바로 이러한 점에서 근본 생태주의는 모든 존재에 대한 경의, 하나의 심원한 윤리학이라고 해도 좋을 것이다.